Fräulein Jule
Wahlscheider Str. 40, 53797 Lohmar
Tel: 0 22 06 - 91 28 288

Selbstverpflichtung zum nachhaltigen Publizieren
Nicht nur publizistisch, sondern auch als Unternehmen setzt sich der oekom verlag
konsequent für Nachhaltigkeit ein. Bei Ausstattung und Produktion der Publikationen
orientieren wir uns an höchsten ökologischen Kriterien. Dieses Buch wurde auf
100 % Recyclingpapier, zertifiziert mit dem FSC®-Siegel und dem Blauen Engel (RAL-UZ 14),
gedruckt. Auch für den Karton des Umschlags wurde ein Papier aus 100 % Recyclingmaterial,
das FSC®-ausgezeichnet ist, gewählt. Alle durch diese Publikation verursachten
CO_2-Emissionen werden durch Investitionen in ein Gold-Standard-Projekt kompensiert.
Die Mehrkosten hierfür trägt der Verlag.

Mehr Informationen finden Sie unter: www.oekom.de/nachhaltiger-verlag

Bibliografische Information der Deutschen Nationalbibliothek:
Die Deutsche Nationalbibliothek verzeichnet diese Publikation
in der Deutschen Nationalbibliografie; detaillierte bibliografische
Daten sind im Internet über http://dnb.d-nb.de abrufbar.

© 2020 oekom verlag, München
Gesellschaft für ökologische Kommunikation mbH
Waltherstraße 29, 80337 München

Layout und Satz: Reihs Satzstudio, Lohmar
Korrektorat: Maike Specht, Berlin
Umschlaggestaltung: Mirjam Höschl, oekom verlag
Umschlagabbildung: © Artem Kovalenco/Shutterstock.com

Druck: CPI Books GmbH, Leck

Alle Rechte vorbehalten
Printed in Germany
ISBN 978-3-96238-243-8

Inhalt

Vorwort   9

Problembeschreibungen und Analysen zur Verpackungsproblematik

1   **Eine Frage der Substanz**   23
Erzählungen von Verpackungen, Werten und Müll
Lis Hansen

2   **Umweltproblem Plastikverpackung**   39
Aufkommen in Deutschland und Auswirkungen auf die Umwelt
Doris Knoblauch | Hannes Schritt

3   **Unverpackt einkaufen:
Eigentlich ganz einfach, oder?**   57
Perspektiven auf die Herausforderungen
eines Vermarktungskonzepts in der Nische
Melanie Kröger | Alexandra Wittwer | Jens Pape

4   **Unverpackt – eine Idee wird Begriff**   83
Marie Delaperrière
Redaktionelle Unterstützung:
Lena Braun | Marc Delaperrière

Empirische Studien und Konsumforschung zu Unverpackt und Verpackungsreduktion

5   **Die Schwierigkeit des Weglassens**   *101*
Verpackungsfunktionen im Supermarkt
Lukas Sattlegger

6   **Nicht schwierig, aber anders**   *119*
Wie funktioniert der Einkauf im Unverpacktladen
im Alltag von Kundinnen und Kunden?
Alexandra Wittwer | Melanie Kröger | Jens Pape

7   **Soziale Normen,**   *139*
Gewohnheiten und Aushandlungen
Alltagsherausforderungen des verpackungsfreien Einkaufs
Benjamin Hennchen | Alexandra Wittwer
Lukas Sattlegger | Melanie Kröger

8   **Die Beziehung zum Behälter**   *157*
Soziale Aspekte der Mehrwegnutzung
Elisabeth Süßbauer | Klara Wenzel | Anne Müller

9   **Unverpackt einkaufen im Biosupermarkt**   *177*
aus Sicht der Kundinnen und Kunden
Gestaltungsfelder für den Handel
Laura Nickel | Bettina König

10   **Differenzierter Einblick**   *195*
in das Image von Unverpacktläden
Patrick Niehaves | Jennifer Marisa Fröhlich
Sophia Klatt-D'Souza | Irmela Sinkewitsch

Inhalt

Systemische Hemmnisse und Zukunftsentwicklungen

11 **Reduzierung von Kunststoffverpackungen für Lebensmittel**   *213*
Herausforderungen für Verbraucherinnen und Verbraucher
Thomas Decker | Maria Lippl
Manuel Lorenz | Friederike van den Adel

12 **Plastik in der Bundesrepublik um 1970**   *227*
Kein Umwelt- oder Verbraucherschutz ohne Arbeitsschutz
Andrea Westermann

13 **Littering – weit verbreitet, wenig erforscht**   *243*
Nina Maier | Sonia Grimminger

14 **Ansätze zur Verminderung des Plastikverbrauchs bei Lebensmittelverpackungen**   *265*
Ergebnisse eines Kreativprozesses
Andreas R. Köhler | Martin Möller

15 **Geschäftsmodelle zur Reduktion von Plastikmüll entlang der Wertschöpfungskette**   *285*
Wege zu innovativen Trends im Handel
Sabrina Schmidt | Frieder Rubik

16 **Verpackungsreduzierte Beschaffung**   *305*
Protokoll einer fiktiven Gesprächsrunde
zwischen Einzel- und Großhandel
Melanie Kröger | Lukas Sattlegger
Alexandra Wittwer | Jens Pape

Inhalt

| 17 | **Plastikvermeidung auf kommunaler Ebene** | *327* |
| | Linda Mederake \| Dorothea Seeger | |

| 18 | **Politische Entwicklungen zur Reduktion des Plastikproblems** | *345* |
| | Sonia Grimminger \| Nina Maier | |

| 19 | **Vom Abfall- zum nachhaltigen Ressourcenmanagement** | *363* |
| | Henning Wilts \| Nadja von Gries | |

| 20 | **Ökonomie der Abfallvermeidung** | *379* |
| | Henning Wilts | |

| 21 | **Bioplastik – Kunststoffe der Zukunft?** | *393* |
| | Carolin Völker \| Johanna Kramm | |

Anhang

| Autorinnen und Autoren | *410* |
| Danksagung | *423* |

Vorwort

Plastik und die mit diesem Werkstoff einhergehenden breit diskutierten ökologischen Probleme sind eines der zentralen Nachhaltigkeitsthemen unserer Zeit. Das Plastikaufkommen – weltweit und in Deutschland – steigt ständig. Verpackungen machen einen wesentlichen Teil davon aus, während parallel dazu ein kritisches Bewusstsein insbesondere gegenüber Einwegplastikverpackungen und -produkten wächst. Alternativen waren jedoch lange Zeit kaum verfügbar: Die Versorgung mit Waren ist heute in den allermeisten Fällen damit verbunden, auch die entsprechende (Kunststoff-)Verpackung zu erwerben.

Obwohl die Abfallhierarchie laut Kreislaufwirtschaftsgesetz Vermeidung noch vor Wiederverwendung, Recycling, energetischer Verwertung und Deponierung vorsieht, scheint genau diese Vermeidung in der Praxis jedoch extrem schwierig. Kunststoffe sind günstig und praktisch, haben viele Vorteile und sind in den heutigen Lieferketten nicht »einfach« zu ersetzen – sie sind sowohl Kennzeichen als auch Treiber der globalisierten Wirtschaft. Als solche bilden sie, wie es im *Plastikatlas 2019* heißt, die »materielle Basis unseres Alltags«: Die industrielle Produktion günstiger und vielfältiger Kunststoffe führte seit den 1950er-Jahren zu deren massenhafter und vielfältiger Nutzung für Einwegverpackungen. Während der lose Verkauf von Lebensmitteln und anderen Waren und die Mehrfachnutzung von Behältern (wie zum Beispiel der altbekannten Milchflasche) zuvor üblich und verbreitet waren, ermöglichte die sukzessive Umstellung auf Wegwerfverpackungen die Vereinfachung des Konsums und die Verlängerung der Lieferketten. In den letzten 70 Jahren hat sich nahezu weltweit ein Konsummodell etabliert, das auf der selbstverständlichen und »einfachen« Entsorgung der Verpackungen durch die Verbraucherinnen und Verbraucher basiert. In vielen Ländern herrschte lange Zeit die allgemeine Einschätzung vor, dass das wachsende Aufkommen von Verpackungsmüll technisch lösbar sei und deshalb kein gesellschaftliches Problem darstelle.

Deutschland sah sich selbst über Jahrzehnte mit einigem Stolz als »Recyclingweltmeister«. Mit der zunehmenden öffentlichen Thematisierung der gravierenden negativen globalen Folgen der steigenden Verpackungs- und Kunststoffproduktion stellte sich diese kollektive Meinung in den letzten Jahren zunehmend als Fehleinschätzung heraus – zumal das Pro-Kopf-Aufkommen an Kunststoffverpackungsabfällen in Deutschland im EU-Vergleich eines der höchsten ist. Folgerichtig wurde die Vermeidung von (Kunststoff-)Verpackungen zuletzt eines der meistdiskutierten und am intensivsten medial verhandelten Umweltthemen.

Der vorliegende Sammelband widmet sich den Hintergründen der Vermeidung von Plastikverpackungen und legt dabei den Fokus auf Lebensmittel. Das vielschichtige Thema wird von verschiedenen Seiten beleuchtet, denn: Weglassen ist nicht einfach, und simple Antworten sind kaum möglich. Es gilt, Zielkonflikte, Pfadabhängigkeiten und soziale Praktiken zu berücksichtigen: So darf Verpackungsvermeidung nicht zu einer Zunahme von Lebensmittelabfällen führen, gewachsene Strukturen und Prozesse in der Warenversorgung sind nicht einfach zu verändern, und auf Konsumentenseite setzt das Einkaufen loser Ware oft die Veränderung persönlicher Routinen voraus. Dass es dennoch möglich ist, Lebensmittel ohne (Einweg-)Verpackungen anzubieten, zeigen insbesondere die sogenannten Unverpacktläden, die als Impulsgeber für einen globalen Trend in Richtung Verpackungsreduktion, Reuse und Unverpacktangeboten Pionierarbeit leisten. Sie erklären »Vermeidung« bzw. »Zero Waste« zur Prämisse der eigenen wirtschaftlichen Tätigkeit und unterstreichen damit, dass das Schließen von Kreisläufen und das Verbessern von Recyclingstrukturen zwar notwendig, aber nicht ausreichend sind, um dem globalen Plastikproblem zu begegnen.

Nachdem in anderen Ländern entsprechende Konzepte bereits seit Langem verbreitet sind, haben in Deutschland die ersten Unverpacktläden im Jahr 2014 eröffnet. Mit ihrer Entstehung wuchs auch das wissenschaftliche Interesse an diesem neuen Konzept der Lebensmitteldistribution. 2016 startete das Forschungsprojekt »Der verpackungsfreie Supermarkt: Stand und Perspektiven. Über die Chancen und Grenzen des Precycling im Lebensmitteleinzelhandel«, das an der Hochschule für nachhaltige Entwicklung Eberswalde, am Fachgebiet Nachhaltige Unternehmensführung in der Agrar- und Ernährungswirtschaft im Auftrag des BÖLN (Bundesprogramm ökologischer Landbau und andere Formen nachhaltiger Landwirtschaft) über vier Jahre durchgeführt wurde und einen umfassenden Blick auf den Unverpackttrend in Deutschland geworfen hat. Zum Projektstart gab es circa 15 Läden in Deutschland – zum Zeitpunkt der Veröffentlichung dieses Bandes sind es bereits knapp 300. Diese Entwicklung war zu Beginn nicht absehbar, macht jedoch deutlich, wie sehr sich die Situation seitdem verändert hat und welche Dynamik die Entwicklung besitzt. Unverpacktläden inspirieren mittlerweile sowohl den konventionellen als auch den Biolebensmitteleinzelhandel. Nahezu alle Lebensmittelketten haben sich die Vermeidung und Reduktion von (Kunststoff-) Verpackungen zum Ziel gesetzt, und neue wie etablierte Anbieter und Lieferanten entwickeln Lösungen für verpackungsarme Lieferketten, etwa Behältersysteme für das Angebot und den Transport loser Ware sowie verpackungsreduzierte Sortimente.

Das Forschungsprojekt startete mit der Annahme, dass diese Lösungen nicht simpel sind und das Weglassen von Verpackungen mit vielfältigen Herausforderungen entlang der gesamten Wertschöpfungskette verbunden ist. Vier Jahre später liegt mit den Projektergebnissen (vgl. die Beiträge von Melanie Kröger, Jens Pape und Alexandra Wittwer im vorliegenden Buch) erstmals umfassendes, vertieftes und praxisnahes Wissen zum Unverpackttrend in Deutschland vor. Nachdem das Forschungsprojekt Anfang 2020 endete, sollen diese Ergebnisse nun auch einer interessierten Öffentlichkeit zur Verfügung gestellt werden: Sie bilden die Grundlage des vorliegenden Sammelbandes. Zusätzlich wurden weitere Wissenschaftlerinnen und Wissenschaftler eingeladen, ihre Sichtweise, Expertise und Forschungsergebnisse zum Thema Plastikverpackungen im Lebensmitteleinzelhandel zu teilen. Entstanden ist ein Buch, das einen Überblick zu einem sehr komplexen Thema gibt und damit einen Beitrag zu einer

Debatte liefern soll, die uns als Gesellschaft mit Sicherheit noch lange begleiten wird.

Das Buch gliedert sich in die folgenden drei Themenschwerpunkte: 1) Problembeschreibungen und Analysen zur Verpackungsproblematik, 2) Empirische Studien und Konsumforschung zu »unverpackt« und Verpackungsreduktion und 3) Systemische Hemmnisse und Zukunftsentwicklungen. Die Beiträge basieren größtenteils auf empirischen Erhebungen und größeren Forschungsprojekten oder Studien. Zur Orientierung werden im Folgenden die einzelnen Beiträge kurz vorgestellt und zusammengefasst. Sie befassen sich alle mit dem großen Thema Verpackungsvermeidung, bauen jedoch nicht unbedingt aufeinander auf. Leserinnen und Leser sind eingeladen, eigene Schwerpunkte zu setzen und sich zunächst auf einzelne Kapitel zu konzentrieren, die sie besonders interessieren. Das »wissenschaftliche Lesebuch« richtet sich an alle an der Verpackungsproblematik interessierten Verbraucherinnen und Verbraucher, aber auch an Expertinnen und Experten aus dem Verpackungs- und Lebensmittelbereich, der Forschung sowie Verbänden und anderen gesellschaftlichen Feldern.

Zum Auftakt beleuchtet **Lis Hansen** die Zusammenhänge von Literatur und Warenästhetik und geht dabei insbesondere den Vorstellungen von Verpackungen, Verpackungsmüll und unverpackten Produkten nach. Waren, ihre Verpackungen und Darbietungen erzählen Geschichten – von Träumen, Hoffnungen und Wünschen. Diese Vorstellungen (die Fiktionswerte der Produkte) stehen häufig im Gegensatz zur Frage nach der tatsächlichen Substanz der Warendinge, das heißt nach ihrem materiellen oder funktionalen Gehalt und Wert. Als Müll dagegen scheinen die Waren ihr wahres Gesicht zu zeigen. Doch auch wenn ganz auf Verpackungen verzichtet wird, spielen warenästhetische Mechanismen und die Frage nach der Substanz von Objekten eine entscheidende Rolle. Dabei zeigen sich unverpackte Produkte als nicht so »pur« wie erwartet, sondern als ebenfalls mit Imaginationen verbunden.

Doris Knoblauch und **Hannes Schritt** zeigen auf, wie sich die Menge der Plastikverpackungen in Deutschland in den vergangenen Jahren verändert hat und welche Auswirkungen Plastik und Plastikverpackungen auf die Umwelt haben können. Dabei fällt nicht nur auf, dass Produktion und Verbrauch von Plastikverpackungen stark zugenommen haben, sondern auch, dass dies mit dem Wachstum des Bruttoinlandsprodukts korreliert. Während Umweltauswirkungen durch Mikroplastik bislang noch nicht ausreichend erforscht sind, ist die Liste der dokumentierten Schäden durch größeres Plastik bereits lang.

Anschließend führen **Melanie Kröger**, **Alexandra Wittwer** und **Jens Pape** in die Entwicklung des Unverpacktkonzeptes im Lebensmitteleinzelhandel in Deutschland ein und stellen die vielfältigen Herausforderungen, die das Weglassen von Lebensmittelverpackungen hat, vor. Die Ergebnisse basieren auf empirischen Erhebungen im Rahmen des transdisziplinären Forschungsprojektes »Der verpackungsfreie Supermarkt«, das von 2016 bis 2020 die Herausforderungen, Hürden und Potenziale des Unverpackt-konzeptes untersucht und in Kooperation mit der Praxis weiterentwickelt hat.

Einen praktischen Einblick in das Konzept der Unverpacktläden gibt **Marie Delaperrière**, Gründerin von *unverpackt – lose, nachhaltig, gut* in Kiel. Als der Laden 2014 eröffnete, war unklar, ob das Konzept erfolgreich sein würde. Zunächst war der Laden weder wirtschaftlich rentabel noch konkurrenzfähig und die Kundschaft skeptisch. Doch sechs Jahre später zeigt sich: Die Nachfrage kann kaum befriedigt werden, in Deutschland gibt es aktuell circa 300 Unverpacktläden, etablierte Lebensmittelketten haben Unverpacktabteilungen eingerichtet, und »unverpackt« ist zu einem festen Begriff geworden. Der Beitrag schildert eine persönliche Sicht auf die Entwicklung des Ladens, die Bewegung und den dahinterstehenden gesellschaftlichen Wandel, den die Pionierinnen und Pioniere voran-treiben.

Lukas Sattlegger legt in seiner Forschung einen Schwerpunkt auf Verpackungen als essenzieller Bestandteil der Logistik und Arbeit im Supermarkt. Die einfache und flexible Handhabbarkeit von Kunststoffverpackungen erleichtert demnach die effiziente Präsentation und Verwaltung eines breiten Produktsortiments. Ihre Versiegelung und Beschriftung dient als eindeutiger Indikator von Frische und Unversehrtheit und ermöglicht gleichzeitig die digitale Erfassung, Nachvollziehbarkeit und Steuerung von Warenströmen. Will man Verpackungen auch im Supermarkt systematisch vermeiden, muss die Diversität ihrer alltagspraktischen Funktionen in den Blick genommen werden.

Das Angebot von Waren ohne Einwegverpackungen stellt nicht nur die Inhaberinnen und Inhaber von Unverpacktläden, sondern auch Kundinnen und Kunden vor Herausforderungen, bietet ihnen aber gleichzeitig viele Vorteile. In zwei Beiträgen werden Herausforderungen, die mit der Umstellung von Einkaufsgewohnheiten im Alltag einhergehen, untersucht. **Alexandra Wittwer**, **Melanie Kröger** und **Jens Pape** beleuchten in ihrem Beitrag, wie der Einkauf in Unverpacktläden abläuft, welche Hürden es dabei gibt und wie diese überwunden werden können, um neue Unverpacktroutinen im Alltag zu etablieren.

Um das Problem der Alltagskompatibilität näher zu beleuchten, werden im Beitrag von **Benjamin Hennchen**, **Alexandra Wittwer**, **Lukas Sattlegger** und **Melanie Kröger** drei fiktionale Geschichten erzählt, die jeweils von verschiedenen Personen und ihren Alltagspraktiken handeln. Die Analyse dieser Geschichten blickt dabei auf bestehende soziokulturelle Normen, erfahrungsbasierte Gewohnheiten sowie Aushandlungsprozesse im familiären Kontext. Der Beitrag illustriert, dass aufgrund der Vielschichtigkeit potenzieller Herausforderungen die längerfristige Etablierung verpackungsfreier Einkaufsroutinen vor allem von ihrer Anschlussfähigkeit an unterschiedliche Alltagswelten abhängig ist.

Das Wiederverwenden von Behältern für Lebensmittel und Getränke kann einen wichtigen Beitrag zur Abfallvermeidung und Ressourcenschonung leisten. Das Verhalten von Konsumentinnen und Konsumenten ist hierbei jedoch entscheidend, denn der tatsächliche ökologische Vorteil hängt davon ab, wie oft und wie lange die Behälter genutzt werden. Der Beitrag von **Elisabeth Süßbauer**, **Klara Wenzel** und **Anne Müller** gibt einen Überblick über den Forschungsstand zum Wiederverwendungsverhalten von Verbraucherinnen und Verbrauchern und diskutiert diesen aus soziologischer und psychologischer Perspektive. Zentrale Erkenntnis ist, dass die Mensch-Objekt-Beziehung bei Wiederverwendungslösungen fundamental anders ist als bei der Nutzung von Einwegverpackungen.

Unverpackte Lebensmittel gibt es mittlerweile nicht nur in den ursprünglichen Fachgeschäften, die Idee weitet sich aus. Der Beitrag von **Laura Nickel** und **Bettina König** stellt Ergebnisse von zwei explorativen Kundenbefragungen zur Wahrnehmung, Nutzung und Bewertung der Unverpacktabteilung im Biosupermarkt vor. Dafür wurden im Juli und September 2018 in zwei verschiedenen Berliner Filialen von Biosupermarktketten je circa 100 Kundinnen und Kunden befragt. Anhand der Ergebnisse werden die Optimierungsmöglichkeiten für das Unverpackteinkaufen im Naturkosthandel diskutiert.

Trotz seines Nischendaseins erfreut sich das Unverpacktladenkonzept zunehmender Beliebtheit. Eine detaillierte wissenschaftliche Betrachtung des Images von Unverpacktläden stand jedoch bis dato noch aus. Im Beitrag von **Patrick Niehaves**, **Jennifer Marisa Fröhlich**, **Sophia Klatt-D'Souza** und **Irmela Sinkewitsch** werden die Ergebnisse einer explorativen Befragung zu dieser Thematik vorgestellt. Die zentralen Erkenntnisse zeigen, dass Unverpacktläden in Deutschland bereits einen sehr hohen Bekanntheitsgrad haben und unter den Befragten ein Gesamtbild des Ladenkonzeptes existiert, welches als insgesamt positiv beschrieben werden kann.

Die Reduktion von Plastik sowie dessen umweltgerechte Entsorgung sind eine Herausforderung für Verbraucherinnen und Verbraucher. Ihnen wird mitunter eine gewisse »Machtposition« zugeschrieben, weil sie mit ihrer

Kaufentscheidung das Warenangebot und somit Marktentwicklungen beeinflussen können. Sie könnten theoretisch gezielt Produkte vermeiden, durch die Verpackungsmüll entsteht, und stattdessen Produkte präferieren, die weniger Verpackungsabfall verursachen. In der Praxis stößt diese »Macht« allerdings an verschiedene Grenzen. In ihrem Beitrag beleuchten **Thomas Decker, Maria Lippl, Manuel Lorenz** und **Friederike van den Adel** mögliche Handlungsoptionen für Verbraucher und Verbraucherinnen und deren Grenzen bei der Vermeidung von Plastik(abfall) bei Lebensmittelverpackungen.

Ob als größere Verpackungsreste, Mikroplastik oder toxische Emissionen durch offene Müllverbrennung: Langlebiger Kunststoffmüll häuft sich in vielerlei Form zu einem Umwelt-, Arbeitsschutz- und Gesundheitsproblem an. Alle drei Komponenten habe eine längere Geschichte, die im Aufsatz von **Andrea Westermann** skizziert wird. Es wird deutlich, dass Plastik und seine komplexe Stofflichkeit in der Vergangenheit politische Haltungen und Gebote auf beispielhafte Weise verkörpert hat. Auch heute setzen sich die Kunden und Kundinnen sowie die Gründerinnen und Gründer von Unverpacktläden intensiv mit Kunststoffen auseinander. Gegenwärtig werfen diese Stoffe besonders Fragen zu regionaler und weltumspannender Verteilungsgerechtigkeit auf.

Nina Maier und **Sonia Grimminger** befassen sich mit dem weitverbreiteten Phänomen des Littering. Dieses ist für viele Bürgerinnen und Bürger ein Ärgernis. Viele kennen Orte im eigenen Umfeld, an denen verstärkt Müll zu sehen ist, oder erleben, wie Gegenstände scheinbar achtlos weggeworfen werden. Littering ist ein Umweltproblem, das aufgrund seiner unmittelbaren Präsenz im öffentlichen Raum zwar vielen bewusst, wissenschaftlich aber noch wenig untersucht ist. Fehlende Definitionen und eine unzureichende Studienlage zu Ursachen von und Maßnahmen gegen Littering erschweren konkrete Handlungsempfehlungen.

Im Beitrag von **Andreas R. Köhler** und **Martin Möller** werden Ergebnisse eines Kreativprozesses vorgestellt, der 2019 vom Öko-Institut im Rahmen eines spendenfinanzierten Eigenprojekts zusammen mit Vertreterinnen und Vertretern aus verschiedenen Stakeholdergruppen durchgeführt wurde. Unter der Prämisse, dass etablierte Ökodesigninstrumente die Umweltfreundlichkeit von Lebensmittelverpackungen zwar bereits deutlich, aber noch nicht ausreichend verbessert haben, werden in dem Diskussionsbeitrag Handlungsspielräume und -bedarfe für eine weitergehende Reduktion von Kunststoffeinwegverpackungen vorgestellt.

Parallel zur Aufmerksamkeit, die Kunststoffverpackungen in jüngster Zeit gewonnen haben, werden etablierte Geschäftsmodelle modifiziert und neue Geschäftsmodelle von Akteurinnen und Akteuren im Handel entwickelt. Bisher, so **Sabrina Schmidt** und **Frieder Rubik**, scheint jedoch das Vorgehen des Handels zur Reduktion von Plastik noch wenig systematisch und birgt die Gefahr, rein technologische Lösungen zu präferieren. Es sind ein proaktives Denken und strategisches Handeln notwendig, die die Geschäftsmodelle grundlegend in Richtung einer nachhaltigen Transformation anpassen und in die Breite des Sortiments einwirken.

Unverpacktläden haben den Anspruch, ihre Produkte möglichst unverpackt bzw. verpackungsarm an ihre Kundinnen und Kunden zu verkaufen. Oberflächlich betrachtet, ist dies der Fall, wenn die Ware – zum Beispiel Linsen, Tee oder Nudeln – lose im Geschäft angeboten werden. Aber wie ist das eigentlich mit der Belieferung? Wie kommt die Ware in die Geschäfte? Gibt es hierfür bereits angemessene Lösungen, oder arbeitet die Branche noch daran? In Form einer fiktiven Gesprächsrunde schauen **Melanie Kröger, Lukas Sattlegger, Alexandra Wittwer** und **Jens Pape** in ihrem Beitrag »hinter die Kulissen« und machen damit einen Teil der komplexen Herausforderungen deutlich, die sich für Unternehmen stellen, die Verpackungen effektiv und entlang der gesamten Wertschöpfungskette vermeiden wollen.

Linda Mederake und **Dorothea Seeger** zeigen, dass Kommunen durch ihren örtlichen Bezug Bürgerinnen und Bürger sowie Inverkehrbringer und Vertreiber von Verpackungen und Plastikprodukten gezielt sensibilisieren können. Mithilfe des kommunalen Beschaffungs- und Auftragswesens können sie außerdem selbst eine Vorbildfunktion einnehmen. In diesem Bereich liegen große ungenutzte Potenziale, wie anhand von Praxisbeispielen gezeigt wird. Zusätzlich können privatwirtschaftliche und zivilgesellschaftliche Initiativen Potenziale zur Plastikvermeidung nutzbar machen.

Diese Vielfältigkeit der Plastikproblematik und die öffentliche Diskussion dazu haben bewirkt, dass Kunststoffthemen in der Politik angekommen sind. Weltweit werden politische Prozesse angestoßen, die Meeresmüll, Einwegkunststoffprodukte, Mikroplastik, Kunststoffverpackungen, Abfallvermeidung und Recycling adressieren. Im Text von **Sonia Grimminger** und **Nina Maier** werden Aktivitäten zum Umgang mit der Problematik vorgestellt, von globaler Ebene über die EU bis Deutschland. Zwar sind Kunststoffe derzeit präsent wie kaum ein anderes Thema, doch es wird auch klar, dass politisch bisher nicht alle Aspekte ausreichend adressiert werden.

Deutschland verfügt über eine gute abfallwirtschaftliche Infrastruktur, aber beim Thema Kreislaufwirtschaft sind andere Länder – wie zum Beispiel die Niederlande – längst vorbeigezogen. Während früher die Diskussion über Verpackungsvermeidung häufig normativ und undifferenziert geführt wurde, existieren heute klar begründete, praktisch umsetzbare und erprobte Konzepte, die die Notwendigkeit des kontinuierlich ansteigenden Verpackungsabfallaufkommens massiv infrage stellen. Der Beitrag von **Henning Wilts** und **Nadja von Gries** diskutiert Kernunterschiede zwischen Abfall- und Kreislaufwirtschaft an konkreten Fallbeispielen.

Warum steigt das Abfallaufkommen kontinuierlich an, obwohl die Akteure bereits unter massivem öffentlichen Druck stehen, Kunststoffverpackungen zu vermeiden? In den vergangenen Jahren wurde viel zur Rolle verschiedener Faktoren wie der Haushaltsgröße oder Konsummustern der Außer-Haus-Verpflegung geforscht, aber die Rolle ökonomischer Anreizstrukturen ist dabei kaum in den Blick genommen worden. Vermeidung wird immer wieder als Win-win-Situation dargestellt – trotzdem steigen speziell die Mengen an Kunststoffabfällen stetig an. Der Beitrag von **Henning Wilts** analysiert die ökonomischen Anreizstrukturen der Abfallvermeidung.

Abschließend gehen **Carolin Völker** und **Johanna Kramm** der Frage nach, ob der Einsatz von Biokunststoffen eine Lösung ist, um die Umweltauswirkungen von Kunststoffen zu minimieren. Ihr Beitrag gibt einen Überblick über Anwendung und Eigenschaften von Biokunststoffen und diskutieren kritisch die ökologischen Vorteile und Nachteile. Der Beitrag zeigt, dass der breite Einsatz von biobasierten und bioabbaubaren Kunststoffen für Verpackungen momentan noch keine nachhaltige Alternative zu konventionellen Kunststoffen darstellt.

Wir wünschen allen Leserinnen und Lesern eine interessante Lektüre!

Melanie Kröger, Jens Pape und Alexandra Wittwer
Berlin, im Dezember 2020

Problembeschreibungen und Analysen zur Verpackungsproblematik

Eine Frage der Substanz

Erzählungen von Verpackungen, Werten und Müll

LIS HANSEN

Zusammenfassung

In diesem Beitrag wird anhand einiger literarischer Beispiele, die das Wegwerfen, Verpackungen und Müll thematisieren, ein besonderes Augenmerk auf das Imaginäre, die Zuschreibungen und die Erzählungen von Material gelegt. Sowohl der Fiktionswert von Waren wie auch literarische Imaginationen von Verpackungsmüll zeigen sich dabei eng mit der Frage nach der Substanz von Objekten verknüpft. Auch beim Verzicht auf Verpackungen spielt der Aspekt der Substanz eine wesentliche Rolle. Daher wird abschließend die spezifische Warenästhetik von unverpackten Produkten beleuchtet.

1.1
Wegwerfen

In Heinrich Bölls Erzählung *Der Wegwerfer* (Böll 1997), die Mitte der 1950er-Jahre entsteht, wird ein Mann geschildert, dessen ganze Aufmerksamkeit und Leidenschaft einem meist eher nebenher und unauffällig vollzogenen Akt gilt: dem Wegwerfen. Der namenlose Wegwerfer in der Erzählung trennt im Keller seiner Firma an zwei brachialen Holztrögen begeistert das Wertvolle vom Wertlosen, die Post von der Werbung und spart seiner Firma durch das Aussortieren des Überflüssigen wichtige

Arbeitsstunden. Durch jahrelange theoretische Berechnungen, Experimente und praktische Erfahrungen glaubt der Wegwerfer, die effizienteste Art der Entsorgung entwickelt zu haben, sodass er sogar darüber nachdenkt, »Wegwerfschulen« einzurichten. Dann widmet er sich einem Thema, das zur Zeit des Erscheinens der Erzählung mehr und mehr die Lebenswelt und materielle Kultur der Menschen beeinflusste: Verpackungen. Entsprechend sieht der Wegwerfer in Bölls Erzählung darin ein neues Forschungsfeld für sich: »[…] die reine Postwegwerferei interessiert mich kaum noch; was daran noch gebessert werden kann, ergibt sich aus der Grundformel. Längst schon bin ich mit Berechnungen beschäftigt, die sich auf das Einwickelpapier und die Verpackung beziehen: hier ist noch Brachland, nichts ist bisher geschehen, hier gilt es noch, der Menschheit jene nutzlosen Mühen zu ersparen, unter denen sie stöhnt. Täglich werden Milliarden Wegwerfbewegungen gemacht, werden Energien verschwendet, die, könnte man sie nutzen, ausreichen würden, das Antlitz der Erde zu verändern. Wichtig wäre es, in Kaufhäusern zu Experimenten zugelassen zu werden; ob man auf die Verpackung verzichten oder gleich neben dem Packtisch einen geübten Wegwerfer postieren soll, der das eben Eingepackte wieder auspackt und das Einwickelpapier sofort für den Altwarenhändler zurechtbündelt?« (Böll 1997: S. 270)

Das »Brachland« der Erforschung des Wegwerfens von Verpackungen ist in Bölls Erzählung Mitte der 1950er-Jahre vor allem auf den Verbrauch von Zeit und Energieressourcen bezogen. Die Schilderung der »Mühsal« des Auspackens und der Wegwerfbewegungen verweisen trotz der ironisch gefärbten Darstellung auf die kulturelle Bedeutung von Wegwerfakten. Die Gesellschaft beginnt sich in dieser Zeit zunehmend über den Konsum und die Aneignung von Produkten zu definieren – der Kulturwissenschaftler Hartmut Böhme spricht vom Konsum als dem »kreative[n] Zentrum der Kultur« (Böhme 2012: S. 343). Den damit auf das Engste verbundenen Aspekten der Trennung, des Aussortierens und des Wegwerfens von Dingen muss daher ebenfalls eine zentrale Bedeutung beigemessen werden. Bölls Erzählung mit ihrer Ausrichtung auf Prozesse des Wegwerfens markiert folglich kulturgeschichtlich eine zentrale Zäsur im Umgang mit und der Bewertung von Objekten, besonders im Hinblick auf die Kategorie *Müll.* Denn nach einer von Sparsamkeit geprägten Nachkriegszeit beginnt der Konsum infolge des sogenannten Wirtschaftswunders in den 1950er-Jahren eine immer zentralere Rolle einzunehmen, die eng an den Aufstieg einer neuen Materialität geknüpft ist: Kunststoffe (Westermann 2007). Plastik ist in der zweiten Hälfte des 20. Jahrhunderts von kaum zu überschätzender Bedeutung für die Herstellung und Verpackung der Waren sowie eine entsprechende Konsumästhetik. Das günstig und massenhaft produzierbare Material befeuert zugleich das Wegwerfen von verbrauchten, alten oder als überflüssig empfundenen Dingen. In der Folge wird die Gesellschaft nicht nur als Konsumgesellschaft gedeutet, sondern außerdem als Wegwerfgesellschaft. Bereits 1960 bezeichnete der US-amerikanische Soziologe Vance Packard seine Landsleute als *waste makers.* Vor diesem kulturgeschichtlichen Hintergrund wird im Folgenden das Thema *Verpackungen in der Literatur* mit einigen Gedanken zur kulturellen Bedeutung von Kunststoffen wie literarischen Imaginationen von Verpackungsmüll verknüpft.

Bölls Wegwerfer beschäftigt an den Verpackungen zunächst weniger das gegenwärtig so aktuelle Kunststoffmüllproblem, sondern vielmehr der hohe Verbrauch von Zeit und Energie beim Auspacken eines Produktes. Ab und zu kauft der Wegwerfer selbst ein Produkt, allerdings nur zu Studienzwecken, »um die Prozedur der Sinnlosigkeit an mir selber vollziehen zu lassen und herauszufinden, wieviel Mühe es braucht, den Gegenstand, den man zu besitzen wünscht, wirklich in die Hand zu bekommen« (Böll 1997: S. 271). Um dies zu ermitteln, geht er äußerst professionell zu Werke: Seine Wohnung ist voll von grafischen Darstellungen, von Formeln und Ergebnissen seiner Berechnungen der Zeit und Energie, die das Auspacken eines Gegenstandes benötigt. Beim Öffnen eines gekauften Nervenmittels setzt er seine Stoppuhr in Gang und protokolliert: »äußeres Einwickelpapier, Zellophanhülle, Pakkung [sic!], inneres Einwickelpapier, die mit einem Gummiring befestigte Gebrauchsanweisung: siebenunddreißig Sekunden. Mein Nervenverschleiß beim Auspacken ist größer als die Nervenkraft, die das Mittel mir zu spenden vermöchte.« (Böll 1997: S. 272)

Die beschriebene Verpackung ist, abgesehen von der Zellophanhülle und dem Gummiring, in dieser Erzählung vor allem noch eine aus Papier.

Jedoch prägt die Beschäftigung des Wegwerfers mit der Verpackung – ebenso wie gut 70 Jahre später in der Gegenwart – die Frage nach dem Verhältnis der tatsächlichen Substanz, dem Gehalt eines Produktes und seiner materiellen Darbietung, denn am Ende seiner Untersuchungen bilanziert der Wegwerfer: »Sicher ist, daß die Verpackung einen größeren Wert darstellt als der Inhalt [...].« (Böll 1997: S. 272) Diese Feststellung verweist auf zentrale Zusammenhänge für die Auseinandersetzung mit Verpackungen: Von besonderer Relevanz ist dabei die Frage nach dem Wert, dem Inhalt und der Substanz des Gegenstandes im Verhältnis zu seiner Verpackung oder symbolischen Aufladung.

Substanz dient gemeinhin als Bezeichnung für den zentralen Gehalt eines Gegenstandes, das Wesentliche, den *Kern* von etwas. Dieser Begriff ist eng mit ontologischen Dingvorstellungen als verlässliche, objektive Bezugsgröße verknüpft. Eine solche Semantik der Objekte wird durch die Massenproduktion und die Kunststoffe seit den 1950er-Jahren aufgrund der quantitativen wie qualitativen Veränderung der Gegenstände entscheidend herausgefordert. Die Folgen dieser Entwicklungen für die Wahrnehmung von Müll werden an späterer Stelle beleuchtet. Zunächst soll festgehalten werden, dass der Wert der Verpackung, von dem der Wegwerfer spricht, nicht von materieller oder monetärer Art ist – besonders nicht in der Gegenwart, wo Verpackungen meist aus günstigen Kunststoffen bestehen. Die Verpackung ist außerdem keinesfalls *sinnlos*, wie der Wegwerfer sie bewertet. Eher ließe sich sogar geradezu gegensätzlich von einer starken Aufladung der Verpackungen mit kulturellem Sinn und Wert sprechen.

1.2
Fiktionswerte: Verpackung als Erzählung

Verpackungen dienen ganz praktisch dem Schutz, der Portionierung, der Haltbarkeit oder Hygiene von Waren oder Lebensmitteln. Darüber hinaus spielen Verpackungen eine zentrale Rolle bei der Vermittlung der Ware. Für die bestmögliche Darbietung des Produktes treffen an der Verpackung diverse Bereiche der Warenproduktion zusammen, das Markenimage, das

Abbildung 1.1
Reinigungsprodukte verpackt *(Quelle: Hansen/privat).*

Produktdesign und die Werbung für das Produkt. Die materielle Dimension der Verpackung muss folglich mit den semiotischen Dimensionen und einer symbolischen Aufladung zusammengedacht werden. Denn wenn Produkte vom Gebrauchswert weitestgehend gleichwertig sind, findet ihre Unterscheidung vor allem über das von den Herstellerfirmen kreierte Markenimage statt (Baßler und Drügh 2019: S. 9). Es geht bei Verpackungen neben ihrer praktischen Funktion daher vor allem um die Vermittlung eines Mehrwerts, eines imaginären Gehalts, der von dem Objekt an sich eigentlich nicht ausgeht. Wesentlich für einen solchen erzählenden Mehrwert des Objekts sind Mechanismen der Warenästhetik, die sich seit Mitte des 19. Jahrhunderts herausgebildet haben.

Seit sich die moderne Warenwelt entwickelte, stehen die Waren in enger Beziehung zu ästhetischen Stimulationen. Der Philosoph Wolfgang Fritz Haug führte daher den Begriff der »Warenästhetik« ein, um die Funktionalisierung der Ästhetik zur Steigerung der Konsumlust der Kundinnen und Kunden zu beschreiben. Haug bezog sich in seiner Kritik der Warenästhetik auf Karl Marx' Theorie des Warenwerts. Für die »Verschleierungsvorgänge« um den Tauschwert verwendet Marx den Begriff des Fetischismus, den Haug 100 Jahre später aufgreift. Haug beleuchtet, wie der Gebrauchswert einer Ware aufgrund von Werbung und Marketingstrategien mehr und mehr an Bedeutung verliert: »An die Stelle des realen Gebrauchswerts trete Suggestion, ein Gebrauchswertversprechen, das sich in der schönen, glänzenden Oberfläche der Waren materialisiere.« (Drügh, Metz und Weyand 2011: S. 10) Die kulturelle Vorstellung, dass mit der glänzenden Oberfläche der Ware zugleich eine inhaltliche Oberflächlichkeit verbunden wird, zeigt sich ebenfalls in der Literatur. Waren, Marken und Konsumgüter sind in der Literatur, außer in Popliteratur oder Pop-Art, meist wenig repräsentiert. Sie scheinen mit Vorstellungen von Ästhetik und Kunst als bedeutungtragend und gehaltvoll schwer vereinbar. Ein solches Kunstverständnis ist von einer Distanz zu den profanen und materiellen Dimensionen des Alltagslebens geprägt. Entsprechend werden die Konsumkultur und die Warenwelt meist als oberflächlich, gleichförmig, als Verflachung und Verführung banalisiert oder kulturkritisch gedeutet. Moritz Baßler und Heinz Drügh kritisieren in ihrem Plädoyer für eine Konsumästhetik, dass die Warenästhetik und Markenimages »im Wesentlichen als strukturelle Lüge, als falsches Gebrauchswertversprechen verstanden und verdammt [...]« würden (Baßler und Drügh 2019: S. 9). Eine solche Sichtweise verkenne allerdings die Komplexität und ästhetischen wie kulturellen Dimensionen der Konsumkultur. Wolfgang Ullrich spricht in ähnlicher Hinsicht von der Fiktionalisierung der Waren und ihrer Darbietung (Ullrich 2008: S. 45–52). Er weist auf den Zusammenhang von Konsumkultur und Literatur hin und erklärt, dass der Vorwurf, die Warenwelt würde die Menschen belügen, eine ähnliche Ausrichtung habe, wie es seit jeher Vorwürfe gab, die Dichterinnen und Dichter beziehungsweise die Literatur würden »lügen« (Baßler und Drügh 2019: S. 9). In beiden Fällen, bei den Illusionen und Versprechungen der Waren, die über Markenimages und Verpackungen vermittelt werden, wie beim Erzählen von Geschichten, also bei der Literatur, sei den Konsumentinnen und Konsumenten jedoch üblicherweise bewusst, dass es auf beiden Gebieten keinen Anspruch auf Wahrheit gibt. Im Gegenteil, es handelt sich um zwei Bereiche, in denen vor allem Fantasien, Illusionen, Fiktionen, Wünsche und Träume von Bedeutung sind.

Die Komplexität und Ausrichtung der Fiktionen literarischer Texte und der Warenästhetik unterscheiden sich zwar, doch bietet das Zusammendenken dieser zwei Sphären bereichernde Perspektiven. Denn die Fiktionen, Wünsche und Träume der Menschen manifestieren sich gegenwärtig besonders in der Warenästhetik: »Nirgendwo ist die Formel vom Versprechen der Schönheit so präsent wie auf den realen und virtuellen Märkten der Gegenwart.« (Liessmann 2012: S. 8) Nirgendwo würde der Gegenstand so viel mehr als sein Gebrauch versprechen, und zwar nichts weniger als »Freiheit, Glück, Sex und Erfolg« (ebd.). Solche Versprechen der Ware als moderne Fetischobjekte werden von Werbung, Markenimages und Verpackungen erzählt und kulminieren in dem Bonmot Don Drapers, dem Kreativdirektors einer Werbeagentur in der Serie *Mad Man*, die Liebe sei von Typen wie ihm erfunden worden, um Nylonstrümpfe zu verkaufen. Eva Illouz' Beobachtung einer »Romantisierung der Waren« in einer kapitalistischen Gesellschaft (Illouz 2007: S. 53) weist in eine ganz ähnliche Richtung, die als ein *Erzählen* von Träumen, Hoffnungen und Selbstbildern gedeutet werden kann. Aufgrund dieses fiktionalen Gehalts stehen die Warendarbietungen in engem Bezug zu Mechanismen der Literatur. Zugleich ist die Literatur ein Bereich, in dem insbesondere seit der Mitte des 20. Jahrhunderts intensiv die Kehrseite der neuen, glänzenden und schönen Waren, der Müll, dargestellt und reflektiert wird. Vor diesem Hintergrund lässt sich fragen: Was passiert eigentlich mit dem geschilderten imaginären *Mehr*, den Versprechungen oder Fiktionen eines Warenobjekts beim Anblick von ebendiesen Produkten als Müll?

1.3
Die Enthüllung des Verblendungszusammenhangs: Die Wahrheit der Ware als Müll

In einer Konsumkultur stellt das Auspacken eines Produktes gemeinhin ein positiv konnotiertes und lustvolles Moment dar. Die neu verpackten, jungfräulichen Waren ermöglichen demjenigen oder derjenigen, der oder die sie erstmals öffnet, einen direkten Aneignungsprozess, nicht nur des Produktes selbst, sondern ebenfalls der mit ihm verbundenen Fiktionswerte. Das durch die Verpackung vermittelte Neue, Unverbrauchte eines verheißungsvollen Produkts steht damit in denkbar krassem Kontrast zu Eigenschaften der Objekte, die als Müll gelten. Diese Gegenstände sind benutzt, verbraucht, möglicherweise zerkratzt, zerbrochen oder beschädigt. Es sind genau diese Spuren der Vergangenheit oder des Gebrauchs, die neben der topografischen Platzierung den Status eines Objekts als Müll konstituieren. Die Gebrauchsspuren und der Formverlust bewirken außerdem ein besonderes Hervortreten der Materialität des Objekts, das als Müll bewertet wird. Diese Exponiertheit der materiellen Seite der Gegenstände scheint zum einen die Möglichkeit zu suggerieren, den tatsächlichen Gehalt, die Substanz eines Objekts offenzulegen. Darüber hinaus stellt der Fokus von Mülldarstellungen auf die materielle Seite eines Objekts einen Gegensatz zu den imaginären Werten der Warenästhetik dar, wie sie im vorherigen Absatz geschildert wurden. Die Aufladung der Waren mit Werten, Fiktionen und Versprechungen bewirkt, dass mit Darstellungen von Müll häufig die Erwartung verknüpft wird, das Wahre und Reale, ebendie materielle Kehrseite der Illusionen zu zeigen. Mit der Darstellung von Müll scheinen daher die mit Wolfgang Ullrich gesprochene Fiktionalisierung oder Eva Illouz' Beobachtung der »Romantisierung der Waren« entblößt und ein »Verblendungszusammenhang des Konsums« (Linck und Mattenklott 2006: S. 9) gelüftet. Müllszenen können auf diese Weise als der nicht schöne Kontrapost zu den Werbenarrativen gelesen werden. Das Abfällige wirkt daher, wie es der Protagonist Hagen Trinker in Helmut Kraussers Roman *Fette Welt* ausdrückt, »unsimuliert« (Krausser 1999: S. 18) und wahrhaftiger. Mülldarstellungen suggerieren eben nicht, *den schönen Schein* zu inszenieren, sondern das tatsächliche *Sein*, die Substanz des Objekts an sich, zu zeigen.

Die Frage nach der Substanz beschäftigte bereits den Wegwerfer, allerdings aus einem anderen Grund. Er beklagt die Differenz zwischen dem Wert der Verpackung und des Inhalts bei seinen Auspackstudien als unverhältnismäßig. In ganz ähnlicher Weise trauert er an anderer Stelle in der Erzählung über die Effizienz seiner Wegwerfhandlungen. Nachdem er die überflüssigen Werbeprospekte von den wertvollen Briefen getrennt hat, bemerkt er: »Immer wieder stimmt es mich traurig, den Pförtner in einem Blechkorb von der Größe eines Schulranzens wegtragen zu sehen, was vom Inhalt dreier Postsäcke übrigblieb.« (Böll 1997: S. 266) Die Trauer des Wegwerfers um die Diskrepanz zwischen dem wenigen Wertvollen und der Masse des als wertlos aussortierten Materials lässt sich mit gegenwärtigen Bewertungen von Kunststoffen verknüpfen. In diesen Zusammenhängen wird ebenfalls eine große Differenz zwischen der Masse von Objekten und ihrem Wert ersichtlich.

Einen zentralen Unterschied stellt jedoch der Umstand dar, dass die Entsorgung des Überflüssigen, Verbrauchten oder Wertlosen gegenwärtig nicht mehr so reibungslos funktioniert, wie es in Bölls Erzählung noch perspektiviert wird. Der Müll, den der Wegwerfer gesammelt hat, verweist zwar auf die Diskrepanz von Masse und Substanz sowie einen entsprechenden Wertverlust, doch der aussortierte Teil kann ohne Probleme entsorgt werden. Diese reibungslose Entsorgung stellt einen gravierenden Unterschied zu gegenwärtigen Diskursen und literarischen Darstellungen von Verpackungsmüll dar.

1.4
Literarische Imaginationen von Verpackungsmüll

Günter Grass beschreibt bereits 1986 in seinem Roman *Die Rättin* die Eigenbeweglichkeit und Dauerhaftigkeit des alltäglichen Mülls einer Konsumgesellschaft. In diesem Text ruft eine darin geschilderte Ratte den Menschen vorwurfsvoll zu: »Was vom Menschengeschlecht geblieben, zählen wir zum Gedächtnis auf. Von Müll befallen, breiten sich Ebenen, strändelang Müll, Täler, in denen der Müll sich staut. Synthetische Masse wandert in Flocken, Tuben, die ihren Ketchup vergaßen, verrotten nicht. Schuhe, weder aus Leder noch Stroh, laufen selbsttätig mit dem Sand, sammeln sich in vermüllten Kuhlen, wo schon des Seglers Handschuh und drolliges Badegetier warten. All das redet von euch ohne Unterlaß.« (Grass 2007: S. 14).

Während Bölls Erzählung aus den 1950er-Jahren sich vor allem mit dem Verbrauch von Zeit und Energie beschäftigt, wird in Grass' Roman die räumliche Dimension von Verpackungsmüll als Umweltproblem ersichtlich. Der Müll befindet sich am Strand und damit an einem nicht für ihn vorgesehenen Ort. Ferner vergessen die Verpackungen, die Tuben, zwar ihren ehemaligen Inhalt, selbst bleiben sie jedoch bestehen und verrotten nicht. Die leeren und verbrauchten Hüllen der Waren reden unablässig: »ohne Unterlaß«, wie es heißt. In Grass' Roman wird der synthetische Müll nicht nur als Umweltproblem dargestellt, sondern außerdem als menschliches Erbe. Die Ratte zählt den Müll »zum Gedächtnis« auf und erklärt ihn als den »Nachlaß« (Grass 2007: S. 15) der Menschen. Stellt Dauerhaftigkeit üblicherweise einen kulturellen Wert dar, wird die Persistenz des Verpackungsmülls hier als ein negatives Erbe und eine transgenerationelle Belastung inszeniert. Darüber hinaus wird die Mobilität der Polymere, die aktive Seite des Kunststoffmülls – er wandert, läuft selbstständig, sammelt sich und wartet –, an dieser Textstelle besonders betont. Die Unbeherrschbarkeit und Widerspenstigkeit der Kunststoffe werden damit eindringlich bebildert.

Zwei Dekaden später werden diese Aspekte in gesteigerter Form erneut Gegenstand einer literarischen Auseinandersetzung. In Dea Lohers Theaterstück *Deponie* (Loher 2001) wird der Mageninhalt von einigen Wildtieren imaginiert. Ein Müllwagenfahrer, der Wildtiere auf einer Mülldeponie beobachtet, malt sich den Mageninhalt der Tiere aus: »[...] manchmal stelle ich mir vor, wie ihnen beim Ausweiden der ganze Dreck aus den aufgeschlitzten Bäuchen rausquillt, faulige Windeln, zernagte Schaumstoffteile, halbe Schuhe, Splitter von Plastikflaschen, versupptes Obst [...]« (Loher 2001: S. 40). Während der Müll in Grass' Roman den Strand verschmutzt, inszeniert Dea Loher anhand der Tiere und ihrer körperlichen Verbindung mit synthetischem Material die Art von Verschmelzung und materieller Grenzüberschreitung, welche in den letzten Jahren Politik, Wissenschaft und Gesellschaft in zunehmendem Maße beunruhigt. Vor dem Hintergrund, dass Tiere in Kultur und Literatur als typische Stellvertreter für menschliche Ängste fungieren, können diese Narrative im Zusammenhang aktueller Diskussion um Mikroplastik, das über kontaminierte Lebensmittel in den menschlichen Körper zurückgelangt, gelesen werden.

In diesen zwei Beispielen literarischer Inszenierungen von Verpackungsmüll zeigt sich erneut eine Beziehung zu Fragen von Substanz, Inhalt und Werten. Die enge Verbindung von Verpackungen mit dem Aspekt der Substanz scheint im Hinblick auf Kunststoffmüll sogar eine weitere Ebene zu beinhalten, und das liegt vor allem an der kulturellen Semantik der Kunststoffe selbst. Diesem Material wird üblicherweise wenig Wert zugeschrieben, und das vor allem, da Plastik als Signum für Substanzlosigkeit fungiert. Das mag daran liegen, dass Kunststoffe zur Zeit ihrer *Erfindung* im 19. Jahrhundert zunächst als Ersatzstoffe, etwa für Elfenbein oder andere knappe Ressourcen, fungierten. Schon früh in der Entwicklungsgeschichte wurde das Plastik in verschiedenste Formen, Farben und Texturen gegossen, um anderes Material zu imitieren. Teure Materialien wurden täuschend echt nachgeahmt: Imitate von Elfenbein und Ebenholz oder falsche Perlen wurden an die aufstrebende Mittelschicht verkauft, die sich nach dem Wohlstand der Reichen sehnte, ihn sich aber nicht leisten konnte (Miodownik 2016: S. 144). Die Frage, ob etwas *echt* oder *eben nur aus Plastik* ist, hat an seiner Aktualität nichts verloren, wie beispielsweise in Diskursen um Modeschmuck ersichtlich wird. Der Verdacht einer Täuschung prägt die Wahrnehmung von Kunststoffen offenbar immer noch und bewirkt zusammen mit der Vorstellung der Wandlungsfähigkeit des Materials, dass Plastikobjekten gemeinhin wenig Substanz, im Sinne eines beständigen, verlässlichen Gehalts eines Objekts, zugeschrieben wird. Diese Semantik der Kunststoffe fasst der Philosoph, Schriftsteller und Literaturkritiker Roland Barthes folgendermaßen zusammen: »[d]as Plastik ist weniger eine Substanz als vielmehr die Idee ihrer endlosen Umwandlung« (Barthes 1964: S. 79). Die von Barthes beschriebene

Illusion eines substanzlosen Materials im permanenten Transformationsprozess wird ikonografisch im *Grünen Punkt* mit seinen sich unablässig
im Kreis befindlichen Pfeilen anschaulich bebildert. Die Konnotation der
Kunststoffe als ein substanzloses und sich im ständigen Transformationsprozess befindliches Material stellt möglicherweise einen Grund für die
jahrelange gesellschaftliche wie politische Ignoranz von Plastik als Müllproblem dar. Wo keine Substanz, kein Kern, angenommen wird, muss der
materielle Rest seltsam unwirklich und abstrakt erscheinen und kommt
daher in seiner materiellen Präsenz überraschend. Hinzu kommt die Mär
von der hohen Wiederverwertung und Recyclingquote Deutschlands, die
jüngst ebenfalls als Täuschung, etwa als »Plastik-Lüge« (Asendorpf 2018)
und »Mogelpackung« (Bethge 2019), thematisiert wurde. Die literarischen
Darstellungen von Plastikmüll stehen der Vorstellung eines in permanen-
ter Umwandlung begriffenen substanzlosen Materials entgegen und per-
spektivieren vielmehr seine Substanz, seine materielle Beständigkeit wie
Eigenbeweglichkeit.

1.5
Glänzende Oberflächen.
Die Verpackung des Mülls

Doch nicht nur die Verpackung von Produkten prägt die Wahrnehmung
und Bewertung von Gegenständen und steht in engem Bezug zu Kunststoffen und Wegwerfakten. Auch der Müll selbst erfährt unterschiedliche
Verpackungen. In Italo Calvinos Erzählung *Die Mülltonne* aus dem Jahr
1990 denkt der Erzähler intensiv über die Beziehung zwischen Müll und
Gesellschaft sowie die Bedeutung des Wegwerfens für das Individuum
nach. Er reflektiert die Praktiken, Akteure und Materialitäten, die bei der
Müllentsorgung interagieren. In diesen Zusammenhängen beobachtet er
durch die Einführung der Kunststoffe – ähnlich wie bei den Verpackungen der Waren – eine Veränderung in der Wahrnehmung der Objekte.
Früher, so berichtet der Erzähler, seien die Mülleimer mit Zeitungspapier
ausgelegt gewesen: »Heute steckt er [der Müll, *L. H.*] in glatten und glänzenden Hüllen.« (Calvino 1997: S. 101) Die Entwicklung, den Müll in

Plastiksäcken zu sammeln, habe das Bild des Mülls sowie seiner *Verpackung* grundlegend verändert, und obwohl der Erzähler diese Entwicklung als Fortschritt bewertet, stellt er fest: »ich würde sagen, daß mittlerweile sogar der sauberste Plastiksack an Müll denken läßt, gleichgültig, was er enthält, da es immer das stärkere Bild ist, das sich durchsetzt.« (Calvino 1997: S. 101)

Der Erzähler in Calvinos Text kann keine Plastiktüten mehr sehen, ohne an Müll denken zu müssen. Zugespitzt ließe sich diese Beobachtung vor dem Hintergrund der Darstellungen von Plastikmüll in der Literatur wie den medial omnipräsenten Bildern von verschmutzten Naturräumen

Abbildung 1.2
Reinigungsprodukte unverpackt *(Quelle: Hansen/privat).*

1 Eine Frage der Substanz

oder den Nachweisen von Mikroplastik in tierischen wie menschlichen Körpern auf Plastik an sich beziehen: Inwieweit lassen sich gegenwärtig Kunststoffverpackungen wahrnehmen, ohne das starke Bild seiner Müllwerdung bereits mitzudenken?

In allen angeführten literarischen Beispielen, in denen das Wegwerfen, Verpackungen und Müll thematisiert wurden, waren diese Auseinandersetzungen mit Fragen nach der Substanz und dem Wert von Objekten verbunden. Dabei zeigten sich die Zuschreibungen, die Bilder und die Fiktionen, die an die Waren, die Verpackungen und auch den Müll geknüpft sind, als signifikant für ihre kulturelle Deutung und konkretes Handeln. Daher lässt sich vor dem Hintergrund der Entwicklung der kulturellen Semantik der Kunststoffe vom einstigen Wunderstoff zum Müllproblem folglich nicht nur fragen, welche Bilder die Verpackungen der Waren gegenwärtig evozieren. Im Zusammenhang mit verpackungsfreien Produkten wäre außerdem zu bedenken, dass der Verzicht auf die Verpackung ebenfalls mit Fiktionen verbunden ist. Die Werte, Träume und Wünsche, die über unverpackte Produkte vermittelt werden (etwa Naturnähe, eine modernekritische Nostalgie oder ein direkteres Verhältnis zu den Dingen), entfalten ebenfalls eine eigene Konsumästhetik. Diese bezieht sich in den Unverpacktläden materiell wie in ihrer ästhetischen Darbietung mit Weckgläsern, Brotdosen aus Edelstahl und Bastkörben stark auf das frühe 20. Jahrhundert.

Ohne die Notwendigkeit einer Reduktion von Verpackungsmüll zu bezweifeln, sollten die vermittelten Werte der verpackungsfreien und damit Unmittelbarkeit und Substanz versprechenden Produkte als Form einer Warenästhetik erkannt werden. Diese Fiktionen sind aus einer erzählanalytischen Perspektive sogar besonders interessant. Denn im Gegensatz zu Verfahren der herkömmlichen Warenästhetik suggerieren sie, ohne wertsteigernde Materialitäten (wie ehemals die Kunststoffe) oder Versprechungen von Werbung und Markenimages auszukommen und gewissermaßen *pur* zu sein. Die Substanz der Objekte scheint damit unvermittelt zugänglich. Der große Fiktionswert der Produkte ohne Verpackung liegt so darin zu erzählen, weniger eine kurzlebige Ware als vielmehr ein reines und verlässliches Objekt zu sein. Der französische Soziologe und Philosoph Jean Baudrillard erkannte in dieser Hinsicht bereits in den 1960er-Jahren im Verhältnis der Menschen zu ihren alltäglichen Gegenständen eine »Nostalgie für den Ursprung und die Versessenheit auf das Authentische« (Baudrillard 1991: S. 98). Er bezieht sich dabei vor allem auf alte Objekte, jedoch scheinen unverpackte Produkte, die außerdem zumeist nicht aus Kunststoffen bestehen, gegenwärtig ganz ähnliche Werte zu vermitteln, die sich vor allem in ihrem Kontrast zu konventionellen Formen der Warenästhetik zeigen.

LITERATURVERZEICHNIS

Asendorpf, D.; Habekuß, F.; Middelhoff, P.; Pausch, R.; Peer, M.; Pinzler, P. (2018): Die Plastik-Lüge. Für immer Dein, in: Die Zeit, 19. April 2018.

Barthes, R. (1964): Mythen des Alltags, Frankfurt am Main: Suhrkamp.

Baßler, M.; Drügh, H. (Hrsg.) (2019): Konsumästhetik. Umgang mit käuflichen Gegenständen, Bielefeld: transcript.

Baudrillard, J. (1991): Das System der Dinge. Über das Verhältnis zu den alltäglichen Gegenständen, Frankfurt am Main/New York: Campus.

Bethge, P. et al. (2019): Mogelpackung. Von wegen Vorreiter: Deutschlands Recycling-System ist Müll, in: Der Spiegel, 19.01.2019.

Böhme, H. (2012): Fetischismus und Kultur. Eine andere Theorie der Moderne, Hamburg: Rowohlt Taschenbuch Verlag.

Böll, H. (1997): Der Wegwerfer, in: Böll, H.: Erzählungen 1952–1959. Hrsg. von V. Böll und K. H. Busse, Köln: Kiepenheuer und Witsch.

Calvino, I. (1997): Die Mülltonne und andere Geschichten, München: Deutscher Taschenbuch Verlag.

Drügh, H.; Metz, C.; Weyand, B. (Hrsg.) (2011): Warenästhetik. Neue Perspektiven auf Konsum, Kultur und Kunst, Berlin: Suhrkamp.

Grass, G. (2007): Die Rättin, München: Deutscher Taschenbuch Verlag.

Illouz, E. (2007): Der Konsum der Romantik. Liebe und die kulturellen Widersprüche des Kapitalismus, Frankfurt am Main: Suhrkamp.

Krausser, H. (1999): Fette Welt, Hamburg: Rowohlt Taschenbuch Verlag.

Liessmann, K. P. (2012): Schönheit, Stuttgart: utb.

Linck, D.; Mattenklott, G. (Hrsg.) (2006): Abfälle. Stoff- und Materialpräsentation in der deutschen Pop-Literatur der 60er Jahre, Hannover: Wehrhahn.

1 Eine Frage der Substanz

Loher, D. (2001): Magazin des Glücks, Frankfurt am Main: Verlag der Autoren.

Miodownik, M. (2016): Wunderstoffe. Zehn Materialien, die unsere Zivilisation ausmachen, München: Deutsche Verlags-Anstalt.

Packard, V. (1960): The Waste Makers, Philadelphia: Penguin.

Ullrich, W. (2008): Habenwollen. Wie funktioniert die Konsumkultur?, Frankfurt am Main: Fischer.

Westermann, A. (2007): Plastik und politische Kultur in Westdeutschland, Zürich: Chronos.

Umweltproblem Plastikverpackung

Aufkommen in Deutschland
und Auswirkungen auf die Umwelt

DORIS KNOBLAUCH | HANNES SCHRITT

Zusammenfassung

Der Beitrag zeigt auf, wie sich die Anzahl der Plastikverpackungen in Deutschland in den vergangenen Jahren verändert hat und welche Auswirkungen Plastik und Plastikverpackungen auf die Umwelt haben können. Dabei fällt nicht nur auf, dass Produktion und Verbrauch von Plastikverpackungen stark zugenommen haben, sondern auch, dass dies mit dem BIP-Wachstum korreliert. Während Umweltauswirkungen durch Mikroplastik bislang noch nicht ausreichend erforscht sind, ist die Liste der dokumentierten Schäden durch größeres Plastik bereits lang.

2.1
Einleitung

Der Verbrauch von Plastikverpackungen in Deutschland nimmt seit Jahren stetig zu: von 1,8 Millionen Tonnen im Jahr 2000 auf 3,1 Millionen Tonnen im Jahr 2016 (UBA 2018). Ein ähnlicher Trend ist auch bei Verpackungen aus anderen Materialien zu beobachten. Der Verbrauch von Verpackungen insgesamt (alle Materialien inklusive Plastik) erreichte 2017 mit 18,7 Millionen Tonnen einen neuen Höchststand (UBA 2019a). Etwa die Hälfte der Verpackungsabfälle fallen bei Endverbrauchenden an, die andere Hälfte in der Industrie, im Handel und in anderen Wirtschaftsbereichen. Das zunehmende Verpackungsaufkommen geht einher mit erheblichen Umweltbelastungen und liegt neben dem steigenden Konsum insbesondere auch an sich ändernden Lebensgewohnheiten. So gibt es beispielsweise mehr Seniorinnen und Senioren sowie mehr Ein- und Zweipersonenhaushalte, die aufgrund kleinerer Verpackungsgrößen ebenso für relativ mehr Verpackungsmüll sorgen wie der zunehmende Versandhandel (samt Retouren), die »To go«-Kultur und der Außer-Haus-Verzehr, die insbesondere für mehr Einwegverpackungen im Lebensmittelbereich verantwortlich sind (vgl. Kotschik 2019). Der steigende Einsatz von Plastik liegt aber auch darin begründet, dass Plastikverpackungen neben dem reinen Schutz des Inhalts zunehmend weitere Funktionen erfüllen, zum Beispiel die Platzierung von Marketingbotschaften und Angaben zur Dosierung oder von weiterführenden Informationen etwa zur Haltbarkeit oder zu Inhaltsstoffen des jeweiligen Produkts.

Medien und Gesellschaft reagieren seit einigen Jahren mit großer Aufmerksamkeit auf Neuigkeiten zu Mikroplastikfunden (z. B. im menschlichen Körper) und Auswirkungen von Mikro- und Makroplastik auf die Umwelt. So wurde etwa eine Pilotstudie, in der bei acht Probandinnen und Probanden Mikroplastik im Stuhl nachgewiesen wurde (vgl. Schwabl et al. 2019), nach einer Pressemitteilung im Oktober 2018 in diversen Medien zitiert (z. B. Tagesschau [2018], ZEIT ONLINE [2018], mdr [2018], Spiegel [2018], Focus [2018], NZZ [2018], Ärzteblatt [2018]). Auch die Nachricht von einem toten Wal, der vor der philippinischen Küste mit 40 Kilogramm Plastik im Bauch gefunden wurde, ging um die Welt (z. B. FAZ [2019], Welt [2019], Spiegel [2019]). Doch das zunehmende Problembewusstsein in der Bevölkerung hat den wachsenden Verbrauch an Plastik und Plastikverpackungen nicht reduziert. Alternativen wie Unverpacktläden (siehe auch Kapitel 3), in denen einer beispielhaften, explorativen Untersuchung zufolge im Vergleich zu Bioläden ein Großteil der Primär-, Sekundär- und Tertiärverpackungen (siehe unten) einzelner Produkte eingespart werden können (Kröger et al. 2020), gelten weiterhin trotz steigender Zahl als Nischenangebote. Bislang gibt es in ganz Deutschland erst etwa 300 Unverpacktläden (Stand 2020). Zur steigenden Zahl der Plastikverpackungen kommt erschwerend hinzu, dass es in Deutschland nur ein mäßig ausgebildetes Kreislaufwirtschaftssystem gibt (siehe unten), was die Umweltbelastung noch verstärkt. Auch eine vermeintliche Reduzierung von Kunststoffen im klassischen Handel zum Beispiel bei Obst und Gemüse durch Diversifizierung des Angebotes (z. B. durch Mehrwegfrischenetze, ein größeres Sortiment an unverpackten Frischwaren oder neue Labels wie das »Verantwortlicher Verpackt« von Lidl) ändert wenig am hohen Anteil von zum Beispiel verpacktem Obst und Gemüse in Supermärkten (VZHH, 2019).

In diesem Kapitel wird zunächst aufgezeigt, wie sich das Abfallaufkommen entwickelt hat und welchen Anteil Plastikverpackungen daran einnehmen. Daran anschließend wird ein kurzer Überblick zu Eintragspfaden von Plastik in die Umwelt und die Auswirkungen von Mikro- und Makroplastik auf die Umwelt und auf den Menschen thematisiert. Das Kapitel schließt mit einem Fazit.

2.2
Entwicklung des Plastikverpackungsaufkommens

Das gesamte Abfallaufkommen Deutschlands, das sich aus Siedlungsabfällen, Abfällen aus der Gewinnung und Behandlung von Bodenschätzen sowie Bau- und Abbruchabfällen zusammensetzt, ist seit der Jahrtausendwende leicht abnehmend. Dieser Trend ist vorwiegend auf sinkende Abfälle aus Bau- und Abbruch und aus der Gewinnung und Behandlung von Bodenschätzen zurückzuführen. Das Gesamtaufkommen ist zwischen den Jahren 2000 und 2017 von 407 Millionen auf 359 Millionen Tonnen gesunken (UBA 2018). Der Anfall von Siedlungsabfällen liegt seit 2002 leicht schwankend bei circa 50 Millionen Tonnen jährlich mit einer leicht steigenden Tendenz. Innerhalb der Siedlungsabfälle umfassten die Plastikverpackungen 2017 circa 12,4 Prozent (Statistisches Bundesamt 2019).

Das Verpackungsgesetz, das 2019 die ehemals gültige Verpackungsverordnung abgelöst hat, definiert Verpackungen als »[…] aus beliebigen Materialien hergestellte Erzeugnisse zur Aufnahme, zum Schutz, zur Handhabung, zur Lieferung oder zur Darbietung von Waren, die vom Rohstoff bis zum Verarbeitungserzeugnis reichen können [und] vom Hersteller an den Vertreiber oder Endverbraucher weitergegeben werden.« Darüber hinaus wird in Verkaufsverpackungen, Umverpackungen und Transportverpackungen (primäre, sekundäre und tertiäre Verpackungen) untergliedert. Verkaufsverpackungen dienen dem primären Schutz des Inhalts, werden als Verkaufseinheit angeboten, und der Abfall fällt bei den Verbraucherinnen und Verbrauchern an. Dazu zählen auch »Serviceverpackungen« der Gastronomie zum Transport von »To go«-Lebensmitteln (Essen und Getränke). Umverpackungen werden als zusätzliche Verpackungen zu den Verkaufsverpackungen verwendet und dienen häufig der zusätzlichen Information oder der einfacheren Lagerung, wie zum Beispiel die Faltschachtel einer Zahnpastatube. Transportverpackungen schützen die Waren beim Transport und fallen in der Lieferkette und nicht bei den Endverbraucherinnen und -verbrauchern an (z. B. Stretchfolie zum Umwickeln von Paletten) (Statistisches Bundesamt 2018).

Die Entwicklung des gesamten Verpackungsaufkommens – bezogen auf alle Materialien – war Anfang der 1990er-Jahre zunächst rückläufig und zeigt seit 1997, mit Ausnahme des Rezessionsjahres 2009, eine steigende Tendenz (vgl. UBA 2019a). Zwischen 1991 und 2017 ist das Verpackungsaufkommen um 21,8 Prozent gestiegen. Demgegenüber ist das Bruttoinlandsprodukt (BIP) im gleichen Zeitraum um 107 Prozent gestiegen (UBA 2019: S. 1, siehe auch Abbildung 2.1).

Im Gegensatz zum gesamten Verpackungsaufkommen ist der Anteil an Kunststoffverpackungen wesentlich stärker angestiegen. Während dieser von 1,6 Millionen Tonnen im Jahre 1991 auf 1,5 Millionen Tonnen im Jahre 1996 leicht gefallen ist, steigt er seitdem mit wenigen Ausnahmen kontinuierlich an und lag im Jahre 2017 bei 3,1 Millionen Tonnen. Von 1991 bis 2017 ist das Aufkommen an Kunststoffverpackungen um 94 Prozent angestiegen und hat sich somit in weniger als 20 Jahren fast verdoppelt. Abbildung 2.1 zeigt diese Entwicklung und setzt sie in einen Zusammenhang mit dem BIP.

Die Abfallhierarchie laut § 6 Abs. 1 KrWG stellt sich wie folgt dar: (1) Abfallvermeidung steht an erster Stelle, gefolgt von (2) der Vorbereitung zur Wiederverwendung, (3) dem Recycling, (4) der sonstigen Verwertung (insbesondere energetische Verwertung und Verfüllung) und schließlich

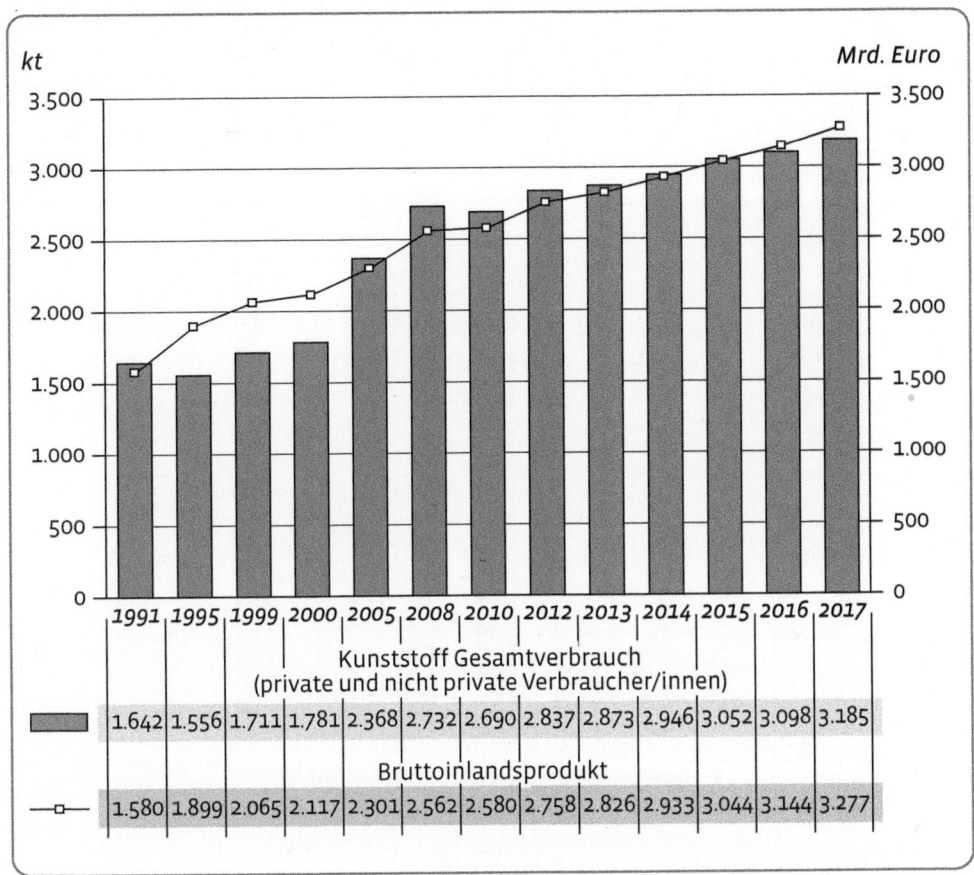

kt													Mrd. Euro
	1991	1995	1999	2000	2005	2008	2010	2012	2013	2014	2015	2016	2017

Kunststoff Gesamtverbrauch
(private und nicht private Verbraucher/innen)

	1991	1995	1999	2000	2005	2008	2010	2012	2013	2014	2015	2016	2017
	1.642	1.556	1.711	1.781	2.368	2.732	2.690	2.837	2.873	2.946	3.052	3.098	3.185

Bruttoinlandsprodukt

	1991	1995	1999	2000	2005	2008	2010	2012	2013	2014	2015	2016	2017
	1.580	1.899	2.065	2.117	2.301	2.562	2.580	2.758	2.826	2.933	3.044	3.144	3.277

Abbildung 2.1
Entwicklung des Aufkommens von Kunststoffverpackungen
und des Bruttoinlandsproduktes von 1991 bis 2017
(Quelle: eigene Darstellung nach UBA 2019a: S. 64).

(5) der Beseitigung. Die Entkopplung des Verpackungsverbrauchs vom BIP könnte somit als erfolgreiche Abfallvermeidung eingestuft werden. Tatsächlich gibt es jedoch eine enge Korrelation zwischen der Menge an produzierten Kunststoffverpackungen und dem BIP. Dies ist besonders spannend, da dieselbe Korrelation für Verpackungen insgesamt deutlich geringer ausfällt (siehe oben).

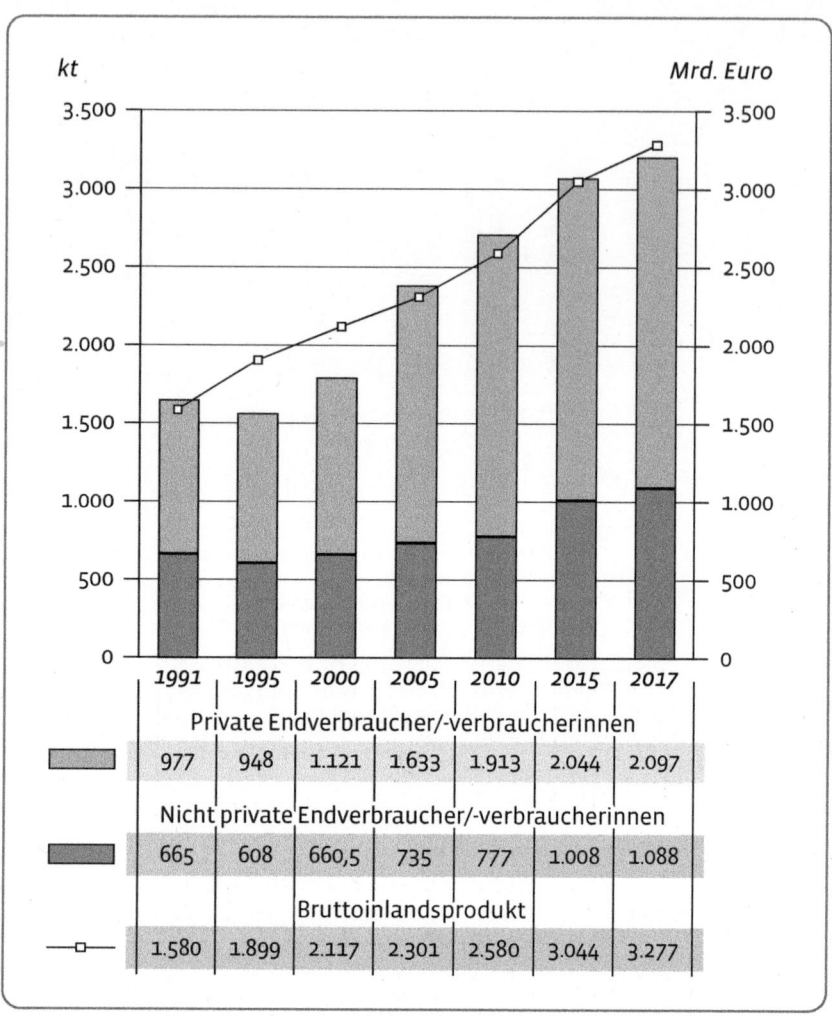

kt	1991	1995	2000	2005	2010	2015	2017
Private Endverbraucher/-verbraucherinnen	977	948	1.121	1.633	1.913	2.044	2.097
Nicht private Endverbraucher/-verbraucherinnen	665	608	660,5	735	777	1.008	1.088
Bruttoinlandsprodukt	1.580	1.899	2.117	2.301	2.580	3.044	3.277

Abbildung 2.2
Anteil der privaten Endverbraucherinnen und -verbraucher
an der Entwicklung des Aufkommens von Kunststoffverpackungen
und des Bruttoinlandsproduktes von 1991 bis 2017
(Quelle: eigene Darstellung nach UBA 2019a: S. 64).

Problembeschreibungen und Analysen zur Verpackungsproblematik

Während es beim Gesamtaufkommen von Plastikverpackungen in den vergangenen Jahren nur noch einen moderaten Anstieg gegeben hat, ist der Verbrauch von Transportverpackungen bzw. des Verpackungsverbrauchs von Kunststoffen, der nicht bei den Endverbraucherinnen und -verbrauchern anfällt, seit 2014 um 64 Prozent angewachsen (UBA 2019a). Der Onlinehandel, dessen Verpackungen auch zu den Verkaufsverpackungen zählen, ist im selben Zeitraum um 52 Prozent angestiegen (bevh 2019). Gerade in Deutschland fällt besonders viel Kunststoffverpackungsabfall an: 2016 waren es 38 Kilogramm pro Kopf. Der EU-Durchschnitt lag 2016 demgegenüber bei 24 Kilogramm Verpackungsabfall aus Kunststoffen pro Kopf (Duran 2019).

Betrachtet man jedoch die Entwicklungen seit 1991, so fallen die meisten Kunststoffverpackungen bei den privaten Endverbraucherinnen und -verbrauchern an (Primärverpackungen) und sind zwischen 1991 und 2017 auch am stärksten angestiegen, insgesamt um 215 Prozent (vgl. Abbildung 2.2). Der Verbrauch durch die nicht privaten Endverbraucherinnen und -verbraucher ist im gleichen Zeitraum aber auch um 164 Prozent angestiegen (Sekundär-/Tertiärverpackungen).

Laut Umweltbundesamt (2018) sind dies die wichtigsten Ursachen für die Zunahme von Kunststoffverpackungen:

- steigender Verbrauch von Kunststoffflaschen, Kunststoffkleinverpackungen (z. B. Kunststoffbechern für Babynahrung), Kunststoffdosen und Sichtverpackungen,
- zunehmender Einsatz von Kunststoffverschlüssen (z. B. bei Weinflaschen),
- Trend zu aufwendigeren Kunststoffverschlüssen,
- Ersatz von Papier durch Kunststoff (z. B. bei Tütensuppen),
- Trend zu vorverpackter Thekenware (z. B. bei Käse und Wurst),
- Trend zu vorgeschnittenen Käse- und Wurstprodukten,
- zunehmender Außer-Haus-Verzehr,
- anhaltender Trend zu Mehrwegtransportverpackungen aus Kunststoff,

- Trend zu Convenience-Produkten (also teilfertige oder verzehrfertige Lebensmittel, z. B. Backmischungen, Kartoffelpüreepulver, Konserven, Tiefkühltorten etc.),
- Trend zu kleineren Verpackungseinheiten und Sammelverpackungen von portionierten Einheiten sowie von Versandbeuteln im Handel (z. B. Kleidung).

Gegenläufige Trends sind zwar vorhanden, können diese Entwicklung jedoch nicht kompensieren (UBA 2018):
- abnehmende Einsatzgewichte von Verpackungen,
- abnehmende Flächengewichte von Folien,
- stark abnehmender Verbrauch von Tragetaschen aus Kunststoff inklusive Ersatz durch Papiertaschen,
- Ersatz von Kunststoffbehältern durch Sprühdosen (z. B. Deodorants).

Insgesamt heißt das, dass der Anteil an Kunststoffverpackungen seit 1990 stetig gestiegen ist und eng mit der Wirtschaftsleistung korreliert. Sowohl neue Entwicklungen wie E-Commerce als auch die benannten gegenläufigen Entwicklungen haben hier keinen neuen Trend entstehen lassen. Auch wenn das Thema Plastikvermeidung zunehmend ins Bewusstsein der Konsumentinnen und Konsumenten rückt, scheint sich die Relevanz von Plastikverpackungen für die Wirtschaft kaum verändert zu haben – zumindest bisher.

2.3
Plastik als Verpackungsmaterial

Plastik wird aus vielerlei Gründen gerne verwendet. Es ist leicht, hygienisch, materialeffizient, verhältnismäßig kostengünstig und langlebig. Für die Verpackungsindustrie sind besonders die vielfältigen Eigenschaften und Kombinationsmöglichkeiten von großer Bedeutung, die je nach Anwendung unter anderem wählbare Steifigkeit, Gewicht, Stabilität und Barriereeigenschaften umfassen (vgl. Plastics Europe 2020). Diese Eigenschaften können zu weniger Energieverbrauch beim Transport, weniger

Lebensmittelverlusten und längerer Haltbarkeit von Lebensmitteln führen. Verpackungen sind dementsprechend auch der größte Anwendungsbereich für Kunststoffe (Detzel 2020: S. 11). Gleichzeitig sind einige dieser positiven Merkmale Teil des Problems: Die gute Kombinierbarkeit und die vielfältigen Verarbeitungsmöglichkeiten führen zu einer Vielzahl von Kombinationen verschiedener Kunststoffarten und damit zu schwer recycelbaren Verbundstoffen. Der sehr geringe Preis führt zudem dazu, dass Recycling von Kunststoffen in der Regel teurer ist als die Neugewinnung des Plastiks aus Öl.

Trotz offizieller Recyclingquoten von 45 Prozent liegen die tatsächlichen Recyclingquoten von Kunststoffen je nach Berechnung deutlich niedriger. Laut Moun et al. (2019) wurden 2016 nur etwa 16 Prozent der gesammelten Kunststoffabfälle recycelt. Der Unterschied zur offiziellen Zahl ergibt sich, weil sich die offizielle Recyclingquote auf die Anlieferung bei einem Recyclingunternehmen, nicht jedoch auf die tatsächliche Wiederverwendung in der Plastikproduktion bezieht. Die Plastikproduktion wird in Deutschland laut Wilts (2020) nur zu etwa 12 Prozent über Rezyklate abgedeckt. Dies ist ein umweltrelevantes Problem, denn Recycling kann nicht nur Primärrohstoffe, sondern auch Treibhausgasemissionen einsparen (UBA 2016). Der heutige UBA-Präsident Dirk Messner fordert daher eine gezielte Förderung des Rezyklateinsatzes (Messner 2019). Ein weiterer Grund für die Industrie, keine Rezyklate einzusetzen, ist neben den Kosten dessen zum Teil mindere Qualität bzw. Reinheit. Dies gilt insbesondere in der – verpackungsintensiven – Lebensmittelindustrie. Rund die Hälfte aller Lebensmittelverpackungen bestehen heute aus Kunststoffen – mit steigender Tendenz. Um verschiedene Eigenschaften zu erreichen, werden den aus ökotoxikologischer Sicht weniger bedenklichen Polymeren, die das Grundgerüst der Kunststoffe darstellen, zum Teil schwer bedenkliche Additive hinzugefügt. Viele dieser Additive sind zum Teil nicht bekannt oder ausreichend geprüft. Einige Additive erschweren zudem das Recycling (Hahladakis et al. 2018), ebenso wie die häufige Nutzung von Verbundkunststoffen bei Lebensmittelverpackungen. Recycelte Kunststoffe wiederum dürfen nur unter besonderen Auflagen für Verpackungen mit Lebensmittelkontakt eingesetzt werden.

Beispielsweise müssen Recyclingverfahren explizit für die Herstellung von recycelten Kunststoffen für Verpackungen mit Lebensmittelkontakt zugelassen sein (Europäische Kommission 2008).

Während 2016 circa 50 Prozent des Plastikverpackungsabfalls stofflich und energetisch verwertet wurde, wurden nur 1,4 Prozent rohstofflich verwertet und landeten damit wieder im gleichen oder einem gleichwertigen Produkt (UBA 2018), das heißt wurden nicht downgecycelt. Ein Anteil von etwa einem Zehntel aller Kunststoffverpackungen wurde exportiert, mit häufig ungewissen sozialen und ökologischen Folgen (ebd.). Hohe Recyclingquoten fanden sich insbesondere bei PET-Flaschen und Tetra Paks (ebd.).

2.4
Auswirkung auf die Umwelt

Die Auswirkungen von Plastik auf die Umwelt sind vielfältig und zum Teil noch wenig erforscht. Ein besonders hervorzuhebendes Problem von Plastik in der Umwelt beruht auf dessen inhärenter Eigenschaft der Persistenz (Langlebigkeit). Solange die Dynamik des Plastikabbaus in der Umwelt noch weitgehend unerforscht ist, jedoch Verweilzeiten von einigen Jahren bis zu einigen Jahrhunderten geschätzt werden (WHOI o. J.), muss von einer Anreicherung in der Umwelt mit bisher nicht abschätzbaren Folgen ausgegangen werden.

2.4.1
Eintragspfade: Wie kommt das Plastik in die Umwelt?

Plastik wird über verschiedene Pfade – wie etwa Luft, Gewässer und Böden – in die Umwelt eingetragen, sowohl bei der Herstellung von Produkten und Materialien als auch bei deren Nutzung und Entsorgung (vgl. Abbildung 2.3). Eintragspfade kommen zum Großteil vom Land (z. B. mangels ausreichenden Abfallmanagements, durch Klärschlämme, Komposte oder Gärrückstände, die auf landwirtschaftlich genutzten Feldern ausgebracht werden, durch Straßenablauf, kommunales Abwasser, landwirtschaftliche Praktiken, aber auch durch Überschwemmungen, Ver-

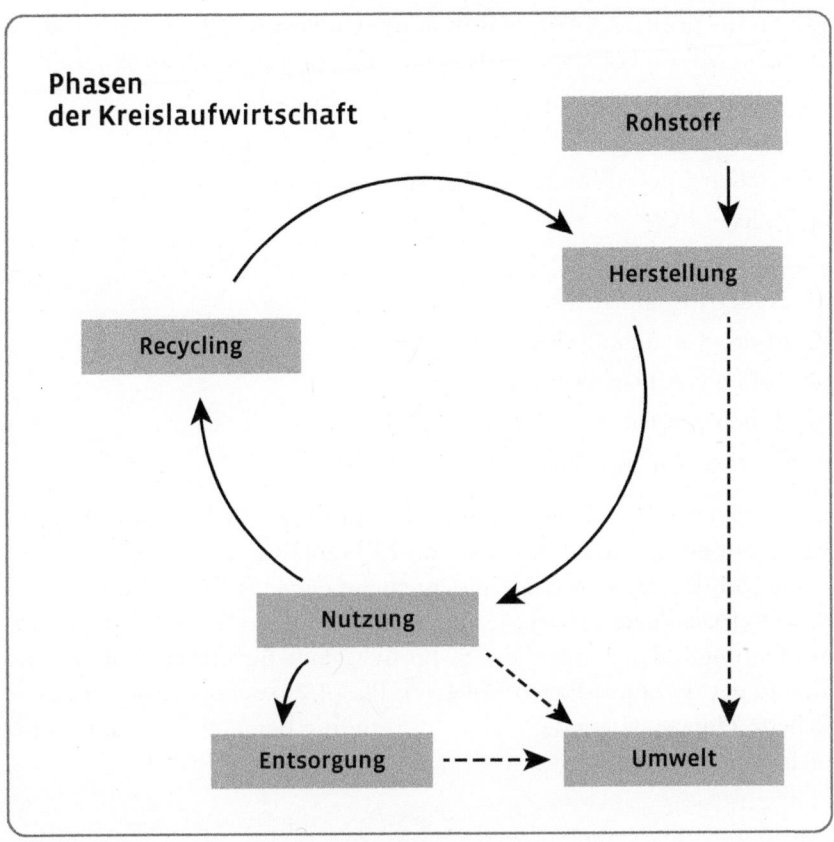

Abbildung 2.3
Eintragspfade von Plastik in die Umwelt entlang der Phasen
der Kreislaufwirtschaft *(Quelle: Ecologic Institut)*.

wehungen, Littering und illegale Müllentsorgung), aber auch vom Meer
(z. B. durch Schifffahrt, Fischerei) (vgl. z. B. UBA 2019b).

Eine Liste zu Eintragsquellen für primäres Mikroplastik in die Umwelt –
also von Kunststoffpartikeln, die kleiner als fünf Millimeter groß sind –
findet sich in einer Studie des Fraunhofer-UMSICHT-Instituts (Bertling
et al. 2018). Demnach sind dies die zehn mengenmäßig größten Eintrags-

quellen für primäres Mikroplastik in die Umwelt (das laut dieser Definition kein Mikroplastik aus zersetztem Makroplastik beinhaltet):

1. Reifenabrieb
2. Emissionen bei der Abfallentsorgung
3. Straßenabrieb (Bitumen in Asphalt)
4. Pelletverluste
5. Sport- und Spielplätze
6. Freisetzung auf Baustellen
7. Abrieb von Schuhsohlen
8. Abrieb von Plastikverpackungen
9. Abrieb von Fahrbahnmarkierungen
10. Waschen von Textilien

Der Abrieb von Plastikverpackungen ist mit circa 0,25 Prozent laut dieser Studie nur ein Bruchteil der direkt als Mikroplastik in die Umwelt gelangenden Stoffe. Auch bei den Emissionen aus der Abfallentsorgung spielen Plastikverpackungen eine Rolle, wobei der genaue Anteil unklar ist. Nach Betrachtung der hier aufgeführten Eintragspfade für primäres Mikroplastik und der untergeordneten Rolle von Plastikverpackungen scheint eine vertiefte Untersuchung der Rolle von Littering besonders relevant (siehe auch Kapitel 13).

2.4.2
Auswirkungen von Makroplastik auf die Umwelt

In der Literatur werden verschiedene Auswirkungen von (Makro-)Plastik auf die Umwelt thematisiert. Plastikvermüllung führt zur Zerstörung von Lebensräumen für Pflanzen und Tiere (Kershaw 2016), wie zum Beispiel Korallenriffe oder Weichsedimente (UBA 2013). Darüber hinaus wird immer wieder beobachtet, dass Tiere sich in Plastikteilen verheddern oder hängen bleiben und sich dadurch verletzen, oftmals tödlich (Kershaw 2016; Carbery, O'Connor und Palanisami 2018; Kühn et al. 2015; Rochman et al. 2016; Wilcox et al. 2016). Darüber hinaus führen Einschnürungen und andere Beeinträchtigungen zu erheblichem Stress, der wiederum zu Verletzungen und zum Tod der Tiere führen kann, zum Beispiel durch Ersticken oder Ertrinken. Wenn Tiere Plastik fressen, kann es einerseits zu inneren Verletzungen – zum Beispiel des Verdauungstraktes – kommen, andererseits verhungern Tiere oftmals, da sie keine Nahrung mehr aufnehmen können, wenn der Magen mit Plastik gefüllt ist (UBA 2013). Und schließlich kann Plastikmüll dazu führen, dass Arten invasiv migrieren, da sie auf Plastikteilen wesentlich länger und weiter driften können als auf natürlichen Materialien (UBA 2013).

2.4.3
Auswirkungen von Mikroplastik
auf die Umwelt

Während die Auswirkungen auf die Tier- und Pflanzenwelt in Fließgewässern und in Böden erst seit 2017 im Forschungsschwerpunkt »Plastik in der Umwelt« des Bundesministeriums für Bildung und Forschung (BMBF) untersucht werden, ist die Forschung zur marinen Umwelt bereits weiter fortgeschritten. Mikroplastik gelangt entweder als primäres Mikroplastik (siehe oben) in die Umwelt oder entsteht durch Verwitterung oder nicht intendierten Abrieb (sekundäres Mikroplastik). Da Mikroplastik eine ähnliche Größendimension hat wie Sedimentpartikel und manche Planktonorganismen, kann es von verschiedenen Lebewesen aufgenommen werden (Umweltprobenbank des Bundes 2019). Entscheidend für die Aufnahme ist die Größe der Mikroplastikpartikel, da im Größenbereich von Plankton (Mikrometerbereich) nur sehr geringe Selektivität bei der Aufnahme erfolgen kann. Laut EFSA (2016) werden weit über 90 Prozent über die Fäzes wieder ausgeschieden, und nur Plastikpartikel kleiner als 150 Mikrometer könnten in den systemischen Kreislauf gelangen, das heißt, dass sie durch die Magenwand hindurch in den Körper aufgenommen werden. Als mutmaßliche Folge könnten in den Organismen innere Blockaden, Entzündungen und Verletzungen ausgelöst werden. Durch die Nahrungskette kann Mikroplastik dann auch in höhere Organismen gelangen (Umweltbundesamt 2015). Während größere Partikel aller Wahrscheinlichkeit nach vom Menschen wieder ausgeschieden werden, ist laut Europäischer Lebensmittelbehörde bei Partikeln kleiner als 150 Mikrometer eine Aufnahme durch den Magen-Darm-Trakt wahrscheinlich – dies entspricht in etwa der Größe von einem Zehntel Stecknadelkopf. Eine Verteilung im Körper wird hingegen nur bei einer Partikelgröße kleiner als 1,5 Mikrometer als möglich betrachtet. Aus toxikologischer Sicht wird daher vermutet, dass besonders die Partikel im Nanometerbereich – kleiner als ein Mikrometer – relevant sind, wobei allein deren Nachweis mit den bisher bestehenden Analysemethoden kaum leistbar ist.

In einer Studie von Welle und Franz (2018) wurde in fast allen untersuchten Lebensmitteln – unter anderem in Mineralwasser, Honig, Bier und Meersalz – Mikroplastik nachgewiesen.

Mikroplastik setzt sich hauptsächlich aus nicht reaktiven organischen Polymeren zusammen, was eine toxische Wirkung der reinen Polymere unwahrscheinlich macht. So schätzt auch das Bundesinstitut für Risikobewertung (BfR) nach derzeitigem Wissensstand ein, dass keine Gefährdung des Menschen durch Mikroplastik in Lebensmitteln ausgeht (BfR 2020). Bei entsprechenden Studien wurden weder Schädigungen des Darmgewebes noch andere Risiken nachgewiesen (BfR 2019b) und somit diese Einschätzung bestätigt.

Kunststoffe sind grundsätzlich mit Additiven wie Weichmachern, Farbstoffen und Duftstoffen gemischt, um gewünschte Eigenschaften wie zum Beispiel Elastizität, Verarbeitbarkeit, Stabilität oder viele weitere zu erfüllen. Diese können sich bei Alterung und Zerfall der Kunststoffe herauslösen und in die verpackten Lebensmittel oder in die Umwelt übergehen (vgl. Hahladakis et al. 2018). Bei einigen dieser Zusatzstoffe wurden bereits toxische, hormonelle sowie krebserregende Wirkungen nachgewiesen (z. B. hormonelle Wirkungen von Bisphenol A aus Trinkflaschen [UBA, 2010] oder Phthalate aus PVC-Folien zum Verpacken von Frischware [UBA, 2007]). Der Anteil an Schadstoffen, der über die Anlagerung an Kunststoffpartikeln und deren Einschleusung in den Körper aufgenommen wird, kann im Vergleich zu anderen ökotoxikologisch bedenklichen Substanzen nach bisherigem Forschungsstand jedoch als verschwindend gering angesehen werden (EFSA 2016).

Dennoch ist aufgrund der geringen Datenlage keine umfassende Bewertung der Wirkung auf den Menschen noch auf andere Lebewesen

möglich. Gleichzeitig bedeutet die Tatsache, dass bislang keine Schäd-
lichkeit nachgewiesen ist, nicht automatisch, dass die Unbedenklichkeit
bewiesen ist – die Forschung ist an dieser Stelle noch nicht so weit.

2.5
Fazit

Die Umweltauswirkungen von Lebensmittelverpackungen sind vielfältig
und schwer einzuschätzen. Während die Auswirkungen von Mikroplastik
auf die Umwelt und den Menschen in weiten Teilen noch Gegenstand der
derzeitigen Forschung ist, ist eine negative Auswirkung von Makroplastik
auf die Umwelt nicht nur sichtbar, sondern auch durch mehrere Studien
nachgewiesen.

Ein zunehmendes Problembewusstsein in der Gesellschaft konnte dem
Trend eines steigenden Aufkommens an Kunststoffverpackungen bisher
zu wenig entgegensetzen. Durch eine Verbesserung der Kreislaufwirtschaft und die Substitution durch andere Materialien können die Auswirkungen auf die Umwelt zwar teilweise reduziert werden, es ist jedoch zu
vermuten, dass ein weiterhin steigendes Wirtschaftswachstum mit einem
damit verbundenen wachsenden Plastikaufkommen einhergeht und somit
gemachte Fortschritte konterkariert werden. Ob alternative Verpackungsmaterialien jedoch weniger Umweltauswirkungen haben, kann nicht pau-
schal beantwortet werden, sondern bedarf einer spezifischen Betrachtung
(siehe auch Kapital 21).

LITERATURVERZEICHNIS

Ärzteblatt (2018): Mikroplastik in menschlichen Stuhlproben nachgewiesen [https://
www.aerzteblatt.de/nachrichten/98687/Mikroplastik-in-menschlichen-Stuhlproben-
nachgewiesen; 10.06.2020].

Bevh (2019): Interaktiver Handel in Deutschland. Ergebnisse 2018, Bundesverband
E-Commerce und Versandhandel (bevh) [https://www.bevh.org/fileadmin/
content/05_presse/Auszuege_Studien_Interaktiver_Handel/Inhaltsverzeichnis_
fu__r_bevh_Gesamtbericht_Interaktiver_Handel_in_Deutschland_2018.pdf;
30.01.2019].

BfR (2019a): Mikroplastik: Fakten, Forschung und offene Fragen, FAQ des Bundesinstituts für Risikobewertung, 5. Juni 2019.

BfR (2019b): Mikroplastik in Lebensmitteln. Kleine Teile – Große Wirkung?, in: BfR2GO, Wissenschaftsmagazin des Bundesinstituts für Risikobewertung, 2/2019, S. 7–11.

BfR (2020): Mikroplastik: Fakten, Forschung und offene Fragen [https://www.bfr. bund.de/de/mikroplastik__fakten__forschung_und_offene_fragen-192185.html; 11.06.2020].

Carbery, M.; O'Connor, W.; Palanisami, T. (2018): Trophic transfer of microplastics and mixed contaminants in the marine food web and implications for human health, in: Environ. Int. 2018, 115, S. 400–409.

Detzel, A., unter Mitarbeit von Rubik, F.; Bick, V.; Schmidt, S.; Kitzberger, M.; Holewik, C. (2020): Verpackungsaufkommen und regulative Rahmenbedingungen, Hintergrundpapier des Forschungsprojekts Innoredux.

Duran, C. (2019): Wegwerfmentalität. Müll für die Welt, in: Heinrich-Böll-Stiftung & Bund für Umwelt und Naturschutz Deutschland (BUND): Plastikatlas 2019. Daten und Fakten über eine Welt voller Kunststoff, S. 12–13.

EFSA (2016): Presence of microplastics in food, with particular focus on seafood, in: EFSA Journal, 14(6).

Europäische Kommission (2008): Verordnung (EG) Nr. 282/2008 der Kommission vom 27. März 2008 über Materialien und Gegenstände aus recyceltem Kunststoff, die dazu bestimmt sind, mit Lebensmitteln in Berührung zu kommen, und zur Änderung der Verordnung (EG) Nr. 2023/2006. (EG) Nr. 282/2008.

FAZ (2019): Toter Wal mit 40 Kilogramm Plastik im Bauch gefunden [https://www. faz.net/aktuell/gesellschaft/tiere/toter-wal-mit-40-kilogramm-plastik-im-bauch-gefunden-16095810.html; 10.06.2020].

Focus (2018): Schock-Studie! Forscher weisen erstmals Mikroplastik in Menschen-Kot nach [https://www.focus.de/gesundheit/news/gefahr-noch-nicht-abschaetzbar-schock-studie-forscher-weisen-erstmals-mikroplastik-in-menschen-kot-nach_ id_9790258.html; 10.06.2020].

Hahladakis, J. N.; Velis, C. A.; Weber, R.; Iacovidou, E.; Purnell, P. (2018): An overview of chemical additives present in plastics: Migration, release, fate and environmental impact during their use, disposal and recycling, in: Journal of Hazardous Materials, 344, S. 179–199.

Kershaw, P. J. (2016): Marine Plastic Debris and Microplastics – Global Lessons and Research to Inspire Action and Guide Policy Change; United Nations Environment Programme: Nairobi, Kenya.

Kotschik, G. (2019): Verpackungsvermeidung kann man rechtlich schwer vorschreiben, Interview im Deutschlandfunk, 18. 11. 2019 [https://www.deutschlandfunk. de/umweltbundesamt-verpackungsvermeidung-kann-man-rechtlich.697. de.html?dram:article_id=463707; 21. 07. 2020].

Kühn, S.; Bravo Rebolledo, E. L.; van Franeker, J. A. (2015): Deleterious Effects of Litter on Marine Life, in: Marine Anthropogenic Litter; Bergmann, M.; Gutow, L.; Klages, M. (Eds.): Springer International Publishing: Cham, Switzerland, 2015; S. 75–116.

MDR (2018): Erstmals Mikroplastik im menschlichen Stuhl nachgewiesen [https://www. mdr.de/wissen/umwelt/mikroplastik-im-menschlichen-stuhl-nachgewiesen-100.html; 10. 06. 2020].

Kröger, M., Wittwer, A., Pape, J. (2020): Der verpackungsfreie Supermarkt: Stand und Perspektiven. Über die Chancen und Grenzen des Precycling im Lebensmitteleinzelhandel. Schlussbericht, Eberswalde

Messner, D. (2019): UBA: Öffentliche Hand soll Rezyklatnachfrage gezielt fördern, in: Recylingnews, 12. 12. 2019 [https://www.recyclingnews.de/politik_und_recht/uba-oeffentliche-hand-soll-rezyklatnachfrage-gezielt-foerdern/; 22. 01. 2019].

NZZ (2018): Mikroplastik auch im menschlichen Stuhl nachgewiesen [https://www.nzz. ch/wissenschaft/mikroplastik-auch-im-menschlichem-stuhl-ld.1430192; 10. 06. 2020].

Plastics Europe (2020): Kunststoffe in der Verpackung [https://www.plasticseurope.org/ de/about-plastics/packaging; 11. 06. 2020].

Rochman, C. M.; Browne, M. A.; Underwood, A. J.; van Franeker, J. A.; Thompson, R. C.; Amaral-Zettler, L. A. (2016): The ecological impacts of marine debris: Unraveling the demonstrated evidence from what is perceived. Ecology 2016, S. 97, 302–312.

Schwabl, P.; Köppel, S.; Königshofer, P. et al. (2019): Detection of Various Microplastics in Human Stool: A Prospective Case Series. Ann Intern Med. 2019;171:453–457 [Epub ahead of print 3 September 2019]. doi: https://doi.org/10.7326/M19-0618.

Statistisches Bundesamt (2018): Erhebung der Einsammlung und Rücknahme von Verpackungen. Qualitätsbericht des Statistischen Bundesamtes (Destatis).

Statistisches Bundesamt (2019): Abfallbilanz 2017. Statistisches Bundesamtes (Destatis).

Spiegel (2018): Erstmals Mikroplastik in menschlichen Stuhlproben nachgewiesen [https://www.spiegel.de/wissenschaft/natur/mikroplastik-in-menschlichen-stuhlproben-nachgewiesen-a-1234558.html; 10. 06. 2020].

Spiegel (2019): 40 Kilo Plastik im Bauch [https://www.spiegel.de/video/philippinen-wal-mit-40-kilogramm-plastik-im-bauch-video-99025810.html; 10. 06. 2020].

Tagesschau (2018): Mikroplastik im Darm nachgewiesen [https://www.tagesschau.de/ ausland/mikroplastik-113.html; 10. 06. 2020].

2 Umweltproblem Plastikverpackung

UBA (2019a): Aufkommen und Entwicklung von Verpackungsabfällen in Deutschland im Jahr 2017. GVM mbH im Auftrag des Umweltbundesamtes.

UBA (2019b, Hrsg.): Kunststoffe in der Umwelt. ISSN 2363-832X.

UBA (2018): Aufkommen und Entwicklung von Verpackungsabfällen in Deutschland im Jahr 2016. GVM mbH im Auftrag des Umweltbundesamtes.

UBA (2016, Hrsg.): Steigerung des Kunststoffrecyclings und des Rezyklateinsatzes. Position des Umweltbundesamtes, Oktober 2016.

UBA (2010): BISPHENOL A Massenchemikalie mit unerwünschten Nebenwirkungen [https://www.umweltbundesamt.de/sites/default/files/medien/publikation/long/3782.pdf; 23.06.2020].

UBA (2007): PHTHALATE Die nützlichen Weichmacher mit den unerwünschten Eigenschaften [https://www.umweltbundesamt.de/sites/default/files/medien/publikation/long/3540.pdf; 23.06.2020].

VZHH (2019): Plastikflut bei Obst und Gemüse. Verbraucherzentrale Hamburg [https://www.vzhh.de/themen/umwelt-nachhaltigkeit/muell-verpackungen/plastikflut-bei-obst-gemuese; 29.01.2020].

Welle, F.; Franz, R. (2018): Microplastic in bottled natural mineral water – literature review and considerations on exposure and risk assessment, in: Food Addit Contam Part A Chem Anal Control Expo Risk Assess, 35(12), S. 2482–2492.

Welt (2019): Wal mit 40 Kilo Plastik im Bauch vor den Philippinen gestrandet [https://www.welt.de/kmpkt/article190448463/Wal-mit-40-Kilogramm-Plastik-im-Bauch-gestrandet.html; 10.06.2020].

WHOI (o.J.): Marine debris is everyone's problem. How long do items remain in the environment? Woods Hole Oceanographic Institution [https://www.whoi.edu/fileserver.do?id=107364&pt=2&p=88817; 24.08.2020].

Wilcox, C.; Mallos, N.J.; Leonard, G.H.; Rodriguez, A.; Hardesty, B.D. (2016): Using expert elicitation to estimate the impacts of plastic pollution on marine wildlife, in: Mar. Policy, 65, S. 107–114.

Wilts, H. (2020): Wege aus der Plastikflut. »Wir bräuchten eine klare Strategie«. Interview des Wirtschaftsmagazins makro mit Henning Wilts [https://www.zdf.de/nachrichten/wirtschaft/makro-plastik-recycling-interview-mit-volkswirt-henning-wilts-100.html; 10.06.2020].

Zeit (2018): Forscher finden erstmals Mikroplastik in Stuhlproben von Menschen [https://www.zeit.de/wissen/2018-10/plastikmuell-mikroplastik-stuhlproben-menschen; 10.06.2020].

Unverpackt einkaufen:
Eigentlich ganz einfach, oder?

Perspektiven auf die Herausforderungen
eines Vermarktungskonzepts in der Nische

MELANIE KRÖGER | ALEXANDRA WITTWER
JENS PAPE

Zusammenfassung

Der vorliegende Beitrag gibt Einblick in die Entwicklung des Unverpackt-konzeptes im Lebensmitteleinzelhandel in Deutschland und stellt die vielfältigen Herausforderungen, die das Weglassen von Lebensmittel-verpackungen begleiten, vor. Die Ergebnisse basieren auf empirischen Erhebungen im Rahmen des transdisziplinären Forschungsprojektes »Der verpackungsfreie Supermarkt«, das von 2016 bis 2020 die Herausforderun-gen, Hürden und Potenziale des Unverpacktkonzeptes untersucht und in Kooperation mit der Praxis weiterentwickelt hat. Mit dem Projekt liegen nun erstmals fundierte Erkenntnisse dazu vor, warum es für alle Stufen der Wertschöpfungskette so herausfordernd ist, Verpackungen »einfach« wegzulassen.

3.1
Einleitung

Das Verpackungsaufkommen in Deutschland hat mit 18 Millionen Ton-nen im Jahr 2017 einen neuen Höchststand erreicht. Dies entspricht einem Pro-Kopf-Aufkommen von 220 Kilogramm/Jahr – deutlich mehr als der EU-Durchschnitt, der bei rund 167 Kilogramm/Jahr liegt (Schüler 2019). Abfall als Nebenprodukt menschlichen Konsums ist in seinem Aufkommen abhängig von gesellschaftlichen, kulturellen und infrastrukturellen Gegebenheiten, rechtlichen Normen und individuellen Routinen. Haushaltsabfall entsteht meist unbeabsichtigt und nebenbei, als Folge von Handlungen zur Bedürfnisbefriedigung (Lebersorger 2004).

Über 30 Jahre hinweg wurde in Deutschland das Recycling als effektive und sinnvolle Strategie angesehen, das zunehmende Verpackungsaufkommen in den Griff zu bekommen. Das Land wähnte sich lange als »Recyclingweltmeister«, das Verpackungs- und Müllproblem schien (technisch) gelöst. Dieses Selbstbild hat in den letzten Jahren durch eine Vielzahl von Medienberichten und wachsendes Wissen über die globalen Folgen des zunehmenden Verpackungsaufkommens deutliche Risse bekommen.

Kunststoffabfälle werden für eine Vielzahl ökologischer Schäden verantwortlich gemacht (Thompson, R. et al. 2009; BUND o. J.; Detzel, A. et al. 2012; UBA 2010a; UBA 2010b). Sie reichen von übermäßigem Ressourcenverbrauch über Klimafolgen, zerstörte Flora und Fauna, Plastikstrudel im Meer bis hin zur Verschmutzung der Gewässer durch Mikroplastik. Hinzu kommen Schadstoffproblematiken sowie (mutmaßliche) Risiken für die menschliche Gesundheit (siehe auch Kapitel 2). Die Bandbreite an Problemen führt bei vielen Verbraucherinnen und Verbrauchern zu einer kritischen Einstellung gegenüber Verpackungen und findet zunehmend mediale Beachtung. Befragungen (PWC 2015; Splendid Research 2018; Marktforschung 2017) zeigen, dass breite Bevölkerungsschichten mittlerweile für die Plastikproblematik sensibilisiert sind und Alternativen erwarten.

Auf politischer Ebene setzen das Abfallvermeidungsprogramm, das neue Verpackungsgesetz, der 5-Punkte-Plan des Bundesumweltministeriums für weniger Plastik und mehr Recycling sowie die EU-Richtlinie über Einwegkunststoffprodukte neue Impulse zur Reduktion von Verpackungsmaterial im Handel (BMU 2019, EU 2019) (siehe auch Kapitel 18).

Alle großen Lebensmitteleinzelhändler greifen den Trend mittlerweile auf und entwickeln Strategien zum Umgang mit Verpackungen und zur Reduktion von Abfall. Oftmals sind dies vor allem technische oder punktuelle Lösungen (z. B. wiederverwertbare Netze, Lasermarkierung von Obst und Gemüse, Banderolen oder Aufkleber statt Folien). Tiefergehende, systemische Änderungen – wie beispielsweise Mehrwegtransportverpackungen zur Reduktion des »unsichtbaren« Verpackungsanfalls – werden bislang kaum adressiert. Besonders kräftige Impulse zur Kunststoffreduktion werden derzeit von zwei internationalen Initiativen erwartet: dem Global Commitment der New Plastics Economy der Ellen MacArthur Foundation (Ellen MacArthur Foundation 2019), das mehr als 400 Unterzeichner hat und die Schließung von Kunststoffkreisläufen fördern will, sowie dem Consumer Goods Forum, an dem 400 Unternehmen der Konsumgüterindustrie beteiligt sind und das eine »führende Rolle bei der Bewältigung des Plastikmüll-Problems spielen« (The Consumer Goods Forum 2019) will.

Zunächst unabhängig von diesen globalen Initiativen hat sich auf nationaler Ebene ein Trend entwickelt, der ebenfalls einen Beitrag zur Lösung der globalen Plastikproblematik leisten will: Seit 2014 hat in Deutschland eine immer größer werdende Zahl von Unverpacktläden eröffnet, die Produkte ohne (Einweg-)Verpackungen anbieten. Der Beitrag fasst wesentliche Ergebnisse des »Unverpacktprojektes« (Der verpackungsfreie Supermarkt: Stand und Perspektiven. Über die Chancen und Grenzen des Precycling im Lebensmitteleinzelhandel; Förderkennzeichen: 14NA025; www.netzwerk-unverpackt.de) zusammen, das von 2016 bis 2020 im Auftrag des BÖLN (Bundesprogramm ökologischer Landbau und andere Formen nachhaltiger Landwirtschaft) die Herausforderungen und Chancen dieses neuartigen Vermarktungskonzeptes untersucht hat. Im Projekt kamen verschiedene klassische Methoden der empirischen Sozialforschung zur Anwendung, insbesondere Experten- und Leitfadeninterviews, Konsumtagebücher und quantitative Befragungen (Goldkorn, F. et al., 2017; Kröger, M. et al. 2017a; Kröger, M. et al. 2017b; Kröger, M. et al. 2018; Wittwer, A. et al. 2019; Kröger, M. et al. 2020).

3.2
Unverpacktläden
als »Change Agents« für Verpackungsreduktion

Die Unverpacktläden als zentrale Vorreiter der Kunststoffreduktion im Lebensmitteleinzelhandel haben sich in den letzten Jahren dynamisch entwickelt. Mittlerweile existieren deutschlandweit bereits über knapp 300 solcher Fachgeschäfte, etwa genauso viele sind eigenen Recherchen zufolge derzeit in Planung. Diese Geschäfte ermöglichen ihren Kundinnen und Kunden den bedarfsgerechten Einkauf von alltäglichen Waren ohne (Einweg-)Verpackungen – der lose Verkauf macht also den Kauf individueller statt standardisierter Mengen möglich. Die Geschäfte werden in der Diskussion um Verpackungsreduktion oftmals als Referenz geführt und genießen große mediale Aufmerksamkeit. Ihnen kommt somit eine wichtige Multiplikatorenrolle bei der Verbreitung der Idee der Verpackungsvermeidung zu. Diese Idee wird mittlerweile auch von etablierten Anbietern wie Supermärkten oder Bioläden übernommen, die entsprechende Abteilungen in die Läden integrieren.

Die Gründerinnen und Gründer der ersten Unverpacktläden stießen bei der Suche nach Lieferanten regelmäßig auf großes Unverständnis oder wurden für ihr Bemühen, Lebensmittel und andere Güter möglichst verpackungsfrei anbieten zu können, zunächst nicht immer ernst genommen (siehe auch Kapitel 4). Zu Beginn des BÖLN-Forschungsprojektes klagten die Ladnerinnen und Ladner oftmals noch über ihre geringe »Marktmacht« und die mangelnde Bereitschaft von Lieferanten und Lieferantinnen sowie Großhändlern und -händlerinnen, sich auf das Unverpacktkonzept »einzulassen«. Dies hat sich im Zuge der Ausbreitung des Konzeptes in den letzten Jahren sukzessive verändert. Welchen großen Stellenwert Verpackungsreduktion und »unverpackt« mittlerweile im Bio-LEH einnehmen, hat die BioFach 2020, die Weltleitmesse für Biolebensmittel in Nürnberg, exemplarisch und recht eindrucksvoll gezeigt. Das Thema hat sich zum Beispiel zu einem der Schwerpunkte der Messe entwickelt, was sich sowohl bei den Fachvorträgen und Branchenforen als auch auf Ausstellerseite zeigte. Es gibt immer mehr Angebote für Unverpackt- und Bioläden von

Lieferanten und Lieferantinnen sowie Herstellerinnen und Herstellern, wie etwa Alternativen zu Stretchfolie, Mehrwegbehälter für Flüssigkeiten, Spendersysteme und Unverpacktsortimente in Großgebinden.

Deutschland ist jedoch kein Vorreiter beim verpackungsfreien Lebensmitteleinzelhandel (LEH). Als einer der Vorbilder für die hiesigen Unverpacktgeschäfte gilt der Londoner Laden »unpackaged«, der schon 2006 gegründet wurde, also etwa sieben Jahre vor den ersten beiden deutschen Läden in Kiel (siehe auch Kapitel 4) und Berlin. Des Weiteren werden in vielen Ländern traditionell Lebensmittel und andere Waren des täglichen Konsums lose und bedarfsgerecht – aber nicht unbedingt »unverpackt«, da eigene Behälter üblicherweise nicht mitgenommen werden – verkauft. Frankreich ist hier ein klassisches Beispiel: Unverpacktabteilungen in Biosupermärkten sind hier eher die Regel als die Ausnahme. Oftmals sind sie für den Umsatz der Läden sehr relevant (Schaer und Laaziz 2019). Allerdings zeigt eine aktuelle Studie, dass die Potenziale des Konzeptes, Abfälle effektiv zu minimieren, kaum genutzt werden (ebd.). So werden meist relativ kleine Gebinde (2,5 bis 5 Kilogramm) für die Befüllung der Spender genutzt, gleichzeitig ist das Mitbringen eigener Behälter durch die Kundinnen und Kunden eher unüblich.

Wenn es also schon etablierte Vorläuferkonzepte gab, stellt sich die Frage, was Unverpacktläden in Deutschland kennzeichnet. Wenn im Folgenden von Unverpacktläden die Rede ist, sind Geschäfte gemeint, die (i) lose / unverpackte Lebensmittel und Non-Food-Produkte mit meist hohen oder höchsten Qualitätsstandards (in der Regel in Bioqualität, oftmals fair und regional) verkaufen, (ii) versuchen, möglichst auf (Einweg-)Verpackungen entlang der gesamten Wertschöpfungskette zu verzichten oder diese weitgehend zu reduzieren, (iii) ihre Kundinnen und Kunden anhalten und unterstützen, ihre eigenen Behälter mitzubringen, und außerdem (iv) die Zero-Waste-Idee aktiv unterstützen und einen möglichst abfallarmen Lebensstil ermöglichen. Des Weiteren (v) sind die Geschäfte in der Regel inhabergeführt und eher klein (oftmals unter 200 Quadratmeter). Sie finden sich deutschlandweit in nahezu allen größeren Städten und vielen kleineren Orten (ein Überblick findet sich hier: https://unverpackt-verband.de/map). Ihre Sortimentsbreite (vi) ist in der Regel hoch und

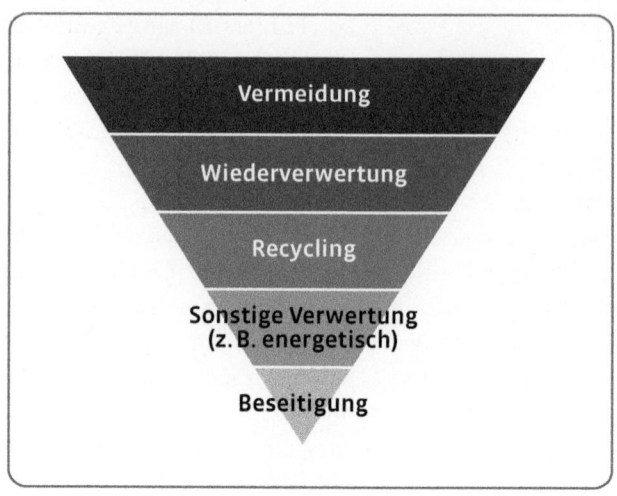

Abbildung 3.1
Abfallhierarchie nach § 6 Kreislaufwirtschaftsgesetz (KrWG)
(Quelle: eigene Darstellung nach BMU 2017).

die Sortimentstiefe tendenziell flach – die Geschäfte bieten also viele Produkte des täglichen Lebens an (Sortimentsbreite), die jedoch nur in wenigen oder ohne Variationen angeboten werden (Sortimentstiefe). So gibt es eben jeweils zum Beispiel eine Sorte rote Linsen, Schokomüsli oder Allzweckreiniger und keine Auswahl dieser Produktarten. Das Angebot an (vorverarbeiteten) Convenience-Produkten ist gering und beschränkt sich auf wenige Produkte wie zu Beispiel Reis- oder Bratlingmischungen. Schließlich (vii) sind die Gründerinnen und Gründer oftmals Quereinsteigerinnen bzw. -einsteiger. Die Ware (viii) wird möglichst verpackungsarm angeliefert, die Läden bevorzugen die Nutzung von Großgebinden oder Mehrwegbehältern. Und: Oft bieten die Läden (ix) weitere Angebote, etwa Cafés, Workshops, Filmabende oder Stammtische, an.

Auf die ersten Gründungen in Kiel und Berlin 2014 folgte ein regelrechter Unverpacktboom. Die Gründerinnen und Gründer berufen sich auf die bereits seit 2008 in europäischem und deutschem Recht festgelegte Abfallhierarchie (siehe Abbildung 3.1).

Demnach genießt das Vermeiden von Abfällen Priorität vor dem Wiederverwerten und dem Recyceln bzw. der sonstigen Verwertung (BMU 2017). Die wachsenden Abfallzahlen und ein Blick in jeden klassischen Supermarkt zeigen jedoch, dass Abfallvermeidung keineswegs als Leitprinzip für Handel und Industrie angesehen werden kann. Für die Gründerinnen und Gründer von Unverpacktläden stellt diese Norm jedoch eine praktische Handlungsanleitung bereit, und sie entwickeln aus dem »Weglassen« ein erfolgreiches Geschäftsmodell. Warum aber sind sie praktisch in der Minderheit? Oder anders gesagt: Warum ist es eigentlich so schwer, Verpackungen wegzulassen?

3.3
»Einfach weglassen« –
von den Mühen der Verpackungsreduktion

Es mutet fast wie eine Binse an: Wenn Waren (wie beispielsweise Lebensmittel) von A nach B transportiert werden, müssen sie geschützt werden. Verpackungen ermöglichen den Transport von Lebensmitteln in differenzierten, globalen und komplexen Lieferketten. Erst durch das »Umhüllen« kann die Frische und Qualität vieler Produkte dauerhaft gewährt werden. Moderne Verpackungssysteme ermöglichen effizienten Transport, Lagerung, Handling (siehe auch Kapitel 5) und ganz allgemein Logistik. Mithilfe von Verpackungen können die Prinzipien Saisonalität und Regionalität aufgehoben werden. »Verpackungstechnologien«, so resümieren Sattlegger und Raschewski (2019) »sind (…) eine der wesentlichen Bedingungen der Globalisierung von Lebensmittelsystemen«.

Anders ausgedrückt: Die Infrastrukturen und Prozesse der Lebensmittelproduktion und -distribution haben sich über die Zeit an den vielfältigen Verpackungsfunktionen ausgerichtet: Verpackungen dienen der Hygiene und dem Schutz der Produkte, helfen Ordnung zu halten und standardisieren Maß und Menge von Waren, gleichzeitig dienen sie Marketingzwecken, der Markenbildung sowie der Differenzierung und der Information von Verbrauchern und Verbraucherinnen. Als eine zentrale Komponente in der Logistik beeinflusst Verpackung deren Effizienz

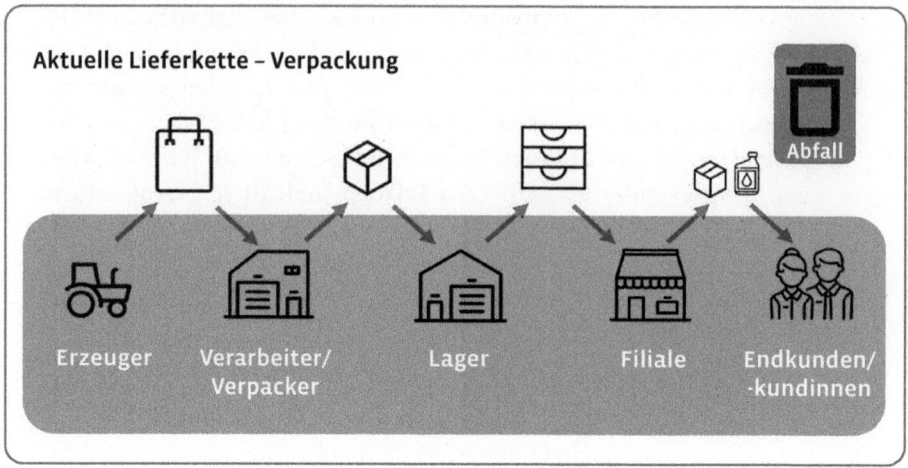

Abbildung 3.2
Verpackungsaufkommen auf den einzelnen Stufen der Wertschöpfungskette
(Quelle: eigene Darstellung, nach Beitzen-Heineke et al. 2016).

und Kosten (Marsh et al. 2007; Saghir 2002; Twede 1992; Bowersox et al. 2002).

Verpackungssysteme setzen sich aus Primär-, Sekundär- und Tertiärverpackung zusammen. Während Erstere das Produkt direkt umhüllen und schützen (z. B. Plastikverpackung um Nudeln), fassen Sekundärverpackungen diese Verkaufseinheiten zusammen (z. B. Umkarton mit mehreren Nudelpackungen). Tertiärverpackungen schützen die Lebensmittel beim Transport (z. B. Paletten und Stretchfolie).

Bei oberflächlicher Betrachtung sind Lebensmittel und andere Waren dann unverpackt, wenn sie ohne Primärverpackung im Geschäft angeboten werden. Gleichwohl kann auf dem Weg vom Erzeuger zum Laden und schließlich zum Kunden bzw. zur Kundin durch Aus- und Umpacken und Transport jede Menge Verpackungsabfall angefallen sein (Abbildung 3.2), denn: Sie beziehen die Waren von den üblichen Lieferantinnen und Lieferanten (Hersteller und Großhändler), die auch klassische Läden beliefern. Reine Unverpacktgroßhändler und -händlerinnen sowie

Unverpacktwertschöpfungsketten gibt es bislang nicht – und auch diese müssten ihre Waren für die Belieferung natürlich in irgendeiner Art und Weise verpacken.

Unverpacktläden kommen ihrem Anspruch insbesondere dadurch nach, dass sie nicht nur Primärverpackung weglassen, sondern Sekundär- und Tertiärverpackungen möglichst weitgehend reduzieren. Diese sind für Endkundinnen und -kunden in der Regel nicht sichtbar. Kundinnen und Kunden haben praktisch keinen Einfluss auf diese »versteckten Verpackungen«, die auf dem ganzen Lebensweg eines Produktes anfallen. Das Aufkommen von Verpackungen ist somit nur bedingt durch individuelle Kaufentscheidungen zu regulieren. Dem Lebensmittelgroß- und -einzelhandel als Inverkehrbringer kommt bei der Verpackungsreduktion und -vermeidung somit eine zentrale Rolle zu.

3.4
»Unverpackt« ist bislang einfach kompliziert – Perspektiven auf das wachsende Nischenkonzept

Wie bereits erläutert, ist das Weglassen von Verpackung nicht trivial. Mit welchen Herausforderungen das Konzept konfrontiert ist, wurde im oben genannten Projekt an der HNEE herausgearbeitet (siehe Tabelle 3.1).

Diese Herausforderungen machen tief greifende Veränderungen dessen nötig, wie Erzeuger und Erzeugerinnen, Handel, Kunden und Kundinnen üblicherweise mit Lebensmitteln umgehen, das heißt, wie sie diese (ver-)kaufen und konsumieren. Das effektive Weglassen von Verpackung entlang der gesamten Wertschöpfungskette ist bislang durchaus »kompliziert« und »unbequem«, mit Engagement verbunden und nicht »einfach« umzusetzen.

Im Folgenden werden die genannten Perspektiven und ihre Herausforderungen exemplarisch skizziert.

Tabelle 3.1
Perspektiven und Herausforderungen des Unverpacktkonzepts
(Quelle: eigene Darstellung).

Perspektive	Herausforderungen
Kernsperspektiven	
Beschaffung	◆ Kooperation mit Lieferantinnen und Lieferanten ◆ Optimierung der (Sekundär- und Tertiär-)Verpackung (Gebindegrößen, Verpackungsmaterial, Weglassen) ◆ Ineffiziente, ressourcenintensive Insellösungen
Kundinnen und Kunden	◆ Gewinnung und Bindung von Kundinnen und Kunden, Kaufbarrieren ◆ Alltagskompatibilität von »unverpackt« ◆ Alleinstellungsmerkmal von »unverpackt« ◆ »Marketing ohne Verpackung«
»Innen«	◆ Wirtschaftlichkeit: Kosten, Umsätze, Kennzahlen (Messung, Planung) ◆ Rechtlicher Rahmen, Hygiene, Schädlingsmanagement ◆ Standardisierung von Prozessen
Umwelt	◆ Nachhaltigkeit des Konzeptes ◆ Foodwaste/Reboundeffekte?
Weitere Perspektiven	
Branche	◆ Partnerschaft und Kooperation, Marktmacht ◆ Wettbewerb und Konkurrenz
»Außen«	◆ Wahrnehmung des Konzeptes, Image

3.4.1
»Die Großhändler wollen sich nicht auf unser Konzept einlassen«: Verpackungsarme Beschaffung

Eine der zentralen Herausforderungen und eines der nach wie vor drängendsten Probleme der Unverpacktläden ist die verpackungsarme Beschaffung. Logistik und Zulieferung sind bislang kaum an das Konzept des verpackungsfreien Einkaufs angepasst. Insbesondere (i) das Weglassen von »unnötigen« Sekundär- bzw. Transportverpackungen, (ii) der Einsatz von alternativen, nachhaltigen Verpackungsmaterialien und (iii) die Nutzung von Mehrwegsystemen sind von den Läden gewünscht und werden gefordert. Erste Herstellerinnen und Hersteller, Lieferantinnen und Lieferanten bzw. Großhändler und Großhändlerinnen entwickeln bereits Lösungen, reduzieren zum Beispiel Stretchfolie oder bieten Mehrwegbehälter für Flüssigkeiten an. Dabei handelt es sich um Insellösungen und »Experimente«, die derzeit mit großem Aufwand und individuell hohem Einsatz von Ressourcen (wie Finanzen, Personal, Kommunikation, Lagerplatz, Zeit) betrieben werden.

Vertiefende Erkenntnisse zu den Herausforderungen seitens der Zulieferer konnte das Projektteam bei der systematischen Begleitung der Umstellungsprozesse eines Biogroßhändlers aus Süddeutschland gewinnen. In Kooperation mit Unverpacktläden und dem Unverpacktverband setzt dieser zum Beispiel Mehrwegverpackungen für Flüssigkeiten und Alternativen zu klassischen Einwegkunststoffverpackungen ein. Dabei zeigte sich zweierlei: Diese Alternativlösungen – etwa Mehrwegeimer oder -versandkisten – werden von den Läden zwar grundsätzlich gewünscht und positiv beurteilt. Bezüglich konkretem Handling, Kommunikationsaufwand und Kosten werden sie jedoch als optimierungsbedürftig angesehen. Insbesondere die parallele Nutzung verschiedener Mehrwegeimer unterschiedlicher Anbieter ist in der Praxis mit hohem Ressourcenaufwand verknüpft, da sie gereinigt, gelagert, auseinandergehalten und zurückgeschickt werden müssen. Dies erfordert immer zusätzliche und zum Teil aufwendige Kommunikation mit den jeweiligen Lieferantinnen und Lieferanten und Mitarbeitenden (siehe Abbildung 3.3).

Abbildung 3.3
Die Nutzung von Mehrwegeimern in der Praxis
(Quelle: Tante Olga, Köln/privat).

Es mangelt nicht unbedingt am guten Willen und an der Bereitschaft, sich auf Experimente und neue Lösungen einzulassen. Die Substitution von (Kunststoff-)Verpackungen ist aufgrund ihrer Eigenschaften – sie sind günstig, leicht, flexibel, lebensmittelecht – aber nicht »einfach« zu bewerkstelligen. Neben dem Einsatz von entsprechendem Alternativmaterial müssen auch eingespielte Gewohnheiten berücksichtigt werden, um neue Lösungen an bisherige Routinen anschlussfähig zu machen.

3.4.2
Behälter und Preise – Hürden für Kundinnen und Kunden?

Für Kundinnen und Kunden von Unverpacktläden stellt der Einkauf im Unverpacktladen gerade zu Beginn einige Herausforderungen bereit, da das Konzept mit langjährig gelernten, habitualisierten und alltäglichen Einkaufsroutinen bricht. Die Hürden aus Kundinnen- und Kundensicht wurden im Rahmen des Projektes in einer Tagebuchstudie, an der 48 Kundinnen und Kunden von Unverpacktläden in zwei größeren deutschen Städten teilnahmen, erfasst (Wittwer et al. 2019).

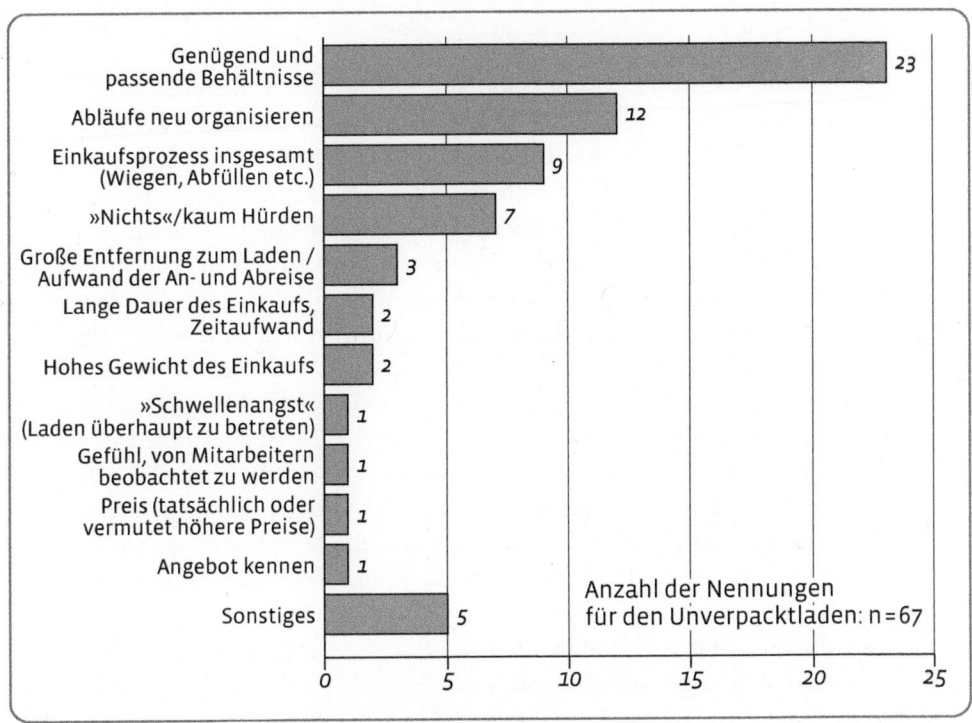

Abbildung 3.4
Hürden beim ersten Unverpackteinkauf
(Quelle: eigene Darstellung).

Aus Sicht der Kundinnen und Kunden stellt der Unverpackteinkauf eine ganze Reihe von Hürden (siehe Abbildung 3.4) bereit. Vor allem das individuelle »Behältermanagement« steht dabei an der Spitze der Nennungen. Was ist hiermit gemeint? Jede Neukundin bzw. jeder Neukunde von Unverpacktläden muss sich mit der Frage auseinandersetzen, wie er oder sie die Produkte und Waren nach Hause transportiert, welche Behälter er oder sie nutzt. Dabei muss neben dem Material und dem jeweiligen Gewicht auch beachtet werden, ob der Behälter bereits vorhanden ist oder noch angeschafft wird, ob er sich für den Transport eignet, er also zum Beispiel dicht und nicht zu schwer ist, und ob er sich für das zu transportierende Gut eignet – Mehl oder Kaffee können beispielsweise nicht

3 Unverpackt einkaufen: Eigentlich ganz einfach, oder?

in Baumwollbeuteln transportiert werden. Des Weiteren muss das Behältervolumen für die (regelmäßig) zu kaufende Menge passend sein. Und schließlich muss der Behälter bzw. müssen die Behälter als Ganzes bei den Einkäufen auch mitgeführt werden. Der Einkauf in Unverpacktläden muss somit – womöglich anders als der klassische Einkauf in Supermarkt, Discounter und Bioladen – geplant werden. Damit ist die am zweithäufigsten genannte Hürde angesprochen: das Neuorganisieren von Abläufen. Die betrifft die individuelle Alltagsebene: Wann wird der Einkauf durchgeführt? In welche Alltagsroutinen ist er eingebettet? Erfolgt er spontan oder geplant? Werden weitere Erledigungen an diesen Einkauf gekoppelt (z. B. Kinder abholen, regelmäßige Sporttermine), oder ist der Einkauf ein Ereignis für sich wie der regelmäßige Besuch des Wochenmarktes? Änderungen der Organisation ergeben sich zum einen aufgrund der Behältermitnahme, aber darüber hinaus auch aufgrund der jeweiligen Lage sowie des Sortiments des Ladens, das möglicherweise Einkäufe in weiteren Läden notwendig macht.

Als drittwichtigste Hürde wurden Aspekte genannt, die sich auf den Einkaufsprozess selbst beziehen, also alle Aspekte rund um die Produktauswahl, die Orientierung im Geschäft, das Abwiegen und Abfüllen der Produkte sowie die Bezahlsituation im Unverpacktgeschäft. Das Weglassen der Verpackungen macht neue Handlungsabläufe und Routinen notwendig. So müssen zum Beispiel die Behälter vor dem Einfüllen der Produkte gewogen werden, damit das Taragewicht bestimmt werden kann.

Die Ergebnisse des Forschungsprojektes zeigen, dass die Hürden vor allem auf der Ebene der Routinen und Gewohnheiten liegen. Andere Aspekte, von denen vorab angenommen wurde, dass diese relevant sein könnten, wurden deutlich seltener genannt, etwa die Entfernung zum Laden, das hohe Gewicht des Einkaufs und die lange Zeitdauer des Einkaufs. Die Erhebungen zeigen jedoch auch, dass sich neue Routinen und Gewohnheiten recht schnell entwickeln lassen und dass Neukundinnen und -kunden hierbei von den Läden unterstützt werden können (siehe auch Kapitel 6). In Kooperation mit der Hochschule der populären Künste Berlin wurde hierfür Informations- und Kommunikationsmaterial entwickelt (siehe auch Kapitel 6).

Ein häufig vorgebrachter Vorbehalt gegenüber Unverpacktläden sind die vermeintlich hohen Preise. So werden in der Berichterstattung über Unverpacktläden immer wieder die Preise in den Läden thematisiert und Preisvergleiche durchgeführt (Handelsblatt 2018; NDR 2018; Würzburg erleben 2018; Subvoyage 2018). Meist überwiegt die Wahrnehmung, dass Unverpacktläden deutlich teurer sind als konventionelle Läden.

Bei der Bewertung der Preise kommt es jedoch sehr darauf an, (i) mit welchen Läden Preise verglichen werden (Discounter, Supermarkt, Bioladen), (ii) ob Markenprodukte oder Eigenmarkenpreise als Vergleich herangezogen werden, (iii) welche Produkte gekauft werden und (iv) mit welcher Erwartung Einkäufe getätigt werden. Ein Onlineartikel (Subvoyage 2018) wird dieser Differenziertheit gerecht und spiegelt auch die Ergebnisse der Interviews mit Unverpacktkunden und -kundinnen wider: Die Produkte werden zwar oft teurer als zum Beispiel im Supermarkt wahrgenommen, jedoch nicht viel oder gar nicht teurer als im Bioladen, und der Preis wird von Bestandskunden und -kundinnen als angemessen empfunden für die Qualität der Produkte und ihren Zusatznutzen, insbesondere Verpackungsreduktion, angenehme Einkaufsatmosphäre oder Unterstützen von kleinen Geschäftsstrukturen. Die Produkte sind also nach der Meinung der befragten Kunden und Kundinnen »ihren Preis wert«. Eine größere Befragung von Verbrauchern und Verbraucherinnen zum Image von Unverpacktläden (siehe auch Kapitel 10) kommt zu einem ähnlichen Ergebnis.

Mit einem systematischen Preisvergleich können die Schwächen der eher anekdotischen und »gefühlten« Befunde umgangen und validere Daten zur Preisgestaltung gewonnen werden. Im Rahmen des oben genannten Forschungsprojektes wurden deshalb zwei Preisvergleiche für eine repräsentative Auswahl von Produkten in Unverpackt- und Bioläden, Biosupermärkten und klassischen Supermärkten durchgeführt. Ziel des Preisvergleichs war die systematische Untersuchung der Preisdifferenzen zwischen unverpackten und herkömmlichen Produkten. Die Ergebnisse der Erhebungen können hier nicht im Detail dargestellt werden. Zusammenfassend zeigt sich jedoch Folgendes: Beim Vergleich der Unverpacktläden untereinander wurde deutlich, dass die unterschiedlichen Standorte sehr diverse Preise anbieten. Dies hängt unmittelbar mit der Wahl der Marke zusammen: Markenwaren, insbesondere Demeter-zertifizierte Produkte, liegen preislich meist über Produkten, die nach der EG-Öko-Verordnung zertifiziert sind. Der Handelsmarkenpreis liegt überall deutlich unter dem Herstellermarkenpreis. Wie auch in anderen Handelsformaten ist die Markenart ein relevanter Faktor für die Preisgestaltung. Wenn der Laden primär Herstellermarken anbietet, bewegt er sich preislich in einem höheren Bereich, als wenn er primär Handelsmarken anbieten würde.

Der direkte Vergleich zeigt, dass Unverpacktläden nicht per se teurer sind als Bioläden. Zwar sind die Eigenmarken der beispielhaft herangezogenen Biosupermärkte in der Regel günstiger als der Durchschnittspreis der Produkte im Unverpacktladen; Markenprodukte im Bioladen kosten jedoch oft ähnlich viel oder sind sogar teurer. Bei einzelnen Produkten gibt es starke Unterschiede. Das heißt, Preisunterschiede bestehen also eher zwischen den einzelnen Unverpacktläden als zwischen Unverpacktläden und klassischen Bioläden.

3.4.3
»Niemand fragt die Verkäuferin im Discounter, womit sie duscht«: Prozesse im Geschäft

Auch bei der Betrachtung der Prozesse in Unverpacktläden zeigt sich, dass diese »anders« sind als in konventionellen Super- oder Biomärkten. Das Weglassen der Primär- und die Reduktion der Sekundär- und Tertiärverpackung bringt vielfältige Herausforderungen mit sich, die bei Immobilien- und Standortsuche und der Planung bzw. Ausstattung des Ladens beginnen, über die Zusammenstellung des Sortiments und Bestellprozesse reichen und bei der Rekrutierung und Schulung der Mitarbeitenden sowie der Kommunikation mit Kundinnen und Kunden nicht endet.

Anhand folgender Beispiele sollen die Prozesse rund um das Ladengeschäft beleuchtet werden:

- Bei der Suche nach einem geeigneten Ladenlokal muss, wie bei anderen Geschäften auch, das Hauptaugenmerk natürlich auf die Lage gelegt werden. Neben den üblichen Faktoren wie Lage, Größe und Kosten sind die Erreichbarkeit und das Umfeld, etwa die weiteren Geschäfte in der Nachbarschaft (stellen diese eine Konkurrenz oder Ergänzung dar?), und die sonstige Infrastruktur (geeignetes Lager, Fahrradstell- und Autoparkplätze) relevant.

- Bei der Suche und auch bei der Planung müssen des Weiteren die besonderen Herausforderungen des »Weglassens« beachtet werden, die sich aus den geltenden rechtlichen Rahmenbedingungen ergeben. Es gibt kein Gesetz, das das Weglassen von Verpackungen verbietet – aber es gibt viele Gesetze und Vorgaben, die dies regulieren. Gründerin- nen und Gründer tun gut daran, von Beginn an auch die »rechtliche Brille« aufzusetzen und bei der Planung ausreichend zu reflektieren, wie den rechtlichen Regelungen Genüge getan werden kann. Frühzei- tige Kontaktaufnahme mit dem zuständigen Veterinär- oder Gesund- heitsamt ist sicherlich hilfreich, und eine intensive Befassung mit den Hygienebedingungen und die Entwicklung eines individuellen Hygienekonzeptes sind essenziell. Im oben genannten Forschungs- projekt wurde ein Online-Hygieneleitfaden erstellt, der Gründerinnen und Gründer von Unverpacktläden einen Überblick über die geltenden Regeln (Stand Ende 2019) und zahlreiche Hinweise zur Umsetzung gibt (http://hygieneleitfaden-unverpackt.de/).

- Der Verkauf loser Waren birgt besondere Herausforderungen – insbe- sondere wenn auch gleichzeitig Lebensmittelverluste vermieden wer- den sollen. Läden haben oftmals kleine Cafés und bieten Speisen und Getränke an – hierdurch kann zusätzliche Wertschöpfung generiert werden, und es wird vermieden, dass frische Ware zu schnell verdirbt, indem sie im Gastrobereich eine Verwertung findet. Aber wie geht man mit zu viel abgefüllten Produkten um, die die Kundinnen und Kunden doch nicht kaufen wollen? Auch hierfür sollten sich Läden eine Lösung überlegen – nur ein kleines Beispiel für bedenkenswerte Aspekte, die für klassische Einkaufsstätten nicht relevant sind.

- Ähnliches gilt für die Auswahl und Schulung des Personals. Es ist zum einen zu beachten, dass die Mitarbeitenden zum Teil ganz andere Aufgaben erledigen müssen als in klassischen Super- oder Biomärkten. Die Läden legen großen Wert auf Großgebinde und bevorzugen diese in der Warenbeschaffung. Dies hat zur Folge, dass die Mitarbeitenden mit teilweise hohen Gewichten (bis 20 oder 25 Kilogramm) hantieren müssen, etwa beim Nachfüllen der Behälter und Spender. Mitarbeitende in den meist kleinen Teams sind somit auch ganz anderen körperlichen Belastungen ausgesetzt als im klassischen Lebensmittelhandel.

- Verpackungen »sprechen« mit Kunden und Kundinnen – wenn sie weggelassen werden, muss diese Funktion anders übernommen werden. In den Läden spielt die Kommunikation in Form von Information und Beratung eine wichtige Rolle – dies muss von den Mitarbeitenden verlässlich und im Sinne des Ladners oder der Ladnerin übernommen werden. Ein Ladner brachte es einmal so auf den Punkt: »Niemand kommt im Discounter auf die Idee, die Verkäuferin zu fragen, womit sie duscht. Bei uns ist das an der Tagesordnung.« Hierzu braucht es spezifische Schulungen und Qualifikation.

- Last, but not least sei auf Bestellprozesse verwiesen, die für Unverpacktläden deutlich aufwendiger sind als im klassischen LEH. Dies liegt etwa daran, dass die Läden ihr Sortiment selbst zusammenstellen und mit einer Vielzahl von Lieferanten kooperieren. Bestellprozesse sind bislang kaum automatisiert. Während ein Bioladen üblicherweise ein Warenwirtschaftssystem nutzt, das Überblick über den Warenbestand gibt und über das Bestellungen einfach generiert werden können, wird dies in Unverpacktläden oft noch – insbesondere in der Gründungsphase – »von Hand« gemacht. Der oder die Verantwortliche muss dann Warenbestand, Lieferzeiten, Mindestbestellwerte und die unterschiedlichen Lieferarten beachten, um Produktlücken zu vermeiden und möglichst kostengünstige Konditionen zu realisieren (siehe auch Kapitel 16).

Die Beispiele zeigen die Vielzahl der Funktionen auf, die Verpackungen erfüllen – und die Folgen, die es für ein Geschäft hat, wenn diese weggelassen werden.

3.4.4
Verpackungseinsparungen
durch das Unverpacktkonzept

Auf die Frage, welche ökologischen Effekte mit dem Unverpacktkonzept einhergehen, gibt es bislang keine eindeutige und allgemeingültige Antwort. Erste Ökobilanzierungen, die im Rahmen von Qualifizierungsarbeiten erstellt wurden, deuten auf positive ökologische Effekte einzelner Produkte (Scharpenberg 2016) oder der Verpackungsstrategie (Hilzinger 2018) einzelner Läden in Deutschland hin. Ökobilanzen fassen das Wissen über Umweltauswirkungen von Produkten über den gesamten Lebenszyklus zusammen mit dem Ziel, die benötigten Rohstoffe effizienter zu nutzen und die Umweltbelastungen insgesamt zu reduzieren. Sie berücksichtigen somit die komplexen Zusammenhänge in Produktion, Nutzung und Entsorgung von Produkten. Ihre Ergebnisse sind sehr spezifisch, eine Verallgemeinerung ist deshalb in der Regel kaum möglich. Aus diesem Grund wurde in oben genanntem Projekt ein anderer Ansatz zur systematischen Erfassung der Differenzen im Verpackungsaufkommen zwischen unverpackten und herkömmlichen Produkten gewählt – um dem in vielen Läden zugrunde liegenden Leitbild »Zero Waste« gerecht zu werden (wohlwissend, dass es neben Abfall zahlreiche andere relevante Umweltaspekte – zwischen denen *Trade-offs* bestehen – im Produktlebenszyklus gibt, die etwa über Ökobilanzen erfasst werden). Die Leitfrage war: Inwieweit und in welchem Umfang können durch das Konzept der Unverpacktläden gegenüber dem klassischen LEH Verpackungseinsparungen realisiert werden? Der Fokus dieser Arbeiten lag auf der Erfassung des Verpackungsaufkommens (Transport- und Verkaufsverpackung) repräsentativer Produkte und dem Vergleich verschiedener Einkaufsstätten, um Aussagen zur effektiven Verpackungsreduktion machen zu können.

Die Packstoffe wurden nach Wertstoffkategorien in Papier / Pappe / Karton, Kunststoff, Glas, Metall, Holz unterteilt. Abbildung 3.5 gibt einen

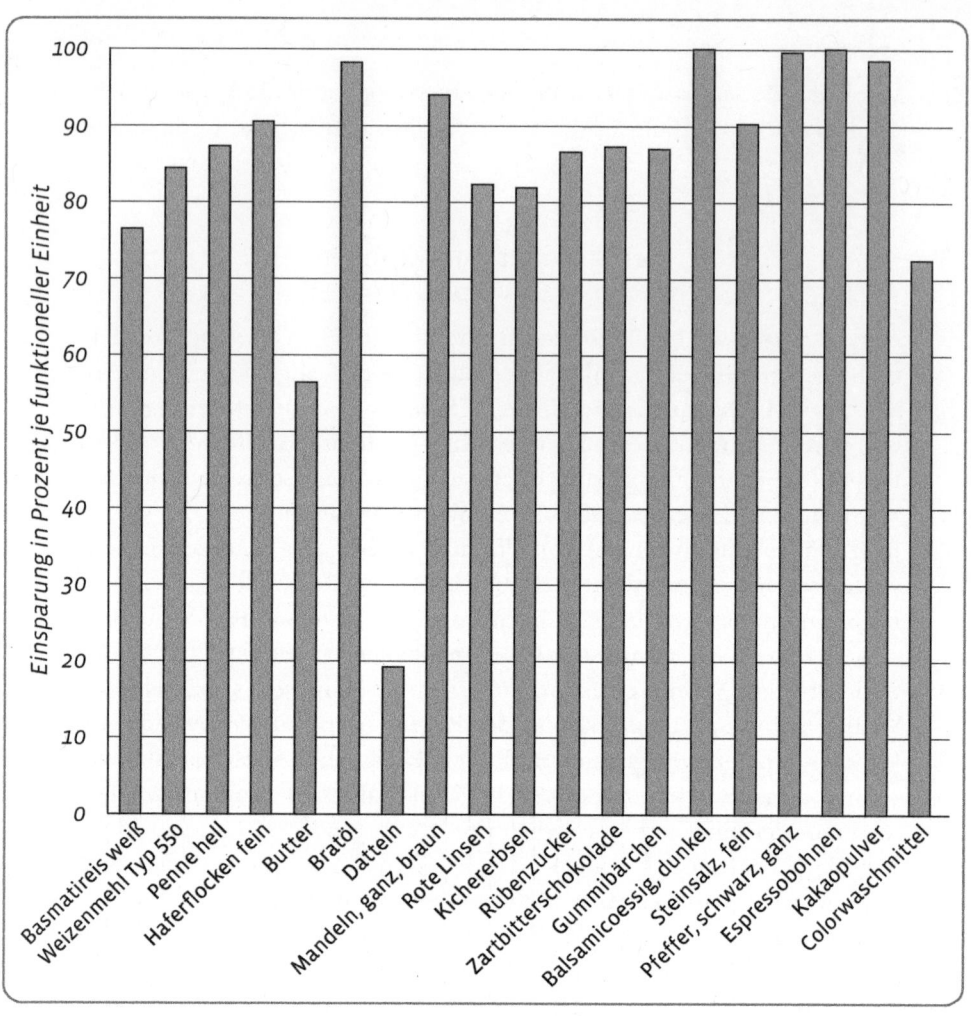

Abbildung 3.5
Prozentuale Verpackungseinsparung *(Quelle: Nöring 2019).*

Überblick über die prozentuale Verpackungseinsparung für die einzelnen Produkte.

Die Reduzierung des Gesamtverpackungsgewichts variiert zwischen den 19 ausgewerteten Produkten und liegt im Durchschnitt bei 83,8 Pro-

zent. Dieser recht hohe Wert ist nicht repräsentativ für *die* Unverpacktläden und ihre Produkte. Die Arbeit zeigt aber exemplarisch auf, über
welche Potenziale der Verpackungsvermeidung das Unverpacktkonzept
bereits verfügt.

3.5
Fazit

Als 2014 die Idee zum Unverpacktprojekt entstand, gab es deutschlandweit
drei Unverpacktläden, und es war völlig offen, ob weitere Gründerinnen
und Gründer das Konzept übernehmen würden. Die ersten Ladnerinnen
und Ladner wurden von Zulieferern oftmals mit Unverständnis bedacht.
Im gesellschaftlichen und umweltpolitischen Diskurs spielte Abfallvermeidung zudem allenfalls eine Nebenrolle. Sechs Jahre später hat sich die
Situation grundlegend geändert: Abfallvermeidung im Lebensmitteleinzelhandel steht mittlerweile ganz oben auf der politischen Agenda. Unternehmen und Politik entwickeln Strategien, um die wachsende Abfallflut
in den Griff zu bekommen. Was heute die Strategieabteilungen großer
Supermarktketten und Discounter beschäftigt, damit haben sich noch vor
Kurzem nur einzelne Idealistinnen und Idealisten bzw. Aktivistinnen und
Aktivisten auseinandergesetzt: die effektive Reduktion von (Verpackungs-)
Abfall im Einzelhandel. »Unverpackt« ist im Zentrum der Diskussion um
Verpackungsreduktion angekommen, dies zeigt der Blick in die Medien
und auf politische Initiativen, auf Unternehmenswebseiten, Round Tables
und in die Programme großer Branchentreffen wie der BIOFACH. In
weniger als fünf Jahren ist die Nische dynamisch gewachsen. Mit dem
unverpackt e. V. wurde ein eigener Branchenverband gegründet, und
Großhandel und Hersteller bieten erste Lösungen für die verpackungsreduzierte Zulieferung an.

Mit dem Unverpackt-Forschungsprojekt von Beginn an verknüpft war
die Grundannahme, dass das Weglassen von Verpackungen mit großen
Herausforderungen entlang der gesamten Wertschöpfungskette verbunden ist, die tief greifende Veränderungen dessen nötig machen, wie Erzeugerinnen und Erzeuger, Handel sowie Kunden und Kundinnen heute übli-

cherweise mit Lebensmitteln umgehen, diese verkaufen und konsumieren. Die Tatsache, dass es sich bei den Gründerinnen und Gründern meist um Seiteneinsteigerinnen und Seiteneinsteiger handelt, verschärft diese Herausforderungen noch.

»Unverpackt« lebt bislang vom Idealismus einzelner Akteure, die dies mit großem Aufwand praktizieren. Die Unverpacktidee kann, so unsere Prognose, nur dann dauerhaft tragfähig sein und über die kleine Nische der Läden hinaus Impulse zur effektiven Verpackungsreduktion setzen, wenn die Prozesse vereinfacht und professionellere Lösungen entwickelt werden. Es braucht hierfür insbesondere effiziente Transport- und Mehrwegsysteme, Reinigungsroutinen und Hygieneschulungen.

Inhaltlich konnte mit dem Unverpacktprojekt das neuartige Vermarktungskonzept intensiv ausgeleuchtet werden. Während zu Beginn lediglich Annahmen zu Hürden für die beteiligten Akteure, zu Struktur der Kundinnen und Kunden oder zu Hygieneanforderungen existierten, kann nun auf Ergebnisse verwiesen werden, die anderen Forschenden, der Praxis sowie anderen Interessierten fundierte Erkenntnisse zum Funktionieren von Unverpackt-Wertschöpfungsketten geben. Für das Thema Abfallvermeidung im LEH und das systematische Weglassen von Verpackungen gab es bislang keine gebündelte Expertise. Mit dem Forschungsprojekt wurde erstmals umfangreiches Wissen aufgebaut, das einen integrativen, problemlösungsorientierten Anspruch verfolgt. Auf der Basis dieses Wissens ist es möglich, den iterativen Prozess der effektiven und effizienten Abfallvermeidung weiterzuverfolgen.

LITERATURVERZEICHNIS

BMU (2017): Leitfaden zur Anwendung der Abfallhierarchie nach § 6 Kreislaufwirtschaftsgesetz (KrWG). Hierarchiestufen Recycling und sonstige Verwertung [https://www.bmu.de/fileadmin/Daten_BMU/Download_PDF/Abfallwirtschaft/krwg_leitfaden_abfallhierarchie_bf.pdf].

BMU (2019): 5-Punkte-Plan des Bundesumweltministeriums für weniger Plastik und mehr Recycling [https://www.bmu.de/download/5-punkte-plan-des-bundesumweltministeriums-fuer-weniger-plastik-und-mehr-recycling/].

Bowersox, D. J.; Closs, D. J.; Cooper, M. B. (2002): Supply Chain Logistics Management, First International edn, McGraw – Hill/Irwin, New York, 2002.

BUND – Bund für Umwelt und Naturschutz Deutschland e.V. (o. J.): Achtung Plastik! Chemikalien in Plastik gefährden Umwelt und Gesundheit.

Cimander, M. (2017): Vermeidung von Verpackungsabfall durch unverpackt-Läden. Entwicklung eines wirkungsorientierten Indikators, exemplarische Datenerhebung und -analyse, Qualifikationsarbeit, HNEE.

Detzel, A.; Kauertz, B.; Derreza-Greeven, C. (2012): Untersuchung der Umweltwirkungen von Verpackungen aus biologisch abbaubaren Kunststoffen [http://www.umweltbundesamt.de/publikationen/untersuchung-umweltwirkungen-von-verpackungen-aus].

Ellen MacArthur Foundation 2019: New Plastics Economy. A circular economy for plastic in which it never becomes waste [https://www.ellenmacarthurfoundation.org/our-work/activities/new-plastics-economy].

EU (2019): Richtlinie (EU) 2019/904 des Europäischen Parlaments und des Rates vom 5. Juni 2019 über die Verringerung der Auswirkungen bestimmter Kunststoffprodukte auf die Umwelt [https://eur-lex.europa.eu/legal-content/DE/TXT/PDF/?uri=CELEX:32019L0904&from=DE].

Goldkorn, F.; Kröger, M.; Pape, J. (2017): Der verpackungsfreie Supermarkt. Wertschöpfungsketten neu denken und Barrieren überwinden, in: Ökologisches Wirtschaften, Heft 1/17, S. 12 f.

Handelsblatt (2018): Unverpackt-Laden im Test: Wie teuer ist das Einkaufen ohne Plastikmüll?, 30. Mai 2018 [https://orange.handelsblatt.com/artikel/44897].

Hilzinger, A. (2018): Ökobilanzielle Bewertung der Verpackungsstrategie des Unverpacktladens Glaskiste Freiburg, Bachelorarbeit, Freiburg.

Kröger, M.; Goldkorn, F.; Pape, J. (2017): Die Wertschöpfungskette unverpackter Lebensmittel. Perspektiven und Herausforderungen, in: Wolfrum, S. et al. (Hrsg.): Beiträge zur 14. Wissenschaftstagung Ökologischer Landbau. Ökologischen Landbau weiterdenken – Verantwortung übernehmen – Vertrauen stärken. Verlag Dr. Köster, Berlin, S. 680–683.

Kröger, M.; Goldkorn, F.; Pape, J. (2017): Mehr als einfach nur weglassen, in: Ökologie & Landbau, 03/2017, S. 38–39.

Kröger, M.; Wittwer, A.; Pape, J. (2018): Unverpackt einkaufen. Mit neuen Routinen aus der Nische?, in: Ökologisch Wirtschaften, 4.2018, S. 46–50.

3 Unverpackt einkaufen: Eigentlich ganz einfach, oder?

Lebersorger, S. (2004): Abfallaufkommen aus Mehrfamilienhäusern. Analyse der Einflussfaktoren unter besonderer Berücksichtigung der Lebensumstände und Lebensgewohnheiten privater Haushalte. Dissertation Universität für Bodenkultur, Wien.

Marktforschung (2017): Lebensmittelhandel: Zero Waste hat Potenzial [https://www.marktforschung.de/aktuelles/marktforschung/lebensmittelhandel-zero-waste-hat-potenzial/].

Marsh, K.; Bugusu, B. (2007): Food Packaging – Roles, Materials, and Environmental Issues, in: Journal of food Science, Vol. 72, Nr. 3.

NDR (2018): Unverpackt-Laden: Wie teuer ist der Einkauf? (11.05.2018) [https://www.ndr.de/ratgeber/verbraucher/Unverpackt-Laden-Wie-teuer-ist-der-Einkauf,plastik294.html].

Nöring, S. (2019): Verpackungseinsparung durch unverpackt-Läden. Vergleich der Verpackungsaufkommen von unverpackt-Läden und klassischen Bioläden anhand von 20 Produkten, Qualifikationsarbeit, HNEE.

PWC (2015): Verpackungsfreie Lebensmittel: Verbraucher setzen beim Einkauf auf Umweltschutz und Müllvermeidung [https://www.pwc.de/de/handel-und-konsumguter/verpackungsfreie-lebensmittel-verbraucher-setzen_beim-einkauf-auf-umweltschutz-und-muellvermeidung.html].

Saghir, M. (2002): The concept of packaging logistics [https://www.researchgate.net/publication/228799386_The_Concept_OF_Packaging_Logistics].

Sattlegger, L.; Raschewski, L. (2019): Vom Zero Waste Lifestyle zur müllfreien Zukunft?; Blogbeitrag [https://www.postwachstum.de/vom-zero-waste-lifestyle-zur-muellfreien-zukunft-20190130].

Schaer, B.; Laaziz, A. (2019): Le vrac marque sa présence dans les magasins spécialisés en bio, Bio Lineaires No. 86, S. 93–99.

Scharpenberg, Ch. (2016): Ökobilanzielle Bewertung von Produkten eines verpackungsfreien Supermarktes, Masterarbeit, Göttingen.

Schüler, K. (2019): Aufkommen und Verwertung von Verpackungsabfällen in Deutschland im Jahr 2017, hrsg. vom UBA, Dessau-Roßlau.

Splendid Research (2018): Unverpackt Einkaufen in Deutschland. Eine repräsentative Umfrage [https://www.splendid-research.com/de/studie-unverpackt-einkaufen.html].

Subvoyage (2018): Preisvergleich Unverpackt Laden, Supermarkt & Bio-Supermarkt, 28.02.2018 [https://subvoyage.de/preisvergleich-unverpackt-laden/].

The Consumer Goods Forum 2019: Plastic Waste [https://www.theconsumergoodsforum.com/initiatives/environmental-sustainability/key-projects/plastic-waste/].

Thompson, R. C.; Moore, C. J.; vom Saal, F.; Swan, A. H. (2009): Plastics, the environment and human health: Current consensus and future trends, DOI: 10.1098/rstb.2009.0053.

Twede, D. (1992): The Process of logistical packaging innovations, in: Journal of Business Logistics, Vol. 13, No. 1; S. 69–94.

UBA – Umweltbundesamt (2010a): Abfälle im Meer – Ein gravierendes ökologisches, ökonomisches und ästhetisches Problem [http://www.umweltbundesamt.de/sites/default/files/medien/publikation/long/3900.pdf].

UBA – Umweltbundesamt (2010b): Bisphenol A – Massenchemikalie mit unerwünschten Nebenwirkungen [http://www.umweltbundesamt.de/sites/default/files/medien/publikation/long/3782.pdf].

Wittwer, A.; Kröger, M.; Pape, J. (2019): Ist »Weglassen« einfach? Herausforderungen und Chancen des verpackungsfreien Einkaufs, Ländlicher Raum, Ausgabe 02/2019.

Würzburg erleben (2018) Preisvergleich: Unverpackt vs. Discounter vs. Supermarkt, 24. 04. 2018 [https://www.wuerzburgerleben.de/2018/04/24/preisvergleich-unverpackt-vs-discounter-vs-supermarkt/].

Unverpackt – eine Idee wird Begriff

MARIE DELAPERRIÈRE
Redaktionelle Unterstützung:
LENA BRAUN | MARC DELAPERRIÈRE

Zusammenfassung

Als *unverpackt – lose, nachhaltig, gut* 2014 in Kiel eröffnete, war unklar, ob das Konzept erfolgreich sein würde. Zunächst war der Laden weder wirtschaftlich rentabel noch konkurrenzfähig und die Kundschaft skeptisch. Doch sechs Jahre später zeigt sich: Die Nachfrage kann kaum befriedigt werden, in Deutschland gibt es Ende 2020 fast 300 Unverpacktläden, etablierte Lebensmittelketten haben Unverpacktabteilungen eingerichtet. »Unverpackt« ist zum festen Begriff geworden! Die Bewegung hat gerade erst begonnen, und doch verändert sie bereits die Lebensmittelbranche. In diesem Beitrag wird eine persönliche Sicht auf die Entwicklung des Ladens, die Bewegung und den dahinterstehenden gesellschaftlichen Wandel geschildert, den wir mit all den anderen Pionierinnen und Pionieren vorantreiben.

4.1
Einleitung – Eine Idee entsteht

Die Gründung von *unverpackt* wurde inspiriert von Beispielen in anderen Ländern. Einige Geschäfte in Frankreich und Nordamerika setzen schon seit langer Zeit Bulk Bins ein, also Lebensmittelspender, in die unverpackte Ware eingefüllt und von den Kundinnen und Kunden wieder abgefüllt wird. Hierbei wird die Ware lose und in bedarfsgerechten Mengen in Papiertüten verkauft, das Mitbringen eigener Behältnisse ist jedoch nicht vorgesehen. Cathrin Conway machte dies im Jahr 2006 zum visionären Konzept ihres Lebensmittelgeschäfts *Unpackaged* in London, mit dem sie zum ersten Mal bestätigte, dass ein Laden auf Einwegverpackungen verzichten kann. Eine weitere Vorreiterin ist Béa Johnson, Pionierin der Zero-Waste-Lifestyle-Bewegung, die zeigt, wie ein müllfreier Alltag gelingen kann. Um ein solches Leben auch in Deutschland führen zu können, wurde *unverpackt* in Kiel gegründet.

Von 2012 bis 2013 wurde das Ladenkonzept entwickelt. Als Pionierin in Deutschland standen mir einige große Herausforderungen bevor, und entsprechende Vorüberlegungen mussten angestellt werden. Ist Deutschland der geeignete Ort, um ein solches Projekt zu verwirklichen? Wird es wirtschaftlich rentabel sein? Wird es sich in einem Land voll gut etablierter Supermarktketten, Lebensmitteldiscounter und Einzelhändler behaupten können? Wird es ausgerechnet in Deutschland klappen, wo Verpackung ein Synonym für Hygiene und Sicherheit ist? Die Gründung von *unverpackt* war eine Herausforderung und eine Wette, aber auch der Start eines Abenteuers und einer Bewegung, die nun seit sechs Jahren anhält und die im folgenden Beitrag dargestellt wird.

4.2
Hintergrund

Die ökologischen, sozialen und politischen Herausforderungen angesichts der weiter ansteigenden Abfallmengen der Industrienationen haben sich in den vergangenen Jahren verschärft. So werden etwa schlecht verwertbare Kunststoffe ins Ausland exportiert, wo sie ohne strengere Auflagen verbrannt oder in der Natur entsorgt werden (vgl. Heinrich-Böll-Stiftung und BUND, 2019). Für solche Probleme kann Unverpackt Teil der Lösung sein – als Experiment, das beweist, wie Konsum anders gestaltet werden kann. Die Dringlichkeit der Probleme erklärt den Erfolg des Modells. Nachfolgend werden einige Aspekte und ihr Einfluss auf die Vision von *unverpackt* beleuchtet.

4.2.1
Kunststoffe im Überfluss

Kunststoffe sind günstig in der Herstellung und in vielen Lebenslagen unkompliziert einsetzbar, jedoch ist ihre Produktion äußerst ressourcenintensiv. Von jährlich 335 Millionen Tonnen Kunststoff gehen 40 Prozent auf das Konto der Verpackungsindustrie (vgl. Plastics Europe 2017) – und es werden laut Umweltbundesamt (2016) immer mehr. Obwohl sich Deutschland als Recyclingweltmeister rühmt, werden nur 40,9 Prozent der Kunststoffverpackungen recycelt, wobei die Qualität der Rohstoffe stark abnimmt und diese nicht unbegrenzt wiederverwendbar sind (vgl. Plastics Europe 2018). Darum wäre es trotz aller Bemühungen um Recyclingquoten sinnvoll, die Menge von Kunststoffen grundsätzlich zu reduzieren. Durch die kurze Nutzungsdauer und häufige Anwendung von Kunststoffen steigt die Abfallmenge insgesamt. Es kommt zu negativen Auswirkungen auf Mensch und Umwelt, wie sogenannte Müllstrudel (engl. *Garbage Patches*) in den Weltmeeren (vgl. Lebreton et al. 2018) oder durch hormonell wirksame Weichmacher wie BPA in vielen Kunststoffen (vgl. Vandenberg et al. 2019). Schließlich hat die öffentliche Diskussion rund um Einwegplastik und andere Kunststoffe in den letzten Jahren zugenommen.

Es ist davon auszugehen, dass es nicht ausreicht, einige Einwegartikel zu verbieten. Der Kern des Problems liegt im Lebensmittel- und Warenhandel allgemein, wo zahlreiche vermeidbare Plastikprodukte eingesetzt werden. Der Blick sollte auf Produktionsketten verschiedener Bereiche gelenkt werden, wo mithilfe von klaren Richtlinien und Gesetzen praktische Umsetzungen zur Müllvermeidung zusätzlich zu Recycling gefördert werden können, wie es beispielsweise durch die Abfallhierarchie des Kreislaufwirtschaftsgesetzes (KrWG § 6) gesetzlich vorgeschrieben ist. Es sollte kommuniziert werden, dass nachhaltige Verpackungsalternativen gut, das Vermeiden von unnötiger Verpackung jedoch besser ist. Das Hauptanliegen von *unverpackt* ist es darum, Kunststoffverpackungen drastisch zu reduzieren und gemeinsam mit der Kundschaft einen kritischen Blick auf Kunststoffe im Alltag zu werfen. Das kann der Unverpacktladen nicht allein vollbringen, aber er kann zeigen, dass ein verpackungsarmer Lebensmittelhandel möglich ist. Es geht nicht um eine kompromisslose Verteufelung von Kunststoffen per se, sondern es soll – aus Sicht von *unverpackt* – eine Diskussion angestoßen werden, wann auf Kunststoffe verzichtet und stattdessen weniger schädliche Alternativen angewendet werden können.

4.2.2
Lebensmittelverschwendung

In Deutschland wurden im Jahr 2018 circa elf Millionen Tonnen genießbare Lebensmittel entsorgt, davon 61 Prozent in Privathaushalten und je 17 Prozent in Industrie und bei Großverbrauchern. Würden diese Abfälle vermieden, könnten in Deutschland pro Jahr 30 Milliarden Euro eingespart werden (vgl. Bundesministerium für Ernährung und Landwirtschaft [BMEL], 2018). Die entsorgten Lebensmittel entsprechen den strengen Verkaufsnormen nicht, wurden überproduziert, nähern sich dem Mindesthaltbarkeitsdatum (MHD) oder haben es überschritten. Die Europäische Union und das BMEL lenken mit ihrem Projekt »Zu gut für die Tonne« Aufmerksamkeit auf das Thema und zeigen mit praktischen Tipps, wie Lebensmittelabfälle reduziert werden können.

Das zweite Hauptanliegen von *unverpackt* ist es somit, Vorbild für den Lebensmitteleinzelhandel (LEH) zu sein, indem Lebensmittelabfälle entlang Produktions- und Lieferketten verringert werden. Dafür wird bei *unverpackt* auf vier Prinzipien gesetzt: i) die Auswahl von Grundnahrungsmitteln, das heißt gering verarbeitete Produkte; ii) kurze logistische Wege; iii) optimierte betriebsinterne Prozesse und iv) den Einkauf nach Bedarf.

4.2.3
Öffentliche und mediale Aufmerksamkeit

Mit der Dringlichkeit der Probleme, wie ständig steigendem Abfallaufkommen und Lebensmittelverschwendung, ist auch das öffentliche Bewusstsein für sie gestiegen. Beispiele dafür sind die bereits erwähnte Lebensmittelkampagne aus dem Jahr 2018 von EU und BMEL oder die Diskussion im Europäischen Parlament über das Verbot von Einwegprodukten im selben Jahr. Diese Diskussionen werden auch in der Gesellschaft geführt und äußern sich in einer Vielzahl an Medienberichten, Petitionen oder der Gründung entsprechender Initiativen. Auch haben Wording und Ästhetik der Zero-Waste-Bewegung insbesondere in sozialen Medien gezeigt, dass Müllvermeidung »sexy« sein kann, was durch das enorme mediale Interesse an der Eröffnung von weiteren Unverpacktläden in Deutschland verstärkt wurde.

4.2.4

Die Gründungsvision

Die Gründungsvision hatte daher mehrere Schwerpunkte: Alltägliche Lebensmittel und Produkte sollten ohne Einwegverpackungen – insbesondere aus Plastik – und stattdessen lose oder in Pfandbehältern verkauft werden; Lebensmittelabfälle im Laden und bei Kundinnen und Kunden sollten reduziert werden; die Produkte sollten lokal, saisonal, biologisch und mit wenigen Zwischenhändlern bezogen werden, und schließlich sollten der Kundschaft der Wert gesunder und einfacher Nahrungsmittel verdeutlicht und die Freude an der Auseinandersetzung mit Grundnahrungsmitteln erhöht werden.

Diese Vision und das Ziel, das Konzept zu verbreiten, waren zentrale Bestandteile des anfänglichen Businessplans. Sehr wichtig war dabei, dass alle Bevölkerungsgruppen gleichermaßen angesprochen werden und das Angebot für alle überzeugend sein würde. Ziel war es, nicht nur eine Nische zu bespielen, sondern das Konzept so zu erstellen, dass es sich in Konkurrenz zu bereits etablierten Läden und Ketten behaupten würde.

4.3

Ein schwerer Start

Im Februar 2014 öffnete *unverpackt* in Kiel als erster Laden seiner Art in Deutschland. Schon früh wurden die Medien auf das Konzept aufmerksam, und weitere Läden entstanden. Diese ersten Erfolge motivierten weiterzumachen, obwohl es anfangs viele Schwierigkeiten und Herausforderungen gab.

4.3.1
Wirtschaftlichkeit und Kundschaft

Die größte Herausforderung war die Wirtschaftlichkeit des Ladens. Wie es bei Neugründungen üblich ist, brauchte das Geschäft einige Zeit, um aus den »roten Zahlen« herauszukommen. Viele Kundinnen und Kunden tätigten in den ersten Monaten nur sehr kleine Einkäufe im Laden – zum Beispiel nur eine Handvoll Nüsse. Unsicherheit und Skepsis zeigten sich auch durch Fragen an die Legitimität des Preises und die Gewährleistung der Qualität.

Viele Kundinnen und Kunden waren unsicher, wie der unverpackte Einkauf funktioniert, und fürchteten, etwas falsch zu machen. Um dem entgegenzuwirken, hing ein kleiner Monitor im Schaufenster, auf dem das Konzept in einem kurzen Video erklärt wurde. Insbesondere der Zusammenhang von Gewicht und Preis der Waren war ungewohnt für eine Kundschaft, die an fertige Verpackungsgrößen und damit festgelegte Preiseinheiten beim klassischen Lebensmitteleinzelhandel gewöhnt war. Viele Kundinnen und Kunden erschraken über die Preise, wenn sie Edelprodukte in Mengen abfüllten, die so nicht im Supermarkt zu finden sind (z. B. werden Pinienkerne in 50-Gramm-Packungen verkauft – viele Neukunden und Neukundinnen füllen aber die für andere Nusssorten üblichen 100 bis 150 Gramm ab). Diesen Herausforderungen wurde und wird regelmäßig mit Geduld und viel Kommunikation seitens des Ladenpersonals begegnet.

4.3.2
Äußere Rahmenbedingungen

Trotzdem blieb es schwierig, sich angesichts der Konkurrenz durch etablierte Lebensmittelgeschäfte und -ketten durchzusetzen. Der verpackte Einkauf schien unkomplizierter, günstiger und stressfreier. Nachdem sich Kundinnen und Kunden aber erst einmal im Laden auskannten, ihre Einkaufsroutine entwickelt und den Besuch des Ladens als spielerisches und soziales Erlebnis kennengelernt hatten, wollten sie den Einkauf bei *unverpackt* nicht mehr missen (siehe auch Kapitel 6).

Eine der größten anfänglichen Aufgaben war es, ein umfangreiches und ansprechendes Sortiment aufzubauen, das möglichst viele Kriterien erfüllte: wenig Verpackung, Bioqualität, Fairtrade, geringe Verarbeitung, lokal und saisonal. Häufig gab es diese Produkte nur stark verpackt, das heißt zum Beispiel in Plastikverpackung in einen Karton gelegt und die Kartons auf der Palette wiederum zum Schutz in Plastik eingeschlagen. So musste und muss weiterhin häufig mit Lieferantinnen und Lieferanten verhandelt werden, dass schon bei der Lieferung möglichst viel Verpackung gespart wird.

4.4
Die Entwicklung bis heute

Darüber hinaus musste *unverpackt* in Kiel als Erster der Unverpacktläden selbst herausfinden, wie die strenge Gesetzeslage zum Verkauf von Lebensmitteln und Hygienerichtlinien mit unserem Konzept zu vereinbaren ist. Hier gab es in Deutschland keine Expertise oder Vorerfahrungen, sodass der Laden komplett auf sich allein gestellt war und ein eigenes System entwickeln musste. Heute sind die Abläufe erprobt und können im Rahmen von Seminaren und anderen Austauschplattformen an zukünftige Inhaberinnen und -inhaber weitergegeben werden.

4.4.1
Das Netzwerk wächst

Trotz anfänglicher Schwierigkeiten ließ die Motivation weiterzumachen nicht nach. Gründe dafür waren persönlicher Ehrgeiz, finanzielle Rücklagen aus vorherigen Arbeitsverhältnissen und die mediale Aufmerksamkeit, die das Konzept bereits erhalten hatte. Außerdem trugen die Verschärfung ökologischer Probleme und der einsetzende gesellschaftliche Wandel, der sich in Phänomenen wie Minimalismus, Veganismus und Ernährungsräten widerspiegelt, zum Weitermachen bei. Schließlich eröffneten 2014 in Berlin und Bonn sowie in Bordeaux in Frankreich noch weitere Läden, sodass klar war, dass der Laden nicht aufgegeben werden konnte. *unverpackt* war nicht mehr allein, und bis heute trägt jeder neue

Laden zum Erfolg der Bewegung als Ganzes bei. Die positiven Entwicklungen, die das Konzept heute auszeichnen, werden im folgenden Abschnitt genauer beleuchtet.

Bereits ein Jahr nach der Eröffnung von *unverpackt* wurden erste Seminare und Beratungen angeboten sowie mehrere Coachings und Studien betreut. Seit März 2015 haben über 300 Menschen eines unserer Seminare besucht und daraufhin oftmals neue Läden in Deutschland und dem europäischen Ausland eröffnet. Vier Läden haben eine Lizenz von *unverpackt – lose, nachhaltig, gut* in Kiel erworben und laufen unter demselben Namen und Logo. Die Hochschule für nachhaltige Entwicklung in Eberswalde (HNEE) rief 2016 das »Projekt unverpackt. Der verpackungsfreie Supermarkt: Stand und Perspektiven – Über die Chancen und Grenzen des Precycling im Lebensmitteleinzelhandel« ins Leben. Und das nächste Projekt von *unverpackt* soll eine Unverpacktakademie sein, die mit noch größerem Angebot an Beratung und Seminaren noch mehr Menschen erreicht.

Die Seminarteilnehmenden waren anfangs oft ökologisch orientierte Idealistinnen und Idealisten, aber zum Teil auch Träumerinnen und Träumer, die durch die mediale Aufmerksamkeit für das Thema zur Gründung eines Ladens inspiriert worden waren. Im Seminar wurden sie oft überrascht, welche hohe Investitionskosten, Risiken und Anforderungen eine Existenzgründung im Lebensmitteleinzelhandel mit sich bringt. Heute sind die Teilnehmenden vor allem Menschen im Alter von etwa 40 Jahren, die sich selbst verwirklichen wollen. Sie sind bereits gut informiert und wissen um die Herausforderungen einer Geschäftsgründung. Oft wird ihre Idee im jeweiligen Heimatort unterstützt. Da das Konzept insgesamt bekannter ist, wird es viel leichter für Gründerinnen und Gründer, ihr Projekt in die Tat umzusetzen. Außerdem zeigt sich, dass Unverpackt kein Hype der Großstädterinnen und Großstädter ist. Es hat positiv überrascht, dass einige Teilnehmende ihre Geschäfte in ländlichen Regionen erfolgreich führen und so zeigen, dass Unverpackt auch auf dem Land funktioniert.

2016 wurde eine Onlineplattform geschaffen, auf der sich Unverpacktläden über Schwierigkeiten und Entwicklungen austauschen können. Auch über die Gründung einer Genossenschaft wurde nachgedacht, um ein geeignetes Logistiknetzwerk zur Belieferung von Unverpacktläden voranzutreiben, was die Konkurrenzfähigkeit gegenüber klassischen Supermärkten erhöhen sollte. Dadurch sollten außerdem eine gemeinsame Wissensbasis geschaffen, ein Handbuch über Eröffnung und Betrieb von Unverpacktläden geschrieben und juristische Unterstützung für alle Mitglieder realisiert werden. Zwar wurde die Genossenschaftsidee nicht umgesetzt, doch gibt es seit April 2018 den Verein unverpackt e.V., der die Ziele zum Teil übernommen hat und mit einem anderen juristischen Status arbeitet.

4.4.2
Die wirtschaftliche Perspektive

Nach sechs Jahren bedient das Konzept zwar immer noch eine Nische, der wirtschaftliche Erfolg meines und anderer Läden belegt inzwischen aber die Machbarkeit des Konzepts. Aufgrund der begrenzten Kapazitäten des Ladens wurde erwartet, dass sich die Kundenzahl verstetigen würde, doch noch steigt sie weiter an. Gleichzeitig ist es gelungen, *unverpackt – lose, nachhaltig, gut* als Unternehmen zu optimieren, indem das Sortiment erweitert und verfeinert wurde. So hat sich *unverpackt – lose, nachhaltig, gut* von einer idealistischen Vision zum wirtschaftlich rentablen Unternehmen entwickelt. Dabei ist es wichtig zu bemerken, dass der anfängliche Enthusiasmus von Unverpackt trotzdem nicht verschwunden ist, sondern das Lebensmittelgeschäft seiner ursprünglichen Vision treu bleibt.

4.4.3
Eine Branche zieht nach

Die letzten Jahre zeigten einen deutlichen Einfluss der Unverpacktbewegung auf Hersteller, Lieferantinnen und Lieferanten und den weiteren Lebensmittelhandel. Am deutlichsten wird die Veränderung im Sortiment. Zu Beginn entschieden sich Hersteller und Lieferanten oftmals aus logistischen und wirtschaftlichen Gründen dagegen, ihre Produkte in Großgebinden an den Lebensmitteleinzelhandel zu liefern, denn die Umstellung der Produktions- und Vertriebsabläufe für eine kleine Zahl an Geschäften war unrentabel. Kleinere lokale Lieferantinnen und Lieferanten konnten diese Forderungen hingegen von Beginn an eher umsetzen.

Abbildung 4.1
Einige Unverpacktimpressionen *(Quelle: Delaperrière/privat)*.

Problembeschreibungen und Analysen zur Verpackungsproblematik

Mittlerweile gibt es ganze Sortimente und Mobiliar, die gezielt auf Unverpacktläden abgestimmt sind. Immer mehr Läden arbeiten unverpackt, sodass eine bedeutungsvolle Nische für beliefernde Unternehmen entstanden ist, die das wirtschaftliche Potenzial und die Expansion des Modells erkannt haben. Andere sympathisieren mit dem Konzept und möchten es als wirtschaftlich zukunftsfähige Vision übernehmen oder sehen sich in der unternehmerischen Verantwortung, zu kooperieren und gemeinsam nach Lösungen zu suchen. So passiert, was man sich als Unverpacktgeschäftsführer bzw. -geschäftsführerin von Anfang an wünscht: Ein Produkt wird von mehreren Lieferantinnen und Lieferanten angeboten, und es können gezielt die Produkte ausgewählt werden, die den eigenen Kriterien entsprechen.

Supermarktketten und der Lebensmittelhandel beobachten das Konzept ebenfalls seit Langem. Mehrmals erhielt der Laden Besuche von Unternehmensvertreterinnen und -vertretern, die manchmal offen den Austausch suchten, manchmal anonym und als Kundinnen oder Kunden auftraten, um den Laden zu inspizieren. Es dauerte nicht lang, bis Kampagnen ins Leben gerufen wurden, durch die Unverpacktprojekte in ansonsten klassisch geführten Betrieben ins Licht gerückt wurden. Drei benachbarte Supermärkte in Kiel eröffneten eigene Unverpacktabteilungen, was zunächst als Konkurrenz empfunden werden konnte, sich bald aber eher als Werbung für das Konzept herausstellte. Das Werben mit unverpackten Lebensmitteln ist ein deutliches Zeichen für die zunehmend positive Wahrnehmung, Verbreitung und den Erfolg des Konzepts. Jedoch übernehmen größere Ketten bisher höchstens Einzelelemente und führen Teilexperimente durch, wenn zum Beispiel Produkte an der Frischetheke in mitgebrachte Gefäße verpackt und verkauft werden oder einzelne Regale mit losen Waren getestet werden. Seitens der Biobranche gibt es eine wachsende Nachfrage zu Seminaren für etablierte Bioläden und -ketten. Die Konzepte Unverpackt und Bio ergänzen sich hervorragend, denn das (übermäßige) Verpacken und die starke Weiterverarbeitung von Grundnahrungsmitteln beispielsweise zu Fertigprodukten – was wiederum zu mehr Verpackungen führt – kann als widersprüchlich zur ökologischen Grundidee des Bioanbaus gesehen werden.

4.4.4
Die Kundschaft

Nach sechs Jahren *unverpackt* lässt sich feststellen: *unverpackt* spricht eine diverse Kundschaft an, in der alle Altersgruppen und verschiedene soziale Hintergründe vertreten sind. Einer Schätzung zufolge, die von den Mitarbeiterinnen und Mitarbeitern über mehrere Wochen hinweg systematisch durchgeführt wurde, ist die Kundschaft *unverpackt* im Jahr 2018 bunt gemischt und generationenübergreifend (vgl. Delaperrière, 2019). Zwar konnten wir beobachten, dass die Kundinnen und Kunden aus ähnlichen sozioökonomischen Bevölkerungsgruppen stammen, insgesamt ist aber deutlich, dass das »ökologische Bewusstsein« in der Breite der Gesellschaft zunimmt. Eigene Erfahrungen und Gespräche mit der Kundschaft zeigen, dass die Kundinnen und Kunden viel Wert auf ihren Einkauf legen. Bei *unverpackt* fühlen sie, dass sie aktiv zum Umweltschutz beitragen und gleichzeitig gesünder leben. Dadurch erklären sich die vielen Kundinnen und Kunden, die minimalistisch leben oder sich vegan ernähren (wobei ich nicht behaupte, dass Veganismus zwingend umweltfreundlicher ist als andere Ernährungsformen) sowie ihren Fokus auf gering verarbeitete Grundnahrungsmittel legen, die Teil einer gesunden Ernährung darstellen.

Aufseiten der Kundinnen und Kunden zeigen sich interessante Entwicklungen: Während es anfangs viel Informations- und Unterstützungsbedarf gab, kommen Neukundinnen und -kunden heute bereits gut informiert und vorbereitet in das Geschäft. In den Anfangstagen wurde der Laden teilweise mit großer Unsicherheit bezüglich vermeintlich hoher Preise besucht oder mit der Frage, wie man überhaupt unverpackt einkaufe. Kundinnen und Kunden mussten regelrecht an die Hand genommen werden, um durch die ersten Einkäufe geführt zu werden. Heute ist das Konzept so verbreitet, dass auch Neukundinnen und -kunden vorbereitet und selbstsicher erste Einkäufe erledigen. Insgesamt wachsen das Vertrauen in das Modell und damit die Motivation, selbst unverpackt einzukaufen.

4.4.5
unverpackt als Reallabor

unverpackt hat sich seit den Anfangstagen enorm weiterentwickelt und bietet eine wertvolle Fläche zum Austesten neuer Ideen. Ladenausrüstung, IT-Systeme und Logistik wurden im Laden als eine Art Reallabor in formeller oder informeller Kooperation mit Lieferantinnen und Lieferanten und Dienstleistungsunternehmen getestet und verbessert. Die Erweiterung des Sortiments auf 1.000 Produkte und Tests von Spezialausrüstungen, wie beispielsweise Abfüllstationen für Flüssigwaschmittel, sind Beispiele für Möglichkeiten, die der Laden als Reallabor bietet.

Auch externe Gruppen zeigen ein wachsendes Interesse an der Bewegung und wählen den Laden als Forschungsfeld. So wurden bereits zahlreiche Bachelor- und Masterarbeiten in und über das Konzept verfasst, wobei Aspekte wie Abfallproduktion oder die Effizienz von *unverpackt* als Einzelhandel, aber auch das Kundenverhalten oder der mit dem Geschäft verbundene gesellschaftliche Wandel untersucht wurden. Auch das »Projekt unverpackt« der HNEE lieferte wertvolle Einsichten zur Verpackungsvermeidung entlang der verschiedenen Wertschöpfungsketten, eine Einschätzung über geeignete Produkte für Unverpackt sowie eine Einschätzung über die verschiedenen Kundentypen des Konzepts (siehe auch Kapitel 3).

4.5
Die Zukunft der Unverpacktbewegung

Sechs erfolgreiche Jahre *unverpackt* bestätigen die Machbarkeit des Konzepts. Sortiment, Lieferketten, interne und externe Abläufe wurden sowohl in Kiel als auch in anderen Städten ständig optimiert, teilweise im Rahmen von Studienarbeiten oder Praktika aus dem universitären Umfeld. Trotz harter Bedingungen für kleine Lebensmittelläden mit begrenzten finanziellen Mitteln und Kapazitäten zeigt sich, dass das Konzept wirtschaftlich tragfähig ist und sein Ziel der Müll- und Abfallminderung erfüllt. Für die Zukunft wird daher die Zahl der Unverpacktläden sowohl in Deutschland als auch in anderen Ländern sicher weiter steigen. Das Konzept wird nicht nur in Großstädten umgesetzt, sondern auch in ländlichen Regionen begrüßt.

Es ist absehbar, dass das Angebot in Supermärkten vor dem Hintergrund entsprechender Herausforderungen mehr ökologische Kriterien erfüllen und sich anpassen werden muss. Eine Besinnung auf höhere Qualitätsstandards hat bereits eingesetzt und wird sich als Trend etablieren. Auch der Einzelhandel wird sein Angebot anpassen und vermehrt auf Unverpacktabteilungen und -produkte setzen. Die Erweiterung von Supermärkten um ökologische Alternativen wird jedoch nur bedingt mit Unverpacktläden konkurrieren können, da diese in kleineren Geschäften eine persönliche Note, Beratung und Authentizität bieten, die Supermarktketten fehlt. Ähnlich wie Restaurants im Kontext von Fast-Food-Ketten werden sich inhabergeführte Läden weiter behaupten.

Außerdem denke ich, dass sich die Logistik von Herstellerfirmen und beliefernden Unternehmen mithilfe neuer Modelle an die Bedingungen von Unverpackt anpassen und eigene Abläufe besser auf das Konzept abstimmen wird. Es ist vorstellbar, dass neue Pfandsysteme entwickelt und implementiert werden, die ein riesiges Potenzial bergen, um Verpackungsmengen innerhalb der Lieferketten zu reduzieren.

Schließlich wäre es wünschenswert und möglich, dass ein bundesweit angepasster rechtlicher und politischer Rahmen den Verkauf von verpackungsfreien Lebensmitteln und Produkten erleichtert und fördert. Auch eine Kommunikationskampagne, die den Einkauf von einwegverpackungsfreien und losen Lebensmitteln näher an die Bürgerinnen und Bürger bringt, wäre denkbar. So würde Missverständnissen und Vorurteilen gegenüber dem müllarmen Konsum entgegengewirkt werden.

Es bleibt zu hoffen, dass das Konzept weiterhin Triebfeder und Unterstützer eines positiven Wandels sein wird und noch mehr Menschen erreicht. Die vielen Möglichkeiten, den eigenen Alltag müllfrei zu gestalten, können Antworten auf dringende ökologische Fragen geben und den Blick für weitere Handlungsfelder schärfen. Insbesondere der Stellenwert von Lebensmitteln ist hierbei hervorzuheben. Lebensmittel sollten eine größere Wertschätzung erfahren und dem sozialen und ökologischen

Wohlbefinden von Menschen und Umwelt zugutekommen. Es wäre wünschenswert, dass noch mehr Kundinnen und Kunden diese Chance erkennen und mit Freude nutzen.

LITERATURVERZEICHNIS

Bundesministerium für Ernährung und Landwirtschaft (BMEL) (2018): Strategie zur Reduzierung der Lebensmittelverschwendung.

Delaperrière, M. (2019): Fallstudie über Möglichkeiten zur Abfallvermeidung von Verpackungen und Lebensmitteln im Einzelhandel (im Auftrag des MELUND Schleswig-Holstein).

Heinrich-Böll-Stiftung und BUND (2019): Plastikatlas 2019.

Lebreton, L.; Slat, B.; Ferrari, F.; Sainte-Rose, B.; Aitken, J.; Marthouse, R.; Hajbane, S.; Cunsolo, S.; Schwarz, A.; Levivier, A.; Noble, K.; Debeljak, P.; Maral, H.; Schoeneich-Argent, R.; Brambini, R.; Reisser, J. (2018): Evidence that the Great Pacific Garbage Patch is rapidly accumulating plastic, in: Scientific Reports 8.

Plastics Europe (2018): Plastics – the Facts 2017. An analysis of European plastics production, demand and waste data.

Umweltbundesamt (2016): Aufkommen und Verwertung von Verpackungsabfällen in Deutschland im Jahr 2014.

Vandenberg, L. N.; Hunt, P. A.; Gore, A. C. (2019): Endocrine disruptors and the future of toxicology testing – lessons from CLARITY-BPA, in: Nature Reviews Endocrinology 15, S. 366–374.

Empirische Studien und Konsumforschung zu Unverpackt und Verpackungsreduktion

Die Schwierigkeit des Weglassens
Verpackungsfunktionen im Supermarkt

LUKAS SATTLEGGER

Zusammenfassung

Verpackungen sind essenzieller Bestandteil der Logistik und Arbeit im Supermarkt. Ihre einfache und flexible Handhabbarkeit erleichtert die effiziente Präsentation und Verwaltung eines breiten Produktsortiments. Ihre Versiegelung und Beschriftung dient als eindeutiger Indikator von Frische und Unversehrtheit und ermöglicht gleichzeitig die digitale Erfassung, Nachvollziehbarkeit und Steuerung von Warenströmen. Will man Verpackungen auch im Supermarkt systematisch vermeiden, muss die Diversität ihrer alltagspraktischen Funktionen in den Blick genommen werden.

5.1
Einleitung

Die gesellschaftliche Problematisierung von Plastikmüll sowie die Verbreitung von Unverpacktläden setzen die etablierten Akteure im Lebensmitteleinzelhandel unter Druck, den Einsatz von (Plastik-)Verpackungen zu reduzieren. Die bisherigen Veränderungsansätze in Supermärkten beschränken sich jedoch hauptsächlich auf schrittweise erfolgende Reduktionen, Pilotprojekte und symbolische Maßnahmen, während weiterhin große Mengen an Einwegplastik zum Einsatz kommen (Gustavo et al.

2018). Warum ist es für Supermärkte so schwierig, Verpackungen wegzulassen? In der Literatur werden die Funktionen von Verpackungen oft aus funktional-technischer Sicht oder aus einer Marketingperspektive erläutert. Verpackungen müssen das Produkt schützen und konservieren sowie Verbraucherinnen und Verbraucher informieren und überzeugen (Emblem 2012).

Mit diesem Beitrag sollen Arbeitspraktiken als eine unterbeleuchtete Seite der Funktionen von Verpackungen ins Zentrum gestellt werden. Anhand einer ethnografischen Analyse der Arbeit im Supermarkt (siehe auch Sattlegger o. J.) wird gezeigt, wie Verpackungen die Handhabung von Lebensmitteln steuern und sie in Waren verwandeln, die gemanagt und verkauft werden können. Die empirische Basis dafür bilden ein einmonatiger Forschungsaufenthalt in einem österreichischen Supermarkt sowie ergänzende teilnehmende Beobachtungen und Interviews in Supermärkten und Unverpacktläden. Die Analyse der Rolle von Verpackungen in den Arbeitspraktiken erweitert den Blick auf Verpackungsfunktionen und trägt dazu bei, ihre Bedeutung für das Lebensmittelversorgungssystem besser zu verstehen. Der Beitrag lenkt damit die Aufmerksamkeit von den Entscheidungen der Verbraucherinnen und Verbraucher auf die Arbeitsweise der Supermärkte. Damit wird an eine historische Analyse von Gay Hawkins (2018) angeknüpft, die beschrieben hat, wie sich Plastikverpackungen in australischen Supermärkten durch eine Vielzahl von konkreten Veränderungen von Praktiken und Normen etabliert haben. Zentral ist für Hawkins (ebd.) das Konzept der Haltbarkeit, das Kunststoffverpackungen zu einem zentralen Bestandteil der Regulierung und Steuerung von Lebensmittelmärkten gemacht hat.

Der folgende Beitrag verbindet Hawkins' Idee einer neuen Normalität von Supermärkten, die von Verpackungen bestimmt wird, mit empirischen Beobachtungen des Umgangs mit Verpackungen in der täglichen Arbeitspraxis des Supermarktpersonals. Wie im Folgenden ersichtlich wird, prägen Verpackungen die Reproduktion dieser Praktiken durch Anleitung, Unterstützung und Einschränkung menschlichen Handelns aktiv mit. Sie sind sowohl als Arbeitsanleitung in der Produktpräsentation (5.1) und Warenlogistik (5.2) als auch als Teil von Ladenrepräsentationen (5.3) entscheidender Bestandteil der täglichen Arbeit des Supermarktpersonals. Verpackungen systematisch zu vermeiden erfordert, sich mit diesen arbeitspraktischen Verpackungsfunktionen auseinanderzusetzen.

5.2
Verpackung als Werkzeug und Wegweiser in der Produktpräsentation

In der täglichen Organisation von Supermärkten als Verkaufsort ist die Verpackung eine zentrale Referenz für die Struktur und Synchronisation von Arbeitspraktiken. Der Arbeitsalltag von Supermarktangestellten ist von einer zentralen Aufgabe geprägt: dem Einräumen der Regale. Diese Aufgabe steht in Beziehung zum dynamischen Zusammenspiel von Angebot und Nachfrage und wird synchron durch die Anlieferungen neuer Produkte im Lagerraum und die Entleerung der Regale durch den Verkauf angetrieben. Das ständige Auffüllen der Regale reproduziert das Funktionieren des Supermarktes durch die Aufrechterhaltung der vollen Produktauswahl. Es ist eine wiederkehrende Aufgabe: Paket für Paket, Wagen für Wagen werden Produkte in die Regale geräumt. Der Regalplatz wird dabei durch die produktspezifischen Preisschilder markiert, die Reihenfolge der Produkte durch das auf die Verpackungen gedruckte Haltbarkeitsdatum. Das Neuere, länger Haltbare muss nach hinten, während Produkte, die bald ablaufen, vorne platziert werden. Die Regalfläche ist eng bemessen, daher müssen oft Waren aus dem Regal genommen werden, um die neueren nach hinten zu räumen, bevor man die älteren wieder ins Regal zurückstellt. Ausgehend von der Analyse des Zusammenspiels von Verpackungen mit den arbeitspraktisch relevanten Kompetenzen und Bedeutungen, wurden drei zentrale Verpackungsfunktionen für die Produktpräsentation identifiziert: Information, Handhabbarkeit und Flexibilität.

5.2.1
Verpackung als Informationsträger
gibt Handlungsorientierung

Verpackung spielt eine wichtige Rolle für die Orientierung der Verkäuferinnen und Verkäufer. Als »intermediäres Artefakt« (Latour 2001) sagt ihnen die Verpackung, welches Produkt in welcher Reihenfolge auf welches Regal gestellt werden muss – dies wird durch Marke, Produktname, Sorte, Produktnummer und Mindesthaltbarkeitsdatum angezeigt. Die Verpackung nimmt den Angestellten damit das Wissen über die Produkte ab und unterstützt deren Unterscheidbarkeit. Das erleichtert die Orientierung bei der immensen Anzahl von Produkten und Marken heutiger Supermärkte. Diese Produktvielfalt ist damit abhängig von der Unterscheidungsfunktion der Verpackung.

Die Identifizierung von unverpacktem Gemüse oder Käse unterscheidet sich fundamental vom Lesen oder Scannen von Informationen auf einer Verpackung. Sie erfordert andere Orientierungskompetenzen und Wissensformen. Bei frischen Lebensmitteln benötigen die Angestellten fundierte Kenntnisse über die spezifischen Eigenschaften der Produkte, um Verwechslungen zu vermeiden und Wünsche von Kundinnen und Kunden kompetent beantworten zu können. Die potenziellen Schwierigkeiten in der Identifikation und Zuordnung von unverpackten und frischen Lebensmitteln konnten sowohl im Frischebereich des Supermarktes als auch bei ergänzenden Beobachtungen im Unverpacktladen beobachtet werden. Während die Informationen auf den Verpackungen klare Richtlinien für die Unterscheidung und Haltbarkeit liefern, muss diese Klarheit bei unverpackten Lebensmitteln durch die Beschäftigten aktiv geschaffen und kontinuierlich erneuert werden, was Zeit und Kompetenzen erfordert.

5.2.2
Die materielle Beschaffenheit der Verpackung steuert
die Handhabung und Platzierung der Produkte

Die Verpackung leitet Praktiken der Produktpräsentation nicht nur durch die Bereitstellung von Informationen. Ihre Form und Beschaffenheit unterstützen das Einräumen der Produkte ins Verkaufsregal. Oft zeigt, leitet oder erzwingt die Verpackung die Art und Weise, wie Produkte im Regal platziert werden sollen. Fast jede Verpackung hat eine Ober- und eine Unterseite, eine Vorder- und eine Rückseite. Schachteln stapeln sich

Abbildung 5.1
Die eindeutige Identifizierbarkeit, standardisierte Stapelbarkeit und flexible Austauschbarkeit von Verpackungen erleichtert die Warenpräsentation im Supermarktregal *(Quelle: avebreakMediaMicro – stock.adobe.com)*.

5 Die Schwierigkeit des Weglassens

anders als Gläser, Tuben und Beutel. Manche Produkte kommen in speziellen Präsentationsverpackungen, die die Mitarbeiterinnen und Mitarbeiter nur noch öffnen müssen und dann als Produktspender ins Regal stellen.

Bei frischen und unverpackten Lebensmitteln ist die Handhabung wesentlich produktspezifischer, sie setzt einiges an spezifischen Kompetenzen voraus. Bestimmte sensible Früchte, wie zum Beispiel Pfirsiche, müssen besonders vorsichtig behandelt werden, damit sie unversehrt bleiben, das schränkt die Möglichkeit der Präsentation und Anordnung ein. Werden solche Früchte in Kunststoffschalen verpackt, ist die Handhabung einfacher und schneller, weil die Verpackung praktikable Einheiten und eine Schutzhülle bietet. Ein anderes Beispiel ist Käse: Während vorverpackter Käse auch für neue Mitarbeiter und Mitarbeiterinnen einfach zu bedienen ist, benötigt das Schneiden von Käse an der Frischetheke produktspezifische Kompetenzen, wie die strikte Trennung von Hartkäse und Blauschimmelkäse. Auch der Verkauf von offenen Trockenwaren in Unverpacktläden erfordert neue Fähigkeiten beim Personal, etwa das verlustfreie Abfüllen der Waren aus schweren 25-Kilogramm-Säcken in die jeweiligen Abfüllspender (sogenannte Bulk Bins).

5.2.3
Verpackung als Orientierungsrahmen macht die räumliche Präsentation von Produkten flexibel

Die Praktiken des Regaleinräumens passieren kundenorientiert, das bedeutet, dass Produkte für Kundinnen und Kunden identifizierbar und von anderen Produkten unterscheidbar arrangiert werden. Die einheitliche Regalstruktur, die Anordnung der Preisschilder im Regal und die bereits im Regal befindlichen Waren geben dabei einen materiellen Rahmen für die Zuordnung von Regalflächen zu Produkten vor. Da die Verpackung alle relevanten Marketinginformationen außer den (am Regal befindlichen bzw. digital über den Barcode verlinkten) Produktpreisen selbst beinhaltet, macht sie die räumlichen Grenzen im Regal bis zu einem gewissen Grad flexibel. Sie ermöglicht es, die Grenzen zwischen den Produktbereichen an den aktuellen Bedarf anzupassen und die verfügbare Regalfläche damit effizient zu nutzen, um Lücken und Engpässe zu vermeiden.

Der Präsentationsaufwand in der Frischeabteilung für Obst und Gemüse war im beobachteten Supermarkt demgegenüber viel höher. Die
Angestellte verwendeten hier aufgrund der fehlenden Orientierungsstruk-
turen der Verpackungen mehr Zeit dafür, den Abschnitt bei veränderten
Angeboten und Lagerständen zu arrangieren und präsentabel und voll
zu halten. In Unverpacktläden ist der Aufbau des Regalraums weniger
flexibel als im konventionellen Supermarkt, da die Bulk Bins standardisierte Behälter sind, die bestimmte Volumina vorgeben. Obwohl Unverpacktläden oft Abfüllbehälter in verschiedenen Größen haben, ist deren
Anordnung fester als die Regalplatzvergabe im Supermarkt und eine Pro-
duktverschiebung mit Reinigungsaufwand der Abfüllbehälter verbunden.
Außerdem ist die Gegenüberstellung verschiedener Marken oder Typen
derselben Produktkategorie in Unverpacktläden komplexer, weil diese
Informationen nicht durch Verpackungen ans Produkt gebunden sind,
sondern über die Behälter kommuniziert werden. Die visuelle Präsentation der Produkte wird somit nicht wie bei verpackter Ware standardisiert
mitgeliefert, sondern muss vor Ort im Laden erzeugt werden.

5.3
Verpackung als Indikator und Vermittler
in der Warenlogistik

Im vorigen Abschnitt wurden die Verpackungsfunktionen in Praktiken der
Produktpräsentation beschrieben. Verpackungen sind jedoch ebenso wichtig für die Aufrechterhaltung der internen Funktionalität des Warenkreis-
laufs im Supermarkt. Hawkins (2018: S. 399) erörtert, wie die Verbreitung
von Kunststoffverpackungen dazu beitrug, die Haltbarkeit von Lebensmitteln zu regulieren, indem sie diese als »shelf life« kalkulierbar machte.
Ethnografische Beobachtungen der Supermarktlogistik machen diesen
Zusammenhang zwischen Verpackung und Regulierung der Produktqualität greifbar. Eine zentrale Aufgabe des Supermarktpersonals ist die
Sicherstellung von Frische und Unversehrtheit der Produkte. Praktiken
der Produktprüfung haben unterschiedliche Formen und sind in alltägliche Arbeitsaufgaben wie das Einräumen der Regale oder die Annahme von

Lieferungen eingebunden. Neben der routinemäßigen Qualitätskontrolle der Produkte im Bearbeiten oder Vorbeigehen gibt es auch institutionalisierte Praktiken der systematischen Überprüfung der Haltbarkeit (Verfallsdatum). Außerdem werden Produktströme und -bestände auch quantitativ erfasst, um die Vielfalt an Waren effizient verwalten zu können. Viele der Kompetenzen, die für die unterschiedlichen Aufgaben der Warenlogistik benötigt werden, sind mit Verpackungen verbunden. Als unterstützende Technologie erleichtern sie die Bewertung von Produktqualität und Frische sowie die Evaluierung und Steuerung der Produktströme.

5.3.1
Verpackung dient als Indikator
in der Bewertung von Produktqualität

Wenn Verkäuferinnen oder Verkäufer Produkte in die Regale räumen, überprüfen sie routinemäßig die Unversehrtheit der Verpackung, die ihnen folglich die Unversehrtheit der Produkte anzeigt. Wenn die Verpackung gerissen oder aufgebrochen ist, werden die Produkte aussortiert, unabhängig vom Zustand des Lebensmittels selbst. Leicht beschädigte Verpackungen werden mindestens gekennzeichnet, um Ordnung zu vermitteln und anzuzeigen, dass der Mangel registriert und geprüft wurde. Ein Rabattaufkleber auf der Produktverpackung sowie die Platzierung in einem speziellen Warenkorb für reduzierte Produkte markieren und kommunizieren die Beschädigung aktiv an Kundinnen und Kunden und internalisieren diese somit in den Kaufprozess. Die standardisierte Ordnung und Produktbeschaffenheit im Supermarkt erforderen eine aktive Kommunikation aller Abweichungen. Unbemerkte Produktmängel gelten als Professionalitätsmangel und sind zu vermeiden.

Bei unverpackten und frischen, nicht verpackten Produkten fehlt Verpackung als einfacher Indikator, die Bewertung von Qualität und Frische ist daher mit ganz anderen Kompetenzen verbunden als im verpackten Sortiment. Qualitätsbewertung für Unverpacktes erfordert eine bessere Kenntnis der biologischen Prozesse der verschiedenen Lebensmittel. Für die Angestellten im Supermarkt ist es einfacher zu beurteilen, ob eine Plastikfolie gerissen oder ein Haltbarkeitsdatum überschritten ist, als zu entscheiden, ob ein Apfel mit kleinen Druckstellen noch frisch genug ist, um verkauft zu werden, und, wenn ja, wie lange. Wo keine Verpackung über das Verfallsdatum und andere Produkteigenschaften Auskunft geben kann, muss das Verkaufspersonal über Produktspezifikationen und Handhabungsvorschriften informiert sein. Für frische Lebensmittel variiert die Festlegung, welche Produkte nicht mehr verkauft werden können und welche Produkte preislich reduziert werden, stärker zwischen unterschiedlichen Supermärkten und Personen. Qualitätsbewertung ist hier enger an individuelle Erfahrungen bei der Wahrnehmung von Produktqualitäten, Verbraucherpräferenzen und Managementvorgaben gebunden. Eine große Auswahl solcher unverpackten, unverarbeiteten und frischen Produkte erfordert entsprechend geschultes Personal.

5.3.2
Verpackung erleichtert die Synchronisation von physischen und digitalen Produktströmen

Verpackungen erleichtern nicht nur die qualitative Bewertung und das Aussortieren von beschädigten Produkten, sie sind auch wichtig, um solche Entscheidungen mit dem Warenwirtschaftssystem zu verknüpfen. Die Warenlogistik ist entlang der Versorgungskette jeweils in Bezug auf jene Verpackungseinheiten (VPE) organisiert, die in zentralen Arbeitspraktiken die relevanten Einheiten für die Handhabung von Waren darstellen. Jede Stufe in der Lieferkette verwendet unterschiedliche Verpackungseinheiten, die Praktiken definieren und physische und digitale Einheiten verbinden. Im Zentraleinkauf des Warenverteilungszentrums bilden Produktpaletten (Transportverpackungen) die Grundeinheit der Logistik, in der Verteilung an die einzelnen Supermärkte Großverpackungen (Sekundärverpackungen) und im Kundenverkauf die Verkaufsverpackungen (Primärverpackungen). Als »hybride« Technologie sind Verpackungen mit digitalen Technologien wie Scannen und Nummerierung kompatibel, während sie gleichzeitig den Transport und die Lagerung des physischen Produkts erleichtern. Verpackungen ermöglichen eine einfache Identifizierung von Produkttyp, Menge, Zustand und Status. Sie erleichtern die Kommunikation zwischen den verschiedenen Stufen der Lieferkette. So ist beispielsweise der einzelne Supermarkt über das digitale Warenwirtschaftssystem mit dem zentralen Lager verbunden. Im Trockensortiment bieten statistische Daten über Produktumsätze und errechnete Lagerbestände eine Orientierungshilfe für das Produktmanagement. Wenn etwa verpackte Produkte im Supermarkt aussortiert werden müssen, werden sie gescannt, wodurch der Bestand im Warenwirtschaftssystem automatisch angepasst wird.

Bei unverpackten Produkten wie Obst und Gemüse erfordert diese Synchronisation von physischen (real im Lager befindlicher Ware) und digitalen (Lagerstand laut Warenwirtschaftssystem) Beständen ein zeitaufwendiges Wiegen der Produkte und die manuelle Eingabe von Produktinformationen, deren Kosten für den Supermarkt oftmals nicht wirtschaftlich sind. Daher wurde im beforschten Supermarkt bei frischen Lebensmitteln teilweise auf eine genaue statistische Erfassung verzichtet. In diesem Fall ist die Supermarktleitung stärker auf Erfahrung, Gefühl

Abbildung 5.2
Das Scannen von Verpackung ermöglicht die automatische Erfassung von Warenströmen *(Quelle: Brastock – stock.adobe.com).*

und das eigene Wissen über Bestände und Ströme angewiesen, um Produktengpässe oder Überschüsse (Lebensmittelabfall) zu vermeiden. Dieser zusätzliche logistische Aufwand schränkt den Umfang und die Vielfalt der unverpackten Produkte im Supermarkt ein. In Unverpacktläden sind Standardisierungs- und Automatisierungsgrad deutlich geringer als in Supermärkten. Eine Frage für die Verbreitung solcher Geschäfte ist, wie Prozesse der Warenevaluation effizienter gestaltet werden können, um eine Erweiterung der Produktvielfalt zu ermöglichen, ohne den Lebensmittelabfall durch Fehlkalkulation und Verkaufsschwankungen zu erhöhen. Der vermehrte Einsatz von Mehrwegbehältern und -verpackungen wie Paletten, Transportwagen und Kunststoffboxen könnte ein kompatibler Lösungsansatz für Supermärkte sein, bringt jedoch Nachteile gegenüber Einwegverpackungen in Zeit- und Kosteneffizienz und verstärkt Pfadabhängigkeiten entlang der Lieferkette.

5.4
Verpackung und die Repräsentation
von Fülle und Frische im Supermarkt

Die Bedeutung von Verpackung für die Arbeit im Supermarkt lässt sich nicht auf die Anleitung einzelner Arbeitspraktiken reduzieren, sondern zeigt sich in der Gesamtheit und im repetitiven Charakter dieser Praktiken. Die Aufgabe der Angestellten ist die Reproduktion einer relativen Ordnung und Funktionsweise des Systems, in diesem Fall des Supermarkts als Hauptumschlagort für Lebensmittel. Es geht nicht um das perfekte Einräumen von Produkten, sondern um ein Gesamtbild, das den Eindruck von Ordnung, Fülle und Frische vermittelt. Daher schaut die Ladenleitung nicht nur auf die einzelnen Praktiken, sondern vor allem auf das Gesamtbild eines akkuraten Regals und Supermarktes. Dieses Ziel eines repräsentativen Gesamtbildes spiegelt sich in zwei Begriffen wider, die im Supermarktmanagement als Qualitätsmerkmale der Produktpräsentation definiert werden und in strategischen Besprechungen, informellen Gesprächen und konkreten Arbeitsanweisungen immer wieder verwendet wurden: »Warendruck« und »Frischekompetenz«. Ihnen gemeinsam ist der

Bezug zur Produktpräsentation. Während Warendruck auf das quantitative Ideal der Fülle verweist, beschreibt Frischekompetenz eine qualitative Dimension der Produktplatzierung. Verpackungen sind in die Erfüllung beider Qualitäten entscheidend eingebunden. Die Berücksichtigung der Bedeutung und auch Dynamik solcher repräsentativen Qualitäten ist entscheidend für Strategien der Verpackungsvermeidung im Supermarkt.

5.4.1
Warendruck –
Verpackung und die Präsentation von Angebotsfülle

Damit ein Supermarkt seine Angebotsfülle gut repräsentiert, müssen die Regale voll und frisch befüllt erscheinen (Wagner 2013). Die Produkte sollten in »Reih und Glied« angeordnet werden, sodass das Regal immer aussieht wie frisch eingeräumt und ordentlich gepflegt. Die Reproduktion von Warendruck erfordert eine ständige Neuanpassung. Wenn Verkäuferinnen und Verkäufer Produkte einsortieren, achten sie im Versuch, die Regalfront präsentabel und lückenlos zu halten, auch auf die Produkte, die sich schon im Regal befinden. Man soll erkennen, dass ein Regal schon »gemacht« ist. Hinter der Präsentation von Regalen, die »gemacht« aussehen, steckt eine für Kunden und Kundinnen meist unsichtbare Reproduktionsarbeit, also ein ständiges Nachfüllen und Zurechtrücken von Produkten. Warendruck kann jedoch nicht nur durch Genauigkeit und Ordnung erzeugt werden, sondern auch durch bewusste Brüche solcher Ordnungen. So stehen im Supermarkt zwischen den akkurat eingeräumten Regalen, die ständige Verfügbarkeit vermitteln sollen, Wühlkörbe, die aktuelle Angebote und Sonderaktionen anzeigen. Hier werden die Verpackungen bewusst nicht ordentlich eingeordnet, sondern durchmischt, um die Kurzfristigkeit und Spontanität des Angebots zu betonen.

Während die Vermittlung von Warendruck in den Supermärkten mit der Platzierung von Verpackungen verbunden ist, ist in Unverpacktläden eine andere Art der Darstellung von Fülle und Ordnung zu beobachten. Hier wird Warendruck durch die technischen Systeme der Behälter gewährleistet, die so gestaltet sind, dass sie voll aussehen, auch wenn sie halb leer sind. Die Arbeitspraxis, Produkte im Supermarkt an den Rand

Abbildung 5.3
Die visuelle Qualität von Verpackung erleichtert die Repräsentation
von Fülle und Frische *(Quelle: Heorshe – stock.adobe.com).*

des Regalbretts zu schieben, wird also im Unverpacktladen teilweise durch die Funktionalität des Behälters ersetzt. Die Wahrnehmung und Bewertung von Lücken oder Freiräumen in individuellen Unverpacktläden sind anders als bei standardisierten Supermarktregalen. Hier folgt die Anordnung der Produkte oft einer Logik, die Qualitäten wie Individualität oder Intimität in den Mittelpunkt stellt und weniger von der Idee von Warendruck dominiert wird.

5.4.2
Frischekompetenz –
Verpackung und die Darstellung von Frische

Frische ist neben Fülle eine zweite zentrale Anforderung der Produktpräsentation im Supermarkt. Von Supermärkten wird erwartet, dass sie möglichst frische Produkte anbieten. Unverpackte und unverarbeitete Lebensmittel gelten im Supermarktmanagement als Symbol für diese

Frischekompetenz. Dies führt zu einer Ambivalenz hinsichtlich des zunehmenden Einsatzes von Plastikverpackungen für Frischeprodukte wie Obst, Gemüse, Fleisch oder Käse. Einerseits erleichtert die Verpackung die Anforderungen und Kompetenzen zur Sicherstellung von Frische für diese Produkte und macht ihre Beurteilung und Kontrolle effizienter. Andererseits werden Verpackungen in diesem Produktsegment aber auch als Einschränkung von Frische empfunden. Ähnlich wie Warendruck bezieht sich Frischekompetenz nicht nur auf die Qualität der einzelnen Produkte, sondern auch auf deren Platzierung und Anordnung im Geschäft. Ladenleiterinnen und -leiter platzieren ihr Obst- und Gemüsesortiment meist direkt am Eingang, um es prominent in Szene zu setzen. Hier können sie sich leichter von der Konkurrenz abheben als bei uniform verpackten Waren. Gleichzeitig bergen unverpackte Produkte ein Risiko, wenn ihre Frische nicht sichergestellt werden kann. Von Kundinnen oder Kunden als nicht frisch bewertete Ware kann die Frischekompetenz des gesamten Geschäfts infrage stellen. Was dabei jeweils von Kundinnen und Kunden als Frischekompetenz anerkannt wird, unterliegt kulturellen Veränderungen. Im Zuge der Stärkung der Zero-Waste-Thematik ist es vorstellbar, dass zukünftige Supermärkte eine prominent platzierte Ecke für unverpackte Lebensmitteln in ihren Geschäften haben müssen, um diese neuen Qualitäten zu repräsentieren.

5.5
Fazit –
Grenzen und Möglichkeiten des Weglassens

Die Diversität der beschriebenen Verpackungsfunktionen zeigt die enge Verflechtung von Arbeitspraktiken und Verpackungen. Verpackungen sind wesentlicher Bestandteil des Funktionierens von Supermärkten. Sie vereinfachen die Präsentation von Produkten auf dem Markt und die logistische Organisation der Warenkreisläufe auf vielfältige Weise (siehe auch Abbildung 5.4):

Produktpräsentation
Verpackung leitet
die Präsentation der
Produkte gegenüber
potenziellen Kunden
und Kundinnen

Verpackung bietet
Produktorientierung
als Informationsträger

Die Form der
Verpackung leitet
die flexible Handhabung
und Platzierung
von Produkten

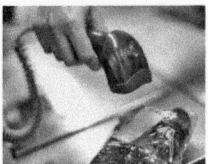

Warenlogistik
Verpackung erleichtert
die Evaluation
von Produktqualitäten
und Produktmengen

Verpackung dient als
Indikator für Frische
(MHD, Versiegelung)

Verpackung vermittelt
zwischen Produkt-
strömen und Waren-
wirtschaftssystemen

Ladenrepräsentation
Verpackung ermöglicht
die Reproduktion
zentraler Qualitäts-
merkmale eines gut
geführten Supermarktes

Warendruck –
Die visuelle Gestaltung
und Anordnung von
Verpackung unterstützen
die Repräsentation
von Fülle

Frischekompetenze –
Verpackung beeinflusst
Repräsentation und
Sicherstellung
von Frische

Abbildung 5.4
Übersicht zu Verpackungsfunktionen im Supermarkt
(Quelle: eigene Abbildung nach Sattlegger o. J.).

5 Die Schwierigkeit des Weglassens

- Erstens erleichtern Verpackungen Praktiken der Produktpräsentation durch die Bereitstellung von Produktinformationen und durch ihre handlungsleitende Form und Materialbeschaffenheit.

- Zweitens erleichtern Verpackungen die Bewertung von Produkten in Qualität und Quantität: Ersteres durch klare und standardisierte Indikatoren für Unversehrtheit und Haltbarkeit, Zweiteres durch standardisierte Wareneinheiten (VPE), die eine Synchronisation von Produktströmen, statistischen Daten und praktischen Arbeitsaufgaben ermöglichen.

- Drittens sind Verpackungen Teil der Art und Weise, wie Sortimentsfülle (Warendruck) und Qualität (Frischekompetenz) in Supermärkten definiert, reproduziert und bewertet werden.

Verpackungen sind so eng mit den beschriebenen Praktiken verbunden, dass eine Reduzierung des Verpackungsverbrauchs nicht allein durch die externe Verbrauchernachfrage, den Druck einer Zero-Waste-Bewegung oder die Entstehung von Pionierunternehmern und Unverpacktläden initiiert werden kann. Systematische Vermeidung von Einwegverpackungen ist keine Aufgabe, die durch Einzelentscheidungen von Ladenbesitzerinnen und Ladenbesitzern, Supermarktangestellten oder Kundinnen und Kunden lösbar ist. Sie kann nur gelingen, wenn ihre Auswirkungen auf die konkreten Arbeitszusammenhänge im Supermarkt berücksichtigt werden und Innovationen an praktische Arbeitszusammenhänge angepasst sind. Abseits der einzelnen Praktiken zeigen die beschriebenen Verpackungsfunktionen, wie Verpackungen Qualitäten an der Basis des industrialisierten Lebensmittelsystems reproduzieren: Standardisierung, Uniformität, Rückverfolgbarkeit, Bürokratisierung, Wirtschaftlichkeit, Globalisierung, Differenzierung und Austauschbarkeit (Spaargaren 2012). Ihre Vermeidung erfordert daher eine grundsätzliche Veränderung dieser Qualitäten der Lebensmittelversorgung.

Die Normalisierung des verpackungsfreien Einkaufens kann demzufolge nur über das Zusammenspiel von vielen Veränderungen von unterschiedlichen Praktiken entlang der Wertschöpfungskette hergestellt werden (Kröger et al. 2017, Beitzen-Heineke et al. 2017): Veränderungen, die

die Lebensmittelversorgung und ihre alltägliche Gestaltung völlig neu ordnen und organisieren. Dafür sind neue Möglichkeiten der Produktpräsentation, des Informationsaustausches und der Warenorganisation sowie eine alternative Art der Beurteilung von Produktqualitäten und Produktströmen erforderlich. Solche systemischen Veränderungen sind nicht vollständig planbar oder vorhersehbar, sondern das Ergebnis verschiedener interagierender Dynamiken und Praktiken. Wenn etwa die Bewertung des Sortiments auf einer wechselnden Produktauswahl saisonaler und regionaler Herkunft statt auf allgemeiner Verfügbarkeit und Fülle beruht und wenn die Bewertung der Qualität auf Vielfalt und Geschmack statt auf standardisierter Unversehrtheit und optischer Perfektion beruht, dann ist folglich auch Produktpräsentation weniger auf Verpackung angewiesen (Phillips 2016). Wenn solche Praktiken nicht von Effizienz (zeitlich, räumlich und monetär), sondern von Werten wie Beratung und Vertrauen geprägt sind, ist es einfacher, Kompetenzen für Produktwissen und räumliche Anordnungen zu entwickeln, die ebenfalls weniger von Verpackungen abhängig sind. Die Etablierung verpackungsfreier Logistik im Supermarkt erfordert also eine teilweise Abkehr von Leitsätzen wie Standardisierung und Kostendruck.

Praktiken der Produktpräsentation und Logistik in Unverpacktläden – also die Art und Weise, wie Unverpacktläden versuchen, Verpackungen zu vermeiden, und gleichzeitig danach streben, als Unternehmen erfolgreich zu sein – können als Prototypen solcher Transformationen des Lebensmittelsystems untersucht werden. Zukünftige Forschung sollte ins Visier nehmen, wie solche innovativen Ansätze systematisch die Funktionsweise von Supermärkten infrage stellen. Dabei darf sie sich nicht auf verpackungsfreie Technologien beschränken, sondern muss die Kompetenzen und Bedeutungen als Teil der Arbeitspraktiken in den Blick nehmen. Die Wechselwirkung von materiell-technologischen Innovationen mit den Fähigkeiten und Werten, die mit den betreffenden Arbeitspraktiken verbunden sind, ist von entscheidender Bedeutung für das Verstehen und Gestalten solcher Transformationsprozesse zur nachhaltigen Müllvermeidung im Lebensmittelhandel.

LITERATURVERZEICHNIS

Beitzen-Heineke, E. F.; Balta-Ozkan, N.; Reefke, H. (2017.): The prospects of zero-packaging grocery stores to improve the social and environmental impacts of the food supply chain, in: Journal of Cleaner Production 140, S. 1528–1541.

Emblem, A. (2012): Packaging Functions, in: Emblem, A.; Emblem, H. (Hrsg.): Woodhead Publishing in materials, Packaging technology: Fundamentals, Materials and Processes, Cambridge, Philadelphia, S. 43–59.

Gustavo, J. U.; Pereira, G. M.; Bond, A. J.; Viegas, C. V.; Borchardt, M. (2018): Drivers, opportunities and barriers for a retailer in the pursuit of more sustainable packaging redesign, in: Journal of Cleaner Production, 187, S. 18–28.

Hawkins, G. (2018): The skin of commerce – Governing through plastic food packaging, in: Journal of Cultural Economy, 11, 5, S. 386–403.

Kröger, M.; Goldkorn, F.; Pape, J. (2017): Mehr als einfach nur weglassen, in: Ökologie und Landbau, 03/2017, S. 38–39.

Latour, B. (2001): Eine Soziologie ohne Objekt?, in: Berliner Journal für Soziologie, 11, 2, S. 237–252.

Phillips, C. (2016): Alternative food distribution and plastic devices – Performances, valuations, and experimentations, in: Journal of Rural Studies, 44, S. 208–216.

Sattlegger, L. (o. J.): Making Food Manageable – Packaging as a Code of Practice for Work Practices at the Supermarket (unveröffentlicht).

Spaargaren, G. (2012): Food practices in transition – Changing food consumption, retail and production in the age of reflexive modernity, New York.

Wagner, K. (2013): The Package as an Actor in Organic Shops, in: Journal of Cultural Economy, 6, 4, S. 434–452.

Nicht schwierig, aber anders

Wie funktioniert der Einkauf im Unverpacktladen im Alltag von Kundinnen und Kunden?

ALEXANDRA WITTWER | MELANIE KRÖGER | JENS PAPE

Zusammenfassung

Das Konzept der Unverpacktläden stellt nicht nur die Inhaberinnen und Inhaber, sondern auch Kundinnen und Kunden vor Herausforderungen, bietet ihnen aber gleichzeitig viele Vorteile. Der Beitrag beleuchtet, wie der Einkauf in Unverpacktläden abläuft, welche Hürden es gibt und wie diese überwunden werden können, um neue Unverpacktroutinen im Alltag zu etablieren.

6.1
Einleitung

Die ersten sogenannten Unverpacktläden in Deutschland eröffneten 2014. Seitdem ist eine dynamische Entwicklung zu beobachten, und heute gibt es bereits knapp 300 Geschäfte, die sich darauf spezialisiert haben, Lebensmittel und Non-Food-Produkte unverpackt, also gänzlich ohne Verpackung oder zumindest ohne Einweg- bzw. Plastikverpackungen, anzubieten. In der Regel handelt es sich dabei um kleine, inhaber- bzw. inhaberinnengeführte Ladengeschäfte in zentraler Lage, die Trockenwaren, Öle und Essige sowie Wasch- und Reinigungsmittel in Spendern anbieten. Häufig wird das Sortiment ergänzt durch Frischwaren, Obst und Gemüse sowie Lifestyleprodukte, beispielsweise Bücher oder Trinkflaschen (siehe auch Kapitel 3). Kundinnen und Kunden bringen ihre eigenen Behälter mit oder nutzen im Laden bereitgestellte Behälter, um Ware abzufüllen und somit ohne Einwegverpackung nach Hause zu transportieren. Der Ablauf im Laden ebenso wie die Planung der Einkäufe unterscheiden sich deutlich von üblichen, oft über Jahre eingeübten Routinen eines klassischen Supermarkteinkaufs. Im Rahmen des BÖLN-Forschungsprojektes »Der verpackungsfreie Supermarkt« an der Hochschule für nachhaltige Entwicklung Eberswalde wurde der Frage nachgegangen, wie genau Kundinnen und Kunden ihre Einkäufe im Unverpacktladen organisieren und planen, wie sie den Einkauf im Laden durchführen und vor welchen Hürden sie dabei stehen. Während Kapitel 7 in diesem Band exemplarisch aufzeigt, wie Individuen den unverpackten Einkauf praktizieren, geht dieser Beitrag darauf ein, welche allgemeinen Erkenntnisse dazu vorliegen. Aus den systematisch ausgewerteten Erfahrungen von Personen, die schon lange im Unverpacktladen einkaufen, lassen sich Aussagen dazu ableiten, welche Tipps und Hilfestellungen Neukundinnen und -kunden dabei helfen können, diese Art des Einkaufens erfolgreich in ihren Alltag zu integrieren und somit zum Erfolg des Konzepts beizutragen.

6.2
Methodische Grundlage:
Tagebuchstudie und Interviews

Eigene Erfahrungen im Rahmen des oben genannten Forschungsprojektes sowie Interviews mit Kundinnen und Kunden haben gezeigt, dass das Konzept des unverpackten Einkaufs häufig zunächst auf Skepsis stößt: Es wird angenommen, dass der Einkauf kompliziert, aufwendig und teuer sei. Gleichzeitig zeigen der Erfolg der bestehenden Läden und ihre wachsende Zahl, dass es offenbar zunehmend Kundinnen und Kunden gibt, die gerne und regelmäßig auf diese Weise einkaufen, für die das vermeintlich Umständliche daran also nicht überwiegt. Das ist entscheidend, denn Konsummuster ändern sich langfristig nicht alleine aufgrund von Motivation und innerer Überzeugung, sondern sind eingebettet in soziokulturelle und -technologische Rahmenbedingungen (vgl. Jaeger-Erben und Offenberger 2014). Diese gilt es stets zu berücksichtigen, wenn die Funktionsweise und der Erfolg nachhaltiger Konsumkonzepte betrachtet werden.

Um also zu erheben, wie aus interessierten Verbraucherinnen und Verbrauchern Stammkundinnen und -kunden im Unverpacktladen wurden, wie genau der Einkauf abläuft und sich in den Alltag einfügt, wurde im Rahmen des Unverpacktforschungsprojektes ein mehrstufiges Verfahren gewählt. Zunächst wurde eine Tagebuchstudie durchgeführt: 48 Kundinnen und Kunden von Unverpacktläden in zwei größeren deutschen Städten erfassten über drei Wochen hinweg alle Lebensmitteleinkäufe mit einem Einkaufswert über fünf Euro in einem standardisierten Tagebuchbogen und bewerteten diese im Hinblick auf verschiedene Faktoren. Außerdem wurden für alle Einkäufe die entsprechenden Kassenbons gesammelt. Auf diese Weise wurden insgesamt 575 Einkäufe, 4.452 Produkte und 11.234 Euro Einkaufsbudget erfasst. Alle Teilnehmerinnen und Teilnehmer der Studie hatten den Unverpacktladen zum Zeitpunkt der Erhebung bereits mehrere Male besucht und zählten mindestens seit einigen Monaten zur Kundschaft dort.

Das Vorgehen mithilfe von Tagebüchern machte es möglich, Daten zu tatsächlichen Einkaufsroutinen zu erheben und nicht – wie häufig bei retrospektiven Befragungen – nur erinnerte Einschätzungen abzufragen (vgl. Wittwer et al. 2019). Ergänzend zu diesen Daten wurden im Anschluss an die Tagebuchstudie qualitative Interviews mit 17 der 48 Studienteilnehmenden geführt, in denen Hintergründe zu ihren Einkaufsgewohnheiten und der Bewertung dieser Einkäufe erfragt wurden. Insgesamt konnte so eine große Menge an qualitativen und quantitativen Daten generiert werden, die in diesem Beitrag jedoch nur ausschnittsweise wiedergegeben werden können. Ein Schwerpunkt liegt auf der Betrachtung der Frage, welche allgemeinen Aussagen sich zu Einkaufsgewohnheiten – also zu Planung und Abläufen – sowie zu Hürden und Hilfen treffen lassen.

6 Nicht schwierig, aber anders

6.3
Beschreibung
von Unverpacktkundinnen und -kunden

6.3.1
Typen von Unverpacktkundinnen und -kunden

Die Erhebung war, wie dies für qualitative, explorative Erhebungen typisch ist, nicht repräsentativ und lässt deshalb keine allgemeingültigen Aussagen über die soziodemografische Zusammensetzung der üblichen Kundschaft in Unverpacktläden zu. Ergänzt um die Hinweise der Ladnerinnen und Ladner, mit denen im Projekt zusammengearbeitet wurde, lässt sich jedoch sagen, dass die Kundschaft hinsichtlich sozioökonomischer Merkmale wie Alter, Familienstand und Einkommen durchaus heterogen ist. Auf Basis der Daten der Tagebuchstudie konnten drei Typen von Unverpacktkundinnen bzw. -kunden identifiziert werden, anhand derer sich verschiedene Gruppen beschreiben lassen (vgl. Tabelle 6.1). Dafür wurde die qualitative Methode der empirischen Typenbildung angewendet (Kelle und Kluge 2010).

Diese Typisierung macht deutlich, dass es nicht die eine typische Unverpacktkundin oder den einen typischen Unverpacktkunden gibt, sondern dass Faktoren wie die Haushaltsgröße und das Budget, die Nähe zum Laden, die Dauer der Kundschaft, die Einkaufshäufigkeit im Unverpacktladen bzw. Einkaufsrhythmen sich generell stark unterscheiden und Auswirkungen darauf haben, welche Routinen sich entwickeln. Ob der Einkauf im Unverpacktladen langfristig gelingt und sich als Alltagspraktik etabliert oder ob er seltenen Eventcharakter behält, hängt maßgeblich von solchen Faktoren ab. Dies anzuerkennen und beispielsweise bei der gezielten Ansprache von Kundinnen und Kunden im Laden zu berücksichtigen hat mutmaßlich Einfluss auf die langfristige Ausweitung und Etablierung des Konzepts.

Tabelle 6.1
Typen von Unverpacktkundinnen bzw. -kunden.

Typ 1: **Käufer bzw. Käuferinnen mit niedrigem Budget, die selten unverpackt einkaufen**	◆ größere Haushalte mit niedrigerem Budget ◆ kaufen eher selten, aber regelmäßig und bereits längere Zeit im Unverpacktladen ein ◆ haben funktionierende Routinen etabliert ◆ nehmen oft eine Extraanfahrt in Kauf ◆ kaufen insgesamt sehr häufig Lebensmittel ein, versorgen sich neben dem Unverpacktladen in vielen verschiedenen Geschäften ◆ kaufen im Unverpacktladen vor allem Non-Food-Produkte
Typ 2: **Besserverdienende Neukundinnen und -kunden**	◆ gut oder besser verdienende Ein- bis Zweipersonenhaushalte ◆ kombinieren vor allem Unverpackt- und Supermarkteinkäufe ◆ wohnen in der Nähe oder in guter Erreichbarkeit zum Unverpacktladen ◆ kaufen in der Regel noch nicht sehr lange dort ein, Routinen sind (noch) nicht optimal entwickelt
Typ 3: **Unverpackt-Intensivkundinnen und -kunden**	◆ Verbraucherinnen und Verbraucher mit geringem bis mittlerem Einkommen ◆ wohnen in der Nähe oder in sehr guter Erreichbarkeit des Unverpacktladens ◆ »treue Stammkundschaft«, kaufen schon lange dort ein ◆ haben stabile Routinen etabliert, versorgen sich hauptsächlich hier ◆ kaufen insgesamt selten Lebensmittel ein und suchen andere Einkaufsstätten lediglich ergänzend auf

6.3.2
Motivation und Vorteile des unverpackten Einkaufs

Neben diesen Unterschieden, die der Typisierung zugrunde liegen, lassen sich auch Gemeinsamkeiten bei den Teilnehmenden der Studie finden, die Rückschlüsse auf Unverpacktkundinnen und -kunden allgemein zulassen. Fast alle Befragten eint beispielsweise ein generelles und schon vor dem ersten Unverpackteinkauf vorhandenes Interesse für das Thema Plastik- und Abfallreduktion: Das Angebot der Unverpacktläden – Lebensmittel mit möglichst wenig Verpackung einkaufen zu können – entspricht also ebendiesem Wunsch aufseiten der Kundinnen und Kunden. Der Laden wird als eine Möglichkeit wahrgenommen, selbst aktiv zu werden und einen Beitrag zur Plastik- und Abfallreduktion bzw. zum Umweltschutz im Allgemeinen zu leisten. Er ist damit mehr als eine reine Einkaufsstätte, sondern

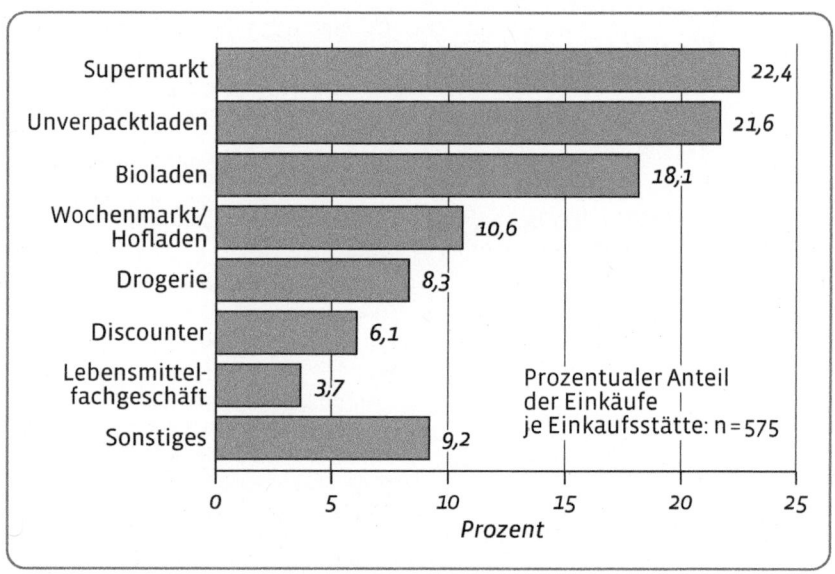

Abbildung 6.1
Einkaufshäufigkeit in unterschiedlichen Einkaufsstätten
(Quelle: eigene Darstellung).

Empirische Studien und Konsumforschung zu Unverpackt

ein »sinnstiftender« Ort. Er vermittelt das Gefühl, »etwas Gutes zu tun«, wie im folgenden Zitat deutlich wird:

> »Also der größte Vorteil ist einfach auch dieses Gefühl ›ich tue etwas für die Umwelt‹, also dieses Wissen. Ich freue mich immer, wenn ich auf Plastik verzichte, wenn ich auf Verpackung generell verzichte und mit meinen Beutelchen da einkaufen gehe.«

Daneben beschreiben Kundinnen und Kunden aber auch ganz praktische Vorteile, beispielsweise das gut ausgesuchte, kuratierte Sortiment, die Möglichkeit, individuelle Mengen einzukaufen, das Entdecken neuer Produkte, die vorher nicht gekauft wurden, eine steigende Wertschätzung für Lebensmittel oder dass der Einkauf in einer ruhigen, entschleunigten und familiären Umgebung getätigt werden kann. Einige empfinden den Einkauf gar nicht als aufwendiger, sondern im Gegenteil als eine Vereinfachung gegenüber klassischen Supermarkteinkäufen, weil der Laden übersichtlicher ist und nach dem Einkauf weniger ausgepackt und weggeworfen werden muss. Manchen macht das Abfüllen der Ware schlicht mehr Spaß als klassisches Einkaufen.

> »Ein Beispiel ist, wenn ich Nüsse oder Kerne in ein großes Glas abfülle, das hört sich an wie ein Jackpot in Las Vegas. Das ist schön.«

Nichtsdestotrotz kaufen die Kundinnen und Kunden nicht ausschließlich im Unverpacktladen ein. Im Falle der Intensivkundinnen und -kunden ergänzt beispielsweise der Bioladen den häufigen Einkauf im Unverpacktladen. Bei anderen ist der Einkauf in klassischen Einkaufsstätten sogar eher die Regel, und der Unverpacktladen ergänzt wiederum diese (vgl. Abbildung 6.1).

Die Tagebuchstudie hat gezeigt, dass die Nutzung unterschiedlicher Einkaufsstätten vor allem für bestimmte Produkte gilt: Während Frischwaren wie Obst und Gemüse und Molkereiprodukte von den Studienteilnehmenden oft nach wie vor in Supermärkten, im Bioladen oder auf dem Wochenmarkt gekauft werden, findet im Unverpacktladen vor allem eine Versorgung mit »typischen« Unverpacktprodukten statt, also mit Trockenwaren wie Reis, Nudeln und Hülsenfrüchten. Dies kann unter anderem mit dem im Vergleich zum Supermarkt geringen Sortiment an Frischwaren erklärt werden. Auch sind dort besondere, bevorzugte Markenprodukte nicht immer verfügbar. Als weitere Gründe, warum Produkte nicht im Unverpacktladen gekauft werden, wurde der Preis genannt, aber auch der Anfahrtsweg: Wenn der Unverpacktladen nicht in unmittelbarer Nähe liegt, sondern gezielt aufgesucht werden muss, werden eher Produkte gekauft, die sich längere Zeit lagern lassen. Frischwaren oder kurzfristig Benötigtes wird dann häufiger wohnungsnah zugekauft.

6.4
Der Ablauf des unverpackten Einkaufs

Wie genau der Unverpackteinkauf in den regelmäßigen Lebensmitteleinkauf integriert wird, ist sehr unterschiedlich, und auch für den konkreten Einkaufsprozess werden ganz verschiedene Routinen entwickelt. Dies zeigt sich bei der Planung des Einkaufs, dem Behältermanagement und dem Ablauf im Laden selbst.

6.4.1
Planung des unverpackten Einkaufs

Die befragten Kundinnen und Kunden beschreiben oft, dass sich die Planungen von Einkäufen in klassischen Einkaufsstätten und im Unverpacktladen unterscheiden. Vor allem zu Beginn, bei den ersten Besuchen, ist der Unverpackteinkauf oft mit einem erhöhten Planungsbedarf verbunden. Beispielsweise muss erst herausgefunden und erprobt werden, welche und wie viele eigene Behälter mitgenommen werden müssen. Für manche ist neu, dass der Einkauf überhaupt geplant und vorbereitet wird – dass also in der Regel zu berücksichtigen ist, Behälter für die Ware und spezielle Transportmöglichkeiten wie Rucksäcke und Trolleys mitzunehmen oder eine separate Einkaufsliste zu schreiben. Der Laden wird von manchen Kundinnen und Kunden gezielt angefahren und liegt – anders als andere, weiter verbreitete Einkaufsstätten – nicht auf den üblichen Wegen. Solche Aspekte werden zwar häufig nach einer Weile nicht mehr als Hürde wahrgenommen, es findet eine Gewöhnung daran statt. Trotzdem beschreiben viele diesen Teil des Einkaufs – zusammen mit dem Behältermanagement – als den größten Unterschied zum klassischen Einkaufen.

> »Ich musste lernen, mir Gedanken über meinen Einkauf zu machen, bevor ich in den Laden ging. Ich muss mich vorbereiten, ich muss mir zu Hause bereits überlegen: ›Was werde ich einkaufen wollen, und welche Behälter brauche ich dafür?‹«

Andere Kundinnen und Kunden planen generell alle Einkäufe stark – zum Beispiel weil sie familiär oder beruflich stark eingebunden sind oder nur bestimmte Zeitfenster zur Verfügung haben – und empfinden den Unverpackteinkauf darum nicht als planungsintensiver als andere Einkäufe. Wieder andere Studienteilnehmende beschreiben, dass der Unverpackteinkauf gar nicht speziell geplant wird, sondern dass sie, wie in anderen Läden auch, spontan und vor Ort in Abhängigkeit vom Angebot entscheiden, welche Produkte sie kaufen. Das setzt voraus, dass es eine gewisse Flexibilität im Hinblick auf den Lebensmittelbedarf im Haushalt gibt und dass entweder trotzdem eine Auswahl an Behältern mitgebracht wird oder dass Behälter im Laden verfügbar sind. Als besonders hilfreich werden hier Spendengläser angesehen, also kostenlos verfügbare Behälter, die von anderen Kundinnen und Kunden zur Verfügung gestellt werden. Einzelne Studienteilnehmende beschreiben auch sehr kreative Lösungen im Umgang mit Behältern: Beispielsweise kann ein eigenes »Pfandsystem« entwickelt werden, indem verschiedene leere Behälter zu Hause in einer Tüte gesammelt und mitgenommen werden, wenn ein Unverpackteinkauf ansteht. Die Behälter, die selbst nicht benötigt werden, werden im Laden gespendet; umgekehrt wird sich, wenn nötig, an den Spendengläsern bedient.

Zusammenfassend lässt sich also sagen, dass es verschiedene »Planungstypen« gibt, wobei der Grad der Planung und der empfundene Aufwand variieren und nicht nur von den Besonderheiten des Konzeptes, sondern auch von der eigenen Alltagsgestaltung, den zu kaufenden Produkten und der Entfernung abhängen.

6.4.2
Behältermanagement

Im Rahmen der Tagebuchstudie hat sich gezeigt, dass das Behältermanagement – also das Aussuchen, Bereithalten und Mitnehmen passender
Behälter für den Unverpackteinkauf – die größte Herausforderung für
Kundinnen und Kunden darstellt: Mit einem Antwortanteil von rund
34 Prozent machte dies zumindest zu Beginn eine der größten Hürden
aus. Gleichzeitig ist dieser Aspekt entscheidend für den Erfolg des Unverpacktkonzepts: Der Effekt, dass tatsächlich Verpackung eingespart wird,
kommt vor allem dann zum Tragen, wenn Kundinnen und Kunden Ware
in Mehrwegbehälter abfüllen und nicht bei jedem Einkauf neue Papiertüten aus dem Laden nutzen (vgl. Cimander 2017). Die Tagebuchstudie
hat gezeigt, dass dies offenbar funktioniert: Bei 94 Prozent der Einkäufe
im Unverpacktladen wurden eigene Behälter mitgebracht, und in rund
30 Prozent der Fälle wurden zusätzlich Behälter aus dem Laden genutzt,
wobei vor allem Spendengläser geschätzt werden. Neu gekauft werden
bzw. wurden vor allem solche Behälter, die sich speziell für bestimmte
Produkte eignen – zum Beispiel Speiseölflaschen oder Seifendosen – oder
die notwendigerweise gekauft werden müssen, beispielsweise Waschmit-
telverpackungen mit Originaletiketten. Es zeigte sich außerdem, dass sich
die Routine der Mitnahme eigener Behälter offenbar auch auf andere Einkaufsstätten überträgt: So wurden von den Studienteilnehmenden auch
bei Einkäufen auf dem Wochenmarkt in rund 84 Prozent der Fälle eigene
Behälter mitgenommen.

Für die Einkäufe im Unverpacktladen nutzen Kundinnen und Kunden
unterschiedlichste Arten von Behältern, beispielsweise Gläser, Stoffsäckchen, Papiertüten, Plastiktüten oder kreative Lösungen wie gebrauchte
Dosen von Whiskeyflaschen. Vor allem bei (Stoff-)Tüten wird mehrfach
darauf verwiesen, dass diese nicht nur für den Einkauf im Unverpacktladen praktisch seien, sondern auch zum Beispiel auf dem Markt für den
Kauf von Obst, Gemüse und Backwaren verwendet werden. Sie haben
außerdem den Vorteil, dass sie immer leicht und einfach – für den Fall,
dass spontan eingekauft werden soll – mitgeführt werden können. Eine

weitere Variante ist die Nutzung alter Lebensmittelverpackungen, um sich so an der handelsüblichen Menge eines Produktes entsprechend seiner ursprünglichen Verpackung zu orientieren. Welche Behälter in welcher Kombination verwendet werden, unterscheidet sich ebenfalls: Manche Kundinnen und Kunden nutzen festgelegte Behälter für die immer gleichen Produkte, andere sind sehr flexibel und nutzen verschiedenste Transportbehältnisse, wobei vor allem auf geringes Gewicht, variable Größen und die Eignung hinsichtlich Größe und Material für das zu kaufende Produkt geachtet wird. Zudem variieren die Behälter je nach Transportmöglichkeit: Eine Person gibt an, Dosen, Boxen und Gläser zu nutzen, wenn die Einkaufsfahrt mit dem Auto stattfindet, aber Stoffbeutel zu verwenden, wenn sie mit dem Fahrrad zum Laden kommt. Diese Flexibilität nehmen einige Kundinnen und Kunden explizit als positiv wahr – fantasievoll im Umgang mit Behältern sein zu können ist für sie ein angenehmer Nebeneffekt des Einkaufs.

> »Ich habe eigentlich schon alles Mögliche benutzt. [...] das ist ja auch das Lustige daran.«

Oft wird in diesem Zusammenhang eine Art Lernprozess beschrieben: Es musste erst ausprobiert werden, welche Behälter sich wofür eignen, welche Behälter wirklich gebraucht werden und welches System und welche Behälterkombination individuell funktionieren. Manchmal wurde die Art der genutzten Behälter optimiert, bis das Vorgehen wirklich als stimmig und praktisch empfunden wurde. Beispielsweise geben mehrere Personen an, zu Beginn hauptsächlich Gläser verwendet zu haben, diese wurden dann aber später gegen leichtere, flexiblere Behälter ausgetauscht. Andere berichten, dass erst mit der Zeit erkannt wurde, dass manche Behälter sich für bestimmte Produkte weniger gut eignen als andere, zum Beispiel kann Ware aus Kartons und Tüten herausfallen und frisch gemahlener Kaffee oder Mehl kann nicht gut in Stoffbeuteln transportiert werden. Kundinnen und Kunden müssen sich beim unverpackten Einkauf also deutlich mehr Gedanken über die verpackungsrelevanten Eigenschaften und die Transportfähigkeit eines Produktes machen als beim Kauf vorverpackter Ware, wo diese Aufgabe bereits vom Hersteller übernommen wurde. Dies wird jedoch oft als notwendiger Prozess, nicht als Hürde oder Ärgernis beschrieben.

Neben der Art und Kombination der verwendeten Behältnisse besteht ein weiterer Unterschied für Kundinnen und Kunden darin, ob für den Einkauf und Transport der Ware und deren Lagerung die gleichen Behälter benutzt werden oder ob die Ware zu Hause umgefüllt wird. Hier gibt es einerseits Kundinnen und Kunden, die es wegen des Gewichts vorziehen, Ware in Tüten und Säckchen zu füllen und zu Hause in feste Behältnisse (z. B. Gläser, Boxen) umzufüllen; andererseits gibt es Personen, die sowohl für den Einkauf als auch für die Lagerung das gleiche Gefäß verwenden, weil sie es aus unterschiedlichen Gründen praktischer finden. Wieder andere kombinieren: Ob Ware umgefüllt oder im Transportbehälter gelagert wird, ist dann von der Menge der gekauften Ware und vom Transportbehälter abhängig. Kleine Mengen werden im Schraubglas gelagert, große Mengen oder Ware aus Stoffsäckchen werden zu Hause in größere Gläser umgefüllt. Insgesamt zeigt sich, dass es oft nicht den einen perfekten Behälter gibt, sondern sich abhängig von Produkt, Einkaufsablauf und Lagerverhalten eine Kombination aus verschiedenen Behältern bewährt hat. In der Regel wird der Prozess des Umfüllens bzw. Nichtumfüllens der Ware nicht als sehr kompliziert oder aufwendig, sondern im Gegenteil – je nach individuell gefundenem Weg – als ein praktischer Teil des unverpackten Einkaufs beschrieben.

Das Beschriften der mitgebrachten Behälter mit dessen Eigengewicht ist ein weiterer wichtiger Teil des Einkaufs. Wird die Beschriftung vergessen, muss an der Kasse umgefüllt und nachgewogen werden; außerdem kann eine fehlerhafte Beschriftung finanziell nachteilig entweder für die Kundinnen und Kunden selbst oder für den Laden sein. Entsprechend haben einige ihre Behälter dauerhaft (vor)beschriftet. Manche beschriften dagegen die Behälter im Laden immer wieder neu, zum Beispiel weil sie nicht immer die gleichen Gefäße mitbringen oder weil die Beschriftung bei der Reinigung der Behälter entfernt wurde. Manche wiegen alle Behälter auf einmal und beginnen dann mit dem Einkauf, andere wiegen einen Behälter, befüllen ihn und wiegen dann den nächsten Behälter. Neben dem Taragewicht werden manche Behälter entsprechend ihrem Inhalt beschriftet. Das ist offenbar vor allem da von Bedeutung, wo Produkte nach dem Einkauf nicht eindeutig auseinandergehalten werden können (z. B. bei verschiedenen Mehlsorten) oder wenn ein Behältnis immer mit dem gleichen Produkt befüllt werden soll.

Wie Behälter aufbewahrt, gereinigt und vor den Einkauf vorbereitet werden, ist abhängig davon, wie generell mit Behältern umgegangen wird – also ob beliebige angesammelte Behälter für den Einkauf verwendet werden oder ob es bestimmte Behälter für bestimmte Produkte gibt, die gezielt mitgenommen werden, wenn das Produkt benötigt wird. Oft wird berichtet, dass es für Gläser, Tüten und andere Behälter einen festen Platz in der Wohnung gibt, wo diese gesammelt und vor dem geplanten Einkauf eingepackt werden.

Befragt nach der Reinigung, wird meist angegeben, dass feste Behälter (z. B. Dosen oder Gläser) von Hand oder in der Spülmaschine gereinigt werden, wenn sie leer sind oder auch nur nach jeder zweiten oder dritten Befüllung. Stoffsäckchen werden ausgeschüttelt oder in der Waschmaschine gereinigt. Papiertüten werden nach einigem Benutzen weggeworfen, sie halten nur eine begrenzte Zeit. Es ist also offensichtlich nicht automatisch davon auszugehen, dass Kundinnen und Kunden immer und in jedem Fall mit frisch gereinigten Behältnissen im Laden einkaufen. Insgesamt scheinen die Vorbereitung und das Einpacken der Behältnisse – wie auch das Umfüllen – keine große Hürde (mehr) darzustellen, sobald funktionierende Routinen gefunden wurden. Die interviewten Personen konnten in der Regel gut benennen, wie lange es gedauert hat, bis sich diese etabliert haben. Manche benötigten dafür nur wenige Einkäufe, andere mehrere Monate, bis der Einkauf reibungslos funktionierte und gut in den Alltag integriert war.

6.4.3
Abläufe im Laden

Der Ablauf des Einkaufs im Unverpacktladen erfolgt in der Regel relativ routiniert und strukturiert. Die Interviewpartnerinnen und -partner konnten genau schildern, was sie in welcher Reihenfolge tun: Oft werden zunächst Behälter gewogen, dann werden Produkte in einer gewissen

Reihenfolge abgefüllt – beispielsweise erst Milchprodukte an der Theke, dann Trockenware, dann Non-Food; oder Frischwaren werden immer am Ende gekauft – oder es wird ein Behälter nach dem anderen aus dem Korb genommen und jeweils das Produkt abgefüllt, das für diesen Behälter vorgesehen ist bzw. das laut Einkaufsliste als Nächstes gekauft werden soll. Gibt es keine festen Behälter, dann gehört es zum Einkauf dazu, dass vor Ort jedes Mal überlegt werden muss, welcher Behälter diesmal am besten für welches Produkt verwendet werden soll, abhängig von der Art und Größe. Manche Produkte werden von Mitarbeitenden abgefüllt, z.B. staubendes Waschmittel. In solchen Fällen werden die entsprechenden Behälter zunächst an der Kasse abgegeben, dann beginnt der eigene Einkauf. Eine Person beschreibt, dass die Reihenfolge der abgefüllten Produkte vom Preis abhängt und weniger von einer festen Einkaufsliste: Sie kauft zunächst Grundnahrungsmittel, schätzt dann, wie teuer der Einkauf bisher ungefähr ist, und füllt anschließend teurere Produkte wie Nüsse ab. Manche berichten von einem gewissen »Shoppingeffekt« oder »Genusseinkauf«: Wenn alles abgefüllt wurde, was laut Einkaufsliste benötigt oder was aus Gewohnheit immer gekauft wird, wird der Laden auf der Suche nach neuen Produkten durchstreift und spontan Neues ausprobiert, oder es werden Produkte (z.B. Schokolade, Kosmetikprodukte) als Belohnung gekauft. Für manche endet der Einkauf mit einem Kaffee und einer Pause in der Café-Ecke, was ebenfalls einen Unterschied zu klassischen Lebensmitteleinkäufen darstellt.

Unterschiede gibt es bezüglich des Transports der bereits gekauften Waren durch den Laden: Manche Kunden und Kundinnen legen Behälter in einen Einkaufskorb und tragen oder schieben diesen durch den Laden. Das Korbgewicht, gerade wenn mit Gläsern eingekauft wird, führt dazu, dass neue Routinen gefunden werden müssen als sonst in Lebensmittelläden üblich: Oft wird beschrieben, dass eine feste »Station« gesucht wird, zum Beispiel ein Stuhl oder Cafétisch, dort werden die Behälter abgestellt, nach und nach gefüllt und wieder zur »Basis« zurückgebracht. Der Einkauf ist also platzintensiv, die Kundinnen und Kunden bewegen sich anders durch den Laden als bei einem Supermarkteinkauf – auch weil in den Läden in der Regel nicht mit Einkaufswagen eingekauft werden kann.

6.5
Herausforderungen und Hilfen
beim unverpackten Einkauf

6.5.1
Hürden und Herausforderungen

Die Vielzahl der von Kundinnen und Kunden entwickelten Routinen macht deutlich, dass der Einkauf im Unverpacktladen nicht immer von Anfang an leichtfällt, sondern häufig erst erlernt und erprobt werden muss. Besonders ist das Behältermanagement hervorzuheben, das bei der Tagebuchstudie mit rund 34 Prozent der Nennungen als größte Herausforderung angeführt wurde. Andere Aspekte, die gerade neuen Kundinnen und Kunden schwerfallen, sind allgemein die Neuorganisation von Abläufen (rund 18 Prozent), also die Integration des Unverpackteinkaufs in den Alltag, sowie der Einkaufsprozess selbst, also das Wiegen und Abfüllen im Laden (rund 13,5 Prozent). In den vertiefenden Interviews wurde dies konkretisiert, indem zum Beispiel beschrieben wurde, dass es schwierig sein kann festzulegen, wie viel von einem bestimmten Produkt abgefüllt werden soll und wie viel die Menge am Ende tatsächlich kostet. Manche füllen einfach die Behältnisse voll, die sie dabeihaben – dann hängt es also von der Behältergröße ab, wie viel gekauft wird. Andere »haben es im Gefühl«, wie viel sie abfüllen müssen, um zu Hause die Menge gut in einen Vorratsbehälter umfüllen zu können oder um die Ware in einem bestimmten Zeitraum verbrauchen zu können. Dieses Gefühl muss sich aber erst entwickeln. Die Erfahrung, dass man an der Kasse bei bestimmten Produkten von einem hohen Preis überrascht wird, wird von fast allen geschildert – so wird gelernt, in Zukunft von einem bestimmten Produkt weniger – das heißt eine handelsübliche Menge – zu kaufen.

> »Also ja, das ist natürlich auch schwierig mit den Mengen, man ist ja so gewohnt, dass man die (...) (lachend) so vorportioniert bekommt, also wie man es im Handel auch bekommt, und ich habe wirklich Schwierigkeiten, also wenn ich da zum Beispiel jetzt Spaghetti sehe, um

abzuschätzen, sind das jetzt 200 Gramm, sind es 400 Gramm, sind es 500 Gramm. Insofern weiß ich dann ganz gerne: Ich habe hier 500 Gramm gekauft – und dann kann ich mir die auch portionieren entsprechend.«

»Genau, aber das ist auf jeden Fall was, (...) ein guter Kritikpunkt, der halt einfach natürlich das Einkaufen auch noch mal erschwert, wenn man günstiger einkaufen möchte. Weil man ja dann quasi auch zur Waage laufen müsste, wenn man es ganz genau wissen will, und dann muss man es noch umrechnen.«

Ein weiterer wichtiger Unterschied zwischen klassischen Einkäufen und dem Einkauf im Unverpacktladen ist das eigene Abfüllen der Waren. Produkte werden nicht fertig verpackt aus dem Regal genommen, sondern es findet eine Auseinandersetzung damit in der Form statt, dass unterschiedliche Produkte aus unterschiedlichen Spendersystemen in unterschiedliche Behälter gefüllt werden müssen, ohne dass Ware verschüttet oder kontaminiert wird, ohne dass die Behälter außen beschmutzt werden und ohne dass versehentlich zu viel auf einmal abgefüllt wird. Es muss also »mit beiden Händen« eingekauft werden, es ist ein größerer Einsatz notwendig. Dieser Prozess ist zunächst gewöhnungsbedürftig. Als besonders herausfordernd bei der Abfüllung werden beispielsweise Flüssigkeiten, Waschmittel oder Mehl genannt. Auch ist bei der Behälterwahl zu beachten, dass sich nicht alle Behälterformen gut für jede Spenderart eignen, zum Beispiel weil die Öffnung zu klein ist. Trichter werden als hilfreich empfunden. Vermeintliche Herausforderungen wie das höhere Gewicht des Einkaufs durch den zusätzlichen Transport von Behältern und der höhere Zeitaufwand gegenüber klassischen Einkäufen wurden von den befragten Kundinnen und Kunden dagegen eher selten genannt. In der Tagebuchstudie wurde außerdem mehrfach darauf hingewiesen, dass »nichts« am Einkauf schwierig sei, dass es also auch zu Beginn keine Hürden gab. Es lässt sich zusammenfassen, dass die neuen Prozesse für viele, wenn auch nicht für alle Kundinnen und Kunden herausfordernd sind und es darum zur Ausweitung und weiteren Etablierung des Konzepts hilfreich sein kann, diese Herausforderungen anzuerkennen und ihnen mit praktischen Hinweisen und Hilfen zu begegnen.

6.5.2
Hilfen und Tipps

In der Tagebuchstudie sowie den Interviews wurden zahlreiche alltags-praktische Hinweise darauf gegeben, was gerade Neukundinnen und -kunden dabei helfen kann, von den Erfahrungen von Bestandskundinnen und -kunden zu profitieren und den Einkauf zu erleichtern und dauerhaft in den Alltag zu integrieren. Vor diesem Hintergrund und mit dem Ziel,

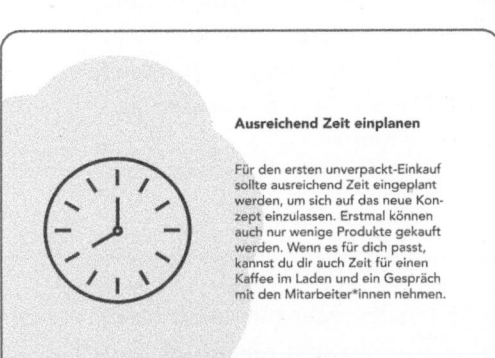

Ausreichend Zeit einplanen

Für den ersten unverpackt-Einkauf sollte ausreichend Zeit eingeplant werden, um sich auf das neue Konzept einzulassen. Erstmal können auch nur wenige Produkte gekauft werden. Wenn es für dich passt, kannst du dir auch Zeit für einen Kaffee im Laden und ein Gespräch mit den Mitarbeiter*innen nehmen.

DICHTE BEHÄLTER FÜR NON-FOOD UND FLÜSSIGKEITEN

Behälter für Flüssigkeiten brauchen eine ausreichend große Öffnung (oder einen passenden Trichter), und sie müssen wirklich dicht schließen. Vor allem für Non-Food-Produkte (Wasch- und Reinigungsmittel, Kosmetik) sind dichte Verschlüsse wichtig, damit die Lebensmittel in der Einkaufstasche geschützt sind.

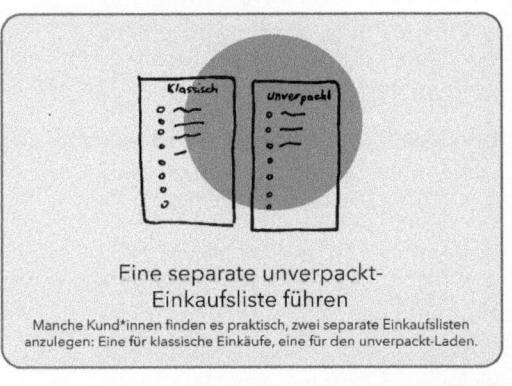

Eine separate unverpackt-Einkaufsliste führen

Manche Kund*innen finden es praktisch, zwei separate Einkaufslisten anzulegen: Eine für klassische Einkäufe, eine für den unverpackt-Laden.

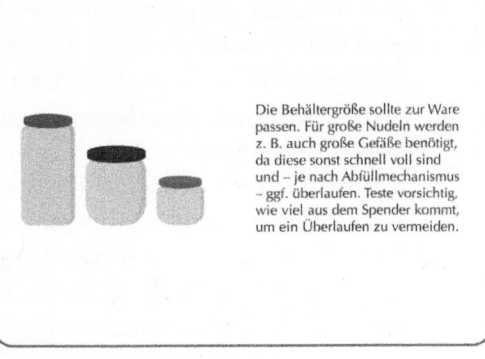

Die Behältergröße sollte zur Ware passen. Für große Nudeln werden z. B. auch große Gefäße benötigt, da diese sonst schnell voll sind und – je nach Abfüllmechanismus – ggf. überlaufen. Teste vorsichtig, wie viel aus dem Spender kommt, um ein Überlaufen zu vermeiden.

Abbildung 6.2
Beispiele für die grafische Aufbereitung von Tipps für den unverpackten Einkauf *(Copyrights von links oben um Uhrzeigersinn: Rebecca Freund, Tupac Rodriguez, Carolin Anders, Ella Jost).*

6 Nicht schwierig, aber anders

dass nicht jede und jeder »das Rad neu erfinden muss«, wurde im Rahmen des Unverpacktforschungsprojektes eine »Toolbox« oder Tippsammlung für den unverpackten Einkauf entwickelt. Zusammen mit Studierenden der Hochschule der populären Künste Berlin wurden Hilfestellungen und Erfahrungen aus den Studienergebnissen gefiltert und in praktische Tipps übersetzt. Diese beziehen sich auf die verschiedenen Bereiche des Einkaufsprozesses: die Änderung von Routinen im Alltag, die Planung des Einkaufs, das Behältermanagement, den Einkaufsprozess im Laden selbst und die Erleichterung von Spontankäufen. Insgesamt wurden rund 40 Tipps gesammelt und von den Studierenden grafisch aufbereitet (vgl. Abbildung 6.2). Die so entstandenen Abbildungen können als Poster, Postkarte oder Onlinepost von Unverpacktläden verwendet werden, um Kundinnen und Kunden den Einkauf zu erleichtern.

6.6
Fazit

Das Konzept des unverpackten Einkaufens stellt nicht nur die Inhaber und Inhaberinnen der Läden, sondern auch ihre Kundinnen und Kunden vor Herausforderungen. So simpel wie diese Erkenntnis klingt, so vielfältig sind die praktischen Hürden, vor die das Einkaufen im Unverpacktladen Kundinnen und Kunden – zumindest zu Beginn – stellt. Das Einkaufen im Supermarkt ist eine lebenslang erlernte Alltagspraxis und zur Routine geworden. Wie Einkaufen im klassischen Supermarkt »geht«, haben Kundinnen und Kunden über Jahre und Jahrzehnte erlernt und verinnerlicht: Abgepackte Produkte werden zuerst in einen Einkaufswagen oder Korb und dann auf das Kassenband gelegt und abgerechnet. Im Unverpacktladen müssen dagegen neue Routinen entwickelt werden, beispielsweise im Hinblick auf die Planung und das Behältermanagement. Während diese Herausforderungen für die meisten Kundinnen und Kunden ähnlich sind, sind die dafür entwickelten Lösungen im Detail sehr unterschiedlich. Sie eint jedoch, dass im Ergebnis der Einkauf im Unverpacktladen nicht als überwiegend mühsam und anstrengend wahrgenommen wird, sondern gut in den Alltag integriert werden kann. Nur wenn

das gelingt, werden aus Gelegenheitskundinnen und -kunden Stammkundinnen und -kunden: Reine Überzeugung alleine reicht nicht aus, um
nachhaltige Konsummuster langfristig zu etablieren.

LITERATURVERZEICHNIS

Cimander, M. (2017): Vermeidung von Verpackungsabfall durch unverpackt-Läden.
Entwicklung eines wirkungsorientierten Indikators, exemplarische Datenerhebung
und -analyse, Masterarbeit, HNEE.

Jaeger-Erben, M.; Offenberger, U. (2014): A Practice Theory Approach to Sustainable
Consumption, GAIG, 07/2014 (DOI: 10.14512/gaia.23.S1.4).

Kelle, U.; Kluge, S. (2010): Vom Einzelfall zum Typus. Fallvergleich und Fallkontrastie-
rung in der qualitativen Sozialforschung, Wiesbaden: VS Fachverlag für Sozialwissenschaften.

Wittwer, A.; Kröger, M.; Pape, J. (2019): Das Konsumententagebuch als Erhebungsinstru-
ment – eine Reflektion über Potentiale und Grenzen [https://orgprints.org/36080/1/
Beitrag_149_final_a.pdf].

Soziale Normen, Gewohnheiten und Aushandlungen

Alltagsherausforderungen des verpackungsfreien Einkaufs

BENJAMIN HENNCHEN | ALEXANDRA WITTWER
LUKAS SATTLEGGER | MELANIE KRÖGER

Zusammenfassung

Die deutschlandweit wachsende Zahl an Unverpacktläden sowie ein steigendes Angebot an verpackungsfreien Produkten im konventionellen Einzelhandel ermöglichen es immer mehr Menschen, bei ihrem Einkauf auf Einwegverpackungen zu verzichten. Gleichzeitig stellt der verpackungsfreie Einkauf Kundinnen und Kunden vor Herausforderungen, insbesondere da eigene Einkaufsgewohnheiten verändert und in das Alltagsleben integriert werden müssen. Um das Problem der Alltagskompatibilität näher zu beleuchten, werden in diesem Beitrag drei fiktionale Geschichten erzählt, die jeweils von verschiedenen Personen und ihren Alltagspraktiken handeln. Die Analyse dieser Geschichten blickt dabei auf bestehende soziokulturelle Normen, erfahrungsbasierte Gewohnheiten sowie Aushandlungsprozesse im familiären Kontext. Der Beitrag illustriert, dass aufgrund der Vielschichtigkeit potenzieller Herausforderungen die längerfristige Etablierung verpackungsfreier Einkaufsroutinen vor allem von ihrer Anschlussfähigkeit an unterschiedliche Alltagswelten abhängig ist.

7.1
Einleitung

Auf die Gründung der ersten deutschen Unverpacktläden in Kiel, Berlin und München im Jahr 2014 folgten immer mehr Ladeneröffnungen, sodass es im Jahr 2020 bereits über 300 solcher Geschäfte in Deutschland gibt – sowohl in größeren Städten als auch auf dem Land. Diese Läden sind Teil einer gesellschaftlichen Bewegung, die Plastik und Müll problematisiert und sich für Zero-Waste-Alternativen einsetzt. Unverpacktläden ermöglichen in erster Linie einen verpackungsfreien und diesbezüglich somit nachhaltigeren Einkauf. Allerdings hängt die Verbreitung verpackungsfreier Einkaufsgewohnheiten maßgeblich davon ab, dass sich diese auch mit dem Alltagsleben von Kundinnen und Kunden vereinbaren lassen. Aus diesem Grund möchte der folgende Beitrag anhand von drei fiktionalen Geschichten unterschiedliche Alltagsherausforderungen aufzeigen, die mit dem verpackungsfreien Einkauf einhergehen. Zudem geben die Geschichten darüber Auskunft, wie ein verpackungsfreier Einkauf trotz dieser Herausforderungen gelingen kann.

Analysiert werden die Geschichten unter der Annahme, dass das Verhalten von Menschen zu einem großen Teil auf sozial geteilten Handlungs- und Redemustern, sogenannten Alltagspraktiken, basiert. Aus unverbundenen Einzelhandlungen bilden sich »durch häufiges und regelmäßiges Miteinandertun gemeinsame Handlungsgepflogenheiten heraus, die sich in kollektiven Handlungsmustern und Handlungsstilen verdichten und so bestimmte Handlungszüge sozial erwartbar machen« (Hörning 2004: S. 141). Analytisch lassen sich diese Handlungs- und Redemuster in verschiedene materielle und symbolische Elemente unterteilen. Shove et al. (2012) unterscheiden beispielsweise zwischen drei grundlegenden Dimensionen, aus denen sich Alltagspraktiken zusammensetzen. Diese sind:

a) materielle Infrastrukturen, Artefakte und Körper *(material)*,

b) Wissen und Kompetenzen *(competence)*,

c) Bedeutungen und Normen *(meaning)*.

Die folgenden drei fiktionalen Alltagsgeschichten werden mithilfe dieser Praxisdimensionen (Materialität, Kompetenz, Bedeutung) analysiert. Gleichzeitig folgt daraus, dass nicht die individuellen Handlungen der Protagonistinnen und Protagonisten betrachtet werden (warum macht eine konkrete Person etwas?), sondern die Voraussetzungen zur Reproduktion von Alltagspraktiken in den Blick genommen werden (warum wird etwas generell gemacht?). Übertragen auf den Einkauf im Unverpacktladen, stellt sich daher die Frage: Welche materiellen Ausstattungen, infrastrukturellen Gegebenheiten, praktischen Wissensbestände und Wertvorstellungen erschweren beziehungsweise befördern die Verbreitung des verpackungsfreien Einkaufens?

Empirisch liegen den Geschichten unterschiedliche Forschungsarbeiten zum verpackungsfreien Einkauf zugrunde: Mithilfe von Lukas Sattleggers ethnografischem Promotionsprojekt zur praktischen Bearbeitbarkeit der Verpackungsmüllproblematik im Lebensmittelsystem (Sattlegger et al. 2020) in der SÖF-Nachwuchsgruppe PlastX ließ sich ein detaillierter Einblick in den Einkaufsalltag von Kundinnen und Kunden in Unverpacktläden gewinnen. Benjamin Hennchens praxeologische Masterarbeit zu Herausforderungen bei der Vermeidung von Verpackungsmüll im Einkauf lieferte insbesondere Erkenntnisse zu verpackungsfreien Einkaufsgewohnheiten in regulären Supermärkten. Umfassend ergänzt wurde dies mit aktuellen Ergebnissen aus dem BÖLN-Forschungsprojekt zu Chancen und Grenzen des verpackungsfreien Supermarkts.

7.2
Drei fiktionale Alltagsgeschichten

Unsere fiktiven Protagonistinnen und Protagonisten sind die 26-jährige allein lebende Anna, die 66-jährige Rentnerin Marianne und die vierköpfige Familie von Karim und Claudia mit den Kindern Leon und Paula.

7.2.1
Anna – der verpackungsfreie Einkauf als Herausforderung für gesellschaftliche Normalität

7:00 Uhr morgens

Anna steht am Küchenschrank und geht gedanklich den Tag durch – um 8:00 Uhr sollte sie spätestens im Büro sein. Sie möchte auf jeden Fall danach in den Unverpacktladen gehen, der vor einem halben Jahr in der Nähe ihrer Arbeitsstelle eröffnet hat. Sie muss dringend ein paar Grundvorräte an Lebensmitteln einkaufen. Während sie sich über sich selbst ärgert, dass sie nicht schon gestern Abend den Einkaufszettel geschrieben hat, versucht sie spontan zu sammeln, was sie alles benötigt. Anna ist kein Morgenmensch, und an diese zusätzliche Vorbereitungszeit muss sie sich erst noch gewöhnen. Sie hält inne; also: Reis, Mehl, Nudeln, Linsen, Karotten, Äpfel, Pilze, Käse und Eier. Das heißt zwei Papiertüten (Karotten, Pilze), drei große Gläser (Reis, Mehl, Linsen), eine Plastikbox für den Käse, eine Eierschachtel und die große Box, die sie immer für die Spaghetti verwendet. Anna packt alles in ihren Rucksack, findet aber den Deckel ihrer Spaghettibox nicht im Küchenregal. Dann halt eine Papiertüte nehmen. Nachdem sie endlich alles beisammenhat, schaut sie auf die Uhr und stellt genervt fest, dass für das Frühstück jetzt wieder mal keine Zeit bleibt – sie muss los. Beim Bahnhofsbäcker kauft sie noch schnell ein Brötchen für die Zugfahrt. Dabei fällt ihr auf, dass sie ihren Mehrwegbecher in der Spülmaschine vergessen hat. Auch wenn es ihr schwerfällt, verzichtet Anna auf den Morgenkaffee, um den Pappbecher zu vermeiden, der für sie ein Symbol der Wegwerfkultur ist.

Abbildung 7.1
Einwegkaffeebecher sind häufig fester Bestandteil des täglichen Arbeitswegs
(Quelle: Mariia Korneeva – stock.adobe.com).

12:00 Uhr mittags

Markus – ein neuer Arbeitskollege – ruft Anna an, weil ein Meeting etwas länger dauert und sie ihre Essensverabredung um eine halbe Stunde verschieben müssen. Er schlägt angesichts des Folgetermins vor, schnell etwas beim Sushiimbiss zu kaufen und dann in der Teeküche im Büro zu essen. Anna, die eigentlich To-go-Mittagessen vermeidet, will gegenüber ihrem neuen Kollegen nicht kompliziert erscheinen und willigt ein. Die beiden treffen sich also um 12:30 Uhr und gehen gemeinsam zum nahe gelegenen Imbiss. Beim Bestellen denkt Anna an die Plastikbox, die sie für ihren späteren Einkauf in der Tasche hat. Wegen der vielen Leute in der Warteschlange traut sie sich nicht zu fragen, ob ihr Sushi direkt in die eigene Box gefüllt werden kann. Als der Imbissverkäufer ihre Einweg-Sushibox auch noch in eine Plastiktüte stecken will, interveniert Anna jedoch schnell: »Vielen Dank, ich brauche keine Tüte, ich nehme die Box gleich so.« Dieser aktive Verzicht fühlt sich gut an und verdrängt das schlechte Gewissen. Markus hat derweil schon eine Tüte angenommen. Anna versucht vorsichtig, das Gespräch darauf zu lenken, ohne belehrend zu sein: »Eigentlich versuche ich To-go-Essen zu vermeiden. Nächstes Mal nehmen wir uns die Zeit und gehen richtig essen!« Als Markus antwortet, dass er auch wenig to go kaufe, denkt Anna daran, dass er in den zwei Wochen, in denen er jetzt da ist, schon mehrmals morgens mit einem Coffee-to-go-Becher ins Büro kam.

18:00 Uhr abends

Als Anna den Unverpacktladen betritt, ist sie sofort in ihrem Element – hier kann sie ihr ökologisches Bewusstsein in konsequentes Handeln umsetzen, und das fühlt sich gut an. Sie wechselt zunächst ein paar Worte mit der Ladenbesitzerin und beginnt dann, Produkte abzufüllen. Als ihr einfällt, dass sie auch noch Balsamicoessig benötigt, aber keine passende Flasche mitgenommen hat, freut sie sich über bereitgestellte Flaschen anderer Kundinnen und Kunden in der Tauschstation. Solche Vorzüge sind es, die Anna am Unverpacktladen schätzt. Auch der Austausch mit anderen Leuten macht ihr Spaß: So erklärt sie nebenbei einem älteren Mann – der wohl zum ersten Mal hier ist und noch etwas verloren wirkt –, wie das Abwiegen und Abfüllen der Lebensmittel funktioniert. Spontane Begegnungen wie diese ermöglichen Anna, sich über zusätzliche Möglichkeiten der Müllvermeidung und des Selbermachens auszutauschen. Der ältere Mann steht später an der Kasse vor Anna und wirkt etwas überrascht über den Preis seines Einkaufs, insbesondere die Kosten der Nüsse hat er unterschätzt. Anna denkt sich, dass ihr so etwas nicht mehr passiert, da sie inzwischen sehr gut abschätzen kann, welche Mengen sie von welchem Produkt abfüllt und wie viel dies ungefähr kosten wird. Die Situation erinnert sie an ihre eigene Lernerfahrungen: Sich umzustellen und zu einer regelmäßigen und kompetenten Unverpacktkundin zu werden ist nicht trivial.

Materialität

Anna braucht ein Repertoire an Gegenständen, um einen verpackungsreduzierten Lebensstil gelingend in den Alltag zu integrieren. Sie besitzt eine Sammlung spezieller Gefäße, die eigens auf ihre Einkaufspraktik und die jeweiligen Produkte abgestimmt sind. Diese Ausstattung kann auch improvisiert werden, beispielsweise indem eine Papiertüte statt der üblichen Spaghettibox verwendet wird. Gleichzeitig gibt es Grenzen für die individuelle Verpackungsreduktion, die vor allem durch das Fehlen struktureller Alternativen definiert sind: Das Vergessen des eigenen Kaffeebechers stellt Anna vor die Wahl, entweder auf den Kaffee zu verzichten oder auf den ungeliebten Pappbecher zurückzugreifen, weil beim Bahnhofsbäcker keine Pfandbecher angeboten werden. Im Imbiss sind die Abläufe an die Verwendung von Einwegverpackungen angepasst. Anna wird beim Bestellen nicht gefragt, welche Verpackung sie wünscht oder ob sie ihren eigenen Becher bei sich hat. Im Gegensatz dazu ist das räumliche und materielle Arrangement im Unverpacktladen auf das Vermeiden von Einwegverpackung ausgelegt. Damit wird es erleichtert, entsprechende Praktiken zu entwickeln, zu stabilisieren und konsequent beizubehalten: Wenn Behälter vergessen werden, muss nicht, wie morgens beim Kaffee, auf eine Einwegverpackung zurückgegriffen oder ganz verzichtet werden. Vielmehr gibt es eine geteilte Infrastruktur, die es ermöglicht, im Laden vorhandene Mehrwegbehälter zu nutzen.

Kompetenz

Zentrale Kompetenzen, die für Annas unverpackten Einkauf nötig sind, sind Vorausplanung und Improvisation. Anna muss im Voraus schon wissen, was sie abends kaufen will und welche Gefäße sie dafür benötigt. Außerdem muss sie die Vorbereitung für ihren Einkauf (Einkaufsliste und Gefäße einpacken) in ihren üblichen Tagesablauf unter Berücksichtigung anderer Praktiken (z. B. das Frühstücken) integrieren. Anna kann sich aber auch nicht gänzlich auf ihre Vorbereitung verlassen, sondern muss auf spontane Veränderungen oder Schwierigkeiten reagieren können. Gerade weil Verpackungsvermeidung weder im persönlichen noch im gesellschaftlichen Alltag völlig normalisiert ist, benötigt Anna auch die Kompetenz, gelingende Kompromisse zu finden und schrittweise durch das konkrete Praktizieren zu lernen. Der Unverpacktladen macht es Anna möglich, wissensbasierte Routinen im verpackungsfreien Konsum zu entwickeln, die ihr in anderen Lebensbereichen noch fehlen: Sie kennt die Abläufe, sie weiß Bescheid über die bereitgestellten Gefäße und die Kalkulierung der Kosten. In der Sushisequenz zeigt sich wiederum, dass Praktiken zur Verpackungsreduktion auch mit sozialen Kompetenzen verknüpft sind. Anna muss abwägen, in welchen Konsumsettings und sozialen Situationen welche Vermeidungspraktiken möglich und angebracht sind, ohne dabei bestehende Konventionen zu sehr zu verletzen.

Bedeutung

Im Sushiimbiss zeigt sich, dass der Wunsch, Verpackung zu vermeiden, je nach Situation gegen andere Werte, insbesondere Normalitätsvorstellungen (»unkompliziert sein«, »nicht auffallen«), bestehen muss. Wenn die verschiedenen Werte nicht zu vereinbaren sind, erzeugt das bei Anna Ambivalenzen und zeitweise ein schlechtes Gewissen wegen der eigenen Inkonsequenz. Gerade im beruflichen Umfeld handeln Akteurinnen und Akteure oft nicht nur nach eigenen Wertvorstellungen, sondern müssen sich auch der sozialen Gruppe und deren Erwartungen oder zeitlichen Verpflichtungen anpassen. Im Unverpacktladen ist das anders, hier kommt Anna sich nicht »komisch« vor mit ihrem »übertriebenen« Vermeidungsanspruch. Im Gegenteil, das Umfeld honoriert gerade die konsequenteste Form von Verpackungsvermeidung am meisten und spornt Anna dazu an, ihre eigenen Praktiken noch nachhaltiger zu gestalten und neue Vermeidungsmöglichkeiten auszuprobieren. Der Unverpacktladen ist damit nicht nur ein Marktplatz für verpackungsreduzierte Waren, sondern auch für Zero-Waste-Ideen.

7.2.2
Marianne – der verpackungsfreie Einkauf
als Herausforderung persönlicher Erfahrungen

10:00 Uhr vormittags

Marianne ist auf dem Weg zu einem nahe gelegenen Supermarkt, in dem sie jeden Dienstag und Freitag ihren Einkauf erledigt. Sie wirft einen kurzen Blick auf den Einkaufszettel. Hier hat sie alle Lebensmittel notiert, die sie für ihren alltäglichen Bedarf benötigt, zum Beispiel Milch, Joghurt, Äpfel, Wurst, Käse, etwas Gemüse sowie einige Konserven. Im Supermarkt angekommen, sucht Marianne nach ebendiesen Lebensmitteln und legt sie in ihren Einkaufswagen. Vor dem Kühlregal bleibt sie stehen und blickt skeptisch auf die Fertigsalate, die kleinen Beutel mit vorgekochten Nudeln, die in Plastik eingeschweißten Obst- und Gemüseschalen sowie diverse Salatsoßenverpackungen. Da sie lieber selbst kocht, würde sie solche Produkte niemals kaufen. Mit einem Schmunzeln denkt sie an das kleine Lebensmittelgeschäft zurück, in das sie in ihrer Jugendzeit regelmäßig gegangen ist, um für die ganze Familie einzukaufen. Obwohl der Laden nur ein kleines Sortiment führte, war dort alles zu bekommen, was die Familie benötigte. Dabei trug Marianne große Verantwortung, schließlich hatte ihre Mutter sie stets zur Sparsamkeit angehalten. Dass sie sich diese Sparsamkeit bewahrt hat, macht sie noch heute stolz. Zurück im Supermarkt, wird Marianne an der Kasse vom Verkäufer eine Einkaufstüte angeboten, was sie aber dankend ablehnt und auf die zwei von zu Hause mitgebrachten Stofftaschen deutet. In diesen sowie dem ebenfalls mitgebrachten Einkaufstrolley findet schließlich der Einkauf Platz.

Abbildung 7.2
Der Trolley ist ein altbekanntes Mittel, um den Verbrauch
von Einkaufstüten zu vermeiden *(Quelle: Inna – stock.adobe.com)*.

7 Soziale Normen, Gewohnheiten und Aushandlungen

16:00 Uhr nachmittags

Letzte Woche erfuhr Marianne im Gespräch mit ihrer Nachbarin von der Neueröffnung eines kleinen Ladens in der Nähe des Stadtzentrums. Dieser Laden verkauft Lebensmittel lose und unverpackt, und ähnlich wie in Tante-Emma-Läden müssen Leute ihre eigenen Taschen, Flaschen oder Boxen von zu Hause mitbringen. Das Konzept hatte Marianne neugierig gemacht. Heute möchte sie daher ihren freien Nachmittag für einen Besuch nutzen. Um von ihrer Wohnung am Stadtrand dorthin zu gelangen, ist sie auf den Bus angewiesen. Insgesamt ist dieser Weg etwas umständlich, gerade wenn sie den Zeitaufwand mit ihrem üblichen Einkauf im Supermarkt vergleicht. Im Laden angekommen, fühlt sie sich zunächst durch die fremden Eindrücke vor Ort verunsichert. Es gibt weder klassische Regale noch Einkaufswagen, stattdessen blickt sie auf große Abfüllstationen, in denen die verschiedenen Lebensmittel lagern. Ein Mitarbeiter bemerkt Marianne, die ein wenig unentschlossen im Eingangsbereich des Ladens steht. Er begrüßt sie freundlich und möchte ihr erklären, wie hier üblicherweise eingekauft wird. So werden zum Beispiel eigene Behälter benötigt, die individuell an den jeweiligen Stationen befüllt werden können. »Keine Sorge, diese Behälter verkaufen wir auch direkt bei uns im Laden – probieren Sie es doch einfach mal aus.« Angetan von der zuvorkommenden Einweisung des Verkäufers, entscheidet sich Marianne, Kaffeebohnen für zu Hause mitzunehmen. Dazu platziert sie eines der Gefäße aus dem Laden unter einer großen Abfüllstation und öffnet den Hahn. Obwohl es ihr nicht ganz leichtfällt, die Menge an Kaffee abzuschätzen, die sie üblicherweise verpackt kauft, ist sie mit dem Ergebnis zufrieden. Ermutigt von den positiven Eindrücken, fasst Marianne den Entschluss, in Zukunft häufiger in diesem Laden einzukaufen. Vielleicht ließe sich der Einkauf dann auf einen Donnerstag legen, sodass sie ihn mit ihrem wöchentlichen Chortreffen verbinden kann.

Materialität

Eine gewohnte Abfallvermeidungsstrategie von Marianne ist das Mitbringen eigener Taschen und eines Einkaufstrolleys. Dies ermöglicht es ihr, die Einkäufe problemlos nach Hause zu transportieren, ohne dabei zusätzliche Plastiktüten verwenden zu müssen. Dabei spielen aber nicht nur die Tragebehältnisse selbst, sondern auch die städtische Infrastruktur und die Distanzen eine entscheidende Rolle. Für Marianne ist der Einkauf zu Fuß nur deshalb zu bewältigen, weil sich der Supermarkt in unmittelbarer Nähe ihrer eigenen Wohnung befindet. Demgegenüber ist eine zentrale Herausforderung, mit der sich Marianne bei ihrem Besuch im Unverpacktladen konfrontiert sieht, die Distanz zu ihrer Wohnung, die sie nur mithilfe öffentlicher Verkehrsmittel überwinden kann. Der Einkauf nimmt somit insgesamt mehr Zeit in Anspruch und lässt sich nicht mehr wie üblich kurz am Morgen erledigen. Den eigenen Alltag zu verändern, in dem der morgendliche Einkauf im Supermarkt um die Ecke einen festen Orientierungspunkt bietet, ist dabei nicht einfach. Änderungen im Tagesablauf müssen sich stets mit dem bestehenden Alltag vereinbaren lassen – in Mariannes Beispiel kann dies die Verknüpfung des Einkaufs im Unverpacktladen mit der Chorprobe sein.

Kompetenz

Marianne erledigt ihre Lebensmitteleinkäufe normalerweise nicht spontan. Ähnlich zu Annas Einkaufsroutine am Morgen vor der Arbeit plant auch Marianne den Supermarktbesuch im Voraus und legt mithilfe einer Liste fest, welche Lebensmittel sie einkaufen möchte. Dies verhindert, dass sie Lebensmittel samt Verpackung einkauft, die sie nicht verzehren kann und die weggeworfen werden müssten. Während Anna die Einkaufsplanung aber noch lernen muss, ist es für Marianne selbstverständliche Routine – sie hat es schon im Jugendalter so gemacht. Verschiedene Kompetenzen sind dazu gefordert: Marianne muss kalkulieren können, welche und wie viele Lebensmittel sie über die kommende Woche hinweg verbrauchen wird. Das setzt voraus, dass Marianne einen guten Überblick darüber hat, welche Lebensmittel noch vorrätig sind und welche sie tatsächlich braucht, dass sie sich an ihren Plan hält und während des Einkaufs nicht davon abweicht. Anderen Dingen begegnet Marianne im Unverpacktladen zum ersten Mal. So muss sie sich zum Beispiel mit den Abfüllstationen vertraut machen und das Abschätzen der zu kaufenden Menge neu einüben. Zugleich zeigt sich aber auch, dass eine freundliche

Einweisung durch das Verkaufspersonal unterstützend wirkt und somit das Erlernen notwendiger Kompetenzen erleichtern kann.

Bedeutung

Marianne beabsichtigt weder durch ihren Einkauf, den Verbrauch von Verpackungsmaterialien strategisch zu reduzieren, noch ist damit ein politisches Statement verbunden. Stattdessen kauft sie solche Lebensmittel ein, die sie für ihren alltäglichen Bedarf erfahrungsgemäß benötigt und dann auch tatsächlich aufbraucht. Statt ökologischer Beweggründe sind es Mariannes gewohnte Sparsamkeit und die Tatsache, dass sie für sich selbst frisch kocht, die das Vermeiden von Verpackungen begünstigen. Diese Haltung ist stark von Mariannes früheren Erlebnissen geprägt. Noch heute bevorzugt sie solche Lebensmittel, die ihr vertraut sind, wohingegen sie andere für entbehrlich hält. Darunter fallen teils stark verpackte Lebensmittel, zum Beispiel Convenience-Produkte, und solche, die für den sofortigen Verzehr gedacht sind. Die Reduktion bzw. der Verzicht auf Verpackungen ist eine unbeabsichtigte Folge ihrer Gewohnheiten, denn sie hat es so gelernt. Beim Besuch des Unverpacktladens fühlt sich Marianne zunächst unsicher, weil sie weder die Abläufe noch die Personen vor Ort kennt. Der persönliche Kontakt und die Unterhaltung mit dem Mitarbeiter geben ihr aber das Gefühl, hier willkommen zu sein.

7.2.3
Karim und Claudia – der verpackungsfreie Einkauf als Herausforderung familiärer Aushandlungen

7:30 Uhr morgens

Karim bereitet Pausenbrote für seine beiden Kinder Leon und Paula vor. Das Vollkornbrot hat seine Frau Claudia gestern beim Bäcker gekauft – im Stoffbeutel, ohne Papiertüte. Karim freut sich darüber, weil Claudia seiner Idee, Verpackungsabfälle zu reduzieren, zunächst skeptisch gegenüberstand. Nachdem auch er nach der Elternzeit wieder angefangen hat zu arbeiten, hat die Familie noch weniger Zeit als zuvor, und Claudia wollte den Alltag nicht noch unnötig kompliziert gestalten. Zudem war es ihr am Anfang unangenehm, beim Bäcker oder an der Frischetheke zu fragen, ob sie

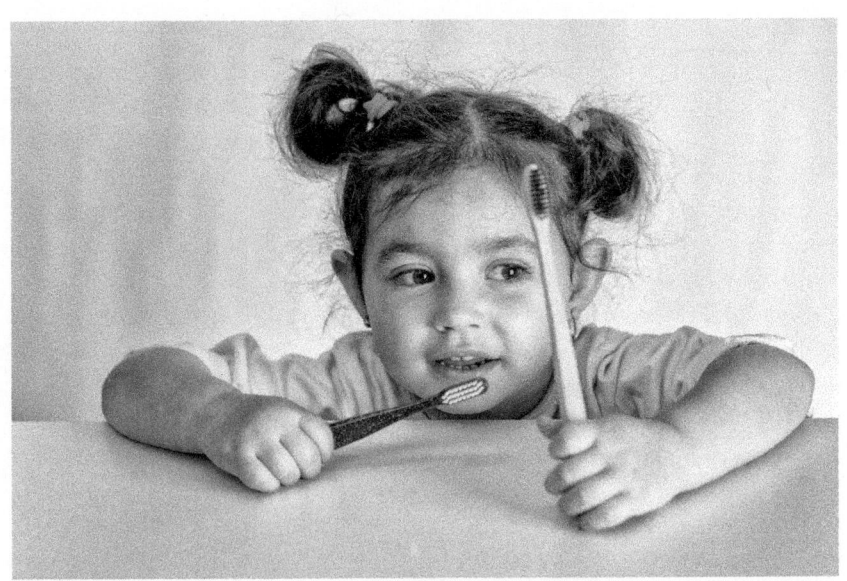

Abbildung 7.3
Für Familien ist bei der Vermeidung von Verpackungsmüll das Einbinden
der Kinder und ihrer Bedürfnisse wichtig
(Quelle: Animaflora PicsStock– stock.adobe.com).

ihre eigenen Behälter benutzen dürfe. Aber seitdem die Familie bei ihrem
letzten Frankreichurlaub den vielen Plastikmüll an den Stränden gesehen
hatte, wollte Karim anfangen, etwas zu verändern. Er hat mit Claudia
vereinbart, dass er die Einkäufe im neu eröffneten Unverpacktladen in
der Stadt übernimmt und sie dafür versucht, bei den übrigen Einkäufen
so weit wie möglich auf unnötige Verpackungen zu verzichten. Inzwischen klappt das oft ganz gut, aber eben nicht immer. Gerade hört Karim
Claudia im Bad mit Paula diskutieren: Paula sind die Zahnputztabletten
suspekt, die Karim bei seinem letzten Einkauf im Unverpacktladen mitgenommen hat. Sie möchte lieber ihre gewohnte bunte Zahnpasta mit
Fruchtgeschmack benutzen, und Claudia fallen wenige Argumente ein,
um das Kind von den Tabletten zu überzeugen. Außerdem sind sie schon
wieder spät dran, und Leon weigert sich gerade, seine Schuhe anzuziehen.

7 Soziale Normen, Gewohnheiten und Aushandlungen

14:00 Uhr mittags

Karim hat Paula von der Schule abgeholt und ist mit ihr zum Unverpacktladen gefahren. Der Umweg dorthin muss gut geplant sein. Zunächst hat Karim den Laden immer dann aufgesucht, wenn es sich gerade ergeben hat – was aber letztlich doch nur selten der Fall war. Seit er einen festen »Unverpackttag« einplant, fällt es ihm leichter, regelmäßig dort einzukaufen. Am besten passt es nach Paulas Sportunterricht am Dienstag, auch wenn das Einkaufen mit Kind manchmal anstrengend ist. Paula selbst hat die Idee jedoch von Anfang an gefallen: Das Abfüllen macht ihr Spaß, und sie darf sich immer einige Süßigkeiten aussuchen. Karim findet gut, dass seine Kinder hier eine alternative Art des Einkaufens kennenlernen und dass man jedes Mal etwas Neues entdecken kann. Heute schaut er sich mit Paula Shampoobits an – festes Haarshampoo in Seifenform. Das Shampoo riecht gut und sieht hübsch aus. Das möchte Paula viel lieber ausprobieren als die Zahnputztabletten! Karim wirft einen Blick in seinen Einkaufskorb: einige große Gläser für Nudeln, Mehl und Müsli, kleinere Gläser für Linsen, Nüsse oder Paulas Bruchschokolade, ganz kleine Gläser für Gewürze, außerdem – beim letzten Mal neu ausprobiert – eine Flasche für Spülmittel, die Karim extra gekauft hat. Jetzt die Behälter befüllen, bezahlen und in einem Korb zum Auto tragen. Karim hat schon oft überlegt, mit dem Fahrrad zu kommen, aber der Einkauf ist durch die Gläser ziemlich schwer. Vielleicht braucht er eine bessere Fahrradtasche? In diesem Moment beobachtet er, wie eine Kundin kleine Stoffsäckchen aus ihrer Tasche zieht und beginnt, Nudeln darin abzufüllen – eigentlich eine super Idee, dadurch müssen keine Gläser geschleppt werden!

18:00 Uhr abends

Die Familie sitzt am Abendbrottisch. Karim ist mit Paula nach Hause gefahren und hat die abgefüllten Gläser in den Küchenschrank geräumt. Er findet es praktisch, dass er die Einkäufe direkt einräumen kann und nichts mehr aus Plastikfolie auspacken muss. Claudia kam etwas später – sie war nach der Arbeit noch schnell im Supermarkt gegenüber und hat einige frische Produkte eingekauft: Obst, Gemüse und Käse, der für sie an der Frischetheke in eine Plastikdose gepackt wurde. Inzwischen kennt die Verkäuferin sie schon, und es ist Claudia nicht mehr unangenehm, danach zu fragen. Andere Produkte gibt es aber kaum ohne Verpackung: Mozzarella und Crème fraîche zum Beispiel. Auf wieder andere Produkte will niemand in der Familie ganz verzichten: die leckeren Chips, die alle mögen, und die Fertigpizza, die es manchmal freitags gibt. Trotzdem hat auch Claudia der Ehrgeiz gepackt: Beim Essen erzählt sie, dass ihr der schwarze Tee aus dem Unverpacktladen nicht gut schmeckt. Statt einfach wieder die alte, verpackte Sorte zu kaufen, würde sie aber gerne demnächst in einen Teeladen gehen, wo Tee traditionell offen verkauft wird.

Materialität

Ungewohnte Produkte müssen sich ihre Akzeptanz in der Familie erkämpfen: Praktiken der Verpackungsvermeidung ändern manchmal nicht nur die Hülle, sondern auch das Produkt selbst und seine Nutzungsart. Die Zahnputztabletten verändern in erster Linie nicht die Einkaufspraktik, sondern das Zähneputzen, sie schmecken anders und werden anders verwendet und dosiert als Zahnpasta. Bei Paula entsteht darum eine Irritation, die durch das veränderte Material ausgelöst wird. Die Zahnputztabletten müssen sich also als neues materielles Element der Alltagspraxis bewähren. Dieses alltagspraktische Bewähren gestaltet sich je nach Produkt unterschiedlich: Während die Zahnputztabletten Paula irritieren, lösen die Shampoobits Neugierde und Interesse aus. Wenn nicht auf gewohnte Produkte und Routinen verzichtet werden kann und keine unverpackten bzw. Mehrweglösungen zur Verfügung stehen, bleiben nur Kompromisse, wie beispielsweise beim Konsum von Mozzarella, Fertigpizza oder Chips, die es kaum ohne (Plastik-)Verpackung gibt oder die aus Qualitätsgründen an eine bestimmte Art der Verpackung gebunden sind.

Kompetenz

Die Aushandlung und Etablierung neuer Routinen erfordern im Familienalltag bestimmte soziale Kompetenzen. Karim und Claudia müssen ihren Kindern beispielsweise vermitteln können, weshalb es bestimmte, bisher gewohnte Produkte nicht mehr gibt. Soll wirklich zukünftig auf Zahnpasta verzichtet werden, muss eine gerade erst erlernte Fähigkeit –

das Zähneputzen mit Zahnpasta – wieder »umgelernt« werden. Gelingt dies nicht, kann auch die Kompetenz gefordert sein zu erkennen, welche »Kämpfe« und Verhandlungen sich lohnen und welche nicht: Auf manche Umstellungen lassen sich die Kinder offenbar eher ein, wie beispielsweise auf die bisher ungewohnte Einkaufsumgebung im Unverpacktladen. Aber auch hier muss gemeinsam gelernt, probiert und ausgehandelt werden, wie der Einkauf in den familiären Alltag integriert werden kann.

Bedeutung

Im Vergleich zu Anna und Marianne, die alleine leben, müssen Familien im Alltag verschiedene Interessen vereinen und auf verschiedene Wünsche und Vorlieben Rücksicht nehmen. Als Gemeinschaft trifft man Entscheidungen nicht nur für sich, sondern für alle. Der Wert der Verpackungsvermeidung muss sich gegenüber anderen Werten – beispielsweise Zeitersparnis und Bequemlichkeit, aber auch Geschmack, Preis oder Verfügbarkeit – einen Raum erkämpfen: Dass ein Produkt lose angeboten wird, ist nur ein Kaufgrund unter vielen. Die Etablierung der Unverpacktpraxis ist also auch davon abhängig, wie viele Synergien oder Konflikte mit anderen Werten entstehen und welche Kompromisse dabei möglich sind. Aus Überzeugung alleine wird kaum ein Produkt gekauft. Das Beispiel des Tees zeigt aber auch, dass oftmals Wege gefunden werden können, um unterschiedliche Werte zu vereinen. Wenn die neuen Routinen und unverpackten Produkte überzeugen, leicht in den Alltag zu integrieren sind und womöglich sogar Spaß machen, müssen die Praktiken auch nicht ständig neu verhandelt und erprobt werden. So ist der Einkauf im Unverpacktladen für Karim und Paula mit vielen positiven Gefühlen besetzt und ähnelt einer Entdeckungstour. Durch die Festlegung eines fixen Tages und eines festen Einkaufsteams stellt der Einkauf ein gemeinsames Erlebnis dar.

7.3
Zusammenfassung:
Die Vielfältigkeit verpackungsfreier Einkaufspraktiken als Chance begreifen

Die dargestellten Alltagsepisoden betonen jeweils unterschiedliche Aspekte, die für die Etablierung verpackungsfreier Einkaufspraktiken entscheidend sind. Annas Geschichte zeigt, wie sich das unverpackte Einkaufen nicht nur gegenüber soziokulturellen Normen, sondern auch unter bestimmten materiell-ökonomischen Rahmenbedingungen bewähren muss. Diese sind zudem an Praktiken aus anderen Lebensbereichen, wie zum Beispiel Annas Arbeitswoche, geknüpft. Dadurch, dass je nach Kontext spezifische Alltagspraktiken »üblich« sind, sind Veränderungen teilweise schwer umzusetzen. So stößt Anna während ihrer Mittagspause an die Fast-Food-Rationalität der To-go-Kultur. Diese hat sich unter anderem aus einem Betriebsklima entwickelt, das dem Mittagessen einen geringen Stellenwert und wenig Zeit einräumt. Stellschrauben zur Veränderung bisheriger Alltagspraktiken ergeben sich auf materieller sowie kultureller Ebene: So könnte durch die Ausweitung vorhandener Verpflegungsangebote ein Rahmen geschaffen werden, in dem sich verpackungsfreier Konsum ohne to go einfacher realisieren lässt.

In Mariannes Geschichte stehen insbesondere ihre Sozialisationserfahrungen im Mittelpunkt. Viele Aspekte ihres Einkaufsverhaltens lassen sich auf persönliche Erfahrungen zurückführen, wie zum Beispiel das gewohnheitsmäßige Mitnehmen von Taschen und Trolley, das persönliche Gespräch zwischendurch, die Sparsamkeit sowie das Wissen um eine bedarfsgerechte Planung und Kalkulation. Darin liegt eine Chance: Im Fall von Marianne wird deutlich, dass auch ohne explizit ökologische Motivation der unverpackte Einkauf attraktiv ist, wenn eigene Gewohnheiten, Kenntnisse und Werte im Kontext des Unverpacktladens angesprochen werden. Sind Umstellungen von Routinen notwendig, können persönliche Kontakte und Kommunikation Neugierde wecken und unterstützend wirken.

Die Episode von Karim und Claudia legt den Fokus schließlich auf den verpackungsfreien Einkauf im familiären Kontext, wo er sich in sozialen Aushandlungsprozessen einen Platz im Alltag erkämpfen muss. Unter Rücksichtnahme auf die Vorlieben, Bedürfnisse und Kompetenzen aller Familienmitglieder sind für eine Verstetigung sowohl Überzeugungsarbeit als auch Kompromissbereitschaft notwendig. Gleichzeitig muss der Einkauf aber auch in den Familienalltag integriert und mit anderen Alltagspraktiken in Einklang gebracht werden. Dies kann gelingen, wenn Umstellungen nicht als Last empfunden werden und möglichst alle Familienmitglieder aufeinander Rücksicht nehmen und an einem Strang ziehen.

Gemeinsam verdeutlichen die drei Geschichten die Unterschiede der Alltagswelten, in die Einkaufspraktiken eingebunden sind. Ob nun berufstätige junge Frau, vierköpfige Familie oder allein lebende Rentnerin, wie einkauft wird, ist stark von der jeweiligen Lebenssituation abhängig. Für eine langfristige Etablierung und Verbreitung des verpackungsfreien Einkaufs ist es daher wichtig, vielfältig anschlussfähig zu sein – an unterschiedliche Erfahrungswelten, Verhaltensnormen, Alltagsstrukturen, finanzielle Möglichkeiten, Wohnumgebungen und Familienverhältnisse.

LITERATURVERZEICHNIS

Hörning, K. (2004): Kultur als Praxis, in: Jaeger, F.; Liebsch, B.; Rüsen, J.; Straub, J. (Hrsg.): Handbuch der Kulturwissenschaften. Grundlagen und Schlüsselbegriffe, Stuttgart, S. 139–181.

Sattlegger, L.; Stieß, I.; Raschewski, L.; Reindl, K. (2020): Plastic Packaging, Food Supply, and Everyday Life. Adopting a Social Practice Perspective in Social-Ecological Research, in: Nature and Culture 15 (2), S. 146–172.

Shove, E.; Pantzar, M.; Watson, M. (2012): The dynamics of social practice: Everyday life and how it changes, Los Angeles.

Die Beziehung zum Behälter
Soziale Aspekte der Mehrwegnutzung

————

ELISABETH SÜSSBAUER | KLARA WENZEL | ANNE MÜLLER

Zusammenfassung

Das Wiederverwenden von Behältern für Lebensmittel und Getränke kann einen wichtigen Beitrag zur Abfallvermeidung und Ressourcenschonung leisten. Das Verhalten von Konsumentinnen und Konsumenten ist hierbei jedoch entscheidend, denn der tatsächliche ökologische Vorteil hängt davon ab, wie oft und wie lange die Behälter genutzt werden. Dieses Buchkapitel gibt einen Überblick über den Forschungsstand zum Wiederverwendungsverhalten von Verbraucherinnen und Verbrauchern und diskutiert diesen aus soziologischer und psychologischer Perspektive. Zentrale Erkenntnis ist, dass die Mensch-Objekt-Beziehung bei Wiederverwendungslösungen fundamental anders ist als bei der Nutzung von Einwegverpackungen. Bei Pfandsystemen wird beispielsweise eine Reziprozitätsbeziehung, ähnlich wie beim Austausch von Geschenken, hergestellt, die gegenseitige Verpflichtungen und Intimität erzeugen. Diese Beziehungsebene sollte sowohl bei der Errichtung von Angebotsstrukturen und Bildungskonzepten für Mehrwegnutzung als auch bei der (Weiter-)Entwicklung von Produkt-Service-Systemen in diesem Bereich berücksichtigt werden. Der Beitrag bietet damit interessante Erkenntnisse sowohl für Forschende zu Verpackungsvermeidung als auch für Start-ups und Unternehmen, die unverpackte Lebensmittel anbieten oder Mehrwegsysteme einführen möchten.

8.1
Einführung und Forschungsfragen

Im Abfallmanagement wird mit »Wiederverwendung« *(prepare for reuse)* jedes Verfahren bezeichnet, bei dem Erzeugnisse oder Bestandteile, die keine Abfälle sind, wieder für denselben Zweck verwendet werden, für den sie ursprünglich bestimmt waren (EG 2008). Die Zero-Waste-Bewegung hat diese Begrifflichkeit aufgegriffen: Wiederverwenden *(reuse)* stellt nach dem Ablehnen *(refuse)* und dem Reduzieren *(reduce)* von Verpackungen eine zentrale Precycling-Strategie dar (Johnson 2016). Jedoch geht Wiederverwenden hier über die klassischen Mehrwegsysteme, zum Beispiel für Getränke, hinaus und meint jegliche Form der Lebensdauerverlängerung, auch zweckentfremdete Wiedernutzung von Einwegverpackungen. Darauf aufbauend, können im Lebensmittelbereich drei grundlegende Formen des Wiederverwendens unterschieden werden, die unterschiedlich stark institutionalisiert sind (siehe Tabelle 8.1).

Tabelle 8.1
Formen der Wiederverwendung im Lebensmittelbereich
(Quelle: eigene Darstellung).

	1. Mehrwegpfand-systeme für Glas- und PET-Flaschen	2. Behälter für Transport von Lebensmitteln und Getränken	3. Umnutzung von Einweg-verpackungen
Grad der Institutionali-sierung	hoch (Mehrwegzeichen des »Arbeitskreises Mehrweg GbR«)	mittel (privat oder Start-ups)	gering (privat)
Primärer Verzehrort	zu Hause	zu Hause und unterwegs	zu Hause
Verwendungs-zweck	gleiches Produkt	gleiche Produktkategorie	anderer Zweck
Produkt-beispiele	Getränke, Joghurt	Trockenprodukte, Coffee to go	Marmelade, Senf, Eis

Die erste Form ist die Nutzung wiederverwendbarer Flaschen und Gefäße mit Mehrwegpfand, das nach Verzehr des Inhalts bei der Rückgabe der Verpackungen zurückgezahlt wird (z. B. Glasbehälter für Getränke oder Joghurt, aber auch PET-Flaschen). Die Flaschen und Gefäße werden dem Markt rückgeführt und zum selben Zweck wiederbefüllt (Europäische Gemeinschaft 1994). Glaspfandflaschen des Mehrwegsystems können bis zu 50-mal, solche aus PET 25-mal befüllt werden. Mehrwegsysteme sind oftmals umweltfreundlicher als Einwegsysteme, wenn die Flaschen vielfach gespült und wiederverwendet werden und die Transportwege gering sind (DUH 2011; UBA 2002).

Die zweite Form der Wiederverwendung ist die Nutzung von (Pfand-) Behältern für den Transport der im Laden gekauften Lebensmittel nach Hause oder für den Verzehr von Lebensmitteln und Getränken unterwegs. Diese Form ist weniger institutionalisiert und zentralisiert als Mehrwegpfandflaschen. Hier gibt es zwei Varianten: Entweder werden private Mehrweggefäße verwendet; diese Form wird auch »BYO – Bring Your Own« bezeichnet, was so viel heißt wie »bring deinen eigenen Behälter oder Becher mit«. Für Heißgetränke gibt es eine wachsende Anzahl von Bäckereien und anderen Gastronomien, die bereit sind, Mehrwegbecher der Kundinnen und Kunden zu befüllen (Kauertz et al. 2019). Zivilgesellschaftliche Initiativen setzen sich zudem für die Nutzung privater Trinkflaschen und den Konsum von Leitungswasser ein. So hat die Initiative »Refill Deutschland« Aufkleber für gewerbliche oder öffentliche Orte eingeführt, an denen man die eigene Flasche mit Leitungswasser auffüllen kann. Eine zweite Variante ist das sogenannte Pooling, das heißt, Cafés oder Bäckereien kooperieren mit Anbietern für externe Pfandsysteme für Becher (z. B. ReCup, FairCup, FreiburgCup). Diese können nach dem Verzehr bei allen teilnehmenden Gastronomien zurückgegeben werden. Auch für den Essensbereich haben sich Start-ups gegründet, die Rücknahmesysteme für Lunchboxen anbieten, zum Beispiel Tiffin Loop oder Holy Bowly. Diese Initiativen und Start-ups finden sich zum Teil deutschlandweit (wie z. B. ReCup), manche sind auf bestimmte Regionen oder Orte beschränkt (z. B. FreiburgCup oder »Mehrweg fürs Meer« auf der

Insel Fehmarn). Zum Teil werden diese Initiativen auch durch Kommunen und der örtlichen Abfallwirtschaft und Stadtreinigung unterstützt, zum Beispiel durch eigene Bechereditionen oder öffentliche Kampagnen (z. B. Initiative #andersbechern).

Eine dritte Form der Wiederverwendung im Lebensmittelbereich ist die Weiter- und Umnutzung von Einwegverpackungen, zum Beispiel Marmeladengläser, Eisverpackungen aus Plastik oder Eierkartons aus Pappe. In Ländern des globalen Südens wird diese Form eher von Bevölkerungsgruppen mit geringem Einkommen praktiziert (Corral-Verdugo 2003; Pandey et al. 2018), in Industrieländern eher von ökologisch orientierten Bevölkerungsgruppen, die sich im Zuge der Zero-Waste-Bewegung mit der Reduktion von Verpackungen, insbesondere aus Plastik, auseinandersetzen und neue Praktiken entwickeln bzw. alte »verloren gegangene« Praktiken wiederbelebt haben (Shipton 2007).

Dieser Beitrag konzentriert sich hauptsächlich auf die zweite Form der Wiederverwendung: die Nutzung von (Pfand-)Behältern für den Transport von Lebensmitteln und für den Unterwegsverzehr. Diese Form hat durch das Entstehen neuer Geschäftsmodelle wie Unverpacktläden (Goldkorn et al. 2017) sowie den Anstieg des Außer-Haus-Verzehrs (NABU 2018) an Relevanz gewonnen. Auch ist das Interesse bei größeren Lebensmittelketten an dem Thema gestiegen, siehe zum Beispiel die »Leitlinien für umweltfreundlichere Verpackungen« (REWE Group 2019), und es haben sich internationale Allianzen zu Plastikvermeidung gebildet, zum Beispiel die »New Plastics Economy«. Angesichts dieser wirtschaftlichen und gesellschaftlichen Entwicklungen ist davon auszugehen, dass in Zukunft weitere Reuse-Geschäftsmodelle im Lebensmittelbereich entstehen werden (Ellen MacArthur Foundation 2019).

Im Gegensatz zur dritten Form, der Nachnutzung, hat die Nutzung von (Pfand-)Behältern ein größeres Ressourceneinsparpotenzial, da Einwegverpackungen gar nicht erst produziert werden müssen (Greyson 2007). Das tatsächliche Einsparpotenzial hängt jedoch stark von der Nutzungsdauer und -häufigkeit der Behälter ab, da Mehrwegverpackungen in der

Regel in der Herstellung ressourcenintensiver sind als Einwegverpackungen (Jarupan et al. 2003). So zeigt eine aktuelle Ökobilanz des Umweltbundesamtes, dass Mehrwegpfandbecher ohne Einwegdeckel bei einer Umlaufhäufigkeit zwischen 20 und 25 vorteilhaft gegenüber Einwegbechern sind (Kauertz et al. 2019). Diese Bilanzen gelten jedoch nur unter bestimmten Annahmen, zum Beispiel zur Reinigungslogistik, und beziehen kein »tatsächliches« oder beobachtetes Nutzungsverhalten ein. Dieses kann im »realen Alltagsleben«, in dem viele Anforderungen erfüllt werden müssen, von den zugrunde liegenden Annahmen abweichen. So ergab beispielsweise eine Tagebuchstudie mit knapp 50 Unverpacktkundinnen und -kunden (vgl. Kapitel 6), dass für etwa die Hälfte (47 Prozent) das Besorgen und Mitnehmen von passenden und ausreichenden Behältern eine Herausforderung im Alltag darstellt (Kröger et al. 2018). Zu einem ähnlichen Ergebnis kamen Studien zur Nutzung von Plastiktüten: Ein Großteil der Befragten vergaß, den eigenen Beutel zum Einkaufen mit-

Abbildung 8.1
Private Formen der Mehrwegnutzung
(Quelle: Kittihawk).

8 Die Beziehung zum Behälter

zunehmen (Bartolotta und Hardy 2018; Musa et al. 2013; Zen et al. 2013). Wenn Mehrwegbecher zwar gekauft, dann aber wenig verwendet werden, sinkt deren ökologischer Vorteil gegenüber Einwegprodukten. Das Verhalten von Konsumentinnen und Konsumenten zu beleuchten ist daher wichtig, um Barrieren hinsichtlich der Wiederverwendung zu verstehen.

Während technische und designbezogene Fragen der Wiederverwendung bereits erforscht wurden, zum Beispiel Umwelteffekte von Essensbehältern (Gallego-Schmid et al. 2019; Accorsi et al. 2014) oder Eigenschaften wiederbefüll- und wiederverwendbarer Verpackungssysteme (Babader et al. 2016; Langley et al. 2009; Lofthouse et al. 2009), werden soziale Aspekte der Wiederverwendung, also das »System« um den Behälter herum, bislang vernachlässigt (Gutowski 2018). Dieser Beitrag befasst sich daher mit der Frage, welche Bedingungen im Alltag die Wiederbenutzung von Lebensmittelverpackungen fördern und welche sie behindern. Welche Besonderheiten bestehen aus Sicht von Konsumentinnen und Konsumenten speziell im Lebensmittelbereich? Für die Beantwortung dieser Fragen werden existierende sozialwissenschaftliche Studien zu dem Thema ausgewertet und zusammengefasst. Anschließend werden Forschungslücken identifiziert und Empfehlungen für die Praxis abgeleitet.

8.2
Wiederverwendung von Verpackungen – Stand der sozialwissenschaftlichen Forschung

Insgesamt gibt es kaum sozialwissenschaftliche Forschung zu Wiederverwenden *(reuse)* als Strategie der Abfallvermeidung. Die meisten konzentrieren sich entweder auf das Abfallreduzieren *(reduce)* insgesamt oder auf Abfalltrennen *(recycle)*. Wiederverwenden von Abfall wurde hauptsächlich hinsichtlich der politischen, gesellschaftlichen oder ökonomischen Rahmenbedingungen betrachtet (z. B. Suthar et al. 2016), weniger auf Ebene von Konsumentinnen und Konsumenten. Im Folgenden werden die vorhandenen psychologischen und soziologischen Studien zu Wiederverwendung vorgestellt.

8.2.1
Psychologische Studien zu Abfallvermeidung
in Haushalten allgemein

Ein erster Forschungsstrang konzipiert Wiederverwenden *(reusing behaviours)* als Möglichkeit der Abfallvermeidung *(waste prevention behaviours)* in Haushalten (Barr 2007; Barr et al. 2001; Bortoleto et al. 2012; Corral-Verdugo 2003; Kaplan Mintz et al. 2019; Kurisu und Bortoleto 2011; Pandey et al. 2018; Tonglet et al. 2004; Tucker und Douglas 2007). Gegenstand dieser Studien ist der gesamte Haushaltsmüll. Unter Abfallvermeidung werden in ihnen entsprechend viele Aktivitäten gezählt, zum Beispiel das Verschenken von Spielzeug, die Verwendung langlebiger Glühbirnen, das Wiederverwenden von Lebensmittelresten, das Teilen von Geräten, der Kauf gebrauchter Kleidung, aber auch die Wiederverwendung von Gläsern und Flaschen oder die Verwendung eigener Taschen zum Einkaufen (Tucker und Douglas 2007: S. 8). Auch der weitestgehende Verzicht auf Lebensmittelverpackungen (z. B. loses Gemüse oder große Einheiten kaufen) ist ein zentraler Beitrag zur Abfallvermeidung und wird als »precycling« bezeichnet (z. B. Linn et al. 1994; Klug, 2018).

Die beschriebenen Studien beruhen auf Befragungen mit 158 bis 8.000 Teilnehmenden in unterschiedlichen Ländern (Großbritannien, Indien, Deutschland, Mexiko, Japan). Die Befragungen wurden zum Teil mit weiteren Erhebungsmethoden, wie Beobachtungen, kombiniert und überwiegend nach der Theorie des geplanten Verhaltens ausgewertet, das heißt, es wurde davon ausgegangen, dass die Intention das Verhalten von Konsumentinnen und Konsumenten bestimmt (Ajzen 1991). Diese Annahme wird jedoch in der sozialwissenschaftlichen Nachhaltigkeitsforschung kritisch beurteilt, da die Verhaltensintention und das tatsächliche Verhalten durchaus voneinander abweichen können (auch »Intentions-Verhaltens-Lücke« genannt, siehe Sheeran und Webb 2016).

Im Folgenden werden die Ergebnisse dieser Studien umrissen. Die Untersuchung von Tucker und Douglas (2007) in schottischen Haushalten zeigte, dass die Mehrheit der Befragten bereits einige der genannten Aktivitäten praktiziert, allerdings nicht unbedingt aus der Motivation heraus, Abfall zu vermeiden. Der Verzicht auf überflüssige Verpackungen war dabei das am seltensten berichtete Abfallvermeidungsverhalten; stattdessen bevorzugten die Befragten, Objekte wiederzuverwenden, zu reparieren oder zu verschenken. Das weist darauf hin, dass Abfallvermeidung ganz unterschiedliche Lebensbereiche und Bedürfnisfelder betrifft und kein in sich konsistentes Verhalten ist. Vielmehr sind die Aktivitäten in unterschiedliche soziale Praktiken (z. B. Nachbarschaftspflege, Kinderbetreuung) eingebettet, die mit unterschiedlichen Motiven und Bedingungen im Alltag zusammenhängen.

Barr et al. (2001) und Barr (2007) haben Wiederverwenden *(reusing behaviours)* mit Abfallvermeiden *(waste prevention behaviours)* und Mülltrennen *(recycling behaviours)* in englischen Haushalten verglichen, um Unterschiede im Verhalten zu analysieren. Laut den Autoren beeinflussen unterschiedliche psychologische Aspekte das Wiederverwendungsverhalten positiv: erstens die Wahrnehmung, dass Wiederverwendung leicht und bequem ist (z. B. bezogen auf die Aufbewahrung des Abfalls); zweitens der Glaube an den Erfolg und die positiven Auswirkungen des eigenen Verhaltens und drittens Mitgliedschaften in Gemeinschaften, zum Beispiel einer Gartengruppe oder einer politischen Gruppe. Bei Bortoleto et al. (2012) kam anhand einer Befragung in Brasilien heraus, dass die Wahrnehmung der eigenen Möglichkeiten, Müll im Alltag zu reduzieren, einen Einfluss auf Abfallvermeidung hat. Sie schlussfolgern, dass klare Handlungsanweisungen für umweltfreundliches Verhalten wichtig seien.

Kurisu und Bortoleto (2011) haben Abfallvermeidungsaktivitäten von Haushalten in drei japanischen Megastadtregionen miteinander verglichen. Sie kommen zu einem ähnlichen Schluss wie Barr et al. (2001): Die Motive, weshalb Abfallvermeidung praktiziert wird, sind sehr divers. Laut Tonglet et al. (2004) hingegen wird Abfallvermeidung am häufigsten von Älteren (über 65-Jährigen), Rentnerinnen und Rentnern sowie kinderlosen Haushalten praktiziert. Die Autorinnen und Autoren führen diese Ergebnisse darauf zurück, dass diese Gruppen mehr Zeit hätten, um Dinge zu reparieren oder zum Verschenken bzw. Verleihen auszusortieren.

Corral-Verdugo (2003) verglich mexikanische Haushalte in ihrem Wiederverwendungs- und Mülltrennverhalten. Sein Ergebnis ist ähnlich wie

Barr et al. (2001): Praktiken des Wiederverwendens korrelieren wenig mit Praktiken der Mülltrennung. Seine Erklärung ist, dass Wiederverwenden im Unterschied zu Mülltrennung eine »langfristige Praktik des Erhaltens und Schonens« (*long-term conservation practice*, Corral-Verdugo 2003: S. 277) bildet, die sowohl Platz im Haushalt (z. B. Schränke, Abstellkammer, Keller) als auch im Garten erfordert, um Objekte zu lagern und aufzubewahren.

Zusammenfassend lässt sich festhalten, dass sich Wiederverwenden in den genannten Studien auf sehr unterschiedliche Konsumbereiche wie Textilien oder Elektrogeräte bezieht und nicht einheitlich operationalisiert wird. Nur sehr wenige Studien befassen sich mit Wiederverwenden von Verpackungen; vorhandene Studien zu Verpackung konzentrieren sich eher auf Vermeidung als auf Wiederverwendung, sogenanntes Precycling (Linn et al. 1994; Klug 2008). Deshalb sind die Ergebnisse der einzelnen Studien nur bedingt miteinander vergleichbar und lassen sich nicht ohne Weiteres auf die Wiederverwendung von Lebensmittelverpackungen und -behältern übertragen. Folgendes lässt sich jedoch festhalten: Wiederverwendung ist unwahrscheinlicher, wenn Menschen dies als unbequem und zeitaufwendig empfinden (»kognitive Faktoren«), Platz im Haushalt wirkt sich eher förderlich aus (»situative Faktoren«).

8.2.2
Verhaltensstudien zu Mehrwegnutzung im Außer-Haus-Verzehr

Ein zweiter Forschungsstrang sind Verhaltensstudien, die die außerhäusliche Nutzung von Mehrwegalternativen, zum Beispiel Trinkflaschen, Kaffeebecher oder Essensbehälter, untersuchen (Dorn und Stöckli 2018; Ertz et al. 2017; Poortinga und Whitaker 2018). Das Wiederverwendungsverhalten von Konsumentinnen und Konsumenten wird in diesen Studien als Strategie der Abfallreduktion aufgefasst.

Methodisch beruhen diese Studien auf Befragungen oder experimentellen Methoden, mit denen untersucht wird, ob bestimmte Interventionen, zum Beispiel eine Änderung des Settings am Point of Sale, zu Verhaltensänderungen von Konsumentinnen und Konsumenten führen. Auch diese

Studien beruhen größtenteils auf der Theorie des geplanten Verhaltens (siehe Abschnitt 8.3.1).

Die Untersuchung von Ertz et al. (2017) in Kanada und China zeigt, dass wahrgenommene »situative Faktoren«, also die Umgebung der Konsumentinnen und Konsumenten, die Nutzung von Mehrwegbehältern stark beeinflussen. Wichtig sei eine »wiederverwendungsfreundliche Umgebung« (Ertz et al. 2017: S. 341, eigene Übersetzung), in der die Handhabung wiederverwendbarer Behälter so einfach wie möglich gemacht wird. Zum Beispiel wird es von einigen Teilnehmenden der Studie als unbequem empfunden, für das Auffüllen der wiederverwendbaren Wasserflasche bei dem Verkäufer oder der Verkäuferin nachfragen zu müssen. Bequemer sei es, wenn Konsumentinnen und Konsumenten ihre Wasserflasche selbst auffüllen könnten, zum Beispiel an einem Trinkbrunnen oder einer Auffüllstation. Weiterhin sei in »westlichen Kulturen« mit autonomen Selbstbild, also in Ländern wie Kanada und Deutschland, ein positives Framing, also die Betonung der Vorteile der Nutzung von wiederverwendbaren Behältern, durch Gesetze und Regularien wichtig. In asiatischen Ländern hingegen sei es verbreitet, sich als Teil eines größeren sozialen Netzwerks zu betrachten, weswegen ein negatives Framing, zum Beispiel ein Verbot von Plastikeinwegtüten, in so einem gesellschaftlichen Kontext besser funktionieren könne (ebd.).

Psychologische Experimente in der Schweiz (Dorn und Stöckli 2018) und in Großbritannien (Poortinga und Whitaker 2018) zur Nutzung von Essensmehrwegbehältern zeigten, dass soziale Normen einen großen Einfluss darauf haben, ob die Einwegvariante oder die wiederverwendbare Alternative gewählt wird: Die Wahrscheinlichkeit, dass Mehrwegbehälter für Essen genutzt werden, erhöhte sich in den Experimenten, wenn man andere dabei beobachtet, wie sie dies tun. Zudem griffen in der Schweizer Untersuchung mehr Frauen zur wiederverwendbaren Alternative als Männer. In der britischen Studie führte ein Rabatt auf die Mehrwegalternative zu keiner Verhaltensänderung, während sich eine Gebühr auf die Einwegvariante positiv auswirkte.

Zusammenfassend zeigen die Ergebnisse dieser Studien, dass die Nutzung wiederverwendbarer Ess- und Trinkbehälter im Außer-Haus-Verzehr durch entsprechende Infrastrukturen und Angebote (z. B. Trinkwasser-brunnen oder Pfandsysteme) begünstigt wird. Zentral für Wiederver-wendungsverhalten sind zudem soziale Normen, also die Vorstellungen dessen, was angemessen und richtig ist. Dies lässt sich möglicherweise darauf zurückführen, dass Wiederverwendung von Behältern im Außer-Haus-Verzehr sichtbarer ist als Wiederwendung und Abfallvermeidung in den Haushalten und es in einem öffentlichen Setting stattfindet, in dem teilweise andere soziale Normen vorherrschen als im privaten Bereich.

8.2.3
Soziologische Studien zur Bedeutung
von Verpackungen im Alltag

Ein dritter Forschungsstrang betrachtet die Bedeutung von Verpackungen im Alltag und legt den Fokus auf die Mensch-Objekt-Beziehung. Der Kontext und die Kultur, in der Konsum stattfindet, beeinflussen die Bezie-hung mit bestimmten Objekten aufgrund der Bedeutung, die das Design für Konsumentinnen und Konsumenten hat (Strasser 1999). Lebens-mittelverpackungen nehmen in dieser Beziehung vielfältige Funktionen ein. Genauer betrachtet, erzeugen Verpackungen, zum Beispiel die PET-Einwegflasche, »paradoxe und multiple Gegebenheiten« (Hawkins 2013: S. 74), denn sie müssen einerseits widerstandsfähig und andererseits ent-behrlich sein. Als Bestandteil der Ware müssen sie robust genug sein, um den Transport über weite Strecken und längere Zeit sowie die Lagerung im Handel zu überdauern. Für die augenblickliche Befriedigung des Hungers oder Durstes beim Unterwegsverzehr müssen Lebensmittelverpackungen hingegen fast überflüssig sein. Sie müssen einen leichten Zugang zum Inhalt des Produktes ermöglichen, ohne dass dafür zum Beispiel zusätz-liche Hilfsmittel erforderlich sind (ebd.). In Industrieländern sind Lebens-mittelverpackungen damit Objekte, die jeder »sieht und gleichzeitig nicht sieht« (Cochoy und Grandclément-Chaffy 2005: S. 646). Das heißt, sie sind ein völlig alltäglicher, als selbstverständlich wahrgenommener und unauffälliger Bestandteil des alltäglichen Einkaufens, Kochens und Essens (Murcott 2019). In Ländern des globalen Südens, zum Beispiel in Indien oder Brasilien, werden Einwegverpackungen hingegen mehr in ihrem funktionalen und ästhetischen Wert betrachtet und zu anderen Zwecken wiederverwendet (Pandey et al. 2018).

Zudem haben die zunehmend vielseitiger und komplexer gewordenen Lebensmittelverpackungen die Beziehung zwischen produzierenden Unternehmen, dem Handel und Konsumentinnen und Konsumenten verändert (Murcott 2019) – durch die Möglichkeit der Selbstbedienung im Supermarkt wird eine indirekte und distanzierte Beziehung zwischen Konsumentinnen bzw. Konsumenten und der Händlerin bzw. dem Händler geschaffen. Dadurch können Informationen weggelassen werden, zum Beispiel nicht nachhaltige Produktionspraktiken oder schlechte Bezahlung der Landwirtinnen und Landwirte, sowie die Bedeutung von Lebensmitteln transformiert werden, zum Beispiel durch die Kennzeichnung als »exotische Frucht«.

Speziell Wiederverwenden stellt eine besondere Form des Konsumierens dar, da das Objekt, also der Mehrwegbehälter, während des Übergangs von einer Nutzungsepisode zur nächsten erhalten bleibt und nicht entsorgt wird (Vaughan et al. 2007). Die Beziehung zur Mehrwegverpackung verändert sich, da Konsumentinnen und Konsumenten länger und mehrmals mit ihr in Kontakt sind. Zur Untersuchung des Wiederverwendens ist es daher sinnvoll, eine praxistheoretische Perspektive einzunehmen, das heißt, Wiederverwenden als eine eigene Praktik zu begreifen, die Prozesse der Enteignung, Entsorgung und Aufbewahrung beinhaltet. Die Konsumsoziologie konzentriert sich jedoch hauptsächlich auf die Kaufentscheidung, weniger auf das Verhalten vor oder nach dem Erwerb des verpackten Produktes und darauf, was Konsumentinnen und Konsumenten mit den Produkten und der Verpackung tun (Shove 2003; Lucas 2002). Zur Bedeutung von Verpackungen und zur Mensch-Objekt-Beziehung existieren nur wenige empirische Studien.

Eine dieser Studien stammt von Vaughan et al. (2007). Anhand von qualitativen Interviews im ländlichen Raum in Großbritannien (UK) gehen die Autoren der Frage nach, warum Menschen an einem Mehrwegmilchflaschen-Liefersystem *(refillable glass milk bottle system)* teilnehmen. Ergebnis ihrer Studie ist, dass bei der Nutzung des Milchsystems Vorstellungen von Bequemlichkeit und von Frische mit der Bedeutung von Gemeinschaft und örtlichem Zusammenhalt verknüpft werden. Diese Elemente werden durch Konsumentinnen und Konsumenten aktiv und in enger Verbundenheit miteinander gesehen und sind wiederum verknüpft mit dem Material der Flaschen, also dem Glas, sowie mit der Person des »Milchmanns«; sie verschmelzen und werden zu habitualisierten und routinisierten Praktiken. Die Studie zeigt, dass Liefer-Rückgabe-Systeme eine weitere spezielle Form der Wiederverwendung sind und sich von der Nutzung privater Behälter unterscheiden. Durch die Rücknahme der Behälter und Flaschen wird eine Reziprozitätsbeziehung, ähnlich wie beim Austausch von Geschenken, hergestellt, die Intimität und gegenseitige Verpflichtungen über einen längeren Zeitraum erzeugen. Soziologische Studien zur Alltagsorganisation von privaten Mehrwegbehältern hingegen fehlen bislang.

8.3
Implikationen für Forschung und Praxis
8.3.1
Forschungsbedarf

Zukünftige Forschung sollte die bislang quantitativ ausgerichteten Studien durch ethnografische Forschung ergänzen, um zu verstehen, wie sich durch Wiederverwenden der »Knotenpunkt zwischen Konsumption und Produktion« (Murcott 2019: S. 98) verändert. Dazu zählt zum einen die Beziehung zwischen Konsumentinnen und Konsumenten und Behälter, zum anderen die Beziehung zwischen Konsumentinnen und Konsumenten und Handel bzw. Lieferantinnen und Lieferanten von Lebensmitteln. Fragen, die sich hier stellen, sind zum Beispiel: Inwiefern ändert sich bei Pfand- und Rückgabesystemen die Beziehung zwischen Konsumentinnen und Konsumenten und Handel? Welche Alltagserfordernisse entstehen aus der veränderten Beziehung zum Behälter – ändern sich zum Beispiel Tagesabläufe? In welchen Settings und an welchen Verzehrorten kann Wiederverwenden gut integriert werden, und wann und wo gelingt es nicht so gut? Gibt es Unterschiede zwischen gesellschaftlichen Gruppen, und wodurch entstehen diese? Fällt es manchen zum Beispiel leichter als anderen, und wenn ja, worauf kann dies zurückgeführt werden? Hier lassen sich Untersuchungsergebnisse zur Umnutzung von Einwegverpackungen (aus dem Lebensmittel- oder Drogeriebereich) in privaten Haushalten möglicherweise auf Wiederverwenden übertragen (Shipton 2007; Pandey et al. 2018) – denn auch hier geht das Konsumverhalten über die herkömmliche Nutzungsweise, der sofortigen Entsorgung nach dem Aufbrauchen oder dem Verzehr des Produktes, hinaus.

Ein wichtiger Forschungsschwerpunkt in diesem Zusammenhang sind Muster der Zeitnutzung, die auf Ernährungsgewohnheiten Einfluss haben. Zum Beispiel ist es denkbar, dass Haushalte, die ihre Mahlzeiten planen und entsprechend einkaufen, das »Behältermanagement« (Kröger et al. 2018) besser organisieren als Haushalte, die einen eher spontanen Tagesablauf haben. Während dieser Aspekt bereits im Rahmen von qualitativen Studien zu Lebensmittelverschwendung (Mattila et al. 2018) und zu Ernährung allgemein (Warde et al. 2007) untersucht wurde, gibt es noch keine Forschung speziell zu Verpackungsvermeidung.

8.3.2
Handlungsbedarf

Die verhaltensbasierten Studien zeigen, dass zum einen die Umgebung, aber auch soziale Normen das Wiederverwenden positiv beeinflussen (Abschnitt 8.2.2.). Daher sollten sich zukünftige Maßnahmen und Geschäftsmodelle danach ausrichten, Wiederverwendung für Konsumentinnen und Konsumenten so praktikabel wie möglich zu gestalten und Möglichkeitsstrukturen zu schaffen. Möglichkeitsstrukturen für nachhaltigen Konsum betreffen sowohl die materielle Infrastruktur, die Kompetenzen als auch soziale Bedeutungen (Süßbauer und Schäfer 2018).

Infrastrukturen, die die Nutzung wiederverwendbarer Behälter für Konsumentinnen und Konsumenten erleichtern, sind zum Beispiel Trinkwasserbrunnen oder Pfandautomaten. Aber auch digitale Lösungen, wie zum Beispiel Apps, die das Auffinden solcher Angebote erleichtern, gehören zur materiellen Infrastruktur. Ein flächendeckendes Rückgabesystem für Mehrwegbehälter erhöht die Wahrscheinlichkeit, dass diese genutzt werden.

Auf der Kompetenzebene könnten Bildungs- und Beratungskonzepte entwickelt und gestärkt werden, in denen zum einen »verloren gegangenes« Wissen des Aufbewahrens, Haltbarmachens und Lagerns von Lebensmitteln vermittelt wird, aber auch Möglichkeiten der Wiederverwendung aufgezeigt werden. Dadurch kann insgesamt der »Einwegkultur« entgegengewirkt werden. Hier sind adaptive Beratungs- und Informationsmodelle sinnvoll, die an die Gewohnheiten und Bedürfnisse diverser Bevölkerungsschichten andocken. Zum Beispiel der vom BUND angebotene »Berliner Abfallcheck« (www.berliner-sabfallcheck.de), eine aufsuchende Beratung für Haushalte. Im ländlichen Raum sind Gemeinschaftseinrichtungen, Vereine und kirchliche Einrichtungen zentrale Orte des Austauschs und Vermittlung von praktischem Wissen.

Auf der Bedeutungsebene stehen Werte wie Gemeinschaftlichkeit, Frische und Gesundheit im Zusammenhang mit Mehrwegnutzung (siehe Abschnitt 8.2.3). Mehrweg- und Liefersysteme sollten dies berücksichtigen, indem sie solche Werte der gefühlten oder tatsächlichen Zeitersparnis beim Kauf von Produkten in Einwegverpackungen entgegensetzen. Gemeinschaftlichkeit und die Beziehung zu Orten sind zentrale Bedürfnisse und sollten von neuen, ressourcenschonenden Systemen aufgegriffen werden.

8.4
Ausblick

Die verschiedenen Nutzungsformen und -kontexte von verschiedenen Typen von Lebensmittelverpackungen werden in der Literatur bislang vernachlässigt, sind aber beispielsweise für die Weiterentwicklung der Ökobilanzierung, die häufig ein vermeintlich durchschnittliches Nutzungsverhalten zugrunde legen (Pohl et al. 2019; Gutowski 2018), zentral. Die soziologische und psychologische Forschung stellt daher eine wichtige Ergänzung zur Perspektive der Verpackungsindustrie oder des Marketings auf (wiederverwendbare) Lebensmittelverpackungen dar, die sich nur auf Teilaspekte der Nutzung, zum Beispiel die aufgedruckten Informationen, konzentriert. Das vom BMBF geförderte Forschungsprojekt »PuR – Mit

Precycling zu mehr Ressourceneffizienz« (www.precycling-pur.de) antwortet auf diesen Forschungsbedarf, indem es sozial- und ingenieurwissenschaftliche Perspektiven auf das Thema Verpackungsvermeidung integriert. Dadurch sollen systemische Barrieren identifiziert werden, die in die Entwicklung von ressourcenschonenden Precycling-Lösungen einfließen können.

Auf der praktischen Ebene können die derzeitige hohe mediale Aufmerksamkeit für Umweltprobleme und die Zunahme des Take-away-Konsums während der Coronakrise als Möglichkeitsfenster betrachtet werden, neue innovative Geschäftsmodelle einzuführen und gesellschaftlich zu etablieren. Hier stellt sich die Frage, ob das derzeitige Mehrwegpfandsystem eine Erneuerung braucht, um es zeitgemäßer zu machen. Gesellschaftlich zeigt sich zum einen eine steigende Inanspruchnahme von Onlinelieferungen, zum anderen ist der gesellschaftliche Wunsch nach »Ausmisten« und Vereinfachung im eigenen Zuhause stärker geworden (siehe z. B. Bestseller wie *Magisches Aufräumen* von Marie Kondo oder *Glücklich leben ohne Müll* von Bea Johnson). Im Gegensatz zum herkömmlichen Zurückbringen der Pfandflaschen reduzieren Liefer- und Abholsysteme die Arbeit für Konsumentinnen und Konsumenten: Es bedarf weniger Platz zum Abstellen und »Pflegen« der Behälter, und sie reduzieren den Organisationsaufwand im Haushalt (»Wer bringt die Flaschen weg?«). Diese Geschäftsmodelle sind dann ganz im Sinne eines »Return of the Refund«.

8.5
Zusammenfassung und Fazit

Die Literaturauswertung verdeutlicht, dass sich die sozialwissenschaftliche Forschung bisher entweder auf Kaufentscheidungen am Point of Sale (z. B. Cafés, Kantinen) oder auf Wiederverwendung in den Haushalten konzentriert. In der Alltagspraxis sind diese Settings jedoch nicht so klar voneinander trennbar bzw. stellen Mehrwegbehälter sogar häufig ein verbindendes Element zwischen den verschiedenen Bereichen (Handel und privater Haushalt) dar. Daher sollte zukünftige Forschung Aspekte der Alltagsorganisation und Ernährungsgewohnheiten über verschiedene Settings und Tagesabschnitte hinweg in den Blick nehmen und analysieren, wie Verpackung als materielles Element oder »Akteur« darin eingebunden ist (siehe auch Kapitel 5 und 7).

LITERATURVERZEICHNIS

Accorsi, R.; Cascini, A.; Cholette, S.; Manzini, R.; Mora, C. (2014): Economic and environmental assessment of reusable plastic containers: A food catering supply chain case study, in: International Journal of Production Economics, 152, S. 88–101.

Ajzen, I. (1991): The theory of planned behavior, in: Organizational Behavior and Human Decision Processes, 50(2), S. 179–211.

Babader, A.; Ren, J.; Jones, K.; Wang, J. (2016): A system dynamics approach for enhancing social behaviours regarding the reuse of packaging, in: Expert Systems with Applications, 46, S. 417–425.

Barr, S. (2007): Factors influencing environmental attitudes and behaviors: A U.K. case study of household waste management, in: Environment and Behavior, 39(4), S. 435–473.

Barr, S.; Gilg; A. W.; Ford, N. J. (2001): Differences between household waste reduction, reuse and recycling behaviour: a study of reported behaviours, intentions and explanatory variables, in: Environmental & Waste Management, 4(2), S. 69–82.

Bartolotta, J. F.; Hardy, S. D. (2018): Barriers and benefits to desired behaviors for single use plastic items in northeast Ohio's Lake Erie basin, in: Marine Pollution Bulletin, 127, S. 576–585.

Bortoleto, A. P.; Kurisu, K. H.; Hanaki, K. (2012): Model development for household waste prevention behavior, in: Waste Management, 32(12), S. 2195–2207.

Cochoy, F.; Grandclément-Chaffy, C. (2005): Publicizing Goldilock's choice at the supermarket. The political work of shopping packs, carts and talk, in: Latour, B. (Hrsg.): Making Things Public. Atmospheres of Democracy, Karlsruhe, S. 646–659.

Corral-Verdugo, V. (2003): Situational and personal determinants of waste control practices in Northern Mexico: a study of reuse and recycling behaviors, in: Resources, Conservation and Recycling, 39(3), S. 265–281.

Dorn, M.; Stöckli, S. (2018): Social influence fosters the use of a reusable takeaway box, in: Waste Management, 79, S. 296–301.

DUH (2011): Mehrweg- und Recyclingsysteme für ausgewählte Getränkeverpackungen aus Nachhaltigkeitssicht. Deutsche Umwelthilfe (DUH), Berlin.

8 Die Beziehung zum Behälter

Ellen MacArthur Foundation (2019): Reuse. Rethinking Packaging. Hrsg. von der Ellen MacArthur Foundation, Cowes/Vereinigtes Königreich.

Ertz, M.; Huang, R.; Jo, M.; Karakas, F.; Sarigöllü, E. (2017): From single-use to multi-use: Study of consumers' behavior toward consumption of reusable containers, in: Journal of Material Culture, 193, S. 334–344.

Europäische Gemeinschaft (1994): Richtlinie 1994/62/EG des Europäischen Parlaments und des Rates vom 20. Dezember 1994 über Verpackungen und Verpackungsabfälle. L 365/10.

Europäische Gemeinschaft (2008): Richtlinie 2008/98/EG des Europäischen Parlaments und des Rates vom 19. November 2008 über Abfälle und zur Aufhebung bestimmter Richtlinien, L 312/3.

Gallego-Schmid, A.; Mendoza, J. M. F.; Azapagic, A. (2019): Environmental impacts of takeaway food containers, in: Journal of Cleaner Production, 211, S. 417–427.

Goldkorn, F.; Kröger, M.; Pape, J. (2017): Wertschöpfungsketten neu denken und Barrieren überwinden, in: Ökologisches Wirtschaften, 32(1), S. 12–13.

Greyson, J. (2007): An economic instrument for zero waste, economic growth and sustainability, in: Journal of Cleaner Production, 15(13–14), S. 1382–1390.

Gutowski, T. (2018): A critique of life cycle assessment; where are the people? in: Procedia CIRP, 69, S. 11–15.

Hawkins, G. (2013): The performativity of food packaging: market devices, waste crisis and recycling, in: The Sociological Review, 60, S. 66–83.

Heidbreder, L. M.; Bablok, I.; Drews, S.; Menzel, C. (2019): Tackling the plastic problem: A review on perceptions, behaviors, and interventions, in: The Science of the Total Environment, 668, S. 1077–1093.

Jarupan, L.; Kamarthi, S. V.; Gupta, S. M. (2003): Evaluation of trade-offs in costs and environmental impacts for returnable packaging implementation. in: Environmental Conscious Manufacturing 3(5262), S. 6–14.

Johnson, B. (2016): Glücklich leben ohne Müll. Reduziere deinen Müll und vereinfache dein Leben, Kiel.

Kaplan Mintz, K.; Henn, L.; Park, J.; Kurman, J. (2019): What predicts household management behaviors? Culture and type of behavior as moderators, in: Resources, Conservation & Recycling, 145, S. 11–18.

Kauertz, B.; Schlecht, S.; Markwardt, S.; Rubik, F.; Heinisch, J.; Kolbe, P.; Hake, Y. (2019): Untersuchung der ökologischen Bedeutung von Einweggetränkebechern im Außer-Haus-Verzehr und mögliche Maßnahmen zur Verringerung des Verbrauchs.

Abschlussbericht. Im Auftrag des Umweltbundesamtes (UBA). UBA Texte 29/2019, Dessau-Roßlau.

Klug, K. (2018): Precycling. Bevor Müll entsteht, in: dies. (Hrsg.): Vom Nischentrend zum Lebensstil. Der Einfluss des Lebensgefühls auf Konsumentenverhalten. Wiesbaden, S. 59–68.

Kröger, M.; Wittwer, A.; Pape, J. (2018): Unverpackt einkaufen. Mit neuen Routinen aus der Nische?, in: Ökologisches Wirtschaften, 33(4), S. 46–50.

Kurisu, K. H.; Bortoleto, A. P. (2011): Comparison of waste prevention behaviors among three Japanese megacity regions in the context of local measures and socio-demographics, in: Waste Management, 31(7), S. 1441–1449.

Langley, J.; Turner, N.; Yoxall, A. (2011): Attributes of packaging and influences on waste, in: Packaging Technology and Science, 24(3), S. 161–175.

Linn, N.; Vining, J.; Feeley, P. A. (1994): Toward a sustainable society: waste minimization through environmentally conscious consuming, in: Journal of Applied Social Psychology, 24(17), S. 1550–1572.

Lofthouse, V. A.; Bhamra, T. A.; Trimingham, R. L. (2009): Investigating customer perceptions of refillable packaging and assessing business drivers and barriers to their use, in: Packaging Technology and Science, 22(6), S. 335–348.

Mattila, M.; Mesiranta, N.; Närvänen, E.; Koskinen, O.; Sutinen, U. (2018): Dances with potential food waste: Organising temporality in food waste reduction practices, in: Time & Society, 28(4), S. 1619–1644.

Murcott, A. (2019): Introducing the Sociology of Food and Eating, London, New York, Oxford, New Delhi, Sydney.

Musa, H. M.; Hayes, C.; Bradley, M.; Clayson, A.; Gillibrand, G. (2013): Measures aimed at reducing plastic carrier bag use: A consumer behaviour focused study, in: Natural Environment, 1(1), S. 17–23.

NABU (2018): Einweggeschirr und To-Go-Verpackungen. Abfallaufkommen in Deutschland 1994 bis 2017. Naturschutzbund Deutschland (NABU), Berlin.

Pandey, R. U.; Surjan, A.; Kapshe, M. (2018): Exploring linkages between sustainable consumption and prevailing green practices in reuse and recycling of household waste: Case of Bhopal city in India, in: Journal of Cleaner Production, 173, S. 49–59.

Pohl, J.; Suski, P.; Haucke, F.; Piontek, F. M.; Jäger, M. (2019): Beyond production – the relevance of user decision and behaviour in LCA, in: Teuteberg, F.; Hempel, M.; Schebek, L. (Hrsg.): Progress in Life Cycle Assessment 2018, Cham/Switzerland, S. 3–19.

Poortinga, W.; Whitaker, L. (2018): Promoting the use of reusable coffee cups through environmental messaging, the provision of alternatives and financial incentives, in: Sustainability, 10(3), S. 873.

REWE Group (2019): Leitlinie für umweltfreundlichere Verpackungen. Köln.

Sheeran, P.; Webb, T. L. (2016): The intention-behavior gap, in: Social and Personality Psychology Compass, 10(9), S. 503–518.

Shipton, J. M. (2007): Understanding the Secondary Functions of Packaging: UK Domestic Reuse. Dissertation. Sheffield Hallam University.

Strasser, S. (1999): Waste and Want: A Social History of Trash, New York/Vereinigte Staaten.

Süßbauer, E.; Schäfer, M. (2018): Greening the workplace: conceptualising workplaces as settings for enabling sustainable consumption, in: International Journal of Innovation and Sustainable Development, 12(3): S. 327–349.

Suthar, S.; Rayal, P.; Ahada, C. P. (2016): Role of different stakeholders in trading of reusable/recyclable urban solid waste materials: a case study, in: Sustainable Cities and Society, 22, S. 104–115.

Tonglet, M.; Phillips, P. S.; Bates, M. P. (2004): Determining the drivers for householder pro-environmental behaviour: waste minimisation compared to recycling, in: Resources, Conservation and Recycling, 42(1), S. 27–48.

Tucker, P.; Douglas, P. (2007): Household Waste Prevention Behaviour. Final Report. WR0112. University of Paisley Environmental Technology Group, Paisley, Schottland.

UBA (2002): Ökobilanzen für Getränkeverpackungen 2. Umweltbundesamt (UBA), Dessau-Roßlau.

Uehara, T.; Ynacay-Nye, A. (2018): How water bottle refill stations contribute to campus sustainability: A case study in Japan, in: Sustainability, 10(9), S. 3074.

Vaughan, P.; Cook, M.; Trawick, P. (2007): A sociology of reuse: deconstructing the milk bottle, in: Sociologia Ruralis, 47(2), S. 120–134.

Warde, A.; Cheng, S. L.; Olsen, W.; Southerton, D. (2007): Changes in the practice of eating: a comparative analysis of time-use, in: Acta Sociologica, 50(4), S. 363–385.

Zen, I. S.; Ahamad, R.; Omar, W. (2013): No plastic bag campaign day in Malaysia and the policy implication, in: Environment, Development and Sustainability, 15(5), S. 1259–1269.

Unverpackt einkaufen im Biosupermarkt aus Sicht der Kundinnen und Kunden

Gestaltungsfelder für den Handel

LAURA NICKEL | BETTINA KÖNIG

Zusammenfassung

Der Beitrag stellt Ergebnisse von zwei explorativen Kundenbefragungen zur Wahrnehmung, Nutzung und Bewertung der Unverpacktabteilung im Biosupermarkt aus Kundinnen- und Kundensicht vor. Dafür wurden im Juli und September 2018 in zwei verschiedenen Berliner Filialen von Biosupermarktketten je circa 100 Kundinnen und Kunden befragt. Anhand der Ergebnisse diskutieren wir Optimierungsmöglichkeiten für das Unverpackteinkaufen im Naturkosthandel.

9.1
Unverpackt im Biosupermarkt? – Vorüberlegungen zum Untersuchungsfeld

Vor dem Hintergrund medialer Aufmerksamkeit und gesellschaftlicher Sensibilisierung für den steigenden Verbrauch von Einwegverpackungen und deren Auswirkungen auf die Umwelt entwickeln sich derzeit veränderte Konsumtrends, wozu auch der verpackungsfreie Einkauf zählt (Brunner et al. 2007: S. 9; Eriksen et al. 2014). Seit 2014 steigt die Anzahl der inhabergeführten Lebensmittelgeschäfte mit verpackungsreduziertem Angebot, unter anderem als Teil der Zero-Waste-Bewegung (Goldkorn et al. 2017). Diese Läden ermöglichen in vielen deutschen Städten einen weitestgehend müll- und plastikfreien Einkauf von Lebensmitteln und Bedarfsgegenständen. Nicht selten sind die Ladnerinnen und Ladner neue Akteure im Lebensmittelmarkt, die das unverpackte Einkaufen aus einer individuellen Sensibilisierung für die Umweltwirkungen von Verpackungen unternehmerisch als Angebot entwickelt haben und als berufliche Quereinsteiger neue Dynamik in das bestehende Ernährungssystem bringen (Salabassis et al. 2018). Auch wenn Spannungsfelder in den Ansprüchen an Lebensmittelverpackungen lange als Designherausforderung bekannt sind (Isermann 1991), so wird das Spannungsfeld zwischen Vermeidung von Lebensmittelabfällen durch Verpackung und die ökologischen Wirkungen der Verpackungsmaterialien in den vergangenen Jahren wieder verstärkt international aufgegriffen (Guillard et al. 2018). Nach Mitte der 1990er-Jahre hat sich die wissenschaftliche Literatur des Themas Umwelt und Lebensmittelverpackung kaum angenommen (Sandano 2016).

Das Thema Verpackung wird im Ökolandbau bereits lange diskutiert. Einerseits soll durch die Verpackung sichergestellt werden, dass konventionelle und biologische Ware unterschieden werden kann. Andererseits führt dies dazu, dass ökologisch produziertes Gemüse oder Obst oft verpackt angeboten werden, um sicherer gekennzeichnet zu sein und vor der Vermischung und Verwechslung mit konventionellen Produkten geschützt zu werden. Dies wird von Biolandwirten und umstellungsinteressierten Betriebsleitern bereits lange als eine von mehreren Barrieren für die Ausweitung des Ökolandbaus kritisch diskutiert (König 2006). Entsprechend wird bei der Entwicklung des Ökolandbaus auch mit unverpackten Angebotsformen experimentiert. Unverpacktläden bieten unter anderem auch Bioprodukte an, da das Thema Verpackungsreduktion und Nachhaltigkeit dem Markt für ökologische Lebensmittel angegliedert ist (Salabassis et al. 2018).

Vor diesem Hintergrund ist verständlich, dass neben den reinen verpackungsfreien Geschäften in Deutschland zunehmend auch Bioläden und Biosupermärkte Unverpacktabteilungen in ihren Geschäften etablieren, in denen Kundinnen und Kunden eine Vielzahl an Produkten lose erwerben können (sogenannte Streckenläden). Diese Unverpacktstrecken schließen die Lücke zwischen den reinen Unverpacktläden und dem herkömmlichen

Einzelhandel mit verpackten Lebensmitteln und verdichten so das Netz des verpackungsfreien Angebots. Im Gegensatz zum Unverpacktladen wird die weitere Infrastruktur des Ladens jedoch nicht anders gestaltet, und die jeweiligen Produkte werden im Laden auch verpackt angeboten. Gleichzeitig kann sich die zunehmende gesellschaftliche Sensibilisierung bezüglich der Verpackungsproblematik und weiterer Umweltaspekte zu einem wettbewerbsrelevanten Aspekt im Lebensmitteleinzelhandel entwickeln. Demzufolge bieten zunehmend auch konventionelle Supermärkte Unverpacktstationen in ausgewählten Filialen an und experimentieren mit verschiedenen Möglichkeiten zur Reduktion des Verpackungsaufwandes. Wie Maßnahmen zur Reduktion von Lebensmittelverpackungen und insbesondere das Unverpacktangebot im Supermarkt vom Kunden wahrgenommen werden, wird mit darüber entscheiden, wie groß der Beitrag dieser Nachhaltigkeitsinnovation zur Reduktion der Umweltwirkungen von Verpackungen sein wird.

In Kooperation mit dem »Projekt unverpackt« (siehe Kapitel 3) wurden zwei explorative Fallstudien durchgeführt, in denen das Unverpacktkonzept von zwei verschiedenen Berliner Biosupermarktketten anhand von Kundinnen- und Kundenbefragungen untersucht wurde. Die Datenerhebungen erfolgten im Juli sowie im September 2018 jeweils im Zeitraum von zehn Tagen. Ziel dieser Befragungen war es, die Wahrnehmung, Nutzung und Bewertung der Unverpacktabteilungen zu ermitteln. Basierend auf den Ergebnissen, wurden anschließend Optimierungsmöglichkeiten aus Perspektive der Kundinnen und Kunden abgeleitet und Handlungsempfehlungen dafür entwickelt, wie Biosupermärkte durch verbesserte Angebote für das unverpackte Einkaufen einen Beitrag zur Reduzierung des Verpackungsaufkommens leisten können. Der Beitrag fasst die Ergebnisse dieser Befragungen (Studie 1 und 2) zusammen.

9.2
Methodik

Die Datenerhebung basierte auf einer quantitativ-qualitativen Untersuchung mit explorativem Charakter. Die beiden Befragungen zum Unverpacktkonzept im Biosupermarkt wurden am Beispiel von zwei Biosupermarktunternehmen in Berlin in jeweils einer Filiale durchgeführt. Beide Filialen haben ein Sortiment an unverpackten Trockenwaren, wie Hülsenfrüchte, Müsli, Getreideerzeugnisse, Nüsse, Trockenfrüchte sowie Süßigkeiten (vgl. Abbildung 9.1). Obst und Gemüse wurden bei der Untersuchung nicht mit betrachtet. Im Markt der Studie 1 gab es etwa 90 Produkte im Unverpacktangebot, darunter auch regionale Frischmilch und gefiltertes Wasser (Nickel 2019). Die Abteilung der Studie 2 beinhaltete ungefähr 175 Artikel (Burlage 2018). Für die Kundinnen und Kunden standen in beiden Märkten zum Abfüllen der Waren kostenpflichtige Glasgefäße und kostenfreie Papiertüten bereit, eigene Gefäße konnten ebenfalls verwendet werden.

Für die Befragung der Kundinnen und Kunden wurde ein Fragebogen erstellt, der neben quantitativen auch qualitative Anteile beinhaltete. Basierend auf den Forschungsfragen, waren die Fragen so formuliert, dass die Einstellung und die Meinung der Befragten zum Unverpacktkonzept in der untersuchten Filiale ermittelt werden konnten (Kuß et al. 2018: S. 84). Der Fragebogen war in sechs unterschiedliche Themenbereiche unterteilt. Durch diese inhaltliche Sortierung der Fragen konnten »gedankliche Sprünge« (Kuß et al. 2018: S. 122) vermieden werden. Es wurden (1) das allgemeine Einkaufsverhalten, (2) die Nutzung der Unverpacktabteilung, (3) die Bewertung der Unverpacktabteilung, (4) die Erwartung an den Unverpackteinkauf, (5) die Einstellung zu Lebensmittelverpackungen allgemein und (6) die sozioökonomischen Daten abgefragt. Filterfragen ermöglichten es, von allen Befragten eine Teilmenge zu selektieren, für die der jeweilige Fragebogenteil zutraf. Die Teilnehmenden an der Studie konnten den für sie irrelevanten Teil des Fragebogens überspringen (Kuß et al. 2018: S. 122). Neben geschlossenen Fragen mit vorgegebenen Antwortmöglichkeiten, von denen eine oder mehrere ausgewählt werden

Abbildung 9.1
Spender in der Unverpacktabteilung eines Biosupermarkts
(Quelle: Nickel/privat).

konnten, gab es auch offene Fragen. Hier konnten die Teilnehmenden in einem Freitextfeld ihre Antwort beliebig formulieren.

Der Fragebogen wurde mit der Umfragesoftware QuestionPro erstellt. Die Befragungen fanden direkt am Verkaufsort (*Point of Sale;* PoS) der jeweiligen Filiale statt. Die Kundinnen und Kunden wurden im Eingangsbereich nahe des Backstandes entweder vor oder nach ihrem Einkauf angesprochen und erhielten als Aufwandsentschädigung ein Heißgetränk ihrer Wahl vom Biobäcker des Geschäfts.

Die Auswertung der Daten erfolgte computergestützt mit Microsoft Excel. Der mit QuestionPro erstellte Rohdatensatz wurde zunächst bereinigt und auf seine Plausibilität geprüft (Brosius et al. 2009: S. 132). Da nicht alle Teilnehmenden alle Fragen beantwortet haben, wurde jede Frage für sich ausgewertet und dennoch alle Kundinnen und Kunden mit in die Analyse einbezogen. Dies erklärt die unterschiedlichen Stichprobenumfänge für die einzelnen Antworten auf die gestellten Fragen. Die Auswertung erfolgte aufgrund der geringen Stichprobenzahl rein deskriptiv und univariat. Die offenen Fragen mit Freitextantworten wurden textanalytisch untersucht und kategorisiert. Die Ergebnisse der gesamten Analyse wurden mit Microsoft Excel grafisch erstellt.

9 Unverpackt einkaufen im Biosupermarkt

9.3
Ergebnisse

9.3.1
Charakteristika der Stichproben

Bei beiden Studien konnten ähnliche Stichprobenumfänge erzielt werden (n_1 = 100, n_2 = 96). Die sozioökonomische Zusammensetzung der beiden Studienpopulationen war sehr ähnlich (vgl. Tabelle 9.1). Die Stichprobe der Studie 2 war im Vergleich zur Studienpopulation von Studie 1 jünger (36,1 Jahre versus 42,2 Jahre) und umfasste weniger Frauen (60,2 Prozent versus 66,0 Prozent Frauen). Das Nettohaushaltseinkommen sowie der Bildungs- und Berufsstand waren in beiden Studien ähnlich. In Studie 1 nahmen vor allem Mehrpersonenhaushalte ohne Kinder teil, in Studie 2 größtenteils Ein- und Zweipersonenhaushalte.

Tabelle 9.1
Sozioökonomische Daten der beiden Studien im Vergleich
(Quelle: eigene Darstellung).

Charakteristika	Studie 1	Studie 2
Gesamtstichproben-umfang	N_1 = 100	N_2 = 96
Alter (Mittelwert ± Standardabweichung)	42,2 ±14,0 Jahre	36,1 ±14,0 Jahre
Geschlecht	66,0 % weiblich 33,0 % männlich 1,0 % keine Angabe	60,2 % weiblich 39,8 % männlich
Bildung	>50 % Hochschulabschluss	
Haushaltsgröße	v. a. kinderlose Mehrpersonenhaushalte	v. a. Ein- und Zwei-personenhaushalte
Monatliches Netto-haushaltseinkommen	48 % 1.001–3.000 Euro	>50 % 1.001–3.000 Euro

9.3.2
Wahrnehmung und Nutzung der Unverpacktabteilung

Bei beiden Stichproben wurde zunächst erhoben, ob die Unverpacktabteilung beim Einkauf wahrgenommen wird und, wenn ja, ob sie auch genutzt wird. In beiden Erhebungen hatten 80,5 Prozent der Personen die Abteilung wahrgenommen (n_1 = 100, n_2 = 94). Von diesen Befragten nutzten bei beiden Studien etwa die Hälfte der Personen das Angebot (n_1 = 81, n_2 = 76). Je ein bzw. zwei Prozent der Befragten beider Studien hatte die Abteilung bereits ausprobiert, kaufte jedoch zu dem Zeitpunkt nicht mehr unverpackt ein.

Hinsichtlich der Gründe für den Unverpackteinkauf zeigte sich, dass insbesondere ideelle Motive – wie die Einsparung von (Plastik-)Verpackungen oder der Schutz der Umwelt – als Hauptgründe genannt wurden, unverpackt einzukaufen. Individuelle Gründe – wie der bedarfsgerechte Einkauf, Spaß oder gesundheitliche Aspekte – standen bei den Antworten in beiden Studien nicht im Vordergrund. Die Befragten beider Studien, die dieses Angebot nicht nutzen, gaben an, dass der zusätzliche Zeitaufwand des unverpackten Einkaufens derzeit eine Hürde darstelle, die Abteilung zu nutzen. Der unverpackte Einkauf wurde außerdem von 23,0 Prozent der Befragten aus Studie 2 als unpraktisch beschrieben. In Studie 1 gaben 14,0 Prozent derjenigen, die die Abteilung nicht nutzen, an, dass der Einkauf zeitintensiv und »nicht praktikabel« sei. In beiden Filialen werden neben Grundnahrungsmitteln auch salzige Snacks und Süßigkeiten angeboten. Diese Produktauswahl entsprach in beiden Studien nicht den Ansprüchen der Nichtnutzerinnen bzw. -nutzer. Des Weiteren gaben 14,0 Prozent (Studie 1) bzw. 22,0 Prozent (Studie 2) beider Studienpopulationen an, dass sich insbesondere festgefahrene Einkaufsroutinen ändern müssen, um zukünftig unverpackt einzukaufen.

9.3.3
Behälternutzung

In den untersuchten Biosupermarktfilialen standen den Kundinnen und Kunden kostenfreie Papiertüten sowie kostenpflichtige Behältnisse aus Glas zur Verfügung. Abbildung 9.2 zeigt, dass 69,5 Prozent der die Unverpacktabteilung Nutzenden der Studie 2 bei jedem oder fast jedem Einkauf in der Unverpacktabteilung dieses kostenfreie Angebot in Anspruch nahmen ($n_2 = 36$). 62,9 Prozent der Kundinnen und Kunden benutzten hingegen ihre eigenen Gefäße bei jedem oder fast jedem Einkauf. In Studie 1 wurde die Papiertüte von knapp der Hälfte der Kundinnen und Kunden oft oder bei jedem Einkauf verwendet ($n_1 = 40$), 67,0 Prozent verwendeten hier ihre selbst mitgebrachten Transportgefäße (z. B. Gläser oder Plastikboxen) zum Abfüllen der Produkte. Bei den Befragungen wurde nicht ermittelt, inwiefern die Papiertüte als einziges Transportmedium diente oder einen Zusatz zu eigenen Gefäßen darstellte.

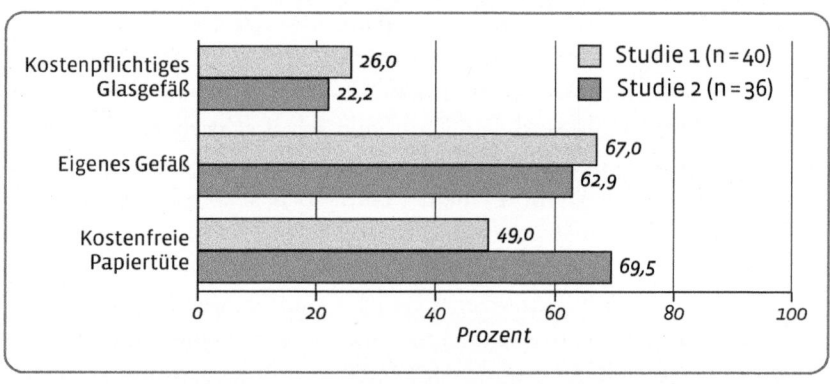

Abbildung 9.2
Behälternutzung der Studienpopulation bei jedem oder fast jedem Einkauf
in der Unverpacktabteilung (Mehrfachantworten möglich)
(Quelle: eigene Darstellung).

9.3.4
Herausforderungen

Vielen Befragten in beiden Studien fielen Spontaneinkäufe in der Unverpacktabteilung schwer (45,0 Prozent [Studie 1] im Vergleich zu 50,0 Prozent [Studie 2]). Das schwere Gewicht des Einkaufs bei der Verwendung von Glasbehältnissen spielte bei den meisten Nutzerinnen und Nutzern

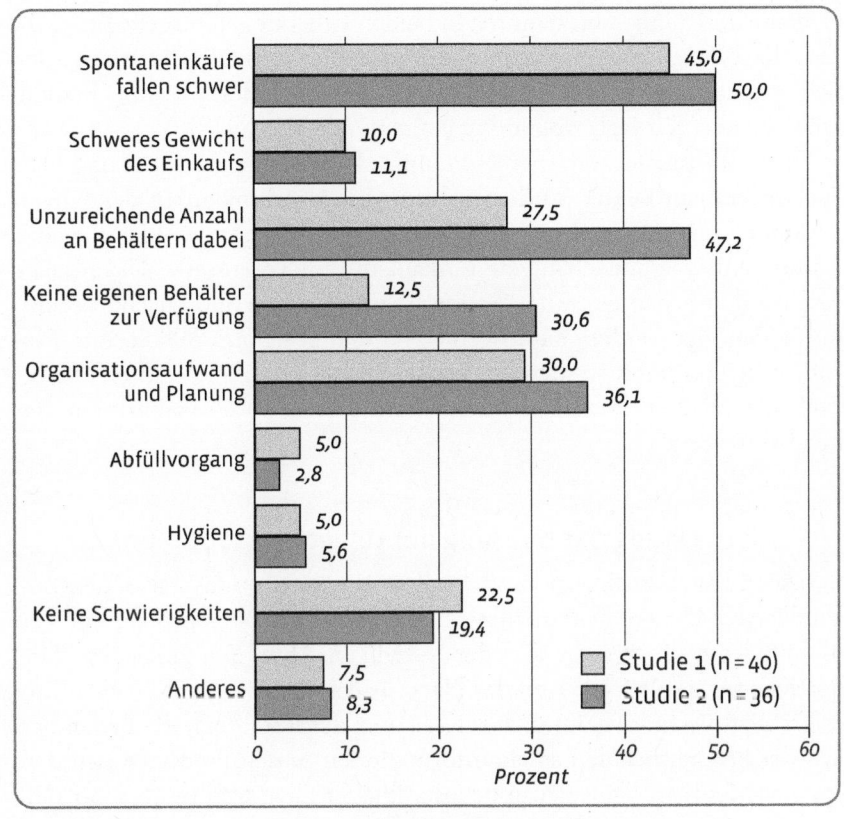

Abbildung 9.3
Herausforderungen beim Einkauf in der Unverpacktabteilung
(Quelle: eigene Darstellung).

9 Unverpackt einkaufen im Biosupermarkt

der Unverpacktabteilung in beiden Studien eine eher untergeordnete Rolle (10,0 Prozent [Studie 1] im Vergleich zu 11,1 Prozent [Studie 2]). Knapp die Hälfte der Nutzerinnen und Nutzer aus der Studie 2 hatten zudem oftmals nicht ausreichend eigene Behältnisse dabei. Neben den Schwierigkeiten beim spontanen Einkaufen stellte bei beiden Studien der zusätzliche Organisations- und Planungsaufwand eine Herausforderung dar. 30,0 Prozent (Studie 1) bzw. 36,1 Prozent (Studie 2) empfanden die Planung des unverpackten Einkaufs als Hürde. Bedenken bezüglich der Hygiene und Sauberkeit nannten in beiden Erhebungen nur etwa 5,0 Prozent der Nutzenden. Bei beiden Umfragen gab ungefähr ein Viertel der Befragten an, keine Schwierigkeiten zu haben, in der Unverpacktabteilung einzukaufen (vgl. Abbildung 9.3).

Diese Ergebnisse zum Themenkomplex Behältermanagement und Herausforderungen beider Studien zeigen, dass der Einkauf in der Unverpacktabteilung mit eigenen Gefäßen und der dazugehörigen Planung eine gefestigte und vorausschauende Einkaufsroutine voraussetzt. Unverpackt einzukaufen bedeutet, vorab zu überlegen, wie viele und welche Lebensmittel benötigt werden, damit genügend und geeignete Gefäße zum Einkauf mitgenommen werden. Durch das geplante und vorausschauende Einkaufsverhalten könnte der zusätzliche Abfall durch Papiertüten vermieden werden.

9.3.5
Bewertung der Nutzung der Unverpacktabteilung

In beiden Datenerhebungen sollten die Nutzerinnen und Nutzer den Einkauf in der Unverpacktabteilung bewerten. Beide Stichproben ($n_1 = 41$, $n_2 = 38$) waren insgesamt mit der jeweiligen Abteilung zufrieden. Die Bereiche für das Wiegen und der Platz für das Handling mit eigenen Produktbehältnissen, die räumliche Gestaltung der Abteilung, die Bedienbarkeit der Produktbehälter sowie Informationen zu den Produkten wurden von der Mehrheit beider Gruppen der Nutzerinnen und Nutzer mit sehr gut bis gut bewertet. Viele Kundinnen und Kunden hatten bislang noch keine Beratung durch die Mitarbeiter der jeweiligen Filiale in Anspruch genommen, weshalb dieser Aspekt nicht gut eingeschätzt werden konnte.

9.4
Entwicklungspotenzial des Unverpacktkonzepts aus Sicht der Nutzerinnen und Nutzer

In der Meinungsabfrage zur Zukunft des Unverpacktkonzepts im Biosupermarkt zeigte sich bei den beiden Umfragen ein vergleichbares Stimmungsbild mit ähnlichen Tendenzen. Mehr als 80 Prozent der Nutzerinnen und Nutzer aus beiden Studien nahmen an, dass das Unverpacktkonzept zukünftig von vielen Biosupermarktfilialen übernommen werden wird. Sie gaben an, dass die Unverpacktabteilung von mehr Kundinnen und Kunden genutzt werden würde, wenn das Sortiment ausgeweitet wird. Je knapp die Hälfte der Nutzerinnen und Nutzer konnte sich vorstellen, dass sich dieses Konzept auch im herkömmlichen Lebensmitteleinzelhandel etabliert. Demgegenüber nahmen 10,0 Prozent aus Studie 1 und 10,8 Prozent aus Studie 2 an, dass sich das Konzept nicht etablieren und weiterentwickeln werde, da die Nachfrage zu gering sei. 7,0 Prozent aus Studie 1 und 16,2 Prozent aus Studie 2 vermuten außerdem, dass sich das Konzept aufgrund des erhöhten Aufwandes beim Einkauf nicht durchsetzen wird. Aus Sicht beider Gruppen haben die Unverpacktstationen im Biolebensmitteleinzelhandel eine positive Zukunftsperspektive.

9.5
Diskussion

Im Befragungszeitraum wurde die Unverpacktabteilung noch nicht von der Mehrheit der befragten Kundinnen und Kunden genutzt. Hier besteht somit noch Entwicklungsbedarf, um die Zahl der Nutzerinnen und Nutzer zu erhöhen.

9.5.1
Charakteristika der Unverpacktkundinnen und -kunden

Die Umfrageergebnisse haben gezeigt, dass insbesondere ideelle Gründe die Hauptmotivation dafür sind, unverpackt einzukaufen. Damit unterscheiden sich Nutzerinnen und Nutzer von Unverpacktabteilungen im

Biosupermarkt insofern von den klassischen Biokundinnen und -kunden, als deren Kauf von Biolebensmitteln vor allem aus individuellen Beweggründen heraus erfolgt, wie zum Beispiel die eigene Gesundheit (Brunner et al. 2007: S. 177; Sajovitz et al. 2018; Schöberl 2012: S. 25–29). Die anthropogen verursachte Verschmutzung der Meere und Flüsse mit ihren Auswirkungen auf die Fauna und Flora wurde von vielen Befragten beider Studien mit dem Thema »Verpackungen« assoziiert. Die Einsparung von Verpackungen und der gleichzeitige Erwerb von biologisch produzierten Lebensmitteln stellten somit für den Großteil der Nutzerinnen und Nutzer die wichtigsten Aspekte beim Einkauf in der Unverpacktabteilung des Biosupermarktes dar, damit weiterhin »ein sauberer Planet als Lebensraum für gesunde Wesen aller Art« (Zitat einer Person aus Studie 1) existieren kann.

9.5.2
Handlungsempfehlungen
und Optimierungsmöglichkeiten

Die folgenden Empfehlungen sind aus den Ergebnissen abgeleitet und dienen als Hinweise für Biosupermärkte mit Unverpacktabteilung.

Mehr und zielgerichtet werben

Die Ergebnisse der beiden explorativen Studien geben am Beispiel von zwei Filialen verschiedener Biosupermarktketten Hinweise, wie die derzeit noch geringe Nutzung ausgeweitet und Barrieren für das unverpackte Einkaufen adressiert werden können. Um die Aufmerksamkeit der Kundinnen und Kunden zu steigern, müsste der Einkauf in den Unverpacktstationen insgesamt attraktiver gestaltet werden. Welche Optimierungsmöglichkeiten stehen Abteilungen in Biosupermärkten zur Verfügung, um dies zu erreichen?

Zum einen könnten die Filialen die jeweilige Abteilung stärker bewerben, um den Bekanntheitsgrad zu erhöhen. Die untersuchten Biosupermarktketten bieten beispielsweise in regelmäßigen Abständen ein Aktionsmagazin mit monatlich wechselnden Angeboten an. Bislang sind die unverpackt angebotenen Produkte dort nicht enthalten, es gibt somit keine Aktionswaren in der Unverpacktabteilung. Dies liegt wahrscheinlich daran, dass nicht jede Filiale eine Unverpacktstrecke anbietet, was für das zentral organisierte Marketing eine Herausforderung ist. Dennoch bestünde die Option, bestimmte Artikel im Rahmen des Angebotsheftes bekannt oder sogar preislich attraktiver zu machen, um dadurch die Unverpacktstationen stärker in den Einkaufsfokus der Kundinnen und Kunden zu rücken. Durch eine solche Maßnahme gewinnt das Unverpacktkonzept an Bekanntheit, zusätzlich verschafft es den Kundinnen und Kunden einen Überblick, welche Filialen mit einer Unverpacktabteilung ausgestattet sind. Zudem könnte die Filiale bereits vor dem Ladeneingang durch ein Plakat darauf aufmerksam machen, dass auch in diesem Markt unverpackt eingekauft werden kann. Darüber hinaus könnte am Regal der verpackten Produkte ein Hinweis angebracht werden, dass es dieses Produkt auch verpackungsfrei in der Filiale zu erwerben gibt. Diese Maßnahme könnte dazu führen, dass die Kundinnen und Kunden zum Nachdenken und zur Nutzung der Unverpacktabteilung angeregt werden, um zum unverpackten Äquivalent zu greifen. Auf der anderen Seite könnte diese Strategie Auswirkungen auf den Absatz der verpackten Ware haben.

Sollten die Biosupermarktunternehmen in Zukunft weitgehend auf verpackte Produkte verzichten und ausschließlich das unverpackte Äquivalent anbieten, wäre dies eine Option, sowohl Akteurinnen und Akteure der vorgelagerten Wertschöpfungskette (produzierende, gegebenenfalls verarbeitende Unternehmen und Handel) als auch nachgelagerte Akteurinnen und Akteure (das heißt Kundinnen und Kunden) in ihrem Handeln zu beeinflussen.

Den Einkauf durch ein branchenübergreifendes Pfandsystem erleichtern

Ein bedeutsamer Aspekt beim Unverpacktkonzept ist das Behältermanagement für die Kundinnen und Kunden. Spontaneinkäufe in der Unverpacktabteilung empfanden fast die Hälfte der Nutzerinnen und Nutzer in beiden Studien als Hürde. Wie sich gezeigt hat, birgt vor allem die Einführung eines Pfandsystems Potenzial, um diese Herausforderung zu meistern. Derzeit können die Kundinnen und Kunden mit selbst mitgebrachten, leer abgewogenen Gefäßen die Unverpacktabteilung nutzen. Für den Spontaneinkauf bietet der Markt kostenfreie Papiertüten und kostenpflichtige Glasbehältnisse an. Beides ist aus der Sicht der Befragten nicht optimal.

Wünschenswert wäre ein Pfandsystem, welches in Kooperation mit dem beliefernden Biogroßhandel umgesetzt wird. Ein bereits im Gastronomiebereich genutztes System verwendet Einweckgläser als Mehrweggläser, welche über das Pfandsystem des Bioladens zurück zum Großhandel geführt werden können (Abbildung 9.4). Die Endkundinnen und -kunden würden pro Gefäß einen Pfandpreis bezahlen, welchen sie bei der Rückgabe des Gefäßes im Markt zurückerstattet bekommen. Um Missverständnisse zu vermeiden, sollte das Ladenpersonal die Kundinnen und Kunden darauf hinweisen, dass die zum Einkauf wieder mitgebrachten

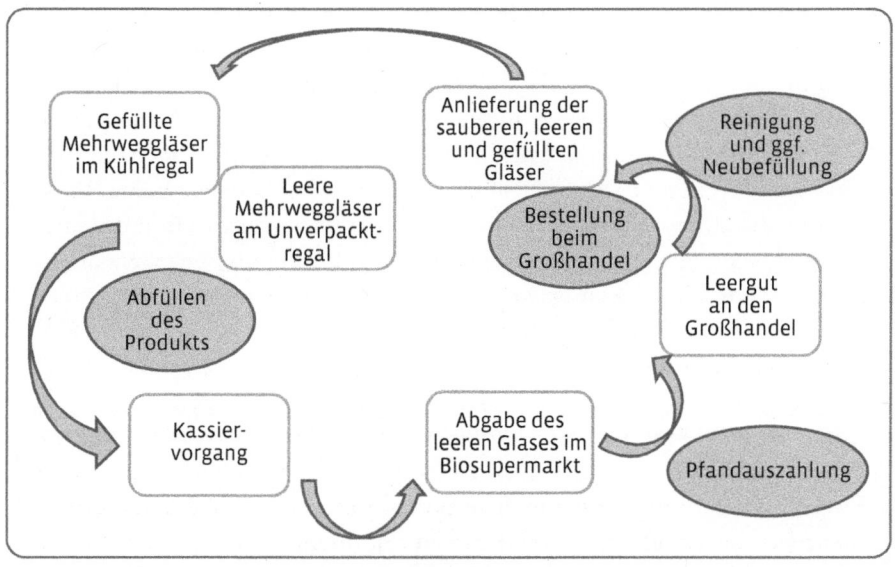

Abbildung 9.4
Behälternutzung der Studienpopulation bei jedem oder fast jedem Einkauf in der Unverpacktabteilung (Mehrfachantworten möglich)
(Quelle: eigene Darstellung).

Empirische Studien und Konsumforschung zu Unverpackt

Gläser vorab abgegeben und durch neue Pfandgläser ersetzt werden müssen. Durch diese Maßnahme würde einerseits die Berechnung von doppeltem Pfandgeld vermieden, andererseits würden so bei jedem Einkauf in der Unverpacktabteilung frisch gereinigte Gläser verwendet werden. Zusätzlich könnte dieses System abteilungsübergreifend angewendet werden. Sowohl an den Frischetheken (Fleisch, Käse) als auch am Backstand könnten die Pfandgläser für den unverpackten Einkauf genutzt werden. Dort bietet die Filiale gekühlte *Ready-to-eat*-Produkte (z. B. Feinkostsalate oder Joghurtzubereitungen) in Einwegbehältnissen an, welche durch die Pfandgläser ersetzt werden könnten. Des Weiteren würde für die Endkundinnen und -kunden durch dieses Pfandsystem das Abwiegen des Taragewichts entfallen, da im Kassensystem ein festes Taragewicht hinterlegt werden würde. Dieses Mehrwegsystem könnte somit die Papiertüten und kostenpflichtigen Glasbehältnisse ersetzen und es ermöglichen, spontan unverpackt im Biosupermarkt einzukaufen.

9.6
Zusammenfassung und Ausblick

Da es zum unverpackten Einkaufen als junges Angebot für den Lebensmitteleinkauf insgesamt nur wenig (siehe auch Sandano 2016) und zu (Bio-)Supermärkten zum Zeitpunkt der Erhebung noch keine Literatur gab, wurde ein exploratives Studiendesign entwickelt. Beide (nicht repräsentativen) Studien zeigen jedoch vergleichbare Ergebnisse, weshalb übereinstimmende Tendenzen abgeleitet werden können. Beide Umfragen machten deutlich, dass die Unverpacktabteilung im Bio-LEH von den Kundinnen und Kunden in hohem Maße wahrgenommen (80 Prozent) und in ihrer Benutzbarkeit der Unverpacktstation durchaus positiv bewertet wird. Es konnte gezeigt werden, dass das Thema Abfall durch Lebensmittelverpackungen für die Befragten von großer Relevanz ist. Die Gründe für die Nichtnutzung sind vielschichtig. Einerseits entsprachen die aktuell angebotenen Produkte nicht dem Einkaufsmuster der befragten Nichtnutzerinnen und -nutzer, andererseits hinderten sie auch die eigene Einstellung und Einkaufsroutine, unverpackt einzukaufen. Viele

Kundinnen und Kunden standen dem Unverpacktkonzept positiv gegenüber, sofern der Einkauf transparenter, attraktiver und alltagstauglicher wird.

Zwischen 50 und 70 Prozent der Befragten nutzen bei jedem oder fast jedem Unverpackteinkauf eine Papiertüte. Die Substitution von Verpackungen durch die Papiertüte entspricht natürlich kaum dem Grundgedanken des unverpackten Einkaufens. Auch für die Herstellung der einmal genutzten Papiertüte werden schließlich Ressourcen und Energie verbraucht. Außerdem sind sie nicht auf die individuell abgefüllten Mengen angepasst. Es gibt Hinweise darauf, dass dieses Einkaufsverhalten der Biokundinnen und -kunden sich gegenüber dem der Kundinnen und Kunden in reinen Unverpacktläden unterscheidet (vgl. Kapitel 6). Das Behältermanagement bestehender Glasangebote oder zu entwickelnder Mehrwegbehältersysteme bildet somit die zentrale mobile Infrastruktur zwischen Handel und Verbraucherinnen und Verbrauchern. Ergänzt werden müsste dies durch Behälterreinigungskonzepte und -infrastruktur.

Aus den Ergebnissen leiten wir Überlegungen zu Handlungsfeldern ab, die sich einerseits an Marketing- und Nachhaltigkeitsverantwortliche in Lebensmitteleinzelhandelsunternehmen richten. Andererseits erfordern andere Überlegungen zu unseren Ergebnissen eine branchenübergreifende Vorgehensweise.

Ansatzpunkt im Marketing könnten gezielte Werbe-/Kommunikationsmaßnahmen sowie Kaufanreize sein, um die Nutzung der Unverpacktabteilung zu steigern.

Für die mittel- bis langfristige Entwicklung und Einführung eines branchenübergreifenden Pfandsystems bedarf es einer ganzheitlichen Vorgehensweise. Hier wären zunächst Studien zu *lesson's learnt* aus der Einführung von Pfandsystemen im Getränkebereich hilfreich, um durch einen branchenübergreifenden Entwicklungsprozess Hindernisse für Kunden, die durch eine Vielzahl von unterschiedlichen Systemen entstehen können, zu vermeiden.

Zusammenfassend betrachtet, ermöglichten diese Untersuchungen einen ersten Einblick in die Thematik, auf denen weitere Studien aufbauen können. Diese sollten zum Beispiel betrachten, ob die Reduktion von Lebensmittelverpackungen beim Unverpackteinkauf mit der Reduktion von Food Waste durch einen geplanten und bedarfsgerechten Einkauf korrelieren. Es bestehen somit weitere mögliche Forschungsperspektiven, welche im Rahmen des Unverpacktkonzepts und der Zero-Waste-Bewegung bearbeitet werden können.

LITERATURVERZEICHNIS

Brosius, H.-B.; Koschel, F.; Haas, A. (2009): Methoden der empirischen Kommunikationsforschung. Eine Einführung, 5. Aufl. Wiesbaden: VS Verl. für Sozialwissenschaften (Studienbücher zur Kommunikations- und Medienwissenschaft).

Brunner, K.-M.; Astleithner, F.; Geyer, S.; Jelenko, M.; Weiss, W. (2007): Ernährungsalltag im Wandel. Chancen für Nachhaltigkeit, Wien: Springer-Verlag.

Burlage, R. (2018): Nutzung des »unverpackt«-Konzepts im Biosupermarkt, dargestellt am Beispiel [einer Berliner] Biomarktkette. Bachelorarbeit. Hochschule für nachhaltige Entwicklung Eberswalde.

Eriksen, M.; Lebreton, L. C. M.; Carson, H. S.; Thiel, M.; Moore, C. J.; Borerro, J. C.; Galgani, F.; Ryan, P. G.; Reisser, J. (2014): Plastic Pollution in the World's Oceans. More than 5 Trillion Plastic Pieces Weighing over 250,000 Tons Afloat at Sea, in: PloS one 9 (12), e111913. DOI: 10.1371/journal.pone.

Goldkorn, F.; Kröger, M.; Pape, J. (2017): Wertschöpfungsketten neu denken und Barrieren überwinden, in: Ökologisches Wirtschaften 32 (1), S. 12.

Guillard, V.; Gaucel, S.; Fornaciari, C.; Angellier-Coussy, H.; Buche, P.; Gontard, N. (2018): The Next Generation of Sustainable Food Packaging to Preserve Our Environment in a Circular Economy, in: Context. Front. Nutr. 5:121. doi: 10.3389/fnut.2018.00121.

Isermann, H. (1991): Verpackungsplanung im Spannungsfeld zwischen ökologischen und ökonomischen Anforderungen an die Verpackung, in: OR Spektrum, S. 173–188.

König, B. (2006): Bestimmungsfaktoren für den Übernahmeprozess nachhaltiger Produktionsverfahren und Prozessinnovationen im Gartenbau, Shaker Verlag.

Kuß, A.; Wildner, R.; Kreis, H. (2018): Marktforschung. Datenerhebung und Datenanalyse. 6., überarbeitete und erweiterte Auflage, Wiesbaden: Springer Gabler.

Nickel, Laura (2019): Unverpackt einkaufen im Bio-Supermarkt. Eine explorative Fallstudie des unverpackt-Konzepts auf allen Stufen der Wertschöpfungskette eines Berliner Bio-Supermarktes. Masterarbeit, Humboldt-Universität zu Berlin.

9 *Unverpackt einkaufen im Biosupermarkt*

Salabassis, M.; König, B.; Kröger, M. (2018): Quereinsteigende Existenzgründer in nachhaltige Lebensmittelsysteme – Motivationen, Herausforderungen, Innovationspotenziale, in: Beiträge für die Wissenschaftstagung Ökolandbau [https://orgprints.org/36184/1/Beitrag_257_final_a.pdf; 28.10.2020].

Sajovitz, P.; Pöchtrager, S.; Truffner, T.; Auberger, V. (2018): Segmentierung der Kunden des Wiener Bio-Supermarktes »en's Biomarkt« mithilfe einer Clusteranalyse, in: Die Bodenkultur: Journal of Land Management, Food and Environment 68 (4), S. 249–259. DOI: 10.1515/boku-2017-0020.

Schöberl, S. (2012): Verbraucherverhalten bei Bio-Lebensmitteln. Analyse des Zusammenhangs zwischen Einstellungen, Moralischen Normen, Verhaltensabsichten und tatsächlichem Kaufverhalten. Dissertation. Technische Universität München.

Differenzierter Einblick in das Image von Unverpacktläden

PATRICK NIEHAVES | JENNIFER MARISA FRÖHLICH
SOPHIA KLATT-D'SOUZA | IRMELA SINKEWITSCH

Zusammenfassung

Unverpacktläden bieten einen unternehmerischen Lösungsansatz für die globale Umweltverschmutzung durch Kunststoffverpackungen. Trotz seines Nischendaseins erfreut sich das Ladenkonzept zunehmender Beliebtheit. Eine detaillierte wissenschaftliche Betrachtung des Images von Unverpacktläden stand jedoch bis dato noch aus. Im vorliegenden Beitrag werden die Ergebnisse einer explorativen Befragung zu dieser Thematik vorgestellt. Die zentralen Erkenntnisse zeigen, dass Unverpacktläden in Deutschland bereits einen sehr hohen Bekanntheitsgrad haben und unter den Befragten ein Gesamtbild des Ladenkonzeptes existiert, welches als insgesamt positiv beschrieben werden kann. So zeigten sich nur in wenigen Bereichen Skeptikerinnen und Skeptiker des Konzeptes.

10.1
Einleitung

Zero Waste (»null Müll«) ist eine zunehmend bekannter werdende Lebensphilosophie. In Deutschland ist man jedoch noch weit von der Verwirklichung dieser Idee entfernt. Mit 18,7 Millionen Tonnen Verpackungsmüll im Jahr erreichte die BRD 2017 einen neuen Höchstwert (UBA 2019). Das Konzept der sogenannten Unverpacktläden greift diese Problematik auf und ermöglicht Konsumentinnen und Konsumenten die Vermeidung von Verpackungsmüll, indem die Ware ohne bzw. in wiederverwendbaren Verpackungen angeboten wird. Unverpacktläden befinden sich zwar heute noch in einer Marktnische, ihre Anzahl steigt jedoch stetig an (unverpackt e. V. o. J.). Mit der steigenden Präsenz der Läden wächst auch die Vielfalt. Im Vergleich zu klassischen Einkaufsstätten für Waren des täglichen Bedarfs, wie Supermärkten oder Drogerien, ist die unternehmerische Landschaft beim Unverpacktkonzept diverser. Dies zeigt sich in vielerlei Hinsicht: beispielsweise durch die verschiedenen rechtlichen und organisatorischen Unternehmensformen, das Waren- und Dienstleistungsangebot oder die Gestaltung der Läden (vgl. Original Unverpackt o. J.; Ouni 2017; The Source Bulk Foods 2020).

Vor diesem Hintergrund stellt sich die Frage, ob Verbraucherinnen und Verbraucher eine klare Vorstellung und ein differenziertes Meinungsbild von Unverpacktläden haben. Eine repräsentative Studie aus dem Jahr 2015 zeigt, dass die deutliche Mehrheit der Befragten die Idee, Lebensmittel verpackungsfrei einzukaufen befürwortet, jedoch nur etwa jede dritte Person in einem Geschäft einkaufen würde, in dem ausschließlich verpackungsfreie Lebensmittel angeboten werden (PWC 2015). Unbeantwortet bleibt, welche Gründe es hierfür gibt. Daran anknüpfend, hat eine Studierendengruppe der Hochschule für nachhaltige Entwicklung Eberswalde (HNEE) eine Umfrage zum Image von Unverpacktläden durchgeführt. Ziel der Umfrage war es, die Einstellungen einer möglichst breiten Bevölkerungsgruppe gegenüber dem Konzept der Unverpacktläden zu beschreiben. Die Ergebnisse können als Ausgangspunkt für etwaige Anpassungen des Warenangebotes, die Aufklärung von Verbraucherinnen und Verbrauchern oder auch vertiefende Studien dienen. Der vorliegende Beitrag fasst die Hintergründe, Erkenntnisse und Implikationen der erwähnten Forschungsarbeit zusammen.

10.2
Methodisches Vorgehen

Im folgenden Abschnitt wird zunächst der Begriff »Image« für die Erhebung definiert, bevor der Fragebogen vorgestellt und die Durchführung und Auswertung der Umfrage kurz beschrieben wird.

10.2.1
Begriffsbestimmung des Forschungsobjektes »Image«

Der Begriff »Image« wird in der Literatur unterschiedlich definiert. Er wird häufig als Charakter, Metapher oder auch Vergleich einer Sache oder Person, die von der Öffentlichkeit wahrgenommen wird, umschrieben (Oxford English Dictionary 1995, zitiert nach Fillis 2003: S. 239). Dieses Gesamtbild setzt sich dabei aus vielen subjektiven Wahrnehmungen zusammen, welche positiv, negativ und auch zueinander inkongruent sein können. Aus einer abstrakten Perspektive wird Image auch als mehrdimensionale Ausdifferenzierung der Einstellung gegenüber einem Meinungsgegenstand gesehen (Drengner 2003: S. 90). Eine weitere Definition unterscheidet zwischen den subjektiven Eindrücken und dem damit verbundenen tatsächlichen Verhalten. So wird Image als Summe dessen beschrieben, was wir denken zu wissen und was uns zu dem resultierenden Verhalten verleitet (Boulding 1956: S. 15). Für die Gestaltung der Umfrage wurde der Begriff Image somit vor dem Hintergrund eines komparativen und mehrdimensionalen Kontextes definiert, in dem sich unterschiedliche Eindrücke und Verhaltensmuster wiederfinden. Die ausgewertete Literatur zum Thema Image von Läden oder Geschäftstypen zeigt eine Reihe von Attributen auf, die die Wahrnehmung eines Ladens bzw. Ladenkonzeptes bestimmt. Um das Image des Unverpacktladenkonzeptes zu erfassen, wurden bestimmte Attribute aus der Literatur ausgewählt. Diese sind unter anderem Qualität, Preis, Auswahl und Frische der Produkte, Ladengestaltung, Atmosphäre, Sauberkeit und Service (Hansen et al. 2004: S. 30) sowie Komfort (de Morais Watanabe et al. 2013: S. 91). Aufgrund der Besonderheiten, die das Konzept der Unverpacktläden kennzeichnen, wurden zudem die Parameter ökologische Nachhaltigkeit, Vertrauen und Exklusivität ergänzt.

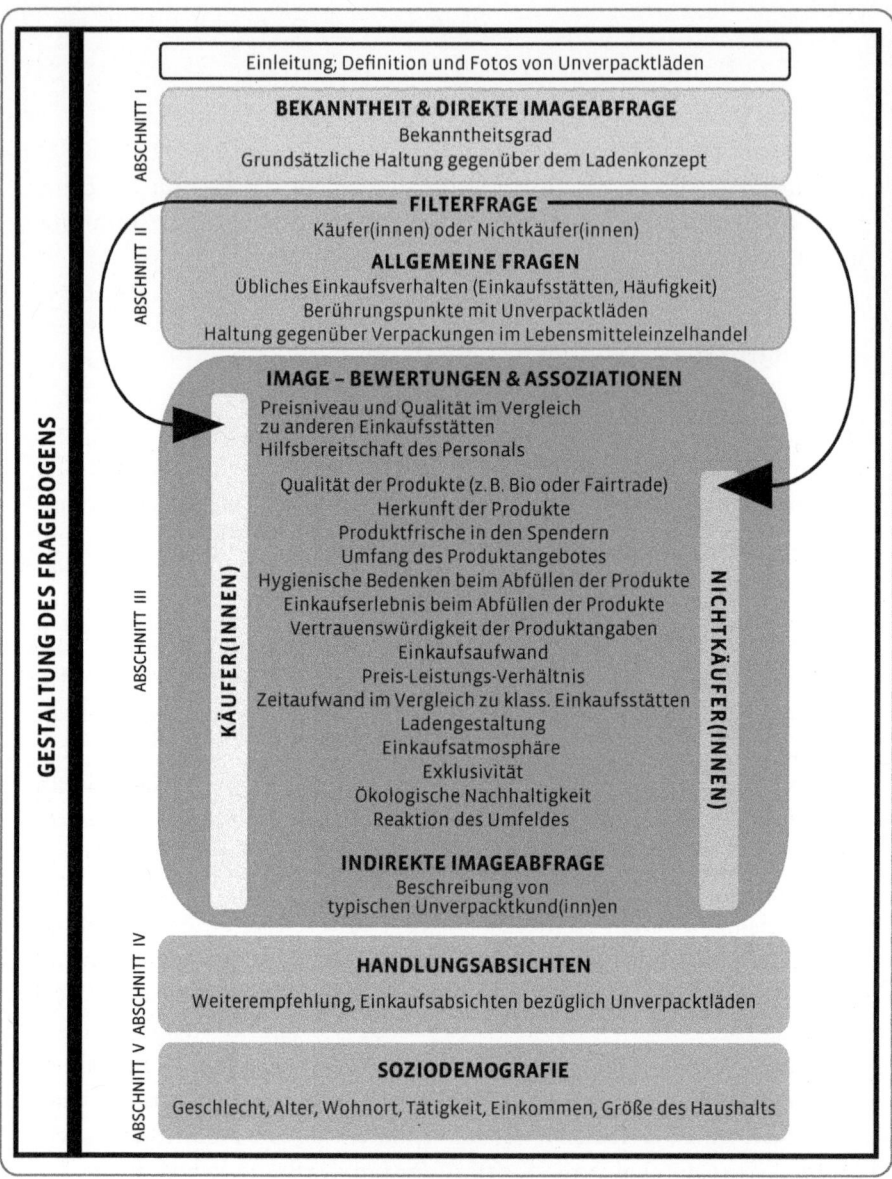

GESTALTUNG DES FRAGEBOGENS

ABSCHNITT I

Einleitung; Definition und Fotos von Unverpacktläden

BEKANNTHEIT & DIREKTE IMAGEABFRAGE
Bekanntheitsgrad
Grundsätzliche Haltung gegenüber dem Ladenkonzept

ABSCHNITT II

FILTERFRAGE
Käufer(innen) oder Nichtkäufer(innen)

ALLGEMEINE FRAGEN
Übliches Einkaufsverhalten (Einkaufsstätten, Häufigkeit)
Berührungspunkte mit Unverpacktläden
Haltung gegenüber Verpackungen im Lebensmitteleinzelhandel

ABSCHNITT III

KÄUFER(INNEN)

NICHTKÄUFER(INNEN)

IMAGE – BEWERTUNGEN & ASSOZIATIONEN
Preisniveau und Qualität im Vergleich
zu anderen Einkaufsstätten
Hilfsbereitschaft des Personals

Qualität der Produkte (z.B. Bio oder Fairtrade)
Herkunft der Produkte
Produktfrische in den Spendern
Umfang des Produktangebotes
Hygienische Bedenken beim Abfüllen der Produkte
Einkaufserlebnis beim Abfüllen der Produkte
Vertrauenswürdigkeit der Produktangaben
Einkaufsaufwand
Preis-Leistungs-Verhältnis
Zeitaufwand im Vergleich zu klass. Einkaufsstätten
Ladengestaltung
Einkaufsatmosphäre
Exklusivität
Ökologische Nachhaltigkeit
Reaktion des Umfeldes

INDIREKTE IMAGEABFRAGE
Beschreibung von
typischen Unverpacktkund(inn)en

ABSCHNITT IV

HANDLUNGSABSICHTEN
Weiterempfehlung, Einkaufsabsichten bezüglich Unverpacktläden

ABSCHNITT V

SOZIODEMOGRAFIE
Geschlecht, Alter, Wohnort, Tätigkeit, Einkommen, Größe des Haushalts

Abbildung 10.1
Gestaltung des Fragebogens *(Quelle: eigene Darstellung).*

Empirische Studien und Konsumforschung zu Unverpackt

10.2.2
Gestaltung des Fragebogens

Der Fragebogen umfasste mehr als 20 inhaltliche Fragen und wurde in zwei Varianten ausgefertigt, die sich sowohl hinsichtlich der Formulierungen als auch der Auswahl der Fragen unterschieden. Es wurde zwischen Käuferinnen und Käufern – jenen Personen, die bereits in einem Unverpacktladen eingekauft haben – und Nichtkäuferinnen und Nichtkäufern – jenen Personen, die noch nie in einem Unverpacktladen eingekauft haben – differenziert (siehe Tabelle 10.1).

Der Fragebogen setzte sich überwiegend aus geschlossenen Fragen zusammen. Viele Aspekte wurden über Aussagen abgefragt, bei denen die Teilnehmenden ihren Grad der Zustimmung angeben konnten. Nach einem Pretest wurde der Fragebogen finalisiert (siehe Abbildung 10.1).

10.2.3
Durchführung der Umfrage
und Auswertung der Antworten

Der Fragebogen wurde mit der Online-Umfragesoftware QuestionPro erstellt und erforderte somit zur Teilnahme ein internetfähiges Endgerät. Die Akquise der Teilnehmenden erfolgte im privaten und beruflichen Umfeld. Zudem erfolgte die Veröffentlichung der Umfrage in den sozialen Netzwerken Facebook und Instagram sowie auf der Umfrageplattform PollPool. Innerhalb eines Monats (24. 12. 2019 – 24. 01. 2020) starteten 705 Personen die Befragung, wovon 529 Personen die Umfrage – in durchschnittlich zehn Minuten – abgeschlossen haben (Abschlussquote: 75 Prozent). Bei der Befragung handelt es sich folglich um eine Stichprobenerhebung; sie ist nicht repräsentativ.

Die Gesamtauswertung der Rohdaten erfolgte mit Microsoft Excel. Der Stichprobenumfang stellt die akquirierten Teilnehmenden (n = 529) der Umfrage dar. Da nicht alle Personen alle Fragen beantwortet haben, variiert die jeweilige Zahl der Teilnehmenden (n) zwischen den Fragen. Die Antworten der offenen Fragen wurden einer Textanalyse unterzogen und entsprechend kategorisiert. Wie oben erwähnt, wurde bereits während der

Beantwortung des Fragebogens zwischen Käuferinnen bzw. Käufern sowie Nichtkäuferinnen bzw. Nichtkäufern differenziert. Weitere Datensegmentierungen erfolgten durch Filteranalysen mithilfe von QuestionPro. Die Antwortmöglichkeiten verschiedener Fragen dienten dabei als Parameter der Datenfilter. In Tabelle 10.1 werden die für diesen Beitrag ausgewählten Filter vorgestellt.

Tabelle 10.1
Datensegmentierung und Filterbeschreibung
(Quelle: eigene Darstellung).

Übergeordnete Differenzierung		
Filterkategorie	**Filter**	**Beschreibung**
Einkaufserfahrung in Unverpacktläden	Käufer(innen) n = 219	Personen, die mindestens einmal in einem Unverpacktladen eingekauft haben
	Nichtkäufer(innen) n = 309	Personen, die noch nie in einem Unverpacktladen eingekauft haben
Weitere Datensegmentierung		
Filterkategorie	**Filter**	**Beschreibung**
Einstellung der Käufer(innen) und Nichtkäufer(innen)	Skeptiker(innen) n = 17	Personen, die zu Beginn des Fragebogens angaben, »nicht wirklich vom Konzept überzeugt zu sein«

10.3
Forschungsergebnisse

In diesem Abschnitt werden die wichtigsten Erkenntnisse der Studie sowie die Charakteristika der Stichprobe präsentiert.

10.3.1
Soziodemografische Daten

In Abbildung 10.2 sind die wesentlichen soziodemografischen Daten der Befragten in einer Übersicht veranschaulicht. Die Stichprobe repräsentiert hinsichtlich der Zusammensetzung der Teilnehmenden nicht die deutsche Bevölkerung.

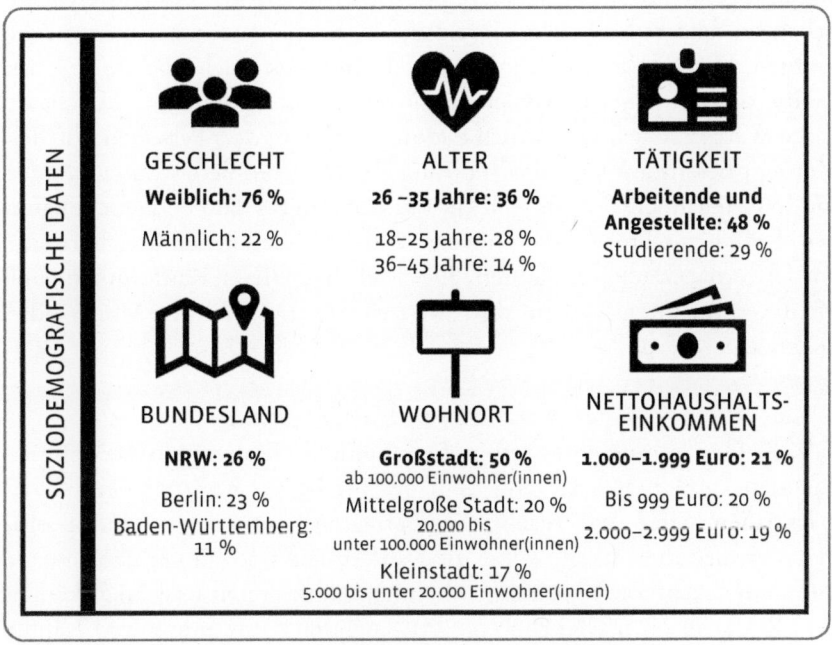

Abbildung 10.2
Zusammenfassung der wesentlichen soziodemografischen Daten der Befragten *(Quelle: eigene Darstellung).*

10 Differenzierter Einblick in das Image von Unverpacktläden

10.3.2
Image von Unverpacktläden

Im Folgenden wird dargestellt, wie viele der befragten Personen das Unverpacktkonzept bereits kennen oder schon in einem Unverpacktladen einkaufen waren, welche Assoziationen sie damit verknüpfen, wie sie die verschiedenen Komponenten des Ladenkonzeptes bewerten und welche Handlungsabsichten sich daraus ergeben.

Bekanntheitsgrad und Einkaufshäufigkeit

Unter den Befragten haben Unverpacktläden einen sehr hohen Bekanntheitsgrad. So gaben 94 Prozent an, bereits von dem alternativen Einkaufskonzept gehört zu haben. Dabei ist in etwa jede dritte Person durch Menschen aus dem persönlichen Umfeld auf das Konzept aufmerksam gemacht worden. Hinsichtlich der Einkaufserfahrung zeigte sich, dass knapp die Hälfte der Befragten bereits einen Unverpacktladen besucht hat. Dieser hohe Wert lässt sich vermutlich dadurch erklären, dass Personen, die das Konzept bereits aus eigener Erfahrung kennen, eher bereit waren, an der Umfrage teilzunehmen, als jene, die das Konzept bis dato noch nicht kannten. Lediglich 5 Prozent der Umfrageteilnehmenden gehen üblicherweise im Unverpacktladen einkaufen. Die Mehrheit dieser Käuferinnen und Käufer tätigt ihren Einkauf dort etwa ein bis drei Mal pro Monat oder seltener.

Gesamteindruck von Unverpacktläden

Für die Gewinnung eines ersten Gesamteindruckes wurden die Teilnehmenden gefragt, was sie von dem beschriebenen Konzept der Unverpacktläden halten. 92 Prozent aller Befragten tendierten zu einer positiven Antwortmöglichkeit, wobei die Käuferinnen und Käufer überzeugter von dem Ladenkonzept sind als die Nichtkäuferinnen und Nichtkäufer. So gab die absolute Mehrheit (54 Prozent) der Käuferinnen und Käufer an, sie seien »begeistert«, wohingegen die meisten Nichtkäuferinnen und Nichtkäufer (56 Prozent) die schwächere Option »Ich finde es eine ganz gute Sache« auswählten.

Assoziationen und Bewertungen der Ladenattribute

Besondere Qualität, Preis-Leistungs-Verhältnis und Exklusivität
Unverpacktläden bieten häufig regionale und ökologisch nachhaltige Produkte an, die beispielsweise durch das Biosiegel der EU zertifiziert sind (Frühschütz o. J.). Durch die Umfrage sollte daher festgestellt werden, ob sich dies auch in der Vorstellung der befragten Verbraucherinnen und Verbraucher widerspiegelt. In der Tat geht eine erhebliche Mehrheit von 94 Prozent der Käuferinnen und Käufer und auch 84 Prozent der Nichtkäuferinnen und Nichtkäufer davon aus, dass ein großer bis überwiegender Teil der Unverpacktläden Produkte mit *besonderer Qualität* in dem oben geschilderten Sinne anbietet. Anschließend wurden die Befragten gebeten, das *Preis-Leistungs-Verhältnis* einzuschätzen. Die Studie zeigt, dass 70 Prozent derjenigen Personen, die bereits in Unverpacktläden eingekauft haben, das Preis-Leistungs-Verhältnis positiv oder eher positiv empfinden. Diese Tendenz ist bei der Befragtengruppe, die noch nie einen Unverpacktladen besucht hat, ähnlich, jedoch etwas geringer ausgeprägt. Hier stellen sich 55 Prozent das Preis-Leistungs-Verhältnis (eher) angemessen vor. Weitere 15 Prozent sind sich unsicher. Im Zusammenhang mit dem Aspekt des Preisempfindens ist auch die Frage nach der wahrgenommenen *Exklusivität* von Unverpacktläden von Bedeutung. Schließlich könnte vermutet werden, dass etwa Einkommensschwächere das Ladenkonzept nicht nutzen (können). Tatsächlich lässt sich aus den Antworten der Stichprobe ablesen, dass dieser Aspekt sehr unterschiedlich eingeschätzt wird: Etwa die Hälfte der Befragten geht davon aus, dass das Konzept für die breite Bevölkerung (eher) nicht geeignet sei, während die andere knappe Hälfte das Konzept als (relativ) massentauglich erachtet. Zwischen Käuferinnen bzw. Käufern und Nichtkäuferinnen bzw. Nichtkäufern sind dabei keine nennenswerten Unterschiede zu erkennen.

Frische, Vertrauenswürdigkeit der Produktangaben und Hygiene
Neben dem bereits erwähnten Aspekt der Zertifizierung zeigt sich Qualität auch durch die *Frische* der angebotenen Waren. Dies ist insofern ein interessanter Punkt, als bei Unverpacktläden Einzelverpackungen eingespart werden und somit der Schutz und die Konservierung der Waren auf anderen Wegen erfüllt werden müssen. So finden in der Regel Spendervorrichtungen Anwendung, deren Eignung, Ware frisch zu halten, von den Befragten eingeschätzt werden sollte. Ähnlich viele Käuferinnen und Käufer wie Nichtkäuferinnen und Nichtkäufer schätzen die Produktfrische in den Spendern als (recht) hoch ein (76 bzw. 69 Prozent). Daran anknüpfend, wurden die Personen nach der *Vertrauenswürdigkeit der Produktangaben,* wie zum Beispiel dem Mindesthaltbarkeitsdatum oder der Bioauszeichnung, gefragt. Schließlich fehlt auch hier die Verpackung, um den Verbraucherinnen und Verbrauchern die relevanten Informationen und Garantien zu kommunizieren. Stattdessen werden diese oftmals auf Informationsschildern in Produktnähe angebracht (VerbraucherFenster Hessen 2019). Die Auswertung ergab, dass eine Mehrheit von 70 Prozent der Personen mit und 61 Prozent ohne Einkaufserfahrung in Unverpacktläden solchen Angaben vollkommen vertraut. Weitere 22 bzw. 27 Prozent erachten sie zumindest als relativ vertrauenswürdig. Ein Kriterium, welches partiell ebenfalls eine Vertrauenskomponente enthält, ist *Hygiene,* da die Kundschaft diese nicht ohne Weiteres selbst überprüfen kann. Hier beruht die entsprechende Vorstellung auf Erfahrungen, wie sorgfältig beispielsweise fremde Personen Hygienestandards einhalten. Mit einer absoluten Mehrheit von 68 Prozent der Käuferinnen und Käufer und immerhin einer relativen Mehrheit von 46 Prozent der Nichtkäuferinnen und Nichtkäufer haben die meisten Befragten keine Bedenken im Hinblick auf die Hygiene. 21 bzw. 30 Prozent der Teilnehmenden sehen lediglich ein geringes Hygienerisiko.

Umfang des Produktangebotes, Service und Spaß

Ein anderer Faktor, der im Lebensmitteleinzelhandel von Bedeutung ist, ist der *Umfang des Produktangebots*. Daher wurden die Personen gefragt, ob sie ihren gesamten Einkauf in Unverpacktläden erledigen bzw. annehmen, dies zu können. Ähnlich viele Personen beider Gruppen (40 Prozent bzw. 44 Prozent) verneinten diese Frage tendenziell, während weitere 42 bzw. 19 Prozent sie definitiv verneinten. Dies zeigt somit, dass beide Befragtengruppen das Produktangebot als eingeschränkt betrachten, wobei die Käuferinnen und Käufer an dieser Stelle durch ihre bereits gesammelten Erfahrungen etwas desillusionierter zu sein scheinen. Neben dem Produktangebot wirkt sich auch der wahrgenommene *Service* auf das Gesamtimage eines Ladens bzw. Ladenkonzeptes aus. Die diesbezügliche Frage wurde ausschließlich jenen Personen gestellt, die bereits in einem Unverpacktladen eingekauft haben. Das Ergebnis ist sehr eindeutig und positiv. Die Käuferinnen und Käufer empfinden das Personal in Unverpacktläden zu 61 Prozent als sehr und zu 21 Prozent als recht freundlich. Etwa jede sechste Person machte hierzu keine Angaben. Neben dem Service bestimmt auch die Selbstbedienung das Einkaufserlebnis. Daher wurden die Teilnehmenden gefragt, ob ihnen das Abfüllen der Produkte *Spaß* bereitet bzw. bereiten würde. Sowohl die große Mehrheit der Käuferinnen und Käufer (82 Prozent) als auch die der Nichtkäuferinnen und Nichtkäufer (72 Prozent) füllt (relativ) gerne Produkte ab bzw. nimmt an, dass dies Freude bereitet.

Ladengestaltung und Einkaufsatmosphäre

Die Aspekte Ladengestaltung und Einkaufsatmosphäre wurden in die Umfrage integriert, um ein Bild von den visuell-subjektiven Erlebnissen bzw. Assoziationen mit Unverpacktläden zu erhalten. Die Auswertung zeigt, dass etwa acht von zehn Käuferinnen und Käufern die Ladengestaltung als organisiert, gepflegt und »alternativ« ansehen. Ergänzend dazu nimmt ein ähnlicher Prozentsatz der Stichprobe die Einkaufsatmosphäre als angenehm, freundlich, persönlich und locker wahr. Die Entsprechungen der Nichtkäuferinnen und Nichtkäufer weisen die gleiche Tendenz auf.

10 *Differenzierter Einblick in das Image von Unverpacktläden*

Ökologische Nachhaltigkeit

Abschließend wird das Bild beschrieben, das die Teilnehmenden bezüglich der ökologischen Nachhaltigkeit von Unverpacktläden haben. Der Aussage, dass Unverpacktläden einen großen Beitrag zum Umweltschutz leisten, stimmten knapp zwei Drittel vollkommen und knapp ein Drittel aller Befragten tendenziell zu. Die Überzeugung von der ökologischen Nachhaltigkeit des Ladenkonzeptes scheint dabei unabhängig von der Einkaufserfahrung zu sein, da sich kein relevanter Unterschied zwischen dem Antwortverhalten der Käuferinnen und Käufer und dem der Nichtkäuferinnen und Nichtkäufer feststellen ließ.

10.3.2.2
Einkaufs- und Weiterempfehlungsabsichten

In den vorangegangenen Abschnitten wurde deutlich, wie die Befragten einzelne Aspekte von Unverpacktläden einschätzen. Diese positive Gesamtwahrnehmung von Unverpacktläden unter den Teilnehmenden spiegelt sich auch in deren Aussagen über ihr zukünftiges Einkaufsverhalten und die Weiterempfehlung von Unverpacktläden an das persönliche Umfeld wider. Die Mehrheit (88 Prozent) der befragten Käuferinnen und Käufer plant, in Zukunft weiterhin in einem Unverpacktladen einzukaufen. Dies zeigt, dass die Unverpacktläden auf eine loyale Kundschaft zurückgreifen können. Aber selbst in der Gruppe der Nichtkäuferinnen und Nichtkäufer haben 71 Prozent die Absicht, zukünftig einen Unverpacktladen aufzusuchen. Auch die Bereitschaft, das Einkaufen in Unverpacktläden an das persönliche Umfeld weiterzuempfehlen, reiht sich in das positiv geprägte Bild des Ladenkonzepts ein. 79 Prozent aller Befragten würden ihrem Bekanntenkreis empfehlen, das Unverpacktkonzept einmal auszuprobieren. Darüber hinaus vermuten sowohl die Käuferinnen und Käufer (80 Prozent) als auch die Nichtkäuferinnen und Nichtkäufer (74 Prozent) selbst ein (eher) positives Feedback aus ihrem Umfeld als Reaktion darauf, wenn sie in einem Unverpacktladen einkaufen gehen.

10.3.2.3
Beschreibung der
typischen Unverpacktkäuferinnen und -käufer

Um weitere Imageaspekte zu erfassen, wurden die Befragten in einer offenen Frage gebeten, typische Unverpacktkundinnen und -kunden zu beschreiben. Dadurch projizieren sie ihre Assoziationen mit Unverpacktläden auf ein bildliches Stereotyp. Von den insgesamt 529 Teilnehmenden beantworteten 448 die Frage, darunter annähernd so viele Käuferinnen und Käufer wie Nichtkäuferinnen und Nichtkäufer. Die Antworten beider Gruppen wichen dabei nicht nennenswert voneinander ab. Hinsichtlich des Lebensstils stellt sich der Großteil der Befragten die Kundinnen und Kunden von Unverpacktläden umweltbewusst vor (n = 291). Charakterlich wurden sie insbesondere als alternativ (n = 133), achtsam (n = 61) oder auch aufgeschlossen (n = 38) umschrieben. Die Befragten halten die Kundschaft von Unverpacktläden für eher jung (n = 54) und eher weiblich (n = 25). Keine der Personen stellt sich die Kundschaft primär männlich vor. Des Weiteren wird oftmals vermutet, die Kundinnen und Kunden seien (akademisch) gebildet (n = 67). Dementsprechend ist es nicht verwunderlich, dass auch angenommen wird, sie seien der Mittel- bis Oberschicht zugehörig, finanziell gut situiert oder gar wohlhabend (n = 68).

10.3.2.4
Betrachtung der Skeptikerinnen und Skeptiker

Die bisherigen Ausführungen haben gezeigt, dass Unverpacktläden unter den befragten Personen ein mehrheitlich positives Image genießen. Ziel der Erhebung war jedoch auch, ein möglichst differenziertes Bild der Wahrnehmung, Einstellung und Meinung gegenüber Unverpacktläden aufzuzeigen. Vor diesem Hintergrund wird ein besonderes Augenmerk auf den eingangs definierten Filter der Skeptikerinnen und Skeptiker gelegt (siehe Tabelle 10.1). Insgesamt konnten 17 Personen dieser Gruppe zugeordnet werden, von denen 14 Nichtkäuferinnen und Nichtkäufer und drei Käuferinnen und Käufer waren. Die Skeptikerinnen und Skeptiker lassen sich wie im Folgenden beschrieben charakterisieren.

Während die meisten Befragten positiv über die Produktfrische denken und keine bzw. geringe Bedenken im Hinblick auf die Hygiene haben, fällt im Gegensatz dazu auf, dass etwas mehr als die Hälfte der Skeptikerinnen und Skeptiker das Abfüllen der Produkte aus hygienischer Sicht für (eher) bedenklich hält und auch an der Warenfrische in den Spendern (gewissermaßen) zweifelt. Diese kritische Grundhaltung findet sich auch bei der Einschätzung des Produktumfangs in Unverpacktläden wieder, denn eine deutliche Mehrheit (94 Prozent) der Skeptikerinnen und Skeptiker nimmt an, ihren gesamten Einkauf (eher) nicht im Unverpacktladen tätigen zu können. Der Aussage, dass ihnen das Abfüllen der Produkte (ein wenig) Spaß bereiten würde, stimmt nur rund ein Viertel zu. Auch die Tatsache, dass Spontaneinkäufe aufgrund des Behältermanagements schwierig sind, wird in dieser Befragtengruppe mit einer eindeutigen Mehrheit (88 Prozent) als besonders störend empfunden.

Gleichwohl geht mehr als die Hälfte der Skeptikerinnen und Skeptiker (53 Prozent) davon aus, dass durch das Konzept der Unverpacktläden eine bedeutende Menge an Verpackung eingespart werden kann und dass Unverpacktläden einen wertvollen Beitrag zum Umweltschutz leisten können (59 Prozent). Bei der gesamten Stichprobe lagen diese Werte bei jeweils 78 und 93 Prozent. Jedoch bezweifeln etwa neun von zehn Skeptikerinnen und Skeptikern, dass das Konzept für die breite Bevölkerung geeignet ist. Ein tendenziell negatives Image unter den Skeptikerinnen und Skeptikern lässt sich somit vor allem in Bezug auf das Produktangebot, den Einkaufsaufwand und die Massentauglichkeit erkennen.

10.4
Fazit

Obwohl die Befragung nicht repräsentativ ist, konnte ein erster Einblick gegeben werden, welches Image Verbraucherinnen und Verbraucher mit dem Unverpacktkonzept verbinden. Das Ladenkonzept ist bei den Befragten bereits gut bekannt, und sein Image kann, basierend auf der Erhebung, als insgesamt positiv beschrieben werden. Trotz der eingangs erwähnten Diversität von Unverpacktläden zeigte die Auswertung, dass innerhalb der Stichprobe ein relativ homogenes Gesamtbild zu Unverpacktläden existiert. Eindeutig negative Resonanzen gab es lediglich beim Sortimentsumfang, der für den Großteil der Befragten nicht den gesamten Bedarf abdeckt. Kontrovers wahrgenommen wird die Exklusivität des Ladenkonzeptes. Etwa die Hälfte der Teilnehmenden erachtet das Konzept als nicht für die breite Masse geeignet, während in etwa die andere Hälfte der gegenteiligen Meinung ist.

Zwar sind insgesamt bei den Umfrageergebnissen überwiegend zustimmende Rückmeldungen zu verzeichnen, jedoch fällt zudem auf, dass die Gruppe der Nichtkäuferinnen und Nichtkäufer etwas häufiger zaghaft geantwortet oder keine Tendenz angegeben hat. Angesichts der fehlenden Erfahrung mit Unverpacktläden haben sie dennoch häufig eine differenzierte Meinung. Wirft man einen genaueren Blick auf die wenigen Teilnehmenden, die dem Konzept skeptisch gegenüberstehen, bestehen vergleichsweise größere Zweifel bei der Produktfrische in den Spendern, bei den hygienischen Bedingungen sowie bezüglich des Sortimentumfangs. Diese kritischen Stimmen sind besonders interessant, wenn es gilt, an einer Weiterentwicklung des noch jungen Ladenkonzeptes zu arbeiten. Dadurch können beispielsweise Kommunikationsmaßnahmen angepasst werden, um unter anderem mögliche Vorurteile zu beseitigen und eine größere Reichweite zu erzielen.

Insgesamt bildet die Umfrage eine Grundlage für weitergehende Forschungen in diesem Gebiet, die zur Optimierung des Unverpacktkonzeptes beitragen können. So könnte ergründet werden, warum Unverpacktläden als nicht massentauglich erachtet werden und wie sie sich aus der Nische heraus entwickeln können. Zum anderen stellt sich die Frage, wie das Sortiment in der Breite und Tiefe erweitert werden kann, damit Kundinnen und Kunden ihren gesamten Einkauf in Unverpacktläden tätigen können. Die Handlungsabsichten der Teilnehmenden verdeutlichen zuletzt, dass der Trend vom verpackungsfreien Einkaufen auf großes Interesse stößt und seine weitere Verbreitung dazu beitragen kann, zusätzlichen Verpackungsmüll im Lebensmitteleinzelhandel zu vermeiden.

LITERATURVERZEICHNIS

Boulding, K. (1956): The Image: Knowledge in Life and Society, Michigan.

Drengner, J. (2003): Imagewirkungen von Eventmarketing: Entwicklung eines ganzheitlichen Messansatzes, Chemnitz.

Fillis, I. (2003): Image, Reputation and Identity Issues in the Arts and Crafts Organization, in: Corporate Reputation Review, 6(3), S. 239–251 [https://link.springer.com/content/pdf/10.1057%2Fpalgrave.crr.1540203.pdf; 26.05.2020].

Frühschütz, L. (o. D.): Verpackungsfreie Läden: Müll vermeiden, Mehrwegbehälter nutzen [https://www.bzfe.de/inhalt/verpackungsfreie-laeden-31107.html; 06.06.2020].

Hansen, T.; Stubbe Solgaard, H. (2004): New perspectives on retailing and store patronage behavior: a study of the interface between retailers and consumers, Boston.

Morais Watanabe, E. A. de; Oliveira Lima-Filho, D. de; Vaz Torres, C. (2013): Store Image Attributes and Customer Satisfaction in Supermarkets in Campo Grande-Ms, in: Revista Brasileira de Marketing, 12(4), S. 85–107 [http://www.redalyc.org/articulo.oa?id=471747654005; 26.05.2020].

Original Unverpackt (o. J.): Über Original Unverpackt [https://original-unverpackt.de/ueber-original-unverpackt/; 06.06.2020].

OUNI (2017): Konzept [http://ouni.lu/de/konzept/; 06.06.2020].

PricewaterhouseCoopers International (PwC) (2015): Verpackungsfreie Lebensmittel – Nische oder Trend? [https://www.pwc.de/de/handel-und-konsumguter/assets/pwc-verpackungsfreie-lebensmittel.pdf; 27.05.2020].

The Source Bulk Foods (2020): who we are … [https://thesourcebulkfoods.com.au/we-are/; 06.06.2020].

Umweltbundesamt (UBA) (2019): Verpackungsabfälle [https://www.umweltbundesamt.de/daten/ressourcen-abfall/verwertung-entsorgung-ausgewaehlter-abfallarten/verpackungsabfaelle#verpackungen-uberall; 15.05.2020].

unverpackt e. V. (o. J.): Mitgliederzuwachs [https://unverpackt-verband.de/; 25.05.2020].

VerbraucherFenster Hessen (2019): Einkaufen – ganz unverpackt! [https://verbraucherfenster.hessen.de/wirtschaft/kaufen-verkaufen/einkaufen-%E2%80%93-ganz-unverpackt; 06.06.2020].

Systemische Hemmnisse und Zukunftsentwicklungen

Reduzierung von Kunststoffverpackungen für Lebensmittel

Herausforderungen für Verbraucherinnen und Verbraucher

THOMAS DECKER | MARIA LIPPL
MANUEL LORENZ | FRIEDERIKE VAN DEN ADEL

Zusammenfassung

Die Reduktion von Plastik sowie die umweltgerechte Entsorgung sind eine Herausforderung für Verbraucherinnen und Verbraucher. In diesem Beitrag werden mögliche Handlungsoptionen für Verbraucher und Verbraucherinnen und deren Grenzen bei der Vermeidung von Plastik(abfall) bei Lebensmittelverpackungen beleuchtet.

11.1
Einleitung

Im Vergleich zum Gesamtverbrauch von Verpackungsmaterial in Deutschland von circa 226 Kilogramm pro Person und Jahr (Statista 2019a) ist der Verbrauch von Kunststoffverpackungen mit knapp 40 Kilogramm im Jahr 2017 relativ gering (Statista 2019b). Allerdings nimmt der Verbrauch von Kunststoffverpackungen kontinuierlich zu. Gründe hierfür sind unter anderem die Substitution von Glas und Metall durch Kunststoff sowie die Nutzung von Convenience-Verpackungen für Lebensmittel. Zudem übernehmen Verpackungen vor allem im Lebensmittelbereich spezielle Aufgaben, die von Kunststoffen aufgrund ihrer Vielseitigkeit und ökonomischen Vorteilhaftigkeit optimal erfüllt werden können: Kunststoffe sind leicht, hygienisch, materialeffizient, verhältnismäßig kostengünstig und langlebig. Nichtsdestotrotz gehen mit der Anwendung von Kunststoffverpackungen auch negative Aspekte einher: Kunststoffverpackungen werden meist nur einmal verwendet und dann entsorgt. Es werden somit Energie und endliche Rohstoffe für die Kunststoffproduktion verbraucht, um etwas nur einmalig und teilweise für einen sehr kurzen Zeitraum zu verwenden. Zusätzlich wird ein Teil der Kunststoffverpackungen, besonders bei Betrachtung im globalen Maßstab, unsachgemäß entsorgt, gelangt unkontrolliert in die Umwelt und führt dort zu ökologischen Problemen, beispielsweise durch Zerfall zu Mikroplastik (Umweltbundesamt (2017c; siehe auch Kapitel 2). Nicht zuletzt deshalb sind gerade Kunststoffverpackungen im Lebensmittelbereich medial in Verruf geraten.

Im Spannungsfeld zwischen der Notwendigkeit und Sinnhaftigkeit von Kunststoffverpackungen und den daraus resultierenden ökologischen Problemen wird im Zuge eines vom Bundesministerium für Bildung und Forschung geförderten »Plastikvermeidungsprojekts« (VerPlaPoS; www. verplapos.de) nach Lösungsmöglichkeiten gesucht, um unter anderem das Aufkommen von Kunststoffverpackungen für exemplarische Produkte zu reduzieren. Erste Ergebnisse werden im Folgenden kurz dargestellt. Dabei handelt es sich um die gekürzte und überarbeitete Version des Diskussionspapiers *Plastikverpackungen in der Lebensmittelindustrie. Eine Analyse aus Sicht von VerbraucherInnen, Industrie und Handel* (Decker et al. 2019).

11.2
Möglichkeiten und Grenzen
der Kunststoff(abfall)reduzierung

Verbraucherinnen und Verbrauchern wird mitunter eine gewisse »Machtposition« zugeschrieben, weil sie mit ihrer Kaufentscheidung das Warenangebot und somit Marktentwicklungen beeinflussen können. Hieraus resultiert ein gewisser Einfluss auf das Aufkommen an Kunststoffverpackungen: Konsumentinnen und Konsumenten könnten theoretisch gezielt Produkte vermeiden, durch die Verpackungsmüll entsteht, und stattdessen

Produkte präferieren, die weniger Verpackungsabfall verursachen. In der Praxis stößt diese den Verbraucherinnen und Verbrauchern zugeschriebene »Macht« allerdings an verschiedene Grenzen, die im Anschluss erläutert werden. Im Zuge der Ausführungen wird auch das Problem der Entsorgung von Kunststoffverpackungen für Verbraucherinnen und Verbraucher und des Recyclings generell beleuchtet, da Recycling gemeinhin als eine Möglichkeit angesehen wird, den Ressourcenverbrauch von Kunststoffverpackungen zu reduzieren.

11.2.1
Kunststoffvermeidungsstrategien für Verbraucherinnen und Verbraucher im klassischen Lebensmitteleinzelhandel

Mit Änderungen von Gewohnheiten (und dem damit verbundenen Konsumverhalten) gehen für Verbraucherinnen und Verbraucher gewisse Einsparpotenziale einher. Eine Möglichkeit besteht beispielsweise darin, den Einkauf so zu planen, dass weniger überflüssige Lebensmittel erworben werden (Stichwort Lebensmittelverschwendung): In Deutschland werden pro Kopf und Jahr 500 Kilogramm Lebensmittel gekauft (Bundesministerium für Umwelt, Naturschutz und nukleare Sicherheit 2016), von denen 12 Prozent weggeworfen werden (Nier 2019). Werden weniger Lebensmittel über die Mülltonne entsorgt, entfällt auch die überflüssige Produktion und Entsorgung ihrer Verpackungen.

Zudem können sich Verbraucherinnen und Verbraucher bewusst für Produkte entscheiden, deren Verpackung in einem relativ geringen Aufkommen zum Produkt steht (Stichwort: Großverpackungen), also für eine große Produktmenge mit einer möglichst geringen Menge an Kunststoffverpackung bzw. gar keiner Verpackung. Dies sollte umgekehrt jedoch nicht zu höheren Lebensmittelverlusten führen (siehe oben und Kapitel 11.3.2).

Ein wichtiger Grund für die Verwendung von Kunststoffverpackungen im Lebensmittelbereich ist die Verlängerung der Haltbarkeit des Produktes. Dies ist besonders für importierte Lebensmittel wichtig. Auch hier können Verbraucherinnen und Verbraucher durch bewusste Kaufentscheidungen Einfluss nehmen: Durch die Wahl von regionalen und saisonalen

Lebensmitteln können lange Transportwege und, damit einhergehend, ein höheres Verpackungsaufkommen vermieden werden (Spangenberg und Lauwigi 2020).

Darüber hinaus könnten Verbraucherinnen und Verbraucher zu Verpackungen mit geringeren Wanddicken oder aus alternativen Rohstoffen sowie zu Mehrwegsystemen greifen, sofern diese vorhanden bzw. als solche gekennzeichnet sind und auch tatsächlich eine bessere Ökobilanz aufweisen. Die ökobilanzielle Betrachtung einzelner Produktverpackungen ist allerdings nicht nur für Verbraucherinnen und Verbraucher, sondern auch für Expertinnen und Experten oftmals nur schwer verständlich bzw. in ihrem Ergebnis nicht eindeutig (siehe dazu Kapitel 11.3.2), und die entsprechende Ausrichtung der Kaufentscheidung setzt voraus, dass solche Informationen zugänglich sind.

Die aufgezeigten Strategien – bessere Einkaufsplanung, größere Gebinde oder unverpackt, Regionalität und Saisonalität sowie Verpackungsalternativen – zeigen, dass es grundsätzlich durchaus möglich ist, Kunststoffverpackungen beim Lebensmitteleinkauf sowohl direkt als auch indirekt (durch den vollständigen Verzehr des gekauften Lebensmittels müssen weniger Lebensmittel nachgekauft werden) zu reduzieren.

11.2.2
Grenzen der Plastik(abfall)reduzierung

Die Möglichkeiten für Verbraucherinnen und Verbraucher, durch eine Veränderung des Konsumverhaltens Plastik zu reduzieren, klingen zwar auf den ersten Blick relativ einfach, stoßen aber an psychologische und gesellschaftliche (z. B. kulturelle oder soziale) Grenzen. Diese Grenzen werden im Rahmen dieses Beitrags beispielhaft skizziert.

Im Hinblick auf den Aspekt der Reduktion der Lebensmittelverschwendung gibt es verschiedene Grenzen: Wenn beispielsweise unverpackte Lebensmittel gekauft werden, sind diese gegebenenfalls weniger lange haltbar, denn gerade um die Haltbarkeit zu verlängern, werden oftmals Kunststoffverpackungen eingesetzt. Eine geringere Haltbarkeit hat zur Folge, dass Verbraucherinnen und Verbraucher weniger auf Vorrat kaufen können und häufiger einkaufen müssen (mit gegebenenfalls höherer Umweltwirkung durch mehr Autofahrten zum Einkaufsort). Somit müssten Konsumentinnen und Konsumenten sowohl einen Teil ihrer Einkaufs- als auch ihrer Ess- und Kochroutinen ändern, wenn sie unverpackte, weniger lange haltbare Lebensmittel kaufen. Es benötigt dazu die Bereitschaft der Verbraucherinnen und Verbraucher, ihre Abläufe entsprechend anzupassen und den Alltag danach auszulegen.

Großverpackungen sind zwar insgesamt verpackungstechnisch ökologischer, da im Verhältnis zur verkauften Produktmenge grundsätzlich weniger Verpackung benötigt wird. Dies kann aber wiederum das Wegwerfen von Lebensmitteln befördern, wenn die Lebensmittel nicht in Gänze innerhalb der Haltbarkeit aufgebraucht werden. Typischerweise ist der ökologische Fußabdruck für die Herstellung von Lebensmitteln höher als für die Herstellung von Verpackungen. Gerade bei Singlehaushalten können kleine Portionsverpackungen somit ökobilanziell besser sein als Großverpackungen, wenn dadurch verhindert wird, dass Lebensmittel weggeworfen werden. Welche Verpackungsgröße am Ende die ökologischere ist, ist von Produkt zu Produkt unterschiedlich und abhängig vom konkreten Verhalten der Konsumentinnen und Konsumenten (Molina-Besch et al. 2019).

Saisonales und regionales Einkaufen hat gegebenenfalls eine geringere Produktverfügbarkeit und Produktvielfalt zur Folge, was wiederum dem häufig anzutreffenden Bedürfnis von Verbraucherinnen und Verbrauchern nach ständig verfügbarer Ware entgegensteht. So sind zum Beispiel die ganzjährige Verfügbarkeit vieler Obst- und Gemüsesorten, die nicht in Deutschland produziert werden (können), oder reichhaltige Lebensmittelangebote aus dem Ausland Ausdruck des Verbraucherbedürfnisses, das der Lebensmittelhandel erfolgreich weckt und zu befriedigen versucht.

Die Wahl von Produkten mit alternativen Plastikverpackungen stellt eine weitere Möglichkeit dar, den Plastikabfall zu reduzieren. Damit Verbraucherinnen und Verbraucher Produkte mit alternativen Verpackungen gezielt auswählen können, müssen sie aber nicht nur das nötige Wissen, sondern auch die Möglichkeiten hierzu haben. Beides fehlt Verbraucherinnen und Verbrauchern oftmals. Ein Beispiel hierfür ist die bereits angesprochene Verringerung der Wanddicke. Diese können Verbrauche-rinnen und Verbraucher oft nicht erkennen oder gar überprüfen. Zudem besteht das Problem, dass diese Möglichkeit zwar grundsätzlich für die Plastikreduzierung wirksam und sinnvoll ist (GVM 2017), aber tech-nisch an ihre Grenzen stößt: Laut Herstellern wurde diese Maßnahme bereits bei vielen Produkten ausgereizt, da durch optimierte Wandstär-ken weniger Material benötigt wird (und somit geringere Materialkosten anfallen) sowie Transporte durch das geringere Gewicht günstiger (und durch reduzierten Kraftstoffbedarf auch ökologischer) werden. Aller-dings wurden die geringeren Wanddicken oft durch Multilayer-Materia-lien ersetzt, die wiederum schlecht recyclingfähig sind (Fraunhofer IVV, Gespräche mit verschiedenen Packmittelherstellern, 2019) (siehe dazu Kapitel 11.3.3).

Neben der Verringerung der Wanddicke wurden im Bereich alternati-ver Verpackungen bereits viele Forschungsaktivitäten unternommen, um das Verpackungsaufkommen bei gleichen qualitativen Eigenschaften zu minimieren:

◆ So werden zum Beispiel neue Verpackungsmaterialien entwickelt, wel-che sich nach einer gewissen Zeit vollständig biologisch abbauen. Das Problem hierbei ist, dass diese neuen, biologisch abbaubaren Mate-rialien vergleichsweise teuer und schwer zu verarbeiten sind, weshalb sie – bisher – nur vereinzelt Verwendung finden. Darüber hinaus ist die biologische Abbaubarkeit von solchen Kunststoffen unterschiedlich (Umweltbundesamt 2018d). Biologisch abbaubare Verpackungen kön-nen aber unter anderem dann einen ökologischen Mehrwert bringen, wenn Kunststoffe nicht sachgemäß entsorgt werden und in die Umwelt gelangen, zum Beispiel durch sogenanntes Littering (siehe auch Kapi-tel 13), weil dadurch verhindert wird, dass sich aus Verpackung bilden-des Mikroplastik in der Umwelt anreichert. In der bestehenden Ver-wertungsinfrastruktur werden sie jedoch oft als Störstoffe identifiziert und können dadurch nicht in den Kreislauf geführt oder zusammen mit organischen Abfällen abgebaut werden.

◆ Eine andere alternative Verpackungsvariante besteht darin, die Rohstoffbasis zu wechseln: Statt fossilen Ausgangsmaterialien könnten biobasierte Rohstoffe verwendet werden. Problematisch ist dies, sobald die verwendete Biomasse in Konkurrenz zur Nahrungsmittelproduktion steht oder wenn die Biomasse auf Flächen kultiviert wird, die durch Umwandlung natürlicher Ökosysteme (z. B. Rodung des Regenwalds) entstanden sind. Außerdem haben biobasierte Materialien bei der landwirtschaftlichen Produktion (z. B. Anbau, Düngung, Pflanzenschutz) auch einen nicht unerheblichen Energie- oder Wasserbedarf (Detzel et al. 2018). Dennoch handelt es sich um nachwachsende Rohstoffe, welche somit die endlichen Ressourcen einsparen und auch vergleichsweise CO_2-neutral sind.

Trotz ihrer Schwächen sind biobasierte und auch biologisch abbaubare Kunststoffe eine zukunftsfähige Alternative zu herkömmlichen, fossilen Kunststoffen. Wie bei den »Wanddicken« haben Verbraucherinnen und Verbraucher wiederum das Problem, diese Kunststoffe zu identifizieren.

Grundsätzlich müssten Verbraucherinnen und Verbraucher einen Teil ihrer Gewohnheiten beim Kauf von Lebensmitteln verändern und anpassen, um ihren Einfluss auf das Verpackungsaufkommen im Lebensmittelhandel zu nutzen. Gewohnheiten werden meist nur angepasst, wenn das mögliche Ergebnis der Gewohnheitsänderung auch befriedigend ist bzw. der Erreichung eigener Zielen und Motivationen dient. Wird vorausgesetzt, dass eine plastik- und verpackungssensible Produktauswahl vor allem durch den Wunsch motiviert wird, zum Umweltschutz beizutragen, so besitzt dieser Aspekt nicht für alle Konsumentinnen und Konsumenten gleichermaßen hohe Relevanz. Einer GfK-Umfrage aus dem Jahr 2015 zufolge legen nur circa 25 Prozent der Verbraucherinnen und Verbraucher in Deutschland ihrem Kaufverhalten eine umwelt- und sozialethische Konsumhaltung zugrunde. Hier kann davon ausgegangen werden, dass diese Menschen gut mit dem Thema Plastikvermeidung adressiert werden können. Für die Mehrheit der Verbraucherinnen und Verbraucher spielen Kaufkriterien wie Umweltaspekte oder soziale Kriterien und somit auch die Art der Verpackung aber eine untergeordnete Rolle (Statista 2017b).

11.2.3
Herausforderungen
bei der Entsorgung und Wiederverwertung

Wenn Kunststoffverpackungen nicht vermieden werden können, sollten sie als Wertstoff durch Recycling im Kreislauf gehalten werden, um Ressourcen zu sparen. Die möglichst sortenreine Abfalltrennung ist für effizientes Recycling unumgänglich, da die Sortenreinheit für die Recyclingfähigkeit von Kunststoffen und die Rezyklatqualität neben den Prozesskosten der zentrale Parameter für den Verkauf und die Nutzung als Substitut für Neuware sind (Moser 2016). Die Herstellung von Rezyklat ist nur rentabel, wenn es zu einem marktfähigen Preis verkauft werden kann und daraus hochwertige Produkte hergestellt werden können. Ist dies nicht der Fall, sind aus rein ökonomischer Sicht eine thermische Verwertung der Kunststoffe aus Abfällen sowie die Produktion von Verpackungen aus neuen Kunststoffen meist der bevorzugte Weg (ebd.). Ein weiteres Problem ist, dass Rezyklate für Lebensmittelverpackungen mit Lebensmitteldirektkontakt in Europa zugelassen werden müssen (Europäische Kommission 2008). Diese Zulassungen bestehen momentan jedoch nur für bepfandete PET-Flaschen, sodass sich auch von dieser Seite Beschränkungen beim Einsatz recycelter Kunststoffverpackungen ergeben.

Obwohl die Abfallentsorgung für Verbraucherinnen und Verbraucher mit monetären sowie zeitlichen Kosten verbunden ist, lässt sich eine grundsätzliche Bereitschaft zur Abfalltrennung erkennen: 74 Prozent der Verbraucher und Verbraucherinnen gaben 2016 in einer Umfrage an, dass sie ihren Müll sowohl zu Hause als auch, wenn möglich, unterwegs trennen (Statista 2017a). Die sachgerechte Entsorgung und die Komplexität der Mülltrennung stellt Verbraucherinnen und Verbraucher jedoch vor Herausforderungen, wie zum Beispiel die hohen Anteile an Fehlwürfen zeigen (Umweltbundesamt 2020). Zum einen ist eine Bestimmung der Abfallfraktion oftmals schwierig. Dies ist vor allem bei Kunststoff der Fall, da viele Kunststoffverpackungen sehr ähnlich aussehen und nicht gekennzeichnet sind. Diese Nichtkennzeichnung und die damit verbundene Unwissenheit sind vor allem dann problematisch, wenn die Verbraucherinnen und Verbraucher den Müll selbst zum Beispiel am Wertstoffhof sortieren müssen. Zum anderen gibt es verschiedene Mülltrennungssysteme in Deutschland, die sich von Kommune zu Kommune unterscheiden. Somit ist die Müllentsorgung (und die damit verbundene Recyclingquote) an sich in Deutschland sehr herausfordernd. Hierbei kann grundsätzlich bei Müllsammelsystemen zwischen Bring- und Holsystemen unterschieden werden. Diese Verschiedenheit der Müllentsorgungssysteme macht es auf Basis der Ergebnisse von VerPlaPoS zum Beispiel für die Produzenten und Produzentinnen von Waren sehr schwer, allgemeingültige Entsorgungshinweise zu geben.

Zusätzlich zur Sortenreinheit gibt es noch weitere Probleme beim Recycling von Kunststoffen: Circa zwei Drittel der sortierten Leichtverpackungen (Wagner et al. 2018) besteht aus einer Kombination verschiedener (Kunststoff-)Materialien (Multilayer-Materialien) bzw. wird durch Klebstoffe, aufgeklebte Etiketten oder durch andere Zusatzstoffe (Additive) verunreinigt. Diese Verpackungen in die einzelnen Bestandteile zu trennen ist schwierig oder gar unmöglich, weshalb bis zu 85 Prozent davon energetisch verwertet, das heißt verbrannt werden (Wagner et al. 2018). Die Recyclingquote wird dadurch herabgesetzt. Die Angaben zur Recyclingquote in Deutschland schwanken in Abhängigkeit von der Berechnungsgrundlage zwischen circa 5 bis 6 Prozent und über 40 Prozent (Umweltbundesamt 2018c; Bethge 2019; Heinrich-Böll-Stiftung et al. 2019). Es zeigt sich, dass der Weg zu einer Kreislaufwirtschaft noch weit ist.

11.3
Fazit und Lösungsvorschläge

Die Verwendung von Kunststoffverpackungen orientiert sich unter anderem an der Nachfrage durch Verbraucherinnen und Verbraucher sowie den Anforderungen für die darin verpackten Lebensmittel, der Wirtschaftlichkeit der verfügbaren Verpackungsmaterialien und den -technologien sowie den politischen Rahmenbedingungen und gesellschaftlichen Entwicklungen und Konsumtrends. Eine Veränderung hin zu umweltfreundlicheren Verpackungslösungen wird also nur erreicht, wenn alle

Beteiligten (Politik, Handel, Industrie, Verbraucherinnen und Verbraucher) miteinbezogen werden.

Die Verantwortung kann nicht primär bei den Verbraucherinnen und Verbrauchern liegen, die mit einer Vielzahl von Herausforderungen konfrontiert und überfordert werden. Dies beginnt bereits bei den Kompetenzen und dem Wissen, über das sie sowohl beim Kauf von Lebensmitteln als auch bei der Entsorgung von Kunststoffverpackungen verfügen müssten. Zudem fehlen »echte« Alternativen für nachhaltige Verpackungen, vor allem dann, wenn die Frage der ökobilanziellen Vorteilhaftigkeit ungeklärt ist. Hinzu kommt, dass das »Kunststoffverpackungsproblem« nur ein Baustein unter vielen ökologischen Problemen ist, das neben vielen anderen »Alltagsproblemen« existiert, mit denen sich Verbraucherinnen und Verbraucher auseinandersetzen müssen (bzw. sollen).

Um sie trotz dieser Schwierigkeiten zu entlasten und bei der Plastik-(abfall)vermeidung zu unterstützen, könnten verschiedene Möglichkeiten in Betracht gezogen werden: Wünschenswert ist zum einen eine gezielte und geeignete Aufklärung von Verbraucherinnen und Verbrauchern sowohl bei der Kaufentscheidung als auch bei der Entsorgung. Ein sogenannter Plastik-Index (PLIX), der im Zuge des VerPlaPoS-Projektes entwickelt wird, könnte dabei eine Lösung sein, um eine einfachere Kaufentscheidung zu ermöglichen und Kundinnen und Kunden zu sensibilisieren. Der »Plastik-Index« setzt sich primär aus folgenden Parametern zusammen:

- ◆ Verpackungsmenge im Verhältnis zur Produktmenge,
- ◆ Rezyklierfähigkeit,
- ◆ Umweltwirkungen der Herstellung der Verpackungsmaterialien.

Diese Parameter werden im PLIX zusammengefasst und dadurch verständlich und transparent direkt am Point of Sale kommuniziert. Darüber hinaus kann dieser Index auch für die anderen Glieder der Wertschöpfungskette hilfreich sein, um die Umweltwirkung von Plastikverpackungen bei Lebensmitteln zu erkennen und Verpackungen sinnvoll zu reduzieren.

Ein weiterer Lösungsvorschlag wären monetäre Anreize direkt am Point of Sale (z. B. bei Mehrwegsystemen) oder auch vermehrte Pfandpflichten.

Diese könnten zu einer Änderung des Kaufverhaltens beitragen und auch eine gewisse Orientierung zu plastikärmerem Einkaufen bieten. Hierbei muss aber darauf geachtet werden, dass die Mehrwegverpackungen auch möglichst oft benutzt werden. Indirekt auf das Verhalten von Verbraucherinnen und Verbrauchern würde sich auch eine Verpackungssteuer auswirken.

Im Bereich Entsorgung würde eine Vereinheitlichung und Vereinfachung der Entsorgungssysteme eine Entlastung für Verbraucherinnen und Verbraucher bedeuten, da damit auch eine bessere und einfachere Kennzeichnung zur sachgerechten Entsorgung auf den Verpackungen einhergehen könnte. Hierbei wäre es sehr wichtig, dass bereits beim Verpackungsdesign an eine optimale Recyclingfähigkeit gedacht wird.

Bei den schwer recycelbaren Multilayer-Materialien wäre ein Aufschlag bei der Verpackungslizenzierung denkbar, damit sich das Verpackungsdesign in eine andere Richtung entwickelt (Bethge et al. 2019; Schüler 2018). Monetäre Anreize werden durch das neue Verpackungsgesetz erwartet, das eine Lenkungswirkung (»Bonus-Malus-System«) vorsieht.

Darüber hinaus sollten alle Sortieranlagen auf dem neuesten technischen Stand sein (Wagner et al. 2018) und das Entsorgungssystem an biologisch abbaubare Kunststoffe angepasst werden, sodass diese recycelt oder auch über die Biomülltonnen entsorgt werden können.

Verbraucherinnen und Verbraucher sollen trotz der Herausforderungen nicht aus ihrer Verantwortung genommen werden, ihren Beitrag zur Plastik(müll)vermeidung zu leisten. Sie brauchen dazu aber auch die Unterstützung und gezielte Maßnahmen von Politik, Handel und Industrie.

Dieser Buchbeitrag wurde im Rahmen des vom Bundesministerium für Bildung und Forschung (BMBF) geförderten Plastikvermeidungsprojekts »VerPlaPoS« erstellt.

LITERATURVERZEICHNIS

Bethge, Ph.; Bruhns, A.; Klawitter, N.; Salden, S. (2019): Der dreckige Rest, in: Der Spiegel (4), S. 10–19.

Bundesministerium für Umwelt, Naturschutz und nukleare Sicherheit (2016, Hrsg.): Konsum und Ernährung [https://www.bmu.de/themen/wirtschaft-produkte-ressourcen-tourismus/produkte-und-konsum/produktbereiche/konsum-und-ernaehrung/; 19.03.2019].

Decker, Th.; Lippl, M.; Menrad, K.; Habermehl, T.; Krieg, H.; Schlegl, F.; Sängerlaug, S.; Bauer, K.-D. (2019): Plastikverpackungen in der Lebensmittelindustrie. Eine Analyse aus Sicht von VerbraucherInnen, Industrie und Handel [http://www.plastikvermeidung.de/aktuelles/diskussionspapier_lebensmittel/Plastikverpackungen_in_der_Lebensmittelindustrie_Diskussionspapier_VerPlaPoS_2019.pdf; 07.01.2020].

Detzel, A.; Bodrogi, F.; Kauertz, B.; Bick, C.; Welle, F.; Schmid, M.; Schmitz, K.; Müller, K.; Kaeb, H. (2018): Biobasierte Kunststoffe als Verpackung von Lebensmitteln. Endbericht eines Forschungsprojektes. Heidelberg, Freising, Berlin [https://www.ifeu.de/wp-content/uploads/Endbericht-Bio-LVp_20180612.pdf; 02.11.2020].

Europäische Kommission (2008): Verordnung (EG) Nr. 282/2008 der Kommission vom 27. März 2008 über Materialien und Gegenstände aus recyceltem Kunststoff, die dazu bestimmt sind, mit Lebensmitteln in Berührung zu kommen, und zur Änderung der Verordnung (EG) Nr. 2023/2006. (EG) Nr. 282/2008 [https://www.verbrauchergesundheit.gv.at/dateien/lebensmittel/rechtstexte/lm_recht_eu_kontaktmaterialien_vo_282-2008.pdf?63yoe5; 07.05.2019].

Friege, H. (2014): Ressourcenmanagement und Siedlungsabfallwirtschaft, in: Challenger Report für den Rat für Nachhaltige Entwicklung. Hrsg. v. Rat für Nachhaltige Entwicklung, Nr. 48 [https://www.nachhaltigkeitsrat.de/wp-content/uploads/migration/documents/Challenger_Report_Ressourcenmanagement_und_Siedlungsabfallwirtschaft_texte_Nr_48_Januar_2015.pdf; 02.11.2020].

GfK – Gesellschaft für Konsumforschung (2016): Anteil der Verbraucher mit umwelt- und sozialethischer Konsumhaltung (LO-HAS) in Deutschland in den Jahren 2007 bis 2015. Statista. Hrsg. v. Statista GmbH [https://de.statista.com/statistik/daten/studie/270686/umfrage/haushalte-mit-umwelt-und-sozialethischer-konsumhaltung-in-deutschland/; 15.03.2019].

GVM – Gesellschaft für Verpackungsmarktforschung (Hg.) (2017): Flexible Plastic Packaging Market in Germany and in Europe Trends and Perspectives until 2021 by Product Categories [https://gvmonline.de/files/marktmenge_verpackungen/2017-01_GVM-Folder-Flexible-Plastic-Packaging.pdf; 07.05.2019].

Heinrich-Böll-Stiftung, Bund für Umwelt und Naturschutz Deutschland (BUND) (2019, Hrsg.): Plastikatlas. Daten und Fakten über eine Welt voller Kunststoffe [https://www.boell.de/de/plastikatlas; 24.07.2019].

Molina-Besch, K.; Wikström, F.; Williams, H. (2019): The environmental impact of packaging in food supply chains – does life cycle assessment of food provide the full picture?, in: The International Journal of Life Cycle Assessment 24 (1). DOI: 10.1007/s11367-018-1500-6.

Moser, H.; Fabian, M.; Jung, M.; Heutling, S.; Körber, G.; Oehme, I.; Wurbs, J.; Krause, S.; Kovacs, D.; Krüger, F.; Weiss, V. (2016): Steigerung des Kunststoffrecyclings und des Rezyklateinsatzes, Hrsg. v. Umweltbundesamt [https://www.umweltbundesamt.de/sites/default/files/medien/377/publikationen/170601_uba_pos_kunststoffrecycling_dt_bf.pdf; 08.11.2019].

Nier, H. (2019): Infografik: Lebensmittelverschwendung. Hrsg. v. Statista GmbH. Das Statistik-Portal [https://de.statista.com/infografik/16586/lebensmittelverschwendung/; 19.03.2019].

Obermeier, T. (2011): Recyclingquoten im Spannungsfeld zwischen Abfallstatistik und politischen Zielvorstellungen. Unter Mitarbeit von TOMM+C Thomas Obermeier Management & Consulting. Hrsg. v. Deutsche Gesellschaft für Abfallwirtschaft e.V. [https://www.tomm-c.de/fileadmin/pdf/2011/Recyclingquoten_zwischen_Abfallstatistik_und_politischen_Zielvorstellungen.pdf; 09.01.2020].

Schüler, K. (2017): Aufkommen und Verwertung von Verpackungsabfällen in Deutschland im Jahr 2015. Hrsg. v. Umweltbundesamt [https://www.umweltbundesamt.de/sites/default/files/medien/1410/publikationen/2017-11-29_texte_106-2017_verpackungsabfaelle-2015.pdf; 24.07.2019].

Schultz, S. (2018): Mülltrennung: Verpackungsmüll landet oft in der falschen Tonne. Hrsg. v. Spiegel Online. Hamburg [http://www.spiegel.de/wirtschaft/service/muelltrennung-verpackungsmuell-landet-oft-in-der-falschen-tonne-a-1203263.html; 19.03.2019].

Spangenberg, J.; Lauwigi, C. (2020): Entplastifiziert Euch!, Hrsg. oekom e.V., Plastikpoker – Spielregeln für die Entplastifizierung der Welt, München: oekom verlag.

Statista (2017a): Trennen Sie Ihren Müll? Hrsg. v. Statista GmbH [https://de.statista.com/statistik/daten/studie/659413/umfrage/umfrage-zum-trennen-von-muell-in-deutschland/; 19.03.2019].

Statista (2017b): Wie häufig achten Sie bei der Auswahl von Lebensmitteln auf folgende Eigenschaften? Hg. v. Statista GmbH [https://de.statista.com/statistik/daten/studie/244355/umfrage/kriterien-von-verbrauchern-beim-kauf-von-lebensmitteln/; 15.03.2019].

Statista (2019a): Entwicklung des Pro-Kopf-Verbrauchs von Verpackungen in Deutschland in ausgewählten Jahren von 1991 bis 2017. Hrsg. v. Statista GmbH [https://de.statista.com/statistik/daten/studie/914344/umfrage/verpackungen-verbrauch-pro-person-in-deutschland/; 16.06.2020].

11 *Reduzierung von Kunststoffverpackungen für Lebensmittel*

Statista (2019b): Plastikverpackungsabfall in ausgewählten EU-Ländern je Einwohner in den Jahren 2016 und 2017. Hrsg. v. Statista GmbH [https://de.statista.com/ statistik/daten/studie/786353/umfrage/plastikverpackungsabfall-in-ausgewaehlten-eu-laendern-je-einwohner/; 16. 06. 2020].

Umweltbundesamt (2017a, Hrsg.): Abfallvermeidung [https://www.umweltbundesamt. de/themen/abfall-ressourcen/abfallwirtschaft/abfallvermeidung; 15. 03. 2019].

Umweltbundesamt (2017b, Hrsg.): Abfallwirtschaft [https://www.umweltbundesamt.de/ themen/abfall-ressourcen/abfallwirtschaft; 15. 03. 2019].

Umweltbundesamt (2017c, Hrsg.): Verrottet Plastik gar nicht oder nur sehr langsam? [https://www.umweltbundesamt.de/service/uba-fragen/verrottet-plastik-gar-nicht-nur-sehr-langsam; 15. 03. 2019].

Umweltbundesamt (2018a, Hrsg.): Kunststoffabfälle [https://www.umweltbundesamt. de/daten/ressourcen-abfall/verwertung-entsorgung-ausgewaehlter-abfallarten/ kunststoffabfaelle#textpart-1; 19. 03. 2019].

Umweltbundesamt (2018b, Hrsg.): Verpackungen [https://www.umweltbundesamt. de/themen/abfall-ressourcen/produktverantwortung-in-der-abfallwirtschaft/ verpackungen#textpart-1; 15. 03. 2019].

Umweltbundesamt (2018c, Hrsg.): Verpackungsabfälle [https://www.umweltbundesamt. de/daten/ressourcen-abfall/verwertung-entsorgung-ausgewaehlter-abfallarten/ verpackungsabfaelle#textpart-1; 15. 03. 2019].

Umweltbundesamt (2018d, Hrsg.): Gutachten zur Behandlung biologisch abbaubarer Kunststoffe [https://www.umweltbundesamt.de/sites/default/files/medien/421/ publikationen/18-07-25_abschlussbericht_bak_final_pb2.pdf; 30. 09. 2019].

Umweltbundesamt (2019, Hrsg.): Biobasierte und biologisch abbaubare Kunststoffe [https://www.umweltbundesamt.de/biobasierte-biologisch-abbaubare-kunststoffe# textpart-1; 02. 10. 2019].

Umweltbundesamt (2020, Hrsg.): Deutschlands Restmüll hat sich in 35 Jahren fast halbiert [https://www.umweltbundesamt.de/presse/pressemitteilungen/deutschlands-restmuell-hat-sich-in-35-jahren-fast; 04. 08. 2020].

Wagner, J.; Günther, M.; Rhein, H.; Meyer, P. (2018): Analyse der Effizienz und Vorschläge zur Optimierung von Sammelsystemen der haushaltsnahen Erfassung von Leichtverpackungen und stoffgleichen Nichtverpackungen auf der Grundlage vorhandener Daten. Hrsg. v. Umweltbundesamt. Dessau-Roßlau [https://www. umweltbundesamt.de/sites/default/files/medien/1410/publikationen/2018-05-22_ texte_37-2018_sammelsysteme-verpackungen.pdf; 23. 09. 2019].

Wilts, H. (2018): Was passiert mit unserem Müll? Nationaler Müllkreislauf und inter-nationale Müllökonomie, Hg. v. Bundeszentrale für politische Bildung [https://epub. wupperinst.org/frontdoor/deliver/index/docId/7191/file/7191_Wilts.pdf; 07. 10. 2019].

Plastik in der Bundesrepublik um 1970

Kein Umwelt- oder Verbraucherschutz ohne Arbeitsschutz

ANDREA WESTERMANN

Zusammenfassung

Ob als größere Verpackungsreste, Mikroplastik oder toxische Emissionen durch offene Müllverbrennung: Langlebiger Kunststoffmüll häuft sich in vielerlei Form zu einem Umwelt-, Arbeitsschutz- und Gesundheitsproblem an. Alle drei Komponenten haben eine längere Geschichte. Sie wird in diesem Aufsatz skizziert. Es wird deutlich, dass Plastik und seine komplexe Stofflichkeit, wie schon früher, auch heute politische Haltungen und Gebote auf beispielhafte Weise verkörpert. Gegenwärtig lädt es die Kundinnen und Kunden sowie Organisatorinnen und Organisatoren von Unverpacktläden dazu ein, die Diskussion um regionale und weltumspannende Verteilungs- und Gerechtigkeitsfragen zu führen.

12.1 Einführung

Plastikfolien sind das Flickzeug für die Erde: Plastikplanen schützen die Gletscherreste auf der Zugspitze vor steigenden Temperaturen und schnellem Abschmelzen. Bei der Anlage von Mülldeponien vermeiden Plastikplanen, dass Chemiegifte in den Boden einsickern und das Grundwasser verseuchen. Nach Ölkatastrophen auf dem offenen Meer dämmen sie den Ölteppich ein. Seit der Weltklimarat (Intergovernmental Panel on Climate Change Research, IPCCR) 1990 seinen ersten Bericht veröffentlicht hat, werden Geologen und Geologinnen sowie Klimawissenschaftler und -wissenschaftlerinnen nicht müde, darauf hinzuweisen, dass früheres und gegenwärtiges gesellschaftliches Handeln die Erde und ihre Prozesse nachhaltig verändert hat. Als Aggregat ist gesellschaftliches Wirtschaften zu einer geologischen Kraft unter anderen geworden, vergleichbar mit Tektonik oder Ozean-Atmosphäre-Austausch. Der Erdsystemträgheit ist es geschuldet, dass diese kumulierten gesellschaftlichen Vergangenheiten noch weit in die Zukunft hinein Folgen haben werden, ein Umstand, der die Modellierung von Klimaszenarien überhaupt erst erlaubt. Die Wissenschaftler und Wissenschaftlerinnen denken gar, dass ein neues Kapitel der Erdgeschichte aufgeschlagen wird. Die Gegenwartsperiode mit ihren für menschliches und gesellschaftliches Leben idealen Bedingungen hat vor knapp 12.000 Jahren mit dem Ende der letzten großen Eiszeit begonnen. Sie sei nun beinahe schon Vergangenheit: Auf das Holozän folge das Anthropozän. Mit dem neuen Namen soll der Epochenwechsel geowissenschaftlich wie politisch markiert werden.

Die verschiedenen Teile des Erdsystems – Gesteine, Wasser, Atmosphäre – stehen miteinander über Kreisläufe in Austausch. »Substanzen werden dauernd zirkuliert und wiederverwertet.« (Langmuir und Broecker 2012: S. 20) Um die neue Epochenzäsur dingfest zu machen, haben die Geologen Plastik herausgepickt, ein Material, das – erdgeschichtlich gesehen – erst neuerdings in Umlauf ist. In ferner Zukunft lassen sich an Kunststofffragmenten bzw. den bis dahin vielleicht nur noch biogeochemisch ermittelbaren Kunststoffspuren in Gesteinen wohl Hinweise auf vergangene Umweltbedingungen ablesen – ähnlich wie an den heute von Paläontologinnen und Paläontologen untersuchten Fossilien. Die Entdeckung von geologisch recyceltem Plastikmüll an einem Strand in Hawaii 2013 hat deshalb enorme Aufmerksamkeit hervorgerufen. Das gesteinsähnliche »Plastiglomerat« besteht aus Plastikstücken, Strandsedimenten, basaltischen Lavafragmenten und organischen Überresten (Corcoran und Moore 2014; Zalasiewicz et al. 2014: S. 5). Künstlerinnen und Künstler, Sozial- und Kulturwissenschaftlerinnen und -wissenschaftler, Umweltorganisationen und die Medien haben den überraschenden Zusammenhang zwischen Plastik und künftiger Paläontologie bzw. Geologie aufgegriffen und in eigenen Projekten veranschaulicht und reflektiert (Decker 2014; Davis 2015; Westermann 2020).

Nun verkörpert das Hightechmaterial Plastik, das auf makromolekularer Ebene zweckgenau angepasst und immerzu optimiert werden kann, freilich schon länger eine Gegenwart, die in die Zukunft hineinreicht. Auch seine Vermarktung als massenkulturelle Warenpalette hatte oft Avantgardecharakter, und wie heute waren damit nicht nur positive Urteile verbunden. Ein Blick in die Geschichte des ersten vollsynthetischen thermoplastischen Kunststoffs Polyvinylchlord oder PVC (auch: »Vinyl« genannt) zeigt: Bevor Plastik zum Umweltproblem wurde, war es zunächst eine Beleidigung des guten Geschmacks, sodann ein Gesundheitsproblem. Beide Debatten bestimmen die heutigen Umweltdiskussionen um Kunststoffmüll weiterhin. Wie die gegenwärtige Umweltdiskussion waren auch diese Diskussionen politisch. Sie prägten die politische Kultur westlicher Demokratien nach 1945. Die westlichen Wachstumsökonomien nach 1945 mit ihrem verbraucherdemokratischen Fokus waren ein Höhepunkt der Fortschrittsorientierung von Kunststoffen. Aus dieser Zeit stammen zugleich die ersten Sorgen über mit Plastik verbundene Gesundheitsgefahren. Heute betonen Sozialwissenschaftlerinnen und -wissenschaftler sowie Medizinerinnen und Mediziner zwar vor allem die Gefährdungen von Verbraucherinnen und Verbrauchern sowie Umwelt durch sich überall anhäufende kleinste Plastikmüllteilchen (Freinkel 2011; Gabrys 2013; Liboiron 2016; Pathak und Nichter 2019; Westermann 2020). Doch die erste massiv von schleichender Vergiftung durch Plastik betroffene Gruppe waren die Arbeiter in den PVC herstellenden Industrien der USA, Italiens, Großbritanniens, Belgiens und der Bundesrepublik. Die gesamte bundesdeutsche VC und PVC herstellende Industrie beschäftigte Anfang und Mitte der 1970er-Jahre rund 6.500 Arbeiterinnen und Arbeiter, davon standen circa 1.000 in direktem Kontakt mit dem Grundstoff Vinylchlorid (VC).

Summierte man die Beschäftigtenzahlen seit 1940, so kam man bis Mitte der 1970er-Jahre auf 3.600 Arbeiterinnen und Arbeiter mit direktem Kontakt zu VC (Westermann 2007: S. 262). In Westdeutschland

Abbildung 12.1
Abfüllung und Einatmung von Vinylchloridpulver,
das zu PVC polymerisiert wird *(Quelle: Unternehmensarchiv Degussa AG Marl,
Bild aus dem Buch* kunststoff aus gas, *1956, S. 112).*

waren häufig Gastarbeiterinnen und -arbeiter von den Berufskrankheiten betroffen, denn sie wurden dazu beordert, nach jedem Polymerisationsprozess in die dazu verwendeten Druckkessel hinabzusteigen, um die angebackenen Plastikreste von den Innenwänden und den Rührarmen zu kratzen (Westermann 2007: S. 246 f.). Umwelt- und Verbraucherschutz ließen sich damals nicht vom Berufskrankheitsproblem trennen, und Arbeitsschutz, nicht zuletzt in der Müllentsorgung, muss für Kunststoffe auch heute mitgedacht werden.

12.2
Plastik: Hülle und Fülle

Seit der Einführung von Zelluloid im späten 19. Jahrhundert riefen die Bandbreite der für Kunststoffe imaginierten Verwendungen und ihre langsam tatsächlich größer werdende Alltagspräsenz starke Reaktionen hervor, ablehnende wie überschwängliche. Kunststoffe verliehen sämtlichen Prozessen, die die Massenkultur auszeichnen, eine neue Qualität: Sie veränderten die industrielle Herstellung von Dingen, ihren Vertrieb und ihre technische und kulturelle Bewältigung so allmählich wie umfassend. Was auf den ersten Blick lediglich als Verdoppelung der Natur erschien, erwies sich als immense und hochdifferenzierbare Erweiterung der Rohstoffbasis. Kunststoffe versprachen, den alten Traum von der Überwindung der Natur radikal zu verwirklichen. Der vorliegende Beitrag beruht auf meinem Buch *Plastik und politische Kultur in Westdeutschland* sowie dem Aufsatz »When Consumer Citizens spoke up: West Germany's Early Dealings with Plastic Waste« (Westermann 2007; Westermann 2013). Dort finden sich auch jeweils die genauen Angaben zu den angeführten Quellenzitaten.

Surrogate, wie die frühen Kunststoffe hießen, rüttelten aber nicht nur an der natürlichen, sondern auch an der sozialen Ordnung der Dinge. Aufstiegswillige soziale Gruppen imitierten mit ihrer Hilfe Lebensstil und Wohnkultur der besseren Kreise. In der ständisch-klassenspezifisch segregierten industriellen Gesellschaft des Kaiserreichs fiel die Bestrebung, soziale Distinktion zu schmälern und Standesgrenzen zu ignorieren, negativ auf. Es war für Deutschland wie für Europa nach 1900 von einer regelrechten Surrogathascherei, einer Sucht nach dem Schein die Rede. Kauf und Gebrauch von Sachen waren normativ aufgeladen und wurden nicht zuletzt deswegen häufig thematisiert, weil in den städtischen bürgerlichen Haushalten die Zahl der Dinge rasch anwuchs. »Kein Eckchen im Zimmer ist frei, die Stühle, Tische und Tischchen, Ottomanen, Erkereinbauten mit Galerie, Büstenständer, Schränkchen und Schränke schieben sich förmlich, und wo an der Wand die Möbelstellung auch nur noch einen Quadratfuß zulässt, da sind Bilder, Drucke, Teller, japanische Fächer, Wandbretter, Schilder und Wandleuchter angebracht«, verlachte ein Beobachter den bürgerlichen Horror Vacui, die Angst vor der Leere (Bode 1906: S. 96 f.). Mit der Ankunft der chemiebasierten Kunststoffe wurde die Eigenschaft der Oberflächlichkeit nicht mehr nur auf Personen, ihre Handlungen oder Empfindungen bezogen, sondern immer öfter auch direkt auf Sachgüter. Diese semantische Erweiterung bestimmte die weitere Karriere von Plastik maßgeblich mit. Sie läutete die kritische Rede von der Oberflächlichkeit der Massenkultur ein.

Dabei stand Plastik immer für Hülle und Fülle, und zwar selbst während der nationalsozialistischen Autarkie- und Kriegswirtschaft, als thermoplastische Kunststoffe wie Polyvinylchlorid oder PVC als Ersatzmaterialien für Leder, Glas, Naturkautschuk, Schellack, Textilien, Metall und andere Rohstoffe überhaupt erst besser erforscht und im Fabrikmaßstab hergestellt wurden. Ausgehend von reichhaltigen deutschen Kohlevorräten und deutscher wissenschaftlicher Erfindungsgabe, wurden sie auch damals als systematische und kontinuierliche Erweiterung der Werkstoffpalette beworben. Thermoplastische Kunststoffe waren im Unterschied zu den traditionell mit Mangel konnotierten Ersatzmaterialien wie Metallschrott, Surrogatkaffee oder Margarine die besseren Ersatzmaterialien. Sie eröffneten neue Produktionswege und Gebrauchsmöglichkeiten. Wenn Verbraucher zwischen 1930 und 1950 im Zusammenhang mit Plastik über Mangel klagten, dann über einen Qualitätsmangel, der allein fehlender Anwendungsforschung und übereilter Markteinführung geschuldet war, wie die Chemieindustrie rasch anzufügen pflegte. Nach dem Zweiten Weltkrieg wurde PVC für Infrastrukturaufbau verwendet und in ein breites Warensortiment gegossen. Zusammen mit anderen Plastiksorten war dieser Kunststoff für die Ausstattung der öffentlichen wie privaten Bundesrepublik zentral. Fußbodenbeläge, Abflussrohre, Kabelisolierungen, Fensterrahmen, Duschvorhänge, Gummistiefel, Kunstleder, Verpackungen aller Art waren aus PVC gemacht.

PVC-Böden etwa wurden in Werkskantinen und Schulturnhallen genauso verlegt wie in Theaterfoyers und Geschäftsräumen. Sie lagen in »öffentlichen Verkehrsmitteln, in Warteräumen, Schalterhallen, Empfangsräumen, Lichtspieltheatern und Hotels«. In Krankenhäusern dachte man sie »ihrer Eigenart nach wirklich am Platz«. Behörden und Parlament wollten sich über eine Inneneinrichtung mit PVC-Folien bürgernah zeigen. PVC machte die öffentliche und halböffentliche Verwaltungs- und Konsuminfrastruktur robust und brachte Freundlichkeit in Räume mit hohem Publikumsverkehr, »die früher in unansehnlichen Farbtönen« ausgestattet worden waren, um gegen Schmutz, nasse Mäntel, Durchscheuern und Ausbleichen möglichst unempfindlich zu sein (Westermann 2007: S. 188). Plastikfolien gehörten bei Anlässen bundesdeutscher Selbstdarstellung zu den bevorzugten Ausstattungsrequisiten. Vor allem in der nur temporären Messearchitektur kamen sie dank ihrer Leichtigkeit wie gerufen.

Aber Vorbehalte überdauerten in nuancierter Form. Beobachterinnen und Beobachter nutzten die mittlerweile unübersehbare Gegenwart von Kunststoffen, wenn sie die politische Kultur zu charakterisieren suchten, die vor ihren Augen entstand. Hans Magnus Enzensbergers Rezension des *Neckermann Kataloges* 1960 etwa war vernichtend. Die Mehrheit der Bundesdeutschen habe sich für die »kleinbürgerliche Hölle« entschieden (Enzensberger 1960). Reaktionärer Unrat verberge sich unter der blank polierten Polyesterplatte, lautete einer der vielen Vorwürfe. Angesichts der traditionellen Surrogatkritik überrascht es nicht, dass gerade Plastik die politische Misere auf so verräterische Weise zu überdecken suchte. Kunststoffe wie PVC oder das durchsichtige Cellophan wurden zum exemplarischen Stoff der Verbraucherdemokratie. Sie wurden aber zugleich auch zum exemplarischen Stoff der verdächtig oberflächlichen Demokratisierung der Bundesrepublik. Die Argumentationslogik dieser Kulturkritik lautete, verkürzt gesagt: Wer so schlechte Kaufentscheidungen traf, konnte auch nicht für voll genommen werden, wenn er oder sie die politische Wahl hatte. Massenkonsumentinnen und -konsumenten wurden als passiv wahrgenommen: Wie Plastikmassen in Form gepresst wurden, so ließen sich die Verbraucherinnen und Verbraucher vom billigen, durchstandardisierten, harmlos bunten Warenangebot verformen und manipulieren.

Zur kulturellen Reserviertheit gegenüber Kunststoffen kamen erstmals in den späten 1960er- und frühen 1970er-Jahren auch Umweltsorgen. Die Leute sahen sich schon bald in Plastikmüll ertrinken oder unter Plastikmüllbergen begraben: Sie äußerten und befestigten damit schon lange vor den Geologinnen und Geologen die Idee, in einem Plastikzeitalter zu leben (Yarsley und Couzens 1945: S. 150; Carson 1947; Stoeckhert 1950: S. 279; Thompson 2009). Was noch wichtiger war: Ausgerechnet an Plastik äußerten Kunststoffverbraucherinnen und -verbraucher Kritik und forderten mehr Demokratie ein – damit hatten die Hochkulturbeobachter wohl am wenigsten gerechnet. Viele Bundesbürgerinnen und Bundesbürger wehrten sich gegen die Verschmutzungen oder wollten von ihren Behörden genauer über synthetische Materialien und deren Inhaltsstoffe, über Alternativen und die genauen Müllströme informiert werden. 1971 wurde etwa ein mit Hunderten Unterschriften versehener Brief an das damals zuständige Bundesministerium des Innern gesandt. Darin hieß es: »Wir protestieren gegen die immer stärker werdende Belastung der Umwelt und die Verschlechterung der Lebensbedingungen für Menschen, Tiere und Pflanzen durch Schadstoffe, wie sie in Autoabgasen, Industrieabfällen, nicht biologisch abbaubarem Wohlstandsmüll (Kunststoffverpackungen, Einwegflaschen usw.) vorkommen.« (Westermann 2013: S. 487) Christoph L. aus Freiburg schrieb im selben Jahr an Bundesinnenminister Genscher: »… Ich meine, dass man in dieser Situation mehr an die Verantwortlichkeit des Bürgers appellieren sollte. Ein Schritt dahin wäre, den Verbraucher über umweltfeindliche oder -freundliche Produkte und Maßnahmen aufzuklären, etwa indem man umweltfreundliche Güter mit einer Art Gütesiegel auszeichnet. Ich denke vor allem an Verpackungen, die zum Beispiel oft aus Papier oder Pappe statt aus Plastik bestehen könnten.« (Bundesarchiv Koblenz Bestand B 106/25528) Solche Wortmeldungen vervielfachten sich, als Berufskrebsfälle in der PVC-Herstellung bekannt wurden.

12.3
Berufskrebsfälle in der PVC-Herstellung

Diese Politisierung war wesentlich den Berufskrankheits- und Berufskrebsfällen in der PVC-Industrie geschuldet. Sie wurden zu einem frühen Testfall der Verbraucherdemokratie. »Was ist los im PVC-Betrieb?«, fragte im März 1973 die Betriebszeitung der Deutschen Kommunistischen Partei bei der Kunststofffabrik Dynamit Nobel AG in Troisdorf in der Nähe von Köln (Westermann 2007: S. 240, für das Folgende dies.: S. 240–310). Sie problematisierte die Fälle von schweren Knochen- und Leberschädigungen, die bei Chemiearbeitern aus der Kunststoffproduktion auftraten. Anfang 1974 bestätigte sich der Verdacht, dass das Kunststoffmonomer Vinylchlorid (VC) krebserregend war, das zu Polyvinylchlorid oder PVC verarbeitet wurde. Eine neu gegründete »Interessengemeinschaft der VC-Geschädigten« strengte im Namen von 40 Arbeitern einen Musterprozess wegen Amtspflichtverletzung gegen das Land Nordrhein-Westfalen an. Nach dem Vorbild in Sachen Contergan drängte die Interessengemeinschaft Land, Bund und die Dynamit Nobel AG zur Gründung einer »Stiftung zugunsten der VC-Geschädigten«, mit der die Betreuung und Entschädigung der Arbeiter sichergestellt werden sollten. Bürger der Stadt, in der die Fabrik stand, schlossen sich den Protesten der betroffenen Arbeitnehmer in einem Solidaritätskomitee an und trugen das Thema heraus aus der Fabrik.

Die Proteste bezogen die gesamte Gemeinde ein. Die Bürger der Stadt sahen die Gesundheitsgefahren in der Fabrik auch als Umweltproblem an. Denn schon öfter hatte es hier Ärger gegeben, nämlich Lärm- und Geruchsbelästigung: Auch ein »Industriegigant« wie Dynamit Nobel dürfe sein Gewerbe nicht so betreiben, meinten die Leute, dass daraus »Gefahren für die öffentliche Sicherheit und Ordnung in so hohem Maße« (Westermann 2007: S. 245) entstehen könnten.

Arbeiter versicherten, sie hätten das VC-Gas regelmäßig gerochen, und zeigten damit den Behörden an, dass die Emissionen über den erlaubten Grenzwerten gelegen haben mussten. Aus der Sicht von Kritikern waren Chemiearbeiter zu »Versuchskaninchen« geworden: »An den Arbeitern lässt sich ablesen, was auf alle Bürger zukommen könnte«, so die Meinung von Umweltmedizinern (Westermann 2007: S. 288).

PVC war in allen Sphären des öffentlichen und privaten Lebens zu finden. Der Erfolg des Kunststoffs wurde so zur fragwürdigen Eigenschaft. Die überregionale Presse nahm die Meldung »Krebsverdacht bestätigt« zum Anlass, um nach möglichen Konsequenzen für alle zu forschen: »Werden wir auf Kunststoffe verzichten müssen?« (Westermann 2007:

S. 289) Nachdem Untersuchungen an PVC-Verpackungen ergeben hatten, dass ziemlich hohe Restmengen von VC im Plastik zu finden waren, fürchtete man endgültig, dass durch »das weite Anwendungsgebiet von PVC-Erzeugnissen wie Flaschen, Dosen, Margarine-Behälter usw. […] für die gesamte Bevölkerung die Erkrankungsmöglichkeit an Krebs besteht« (Westermann 2007: S. 291). PVC war in diesen Deutungen ein Problem der ganzen Gesellschaft geworden.

PVC fand zwar bald keinen Einsatz mehr für Lebensmittelverpackungen. Die Idee von der Krebsgefährlichkeit hing Plastik insgesamt aber weiter an und ist vielleicht bis heute wirksam. Dies nicht zuletzt, weil immer neue Problemstoffe gefunden wurden: Auch Weichmacher oder Stabilisatoren von Plastik wurden als krebsgefährlich eingestuft und teilweise verboten. Die Plastiktüte, in deren Produktion 1968 65.000 Tonnen Polyäthylen flossen, geriet besonders schnell in Verruf. Die Tragetaschenhersteller korrigierten in Leserbriefen und Schreiben an die Ministerien: »Durch die irrtümliche Annahme, Tragetaschen seien aus PVC hergestellt, wird im Fernsehen, in Zeitschriften und Zeitungen immer wieder die Tragetasche als eines der Hauptübel der Umweltverschmutzung dargestellt.« Im Nachhinein behielten die Verbraucherinnen und Verbraucher recht – Polyethylentüten und PET-Verpackungen (Polyethlyentherephtalat) zersetzen sich ähnlich langsam wie PVC. Überreste von Polyethylen und PET-Produkten sind besonders häufig in den Ozeanen zu finden, und zusammen mit PVC haben sich an diesen Kunststoffsorten rechtliche Regulierungsverfahren und Recyclinginitiativen im Bereich Verbraucher- und Umweltpolitik herausgebildet (Jambeck et al. 2015: S. 770; NABU o. J.).

Viele Bürgerinitiativen und Vereine beschäftigten sich seit den späten 1960er-Jahren mit Plastik. Der rechtskonservative Weltbund zum Schutze des Lebens mit Sitz in Bonn-Godesberg beheimatete 1970 einen »wissenschaftlichen Arbeitskreis ›Kunststoffe‹«. Die SPD-Frauengruppe des Stadtteils Barmbek-Nord in Hamburg diskutierte 1971 die Frage »Wohin mit der Plastiktüte?«. Jeder individuelle Beitrag zur Lösung der Probleme, die Plastik hervorrief, wurde ernst genommen. »Ein paar Sachen, die wir gleich machen können«, überschrieb das Alternative Umweltfestival Berlin 1978 seine Ratschläge und notierte: »1. Was einmal verpackt ist, braucht keine zweite oder dritte Verpackung. 2. Alubüchsen und Einwegflaschen sind Rohstoff- und Energieverschwendung. 3. Benutzen wir wieder den altbewährten Einkaufskorb statt Plastik- und Papiertüten.« Ein FDP-Mitglied sandte 1971 dem für Umweltschutz zuständigen Innenminister Hans-Dietrich Genscher zehn Punkte, die »man eventuell den Tageszeitungen beilegen könnte oder durch die Post in jeden Haushalt schicken könnte«, darunter Punkt 2: »Ich gelobe, in Zukunft meine Einkaufstasche wieder zu benutzen, damit die Plastictüten der Supermärkte in den Müll-Verbrennungsanlagen keine giftigen Dämpfe in die Luft blasen!« (Westermann 2007: S. 308 f.) Sein Parteigenosse Peter Menke-Glückert hatte als Mitarbeiter der OECD schon 1968 »Eco-Commandments for world citizens« zusammengestellt und die Verpackungsverweigerung als machbar herausgestrichen: »FOURTH COMMANDMENT – DO NOT POLLUTE: Avoid polluting water, air, and soil by cutting down on the use of your car, refusing any unnecessary packaging material, by not wasting water or energy.« (Westermann 2013: S. 488)

12.4
Schluss: Plastikaktivismus heute

Auf die Berufskrankheiten konnte in den folgenden Jahren Bezug genommen werden, um eine Gefährdung des öffentlichen Wohls durch PVC zu postulieren: »PVC = Probleme vom Chlor« war 1986 der Slogan des BUND, mit dem für PVC-freie Gemeinden gekämpft wurde. Die Berufskrebsfälle exemplifizierten die damals geläufige Formel »kranke Umwelt/kranke Gesellschaft« (Westermann 2007: S. 293).

Unverpacktläden reihen sich in diese Tradition der Plastikkritik ein. An der Gegenwart und der auffälligen Materialität von Kunststoffen lassen sich individuelle Sorgen, schwer formulierbare ästhetische Urteile und private oder unternehmerische Anliegen als öffentliches Problem artikulieren. Es lässt sich etwas tun, wo andere Bereiche mit Ohnmachtsgefühlen verbunden sind oder Verzicht schwerer einzuhalten wäre. Gleichzeitig haben die Akteurinnen und Akteure der Unverpacktbewegung den Blick für die Widersprüchlichkeiten und Aporien des massenkulturellen Konsums verinnerlicht. Die Soziologin Catherine Phillips belegte in ihren Studien über australische »Alternative Food Networks«, dass das »Vor- und Nachleben von Plastik« in den von ihr geführten Interviews und beobachteten Interaktionen eine dauernde, sogar hauptsächliche Sorge darstelle (Phillips 2016: S. 214). Gegenüber den 1970er-Jahren agieren Unverpacktläden in einer völlig anderen Umwelt. Nicht nur in Deutschland wurde die Müllforschung an Universitäten und in Behörden längst institutionalisiert (Köster 2018). Es wurden Müllverbrennungsanlagen und geordnete Deponien eingerichtet. Weltweit jedoch schätzt ein Forscherteam die Menge an ungeordnet anfallendem Kunststoffmüll auf 31 Millionen Tonnen allein im Jahr 2010; davon seien zwischen 4,8 und 12,7 Millionen Tonnen in die Ozeane geschwemmt worden (Jambeck et al. 2015).

Seit den 1970er-Jahren wurde auch das Geschäft mit dem Kunststoffmüllexport aufgenommen. China und andere asiatische Länder haben sich als Führer auf den Plastiksortier- und Recyclingmärkten positioniert, ohne dass die Müll exportierenden Länder immer darauf geachtet hätten, ob das anvisierte zirkuläre Wirtschaften auch wirklich funktioniert. Greenpeace veröffentlichte Anfang 2020 den Sachstandsbericht *The Recycling Myth 2.0: The Toxic After-Effects of Imported Plastic Waste in Malaysia*. Der Bericht dokumentiert, dass ein Teil der 2018 aus Deutschland nach Malaysia verschifften 72.000 Tonnen Plastikmüll auch auf ungeordneten Halden landet (Greenpeace 2020).

Wilde Halden oder offene Müllkippen sind weder gegen die Umwelt isoliert, noch werden die aufeinandertreffenden Müllsubstanzen gemanagt und die Gesamtanlage als technische Infrastruktur dauerüberwacht. Ein Teil dieses schlecht gehandhabten Mülls gelangt über Flüsse, Abwasser und durch Wind, Wetter sowie Hochwasser in die Meere. Die Frage stellt sich also, ob sich Bürgerinnen und Bürger eher für das nachträgliche Durchkämmen und Säubern der Ozeane engagieren sollen oder ihre politische Stimme und Spendengelder besser für den Aufbau funktionsfähiger Müllentsorgungsstrukturen großer Küstenmetropolen einsetzen (Kormann 2019a, 2019b). Auch die Durchsetzung schon existierender internationaler Abkommen braucht engagierte Bürgerinnen- und

Abbildung 12.2
Versagen von Kontrollmechanismen: Deutscher Kunststoffmüll
in Malaysia wird dort nicht nur recycelt, sondern auch auf ungeordnete
Deponien verbracht *(Quelle: Fred Dott/Greenpeace).*

Bürgerkontrolle. Die neueste Runde des internationalen »Basler Übereinkommens über die Kontrolle der grenzüberschreitenden Verbringung
gefährlicher Abfälle und ihrer Entsorgung« verschärft ab 2021 einerseits
die Verbote und Zustimmungserfordernisse der zuständigen Behörden
des Ausfuhrlandes, der Durchfuhrländer sowie des Einfuhrlandes für
gefährlichen und schlecht wiederaufzubereitenden Kunststoffmüll (Basler Übereinkommen 2020). Frei handelbar bleiben andererseits Abfall-
mischungen aus nicht halogenierten Kunststoffen, etwa Polyethylen (PE),
Polypropylen (PP) und Polyethylenterephthalat (PET). Wie auf Bild 12.2
zu sehen, greift das dieser Regelung zugrunde liegende Argument, die

hohe Marktnachfrage nach den drei Stoffen verhindere eine Vermüllung der Umwelt nicht automatisch. Sachtechnisch »richtiges« Marktverhalten und die Durchsetzung von verabredeten Regeln sind keine Selbstläufer. Ob als größere Verpackungsreste, Mikroplastik oder toxische Emissionen durch offene Müllverbrennung: Langlebiger Kunststoffmüll häuft sich in vielerlei Form zu einem Umwelt-, Arbeitsschutz- und Gesundheitsproblem an. Der Bericht *Plastic & Health. The Hidden Costs of a Plastic Planet* aus der Feder mehrerer großer Nichtregierungsorganisationen analysiert erstmals die Gesundheitsgefahren, die Kunststoffe entlang der gesamten globalen Wertschöpfungskette darstellen (Azoulay et al. 2019). Es wird deutlich, dass wie schon früher Plastik und seine komplexe Stofflichkeit auch heute politische Haltungen und Gebote auf beispielhafte Weise verkörpern. Gegenwärtig lädt es die Kunden und Organisatorinnen von Unverpacktläden dazu ein, die Diskussion um regionale und weltumspannende Verteilungs- und Gerechtigkeitsfragen zu führen.

LITERATURVERZEICHNIS

Azoulay, D. et al (2019): Plastic & Health. The Hidden Costs of a Plastic Planet [https://www.ciel.org/wp-content/uploads/2019/02/Plastic-and-Health-The-Hidden-Costs-of-a-Plastic-Planet-February-2019.pdf; 15. 08. 2020].

Basler Übereinkommen über die Kontrolle der grenzüberschreitenden Verbringung gefährlicher Abfälle und ihrer Entsorgung (2020): [https://www.admin.ch/opc/de/classified-compilation/19890050/index.html; 15. 08. 2020].

Bode, Wilhelm (1906): Über den Luxus, München, Scheffer.

Carson, R. (1947): Plastic Age, in: Collier's Weekly 120 (22), S. 49–50.

Corcoran P.; Moore, Ch. (2014): An Anthropogenic Marker Horizon in the Future Rock Record, in: GSA Today 24 (6), S. 4–8.

Davis, H. (2015): Life & Death in the Anthropocene: A Short History of Plastic, in: Davis H.; Turpin, E. (Hrsg.), Art in the Anthropocene: Encounters among Aesthetics, Politics, Environments and Epistemologies, London, anexact, S. 347–358.

Decker, J. (2014): Vorwort, in: Decker, J. (Hrsg.) Gyre: The Plastic Ocean, London, S. 12–13.

Enzensberger, H. M. (1962): Das Plebiszit der Verbraucher, in: ders. (Hrsg.): Einzelheiten, Frankfurt a. M., Suhrkamp, S. 137–146.

Freinkel, S. (2011): Plastic: A Toxic Love Story, Boston, Houghton Mifflin Harcourt.

Gabrys, J. (2013): Plastic and the Work of the Biodegradable, in: Gabrys, J. et al. (Hrsg.), Accumulation: The Material Politics of Plastic, London, Routledge, S. 208–227.

Greenpeace (2020): The Recycling Myth 2.0: The Toxic After-Effects of Imported Plastic Waste in Malaysia [https://www.greenpeace.org/southeastasia/publication/4058/the-recycling-myth-2-0-the-toxic-after-effects-of-imported-plastic-waste-in-malaysia/; 15.08.2020].

Jambeck, J. R.; Geyer, R.; Wilcox, C.; Siegler, T. R.; Perryman, M.; Andrady, A.; Narayan, R.; Law, K. L. (2015): Plastic waste inputs from land into the ocean, in: Science 347 (6223), S. 768–771.

Kormann, C. (2019a): A grand plan to clean the great pacific garbage patch. Can a controversial young entrepreneur rid the ocean of plastic trash?, in: The New Yorker 28. Januar 2019.

Kormann, C. (2019b): Where does all the plastic go?, in: The New Yorker, 16. September 2019.

Köster, R. (2018): Hausmüll. Abfall und Gesellschaft in Westdeutschland 1945–1990, Göttingen, Vandenhoeck & Rurprecht.

Langmuir, Ch.; Broecker, W. (2012): How to Build a Habitable Planet: The Story of Earth from the Big Bang to Humankind. Princeton.

Liboiron, M. (2016): Redefining Pollution and Action: The Matter of Plastics, in: Journal of Material Culture 21 (1), S. 87–110.

NABU (o. J.): Plastiktüten-Verbot greift zu kurz. Auch Papier-Einwegtüten müssen reduziert werden [https://www.nabu.de/umwelt-und-ressourcen/ressourcenschonung/kunststoffe-und-bioplastik/plastiktueten.html; 15.08.2020].

Pathak, G.; Nichter, M. (2019): The Anthropology of Plastics: An Agenda for Local Studies of a Global Matter of Concern, in: Medical Anthropology Quarterly 33(3), S. 307–326.

Phillips, C. (2016): Alternative food distribution and plastic devices: Performances, valuations, and experimentations, in: Journal of Rural Studies 44, S. 208–216.

Stoeckhert, K. (1950): Kunststoffe ohne Geheimnis. Einführung in ihr Wesen, ihre Verarbeitung und ihre Anwendung, Kevelaer, Butzon und Bercker.

Thompson, R.; Swan, S. H.; Moore, C. J.; vom Saal, F. S. (2009): Our Plastic Age, in: Philosophical Transactions of the Royal Society B 364, S. 1973–1976.

Westermann, A. (2005): PVC, Dynamit Nobel und die Stadt Troisdorf. Lokale Deutungen von industriellen Gesundheitsgefahren und ihre Verallgemeinerung, in: Brüggemeier, F.-J.; Engels, J. I. (Hrsg.), Konflikte, Konzepte, Kompetenzen. Beiträge zur Geschichte des Natur- und Umweltschutzes seit 1945, Frankfurt, S. 249–267.

Westermann, A. (2007): Plastik und politische Kultur in Westdeutschland. Zürich [https://www.research-collection.ethz.ch/handle/20.500.11850/183365; 15. 08. 2020].

Westermann, A. (2013): When Consumer Citizens spoke up: West Germany's Early Dealings with Plastic Waste, in: Contemporary European History 22(3), S. 477–498.

Westermann, A. (2020): A Technofossil of the Anthropocene: Sliding up and down Temporal Scales with Plastic, in: D. Edelstein et al. (Hg.), Power and Time. Temporalities in Conflict and the Making of History, Chicago, University Press of Chicago, S. 122–144.

Yarsley, V. E; Couzens, E. G. (1945): Plastics, London, Penguin.

Zalasiewicz, J.; Waters, C. N.; Ivar do Sul, J.; Corcoran, P. L.; Barnosky, A. D.; Cearreta, A.; Edgeworth, M.; Galuszka, A.; Jeandel, C.; Leinfelder, R.; McNeill, J. R.; Steffen, W.; Summerhayes, C.; Wagreich, M.; Williams, M.; Wolfe, A. P.; Yonan, Y. (2016): The geological cycle of plastics and their use as a stratigraphic indicator of the Anthropocene. Review essay, in: Anthropocene 13, S. 4–17.

Littering –
weit verbreitet, wenig erforscht

NINA MAIER | SONIA GRIMMINGER

Zusammenfassung

Littering ist ein Umweltproblem, das aufgrund seiner unmittelbaren Präsenz im öffentlichen Raum zwar vielen bewusst, wissenschaftlich aber noch wenig untersucht ist. Fehlende Definitionen und wenig Studien zu Ursachen von und Maßnahmen gegen Littering erschweren konkrete Handlungsempfehlungen.

13.1
Einleitung

Littering ist für viele Bürgerinnen und Bürger ein Ärgernis. Das scheinbar achtlose Wegwerfen von Zigarettenkippen, Essens- und Getränkeverpackungen oder Hundekotbeuteln auf die Straße, in Grünanlagen, auf Spielplätzen, an Bus- und Bahnhaltestellen – fast jede(r) kennt Orte in ihrem/seinem Umfeld, an denen verstärkt Müll zu sehen ist. Viele meinen auch zu wissen, wo die Ursachen liegen. Die Spannbreite reicht dabei von Jugendlichen über Raucherinnen und Raucher bis zur gesamten Verpackungsindustrie. Leider sind Verantwortliche, wie bei vielen anderen Umweltproblemen, nicht eindeutig auszumachen. Darüber hinaus ist das Phänomen »Littering« wenig erforscht. Es fehlen genaue Zahlen zum Litteringaufkommen und zu den Gründen, warum Menschen littern, welche Gegenstände besonders häufig gelittert werden und welche Maßnahmen Littering am wirksamsten bekämpfen.

Trotz der Unsicherheiten, die in Zusammenhang mit Littering bestehen, ist unbenommen, dass Littering einen wesentlichen Anteil an der Verschmutzung der Umwelt hat. Anders als andere Verschmutzungsquellen stellt Littering außerdem einen Faktor dar, über den jedes Individuum eine gewisse Kontrolle hat – anders als etwa bei Mikroplastik ist Littering eine deutlich sichtbare und vermeidbare Verschmutzung. Warum wir dennoch relativ wenig über Littering wissen, liegt an mehreren Faktoren, unter anderem der fehlenden konsistenten Definition von Littering und der Tatsache, dass die zuverlässige Erhebung gelitterter Mengen bislang schwer möglich ist. Zudem ist umstritten, wer letztendlich verantwortlich ist für Littering: Sind es die Individuen, die unachtsam benutzte Gegenstände wegwerfen, oder sind es die Produzenten, die Produkte mit geringem Wert in immer größerem Maße in immer geringeren zeitlichen Abständen auf den Markt werfen und somit die Wegwerfmentalität fördern?

Diesen Unsicherheiten zum Trotz gibt es eine Art von Littering, die recht gut dokumentiert ist. Dabei handelt es sich um Strandmüll, der im Rahmen von regelmäßigen und methodisch vergleichbaren Erhebungen seit Jahren an europäischen Stränden erfasst wird. Aufgrund dieser Daten gibt es für Strandmüll aussagekräftige Befunde, die auch die Grundlage der EU-Richtlinie zur Verringerung der Auswirkungen bestimmter Kunststoffprodukte auf die Umwelt darstellen (EU 2019). Diese Strandmüllzählungen zeigen, dass es eine Liste von zehn Produkten (*top litter items* – siehe auch Kapitel 18) gibt, die sich an allen europäischen Stränden wiederfinden. Aufgrund dieser Daten ist es möglich, geeignete Maßnahmen zu definieren, um Strandmüll zu reduzieren.

Im Folgenden wollen wir uns dem Phänomen »Littering«, den Ursachen, Auswirkungen und Gegenmaßnahmen annähern. Es ist dabei zu beachten, dass es keine adäquate deutsche Übersetzung des Begriffs »Littering« gibt, die allen Aspekten des englischen Ausdrucks entspricht. Wohl auch deswegen hat sich in Fachkreisen die Verwendung des Begriffs »Littering« inzwischen auch im deutschsprachigen Raum durchgesetzt. Deswegen verwenden die Autorinnen das englische Original, inklusive aller daraus abgeleiteten Derivate (etwa Verbformen) und bitten, die ungelenke Eindeutschung zu tolerieren.

13.2
Was ist Littering?

Viele haben ein bestimmtes Bild im Kopf, wenn sie das Wort »Littering« hören. Recht wahrscheinlich beinhaltet das Bild Menschen, die Müll unsachgemäß an einem Ort liegen lassen oder wegwerfen. Sobald wir jedoch einen gelitterten Gegenstand sehen, zum Beispiel eine leere Dose Limonade im Park, sind wir nicht mehr in der Lage, ihn einem Individuum oder einer bestimmten Situation zuzuordnen. Stammt die leere Dose aus einem aufgerissenen gelben Sack, aus einer übervollen Mülltonne, wurde sie beim Picknick vergessen oder absichtlich in die Umwelt weggeworfen? In der Regel sind es die Umstände, die einen Gegenstand, den wir als gelittert wahrnehmen, bestimmten Eintragswegen zuordnen: So handelt es sich beispielsweise um illegale Ablagerung, einen verloren gegangenen Gegenstand, um eine Verwehung oder eben Littering.

Die Antwort auf die Frage »Was ist Littering?« ist darum alles andere als trivial. Je nachdem, wie sie ausfällt, werden darunter ganz unterschiedliche Mengen, Produktgruppen, Akteure sowie Situationen verstanden. Auch die Gegenmaßnahmen sehen je nach Definition sehr unterschiedlich aus. Um das Problem Littering adressieren zu können, ist es darum notwendig, ein gemeinsames Verständnis des Phänomens zu entwickeln.

Ein Blick in die wissenschaftliche Literatur zeigt kein klares Bild. Wenn überhaupt, wird Littering sehr unterschiedlich definiert. Mitte der 1970er-Jahre schrieb Robinson, Litter sei Müll verteilt auf solchen Flächen, für die dies als gesellschaftlich unangemessen (z. B. Parks) gilt (Robinson 1976). Terpstra et al. (1979) schrieben, dass Litter die Art von Abfall oder Dingen sei, die Menschen entweder wegwerfen oder zurücklassen oder als wertlos erachten und an solchen Orten zurücklassen, die nicht offiziell für diesen Zweck vorgesehen sind. Dazu kommen außerdem Gegenstände oder Abfall, die durch direkte oder indirekte Aktionen entstehen bzw. zurückgelassen werden. Damit werden unter Littering neben bewussten Handlungen (wie aktives Wegwerfen) auch unbewusste, nicht intendierte Handlungen (wie Verwehungen) verstanden. In den 1980er-Jahren wurde Littering in Australien so verstanden, dass es dann auftritt, wenn eine

Person einen ungewollten Gegenstand oder Material an Land oder im Wasser zurücklässt (Western Australian Litter Regulations 1981). Einige Autorinnen und Autoren verstehen unter Littering nur geringere Mengen von Abfall, andere treffen keine Entscheidung bezüglich der Menge (Hansmann et al. 2003; Fehr et al 2014). Manchmal werden auch negative Definitionen verwendet, um Littering etwa von illegalen Ablagerungen zu unterscheiden (Breitbarth et al. 2018). Zu guter Letzt schränken manche Autorinnen und Autoren Littering auf ein bestimmtes Material ein, nämlich Plastik, das sich allgegenwärtig in der terrestrischen und aquatischen Umwelt wiederfindet, inklusive urbanen, ländlichen sowie abgelegenen Gegenden (Hartmann et al. 2019).

Das Fehlen einer klaren Definition hat zur Folge, dass ein Erheben von Art und Mengen, das Erfassen von Umständen und Verstehen von individuellen Faktoren praktisch unmöglich ist. Damit ist auch unklar, was herumliegenden Müll von gelittertem Müll unterscheidet. Das gleiche Phänomen, etwa eine leere Getränkeverpackung, wird als Müll gelesen, wenn sie sich in einem öffentlichen Mülleimer befindet; hingegen als Littering, wenn sie in einem Park zurückgelassen wurde – aber wie bezeichnet man die gleiche Getränkeverpackung, wenn sie aus dem Mülleimer heraus in die Umwelt gelangt?

Warum ein gemeinsames Verständnis wichtig ist, wird klar, wenn über Gegenmaßnahmen gegen Littering nachgedacht wird: Soll absichtlichem, also geplantem Verhalten entgegengewirkt werden (etwa das Abladen mehrerer Müllsäcke an einem Waldweg)? Soll auf unabsichtliches Verhalten hingewiesen werden (wie etwa achtsamer Umgang mit leicht wegwehbaren Verpackungen)? Oder soll unachtsames, spontanes Verhalten unterbunden werden (etwa Wegschnippen von Zigarettenkippen)?

13.3
Systematisierung von Abfällen in der Umwelt

Abfälle in der Umwelt können verschiedene Quellen und Eintragswege haben. Je nachdem, welche das sind, müssen Gegenmaßnahmen unterschiedlich gestaltet werden. Darum ist eine systematische Betrachtung

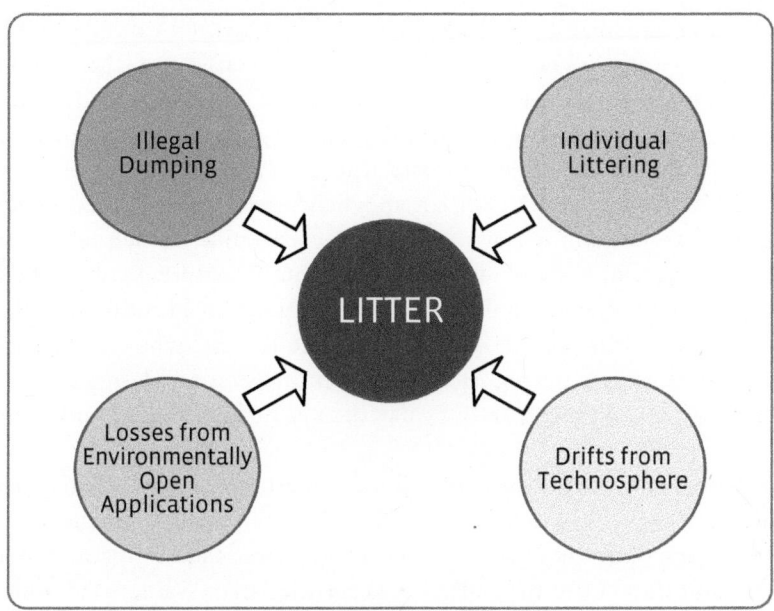

Abbildung 13.1
Categorization of litter in the environment
(Quelle: Maier 2020).

notwendig. Die Interest Group Plastics des Netzwerks der europäischen Umweltbehörden schlägt folgende Unterscheidungen vor (Maier 2020) (vgl. Abbildung 13.1):

◆ Laut Abfallrahmenrichtlinie bezeichnet *Abfall* »jeden Stoff oder Gegenstand, dessen sich sein Besitzer entledigt, entledigen will oder entledigen muss« (EU 2018, Art. 3.1). Damit werden solche Gegenstände nicht erfasst, die draußen benutzt und versehentlich verloren werden, etwa ein Kuscheltier oder ein Feuerzeug. Andere Gegenstände, die in der Umwelt zu finden sind, sind das Resultat von Verwitterung, so wie Fragmente von Produkten, die im Gartenbereich genutzt werden, wie etwa Folien. Abfälle in der Umwelt sind also das Resultat verschiedener Eintragsmöglichkeiten, von denen Littering nur eine ist.

* *Littering* ist ein individuelles Verhalten. Es beschreibt das Zurücklassen (Wegwerfen, Verwehen, Vergessen, Verlieren) von Gegenständen, unabhängig davon, ob diese als Abfall betrachtet werden oder nicht. Diese Gegenstände können im urbanen Raum oder in verschiedenen Umweltkompartimenten bewusst zurückgelassen werden, wissend, dass sie nicht wieder entfernt werden, möglicherweise hoffend, dass jemand anderes sie einsammeln wird. Andere Gegenstände werden unbewusst zurückgelassen, wie ein Taschentuch, das aus der Hosentasche fällt. Es ist zu beachten, dass die Unterscheidung zwischen Littering und dem nächsten Begriff, illegale Ablagerung, eine linguistische ist, die nicht impliziert, dass Littering legal ist. In den meisten Ländern stellt auch Littering eine illegale Handlung dar, die mit Bußgeldern geahndet wird.

* *Illegale Ablagerung* bezeichnet die Ablagerung von Haushalts- oder Industrieabfällen (wie z. B. Bauschutt oder Sperrmüll) an unangemessenen Orten ohne die Absicht, diese Abfälle später wieder einzusammeln. Oft sind diese Orte für Ablagerungen Parkplätze, Wälder und andere Gebiete, die nicht stark frequentiert werden, aber leicht mit dem Auto zu erreichen sind. Typische Gegenstände können Mobiliar, Waschmaschinen und andere »weiße Abfälle« sein, aber auch größere Mengen Haushaltsmüll. Erklärungen für dieses zunächst unverständlich scheinende Verhalten können die als unpraktisch empfundene Öffnungszeiten von Mülldeponien sein (wo Elektroschrott nach EU-Gesetzgebung kostenfrei abgegeben werden kann) oder Kostenvermeidung im Fall von »Pay as you throw«-Systemen, bei denen nur für die Mengen Kosten erhoben werden, die tatsächlich abgeführt werden.

* *Einträge aus umweltoffenen Anwendungen* bezeichnet solche Produkte, die eine Funktion in der Natur/Umwelt erfüllen, wie etwa Schneezäune, Bojen, Folien, die im Gartenbau verwendet werden, oder Zelte. Diese Gegenstände haben in der Regel einen vorgesehenen Einsammelweg zum Beginn der Verwendung in die Umwelt. Jedoch können Einträge passieren, wenn die Produkte verloren gehen, kaputt sind oder im Lauf der Nutzung fragmentieren. Sie können nach der Nutzung auch

vergessen oder zurückgelassen werden oder nicht mehr einsammelbar sein. Zerfall im Lauf der Zeit, Starkwetterereignisse und Sonneneinstrahlung führen zu Abrieb und Zerfall der Produkte, was eine weitere Eintragsquelle darstellt.

* *Verwehungen aus der Technosphäre* bezeichnet Verwehungen und Leckagen von Abfall während der Müllsammlung (wie etwa nicht ausreichende Abdeckung von Müllbehältnissen oder Aufreißen von Säcken) sowie Behandlung und Weiterverarbeitung von Sekundärmaterial. Verwehungen können ebenso während des Transports entstehen, etwa im Fall von Granulateinträgen. Diese Art des Eintrags ist in weiten Teilen nicht quantifizierbar und passiert häufig in Anlagen, die keine ausreichenden Schutzvorkehrungen getroffen haben, sowie im informellen Sektor (UNEP 2016). Leckagen in Sortier- und Recyclinganlagen entstehen, wenn Abfälle während des Transports und der Lagerung wegwehen, etwa wenn Abfälle unabgedeckt gelagert werden. Andere Faktoren können fehlender Windschutz/Netze sein, die zu Einträgen in Luft und Wasser führen können.

Mit dieser Systematisierung liegt ein Ansatz vor, wie eine Unterscheidung der Eintragswege von dem, was wir als Vermüllung der Umwelt wahrnehmen, vorgenommen werden kann. Es wird klar, dass nicht nur Littering dafür verantwortlich ist, sondern auch andere Quellen relevant sind. Das bedeutet, dass verschiedene Ansätze verfolgt werden sollten, um das Problem zu bekämpfen: Einer davon setzt beim »klassischen« Littering an, aber genauso sollten Verwehungen adressiert werden, etwa von Verwertungshöfen, oder umweltoffene Anwendungen auf ihren Zerfall hin geprüft werden. Besonderes Augenmerk sollte dabei auf solchen Materialien liegen, von denen besonderes Gefährdungspotenzial angenommen werden kann – also die besonders gefährliche und/oder persistente Stoffe enthalten.

13.4
Littering in der europäischen Gesetzgebung

In der 2018 geänderten europäischen Abfallrahmenrichtlinie wird Littering mit »Vermüllung« übersetzt. Littering ist dabei breit definiert und differenziert nicht zwischen verschiedenen Eintrags- oder Produktarten sowie Verhaltensweisen. Diese definitorische Grundlage wäre Voraussetzung, um gegen Littering vorzugehen. Gleichzeitig eröffnet die Richtlinie direkten Handlungsspielraum für die Mitgliedsstaaten, Maßnahmen gegen Littering zu ergreifen, denn sie sollen sowohl gegen jede Form der Ablagerung vorgehen als auch bestehenden Abfall aus der Umwelt entfernen.

Die 2019 verabschiedete Richtlinie über die Verringerung der Auswirkungen bestimmter Kunststoffprodukte auf die Umwelt (EU 2019) adressiert besonders eine ganz bestimmte Art des Litterings, nämlich das von Tabakprodukten. Für diese sollen Mitgliedstaaten einen Bericht über eingeleitete Reduktionsmaßnahmen vorlegen – was in Anbetracht der Mengen und der geringen Größe von Zigarettenkippen durchaus als herausfordernd bezeichnet werden kann. Als ein weiterer möglicher Schritt gegen Littering von Zigarettenkippen sind in der Richtlinie verbindliche Sammelquoten genannt. Da es sich um kleine Abfälle handelt, die mit herkömmlichen Methoden (wie Kehrmaschinen) oft kaum zu erfassen sind, wäre das Erreichen einer Quote wahrscheinlich mit hohen Kosten verbunden. Weitere Informationen über das mögliche Prozedere finden sich in der Richtlinie nicht.

Littering ist also in der europäischen Gesetzgebung als Problem erkannt, bleibt aber sowohl in der Beschreibung als auch in der Ausgestaltung möglicher Gegenmaßnahmen kursorisch. Die Einwegkunststoffrichtlinie (EU 2019) bietet allerdings das Potenzial, das Thema zu konkretisieren. Ob die Chance genutzt wird, wird sich im Rahmen ihrer Umsetzung zeigen.

13.5
Was sind die Folgen von Littering?

Für viele ist Littering vor allem ein ästhetisches Problem. Vermüllte Areale im städtischen Umfeld werden als ungepflegt oder heruntergekommen wahrgenommen, oft assoziiert mit sozial schwachen Milieus (Bateson et al 2015). Doch Littering sieht nicht nur unschön aus, es kann auch gesundheitliche Auswirkungen haben und zum Beispiel Ratten und Insekten anziehen. Die Vermüllung von Flüssen, Kanalisation und anderen Wasserwegen kann zu verstopften Rohren führen, was Überschwemmungen zur Folge haben kann, insbesondere bei Starkregenereignissen (Ong et al. 2013). Die direkten Umweltfolgen von Littering hängen stark vom Material ab. Neben schädlichen Stoffen, die in die Umwelt eingetragen werden können, wenn etwa Batterien mit Blei oder Lacke nicht sachgerecht entsorgt werden, ist das Material selbst eine mögliche Gefahr. Dies wird insbesondere deutlich im Fall von Plastik, das allein aufgrund seiner hohen Persistenz und weltweit flächendeckenden Verbreitung eine in ihren gesamten Auswirkungen teilweise noch schwer einzuschätzende Gefahr für Land und Wasser bedeutet (Bertling et al. 2018). Da Produkte aus Plastik mit fortschreitender Verwitterung in immer kleinere Teile zerfallen, sind die Verbreitungswege unüberschaubar und die Rückholmöglichkeiten mit zunehmendem Alter immer schwieriger. Demnach ist von langfristigen negativen Auswirkungen auszugehen.

Neben den negativen Folgen für Mensch und Umwelt ist Littering ein wesentlicher ökonomischer Faktor. Stadtreinigungen sind mit menschlichem und technischem Einsatz immer mehr gefordert, um der Vermüllung Einhalt zu gebieten, was mit hohen Kosten verbunden ist. Trotzdem kann bei Weitem nicht davon ausgegangen werden, dass durch regelmäßige Reinigung aller Müll beseitigt wird. Zum einen wird auch an Stellen gelittert, die nicht regelmäßig gereinigt werden, wie etwa ländliche Gegenden oder an Autobahnrändern. Zum anderen ist die Beseitigung von sichtbarem Litter nicht gleichbedeutend mit der Abwesenheit von Mülleinträgen – man denke nur an Verwehungen an weniger frequentierte Orte und Zerfallsprodukte, die aus den Abfällen entstehen. Darum sollte die Prävention von Littering die erste Priorität sein, noch vor der Beseitigung sichtbarer Vermüllung.

Die EU-Kunststoffstrategie (EU 2018) weist auf einen weiteren Faktor hin: Littering gilt es zu vermeiden, da dadurch der Kreislaufwirtschaft wichtige Ressourcen entzogen werden.

13.6
Was wissen wir über Littering?

Die Frage, wie viel gesichertes Wissen über Littering existiert, ist knapp zu beantworten: wenig. Es gibt wenige Studien, die individuelle Fragen oder Situationen beleuchten. So gut wie keine Studie enthält verlässliche Zahlen. Warum ist das so?

Ein zentraler Faktor ist das Fehlen einer allgemeinen Definition. Das macht nachvollziehbare und damit vergleichbare Mengenerhebungen praktisch unmöglich. Zum anderen sind die Zahlen, die kursieren – etwa von Stadtreinigungen –, oft zu unspezifisch, denn in dem dort angegebenen Gewicht sind neben anorganischem gesammelten Müll auch organischer Müll, wie nasse Blätter oder Steine, eingerechnet, was das Ergebnis offensichtlich verfälscht. Zudem werden von solchen Maßnahmen oft nur größere Gegenstände wie Plastikflaschen oder Pizzakartons erfasst, kleine, schwer zu erreichende wie Kaugummi oder Zigarettenstummel hingegen werden oft nicht aufgenommen. Damit ist weder eine Aussage zu Gesamtmengen noch zur Art von Vermüllung möglich. Letztlich sind die Erkenntnisse schlecht übertragbar, da sich Littering je nach Ort, Zeit und individuellem Verhalten unterscheidet (Defra 2019).

Trotz dieser Schwierigkeiten lassen sich einige Aussagen treffen, etwa zu der Frage, welche Arten von Produkten häufig gelittert werden. In fast allen hier zitierten Quellen werden als am häufigsten gefundene Gegenstände Zigarettenkippen, Kaugummi, Verpackungen, Flaschen und Getränkebecher genannt/aufgeführt. Diese Produkte deuten auf Unterwegskonsum hin. Wenn es allerdings um konkrete Mengenangaben geht, sind die meisten Zahlen Annäherungen, basierend auf mehr oder weniger sensiblen Modellen. Eine aktuelle Studie in Deutschland rechnet zum Beispiel hoch, dass etwa 1,4 Kilogramm Abfälle pro Person und Jahr gelittert werden, was einer Gesamtsumme von etwa 115.000 Tonnen gleichkommt (Bertling et al. 2019).

Nach Breitbarth et al. (2019) ist Littering nicht an einen bestimmten Ort gebunden; vielmehr wird an allen öffentlichen Orten gelittert: in städtischen wie in peripheren Gegenden, an allen Verkehrswegen, Rad-, Wander- und Waldwegen und Gewässern. Allerdings gibt es gewisse Littering Hotspots, an denen besonders häufig gelittert wird, wie Festivals, Haltestellen oder Übergangspunkte (wie etwa der Eingangsbereich eines Bürogebäudes oder Autobahnausfahrten).

13.7
Die Rolle der Hersteller

Literatur zu Littering aus den USA aus den 1970er-Jahren sieht menschliches Verhalten als die zentrale Ursache für Littering. Damals aufkommende und auch heute noch existierende Bewegungen wie »Keep America beautiful«, die dieses Bild stützen, werden zum großen Teil von Verpackungs- und Getränkeherstellern sowie der Tabakindustrie finanziert, die ein Interesse daran haben, die Verantwortung für Vermüllung, die auch durch ihre Produkte geschieht, an Verbrauchende abzugeben (Roper et al. 2012; Royte 2005). Roper et al. (2012) lenken den Blick darauf, dass sich Hersteller, sobald ihre Produkte und Verpackungen die Fabriken verlassen haben, erfolgreich von den Problemen distanzieren, die diese verursachen. Nicht das Produkt sei »schuld« – sondern das Individuum, das es nicht sachgemäß entsorge, so die Argumentation. Damit, so die Autorin und der Autor, würden sich Produzenten ihrer Mitverantwortung am Problem der Vermüllung entziehen (ebd.).

Diesem Bild wird derzeit entgegengewirkt, indem bei Müllaufräumaktionen teilweise neben der Produktart – zum Beispiel Einweggetränkeflasche – auch die Hersteller eines Produkts erfasst werden. So zeigen Auswertungen von »Keep Australia beautiful«, dass in 91 Prozent der untersuchten Städte Coca-Cola-Dosen gefunden wurden, gefolgt von Verpackungen von McDonald's – ähnliche Ergebnisse wurden auch in Großbritannien festgehalten (Roper et al. 2012) Dies legt den Verdacht nahe, dass Hersteller, die für einen bestimmten Lebensstil stehen (wie etwa Unterwegskonsum), Produkte auf den Markt bringen, die häufiger als andere gelittert werden. Allerdings spielt hier auch eine Rolle, dass bestimmte Marken aufgrund ihres Marktanteils und der Verbreitung in verschiedenen Ländern, relativ gesehen, häufiger gefunden werden als andere. Ob die Zielgruppe dieser Produkte möglicherweise häufiger littert als andere oder ob die Produkteigenschaften selbst zu mehr Littering verleiten, ist damit nicht geklärt und sollte deshalb eingehender untersucht werden. Da Littering immer ein gelittertes Produkt und ein litterndes Individuum beinhaltet, haben auch Hersteller einen Anteil an der Vermüllung. Maßnahmen, die an der Quelle ansetzen, beziehen sich also auch auf das Produkt.

Neben Einwegprodukten an sich, die nach ihrem einmaligen Gebrauch keine weitere Funktion erfüllen und damit besonders häufig gelittert werden, spielt auch das Produktdesign eine Rolle. So werden etwa wiederverschließbare PET-Flaschen manchmal wiederverwendet, um andere Getränke zu transportieren. Verschmierte Plastikfolien hingegen, in die Sandwiches eingepackt sind, sind eher anfällig, gelittert zu werden, weil kein Wert mehr in ihnen gesehen wird und sie keiner anderen Verwendung zuzuführen sind. Werden Verpackungen und Produkte also so gestaltet, dass eine Weiterverwendung möglich ist, wird das Litteringrisiko gesenkt. Richtlinien zum nachhaltigen Produktdesign können so helfen, Littering zu vermeiden (Wever 2006, Fenn et al. 2016).

In der EU-Richtlinie über die Verringerung der Auswirkungen bestimmter Kunststoffprodukte auf die Umwelt (EU 2019) wird die Rolle der Hersteller beim Littering über eine erweiterte Herstellerverantwortung anerkannt. Diese Herstellerverantwortung umfasst für bestimmte Verpackungen und Produkte die Kostenübernahme für Reinigungsmaßnahmen sowie Transport und Behandlung der gesammelten Abfälle. Auch für bewusstseinsbildende Maßnahmen, die die Verbraucher über die schädlichen Auswirkungen von Littering aufklären sollen, müssen die Hersteller die Kosten tragen, sowie für Sammlung, Transport und Verwertung von Abfällen, die beim Unterwegskonsum in öffentlichen Mülleimern entsorgt werden. Diese Sichtweise wird von der EU Abfallrahmenrichtlinie unterstützt, die besagt, dass der Kampf gegen Vermüllung eine gemeinsame Anstrengung der zuständigen Behörden, Hersteller und Verbraucher sein sollte (EU 2018). Letztlich dient erweiterte Herstellerverantwortung der Internalisierung externer Kosten, die bei der Müllbeseitigung entstehen. Dies sollte auch im Interesse der Hersteller liegen: Weithin wiedererkennbare Produkte wie rote Dosen mit markanter weißer Aufschrift dienen, als Müll herumliegend, wohl kaum der Werbung für ein Produkt (Roper et al. 2012).

13.8
Besonders relevante Formen von Littering

13.8.1
Unterwegskonsum

Eine aktuelle Studie untersucht die Entwicklung und den Verbrauch bestimmter Einwegprodukte und -verpackungen in Deutschland (NABU 2018). Sie kommt zu dem Ergebnis, dass Einweggeschirr und Unterwegsverpackungen in der letzten Zeit deutlich zugenommen haben. Das beinhaltet Teller, Becher, Kartons, Schüsseln, und Pizzakartons. Diese fallen oft an Imbissständen und Systemgastronomie an und sind für etwa ein Drittel des Verbrauchs von Einweggeschirr und -verpackungen verantwortlich. Tankstellen, Automaten, Festivals und Heißtheken sind weitere relevante Anfallorte. Insgesamt beträgt der so generierte Müll fast 350.000 Tonnen. Gewichtsmäßig haben Papier und Pappkarton die größten Anteile, gefolgt von Plastik mit etwa 30 Prozent. Da die meisten dieser Produkte draußen konsumiert werden, sind sie besonders anfällig dafür, gelittert zu werden.

Die Autorinnen und Autoren gehen davon aus, dass gesteigerter Wohlstand zu mehr Außer-Haus- und Fast-Food-Konsum führt, was einen Anstieg von Verpackungsmüll zur Folge hat. Weitere Faktoren umfassen vermehrtes Arbeitspendeln sowie mehr Einpersonenhaushalte und vermehrte Nutzung von Essensbestellungen. Im Vergleich zu vielen Einweganwendungen sind Mehrweglösungen für zum Beispiel To-go-Konsum häufig zunächst teurer und weniger verfügbar, weshalb sie kaum genutzt werden. Mitunter werden Gerichte und Getränke selbst dann auf Einweggeschirr serviert, wenn diese stationär konsumiert werden – dies kann in Schnellrestaurants und Coffeeshops beobachtet werden.

13.8.2
Zigarettenkippen

Im Sammelsurium der gelitterten Gegenstände nehmen Zigarettenkippen eine besondere Rolle ein. Aufgrund ihrer geringen Größe sind sie schwierig (und damit teuer) zu beseitigen, sie stellen ein ästhetisches Problem dar, bergen Sicherheitsrisiken und sind eine ernst zu nehmende Verschmutzungsquelle für Gewässer (Patel et al. 2012). Zigarettenkippen beinhalten etwa 7.000 Chemikalien in konzentrierter Form, von denen einige hochgiftig sind, wie etwa Kadmium, Zink und Blei (Curtis et al. 2016), die über Littering in die Umwelt gelangen. In vielen Ländern stellen Zigarettenkippen das am häufigsten gelitterte enthaltende Produkt dar (ebd.).

Die WHO geht davon aus, dass bis zu zwei Drittel der weltweit gerauchten Zigaretten nicht richtig entsorgt, sondern achtlos weggeworfen werden, sage und schreibe 340 bis 680 Millionen Kilogramm pro Jahr (Novotny et al. 2012). Im Rahmen einer nicht repräsentativen Studie, in der Raucherinnen und Raucher beobachtet wurden, litterten fast 77 Prozent ihre aufgerauchten Zigaretten, obwohl sich im Schnitt im Umkreis von 24 Metern ein Abfalleimer befand (Patel et al. 2012; siehe auch Schultz et al. 2013).

Es ist davon auszugehen, dass die Gründe beim Littering von Zigarettenkippen vor allem auf individuelle Faktoren zurückzuführen sind. Beispielsweise sind jüngere Raucherinnen und Raucher eher geneigt zu littern als ältere (Schultz et al. 2013). Auch bereits herumliegende Zigarettenkippen scheinen weiteres Littering zu begünstigen, während weniger gelittert wird, wenn Aschenbecher vorhanden sind. Zigarettenkippen werden außerdem besonders häufig an Übergangspunkten (wie Gebäudeeingängen) gelittert.

Dabei scheinen manche Raucherinnen und Raucher der Ansicht zu sein, dass das Littern von Zigarettenkippen kein unangemessenes Verhalten darstellt oder das Wegwerfen von Kippen in Regenrinnen oder Schächten eine sichere Methode des Auslöschens darstelle (Keep Britain Tidy 2013). Auch die Abwesenheit von Aschenbechern wird bisweilen als Grund für unsachgemäßes Entsorgen angeführt. Viele gehen offenbar auch davon aus, dass Zigarettenkippen leicht abbaubare und ungiftige Abfälle sind (ebd.).

In vielen EU-Ländern führen Nichtraucherschutzgesetze dazu, dass vermehrt auf der Straße geraucht wird, etwa vor Bars und Restaurants. Damit verbunden sind oft verstärkte Mengen gelitterter Zigarettenkippen. Gut sichtbare und in ausreichendem Maß vorhandene Aschenbecher sowie Kennzeichnungen, die auf die schädlichen Auswirkungen von gelitterten Zigarettenkippen hinweisen, sind darum insbesondere an diesen Orten unabdingbar.

13.9
Mögliche Gegenmaßnahmen

Die Ausführungen haben gezeigt, dass Littering ein vielseitiges gesellschaftliches Phänomen ist, über das bislang nur wenig gesichertes empirisches Wissen vorhanden ist. Aus diesem wenigen Wissen lassen sich bislang nicht auf seriöse Weise Maßnahmen ableiten. In Anbetracht der Vielschichtigkeit des Problems ist es zudem unwahrscheinlich, dass es, selbst wenn umfassendere Erkenntnisse zur Verfügung stehen sollten, die *eine* Maßnahme geben wird, die das Problem Littering lösen kann. Wahrscheinlicher ist, dass Maßnahmen individuell zugeschnitten sein sollten, bezogen auf den Ort und die Produktart, die gelittert wird, sowie die litternden Personen.

Trotz des voraussichtlich noch längeren Weges bis zur umfassenden Problemerfassung ist es das Ziel, Littering einzudämmen, wert, auch im aktuellen Stadium Ansätze umzusetzen, die Potenzial versprechen. Dazu zählen Aufklärungs- und Bildungsmaßnahmen. Glaubt man Untersuchungen, sind diese entscheidend, da über 80 Prozent des Litteringver-

Abbildung 13.2
Auffällig gestalteter Mülleimer *(Quelle: Maier/privat).*

haltens von individuellen Charakteristika abhängen können (Schultz 2013). Dabei sollten normative Aussagen vermieden werden, da sie einen gegenteiligen Effekt erzeugen und zu vermehrtem Littering führen können (»Danke, dass du diesen Park sauber hältst« anstatt »Vermüllung ist schädlich!«) (Schultz et al. 2013). Da die meisten Menschen sich ohnehin bewusst sind, dass Littering kein angemessenes Verhalten ist, scheint dieser Ansatz vielversprechend. Ebenso kann soziale Ächtung ein starker Einflussfaktor sein, den sich manche Kampagnen zunutze machen – die Annahme hinter beiden Beispielen ist, dass möglicherweise gelittert wird, wenn Individuen sich unbeobachtet fühlen, obwohl ihnen bewusst ist, dass es sozial unangemessen ist; sobald sie aber glauben, gesehen zu werden, verhalten sie sich konform (Kolodko 2018).

Den Müll rasch zu beseitigen ist eine Maßnahme, die mehrere Studien konsistent und über Jahrzehnte hinweg als Erfolg versprechend ausweisen. Wo kein Müll liegt, sind Menschen weniger verleitet zu littern und umgekehrt – regelmäßige Reinigungsmaßnahmen können also zu Kostenersparnis führen (Curnow 1997; Crump et al. 1977). Auch die Gestaltung von Mülleimern hat einen Einfluss auf Littering. Je mehr sie auffallen oder auf sie hingewiesen wird, desto wahrscheinlicher ist es, dass sie auch genutzt werden (Schultz et al. 2009). Auch lustige Sprüche können helfen, wie sie aktuell bereits in verschiedenen Kampagnen städtischer Entsorger genutzt werden.

Ebenso eine Rolle scheint der Abstand zum nächsten Mülleimer und Aschenbecher zu sein, was insbesondere bei Raucherinnen und Rauchern eine große Rolle spielt. Generell scheinen der lokale Kontext und die Art, wie lokale Gemeinden auf das Problem eingehen, eine wichtige Rolle zu spielen (Schultz 2013). Im Sinne des »Polluter Pays«-Prinzips sollte auch beim Hersteller angesetzt werden und Produktdesign sowie Einschränkungen von Einwegverpackungen in Betracht gezogen werden.

13.10
Fazit

Der Überblick zeigt, dass das Phänomen Littering erst in Ansätzen erforscht ist. Neben der fehlenden Definition und der daraus resultierenden unklaren Menge, die gelittert wird, ist weder auf individueller noch auf gesamtgesellschaftlicher Ebene klar, aus welchen Gründen gelittert wird bzw. welche Gegenmaßnahmen getroffen werden sollten. Bisherige Untersuchungen legen zudem nahe, dass die Gründe für Littering sowohl auf der individuellen Ebene liegen als auch von situativen Aspekten abhängen, was die Wirkung pauschaler Maßnahmen infrage stellt.

Aus den hier angesprochenen Aspekten ergibt sich demnach ein klarer Auftrag an die Forschung. Auf Basis einer klaren Definition sollte eine Methodik entwickelt werden, die eine Kategorisierung der verschiedenen Arten von Littering beinhaltet sowie eine Betrachtung über die Zeit erlaubt, um Veränderungen aufgrund getroffener Maßnahmen feststellen zu können. Ohne dieses Handwerkszeug sind Aussagen über Ursachen und Wirkungen kaum zu treffen. Maßnahmen sollten sich an Situation und jeweiliger Zielgruppe orientieren. Unabhängig davon bergen Maßnahmen, die am Produkt ansetzen, Potenziale. Das betrifft zum einen das Produktdesign, zum anderen aber auch ganz grundlegend die Frage, ob alle Produkte, die praktisch und verfügbar sind und häufig nur eine Nutzung erlauben, besonderen Vorgaben unterliegen sollten. Antworten darauf sind auch von den Auswirkungen der Einwegkunststoffrichtlinie der EU zu erwarten.

LITERATURVERZEICHNIS

Bateson, M.; Robinson, R.; Abayomi-Cole, T.; Greenlees, J.; O'Connor, A.; Nettle, D. (2015): Watching eyes on potential litter can reduce littering: evidence from two field Experiments [https://peerj.com/articles/1443/; 19. 08. 2020].

Bertling, J.; Bertling, R.; Hamann, L. (2018): Kunststoffe in der Umwelt. Mikro- und Makroplastik. Ursachen, Mengen, Umweltschicksale, Wirkungen, Lösungsansätze, Empfehlungen [www.umsicht.fraunhofer.de/de/presse-medien/pressemitteilungen/2018/konsortialstudie-mikroplastik.html; 19. 08. 2020].

Breitbarth, M. (2018): Littering im öffentlichen Raum – ein altbekanntes und doch brandaktuelles Problem [www.researchgate.net/publication/303437102_Littering_im_offentlichen_Raum_-_ein_altbekanntes_und_doch_brandaktuelles_Problem; 19. 08. 2020].

Crump, L.;, Nunes, D.; Crossman, E. (1977): The Effects of Litter on Littering Behavior in a Forest Environment [https://journals.sagepub.com/doi/abs/10.1177/001391657791009; 19. 08. 2020].

Curtis, C.; Novotny, T.; Lee, K.; Freiberg, M.; McLaughlin, I. (2016): Tobacco industry responsibility for butts: a Model Tobacco Waste Act [https://tobaccocontrol.bmj.com/content/26/1/113; 19. 08. 2020].

Defra (2019): Litter and Littering in England 2016 to 2017 [www.gov.uk/government/publications/litter-and-littering-in-england-data-dashboard/litter-and-littering-in-england-2016-to-2017; 19. 08. 2020].

De Kort, Y.; Midden, C. (2008): Persuasive Trash cans. Activation of Littering Norms by Design [www.researchgate.net/publication/215827741_Persuasive_trash_cans_Activation_of_littering_norms_by_design; 19. 08. 2020].

EU (2018): Richtlinie über Abfälle und zur Aufhebung bestimmter Richtlinien [https://eur-lex.europa.eu/legal-content/DE/ALL/?uri=celex:32008L0098; 19. 08. 2020].

EU (2018): Eine europäische Strategie für Kunststoffe in der Kreislaufwirtschaft [https://eur-lex.europa.eu/legal-content/EN/TXT/?uri=COM%3A2018%3A28%3AFIN; 19.08.2020].

EU (2019): Richtlinie über die Verringerung der Auswirkungen bestimmter Kunststoffprodukte auf die Umwelt [eur-lex.europa.eu/legal-content/DE/TXT/HTML/?uri=CELEX:32019L0904&from=EN; 19.08.2020].

Fehr, G.; Veit, M.; Kamm, A.; Geisseler, L. (2014): Littering in der Schweiz. Studie zur Wirksamkeit von Massnahmen unter Berücksichtigung verhaltensökonomischer Erkenntnisse [https://fehradvice.com/ueber-uns/unserepublikationen/studie-littering-in-der-schweiz/; 19.08.2020].

Fenn, T.; Vernon, J.; Kantor, E.; Goodboy, R. (2013): Feasibility study of introducing instruments to prevent littering [www.researchgate.net/publication/311308354_Feasibility_study_of_introducing_instruments_to_prevent_littering; 19.08.2020].

Gunggut, H.; Hing, C. (2013): Internalization and Anti Littering Campaign Implementation. [www.sciencedirect.com/science/article/pii/S187704281302510X; 19.08.2020].

Hansmann, R. (2003): A two-step informational strategy for reducing littering behavior in a cinema [www.researchgate.net/publication/232297314_A_Two-Step_Informational_Strategy_for_Reducing_Littering_Behavior_in_a_Cinema; 19.08.2020].

Hartmann, N.; Hüffer, T.; Thompson, R.; Hassellöv, M.; Verschoor, A.; Daugaard, A.; Rist, S.; Karlsson, T.; Brennholt, N.; Cole, M.; Herrling, M.; Hess, M.; Ivleva, N.; Lusher, A.; Wagner, M. (2019): Are we speaking the same language? Recommendations for a Definition and Categorization Framework for Plastic Debris [www.ncbi.nlm.nih.gov/pubmed/30608663; 19.08.2020].

Hing, C. K.; Gunggut, H. (2012): Maintaining Urban Cleanliness: A New Model [www.sciencedirect.com/science/article/pii/S187704281203234X; 19.08.2020].

Houghton, S. (2006): Using Verbal and Visual Prompts to Control Littering in High Schools [www.tandfonline.com/doi/abs/10.1080/0305569930190301; 19.08.2020].

James, R. (2010): Promoting Sustainable Behavior. A guide to successful communication [https://sustainability.berkeley.edu/sites/default/files/Promoting_Sustain_Behavior_Primer.pdf; 19.08.2020].

Keep Britain Tidy (2013): The Big Litter Inquiry The public's voice on litter [www.keepbritaintidy.org/sites/default/files/resources/KBT_CFSI_The_Big_Litter_Inquiry_Report_2013.pdf; 19.08.2020].

Kolodko, J.; Reid, D. (2018): Using behavioural science to reduce littering: understanding, addressing and solving the problem of litter [wrap.warwick.ac.uk/100201/; 19.08.2020].

13 Littering – weit verbreitet, wenig erforscht

Krauss, R.; Freedman, J.; Whitcup, M. (1978): Field and Laboratory Studies of Littering [www.researchgate.net/publication/256230212_Field_and_Laboratory_Studies_of_Littering; 19.08.2020].

Maier, N. (2020): Littering. Discussion Paper from the Interest Group Plastics of the European Network of the heads of Environment Protection Agencies [epanet.eea.europa.eu/reports-letters/reports-and-letters/ig-plastics-working-paper-littering_end2-0.pdf/view; 19.08.2020].

Meeker, F. (1997): A Comparison of Table-Littering Behavior in Two Settings: A Case for Contextual Research Strategy [www.researchgate.net/publication/248587657_A_comparison_of_table-littering_behavior_in_two_settings_A_case_for_a_contextual_research_strategy; 19.08.2020].

NABU (2018): Einweggeschirr und To-Go-Verpackungen. Abfallaufkommen in Deutschland 1994 bis 2017 [https://www.nabu.de/umwelt-und-ressourcen/abfall-und-recycling/25294.html; 19.08.2020].

Novotny, T.; Bialous, S.; Burt, L.; Curtis, C.; Da Costa, V.; Iqtidar, S.; Liu, Y.; Pujari, S.; Tursan d'Espaignet, E. (2015): The environmental and health impacts of tobacco agriculture, cigarette manufacture and consumption [www.who.int/bulletin/volumes/93/12/15-152744/en/; 19.08.2020].

Ojedokun, A.; Balogun, S. (2013): Self-Monitoring and Responsible Environmental Behaviour: the Mediating Role of Attitude towards Littering [www.researchgate.net/publication/253953116_Self-Monitoring_and_Responsible_Environmental_Behaviour_the_Mediating_Role_of_Attitude_towards_Littering; 19.08.2020].

Ong, I.; Sovacool, B. (2011): A comparative study of littering and waste in Singapore and Japan [www.sciencedirect.com/science/article/pii/S0921344911002552; 19.08.2020].

Patel, V.; Thomson, G.; Wilson, N. (2012): Cigarette butt littering in city streets: a new methodology for studying and results [www.ncbi.nlm.nih.gov/pubmed/22821749; 19.08.2020].

Reich, J.; Robertson, J. (1979): Reactance and Norm Appeal in Anti-Littering Messages [www.researchgate.net/publication/229539545_Reactance_and_Norm_Appeal_in_Anti-Littering_Messages; 19.08.2020].

Robinson, S. (1976): Littering Behavior in Public Spaces [journals.sagepub.com/doi/abs/10.1177/136327527600800303; 19.08.2020].

Roper, S.; Parker, C. (2012): Doing well by doing good: A quantitative investigation of the litter effect [www.sciencedirect.com/science/article/pii/S0148296312000501; 19.08.2020].

Royte, E. (2005): Garbage Land: on the secret trail of trash. New York: Back Bay Books.

Systemische Hemmnisse und Zukunftsentwicklungen

Schultz, W.; Stein, S. (2009): Littering Behavior in America. Results of a National Study [https://kab.org/wp-content/uploads/2019/08/LitterinAmerica_ExecutiveSummary_Final_0.pdf; 19.08.2020].

Schultz, P.; Bator, R.; Brown Large, L. (2013): Littering in Context: Personal and Environmental Predictors of Littering Behavior [journals.sagepub.com/doi/full/10.1177/0013916511412179; 19.08.2020].

Torgler, B.; Frey, B.; Clevo, W. (2009): Environmental and Pro-Social Norms: Evidence on Littering [www.researchgate.net/publication/46555927_Environmental_and_Pro-Social_Norms_Evidence_on_Littering; 19.08.2020].

UNEP (2016): Marine plastic debris and microplastics – Global lessons and research to inspire action and guide policy change [europa.eu/capacity4dev/unep/document/marine-plastic-debris-and-microplastics-global-lessons-and-research-inspire-action-and-guid; 19.08.2020].

Van der Meer, E.; Beyer, R.; Gerlach, R. (2018): VKU Information 93. Wahrnehmung von Sauberkeit und Ursachen von Littering. Eine Langzeitstudie 2005–2017 [https://www.vku.de/publikationen/2018/information-93/; 19.08.2020].

Weaver, R. (2015): Littering in context(s): Using a quasi-natural experiment to explore geographic influences on antisocial behavior [www.researchgate.net/publication/271274177_Littering_in_contexts_Using_a_quasi-natural_experiment_to_explore_geographic_influences_on_antisocial_behavior; 19.08.2020].

Western Australian Litter Regulations (1981): [www.legislation.wa.gov.au/legislation/statutes.nsf/main_mrtitle_1738_homepage.html; 19.08.2020].

Wever, R. (2006): Influence of packaging design on littering behaviour [www.researchgate.net/publication/27351351_Influence_of_packaging_design_on_littering_behavior; 19.08.2020].

Williams, E.; Curnow, R.; Streker, P. (1997): Understanding Littering Behaviour in Australia [kab.org.au/wp-content/uploads/2012/05/understanding-littering-behaviour-lbs1.pdf; 19.08.2020].

Ansätze zur Verminderung des Plastikverbrauchs bei Lebensmittelverpackungen

Ergebnisse eines Kreativprozesses

ANDREAS R. KÖHLER | MARTIN MÖLLER

Zusammenfassung

Der Beitrag stellt Ergebnisse eines Kreativprozesses vor, der 2019 vom Öko-Institut im Rahmen eines spendenfinanzierten Eigenprojekts zusammen mit Vertreterinnen und Vertretern verschiedener Stakeholdergruppen durchgeführt wurde. Unter der Prämisse, dass etablierte Ökodesigninstrumente die Umweltfreundlichkeit von Lebensmittelverpackungen zwar bereits deutlich, aber noch nicht ausreichend verbessert haben, werden in dem vorliegenden Diskussionsbeitrag Handlungsspielräume und -bedarfe für eine weitergehende Reduktion von Kunststoffeinwegverpackungen vorgestellt.

14.1
Einleitung

Kunststoffverpackungen stehen aufgrund der erzeugten Abfallmengen und der damit verbundenen Umweltprobleme seit Langem im Brennpunkt der öffentlichen Kritik und legislativer Maßnahmen. In Deutschland entstanden 2016 pro Kopf etwa 38 Kilogramm Plastikverpackungsabfälle, insgesamt 3,1 Millionen Tonnen (Böll-Stiftung und BUND 2020; UBA 2018a). Trotz der seit fast drei Jahrzehnten praktizierten Abfalltrennung und Recycling hat sich das Problem seither keineswegs entschärft. Eine Vermeidung des Konsums von Kunststoffverpackungen stellt aufgrund deren Allgegenwärtigkeit eine Herausforderung auch für ökologisch bewusst denkende Menschen dar.

Verpackungen sind zweckdienliche Umhüllungen für Konsumprodukte. Die Daseinsberechtigung der Verpackung bemisst sich hauptsächlich an der Art und Funktion des verpackten Produkts sowie den Erfordernissen des Vertriebsweges und der jeweiligen Konsumsituation. Insbesondere Kunststoffeinwegverpackungen von bereits portionierten bzw. zubereiteten Lebensmitteln ermöglichen Konsumgewohnheiten, die ohne diese Angebote nicht möglich wären, zum Beispiel den spontanen Erwerb und Verzehr von Fertiggerichten in Kleinportionen. Moderne Verpackungstechnologien und Convenience-Lebensmittel haben somit im Zuge der gesellschaftlichen Modernisierung dazu beigetragen, die früher üblichen Formen der Nahrungszubereitung grundlegend umzugestalten.

Der Begriff »Convenience-Lebensmittel« steht für Bequemlichkeit bei der Beschaffung und Zubereitung von Nahrungsmitteln. Diese Mahlzeiten werden deshalb als praktisch und zeitsparend empfunden, weil ihre Zubereitung kaum Küchenausrüstung erfordert und dank der verwendeten Wegwerfverpackung auch die anschließende Reinigung von Kochutensilien und Geschirr weniger aufwendig ist bzw. ganz entfallen kann. Einwegkunststoffverpackungen sind in diesem Zusammenhang besonders gut geeignet, weil kaum ein anderes Material als Kunststoff eine solche Vielfalt an zeitsparenden bzw. entlastenden Eigenschaften und Funktionen aufweist.

Die Abundanz der Lebensmittelverpackungen aus Kunststoff führt zu zahlreichen negativen Umweltauswirkungen, beginnend mit der Rohstoffförderung (hauptsächlich Erdöl). Außerdem entstehen bei der Herstellung und Verarbeitung von Kunststoffen umweltschädliche Emissionen in Luft, Wasser und Böden. Auch der Transport von Verpackungen führt zur Emission von Treibhausgasen. Nach der Nutzung werden Verpackungen zu Abfall und können infolge unachtsamer Entsorgung (sogenanntem Littering) zur Verschmutzung der Flüsse und Weltmeere mit Plastikfragmenten beitragen (siehe auch Kapitel 13). Dies ist ein weltwei-

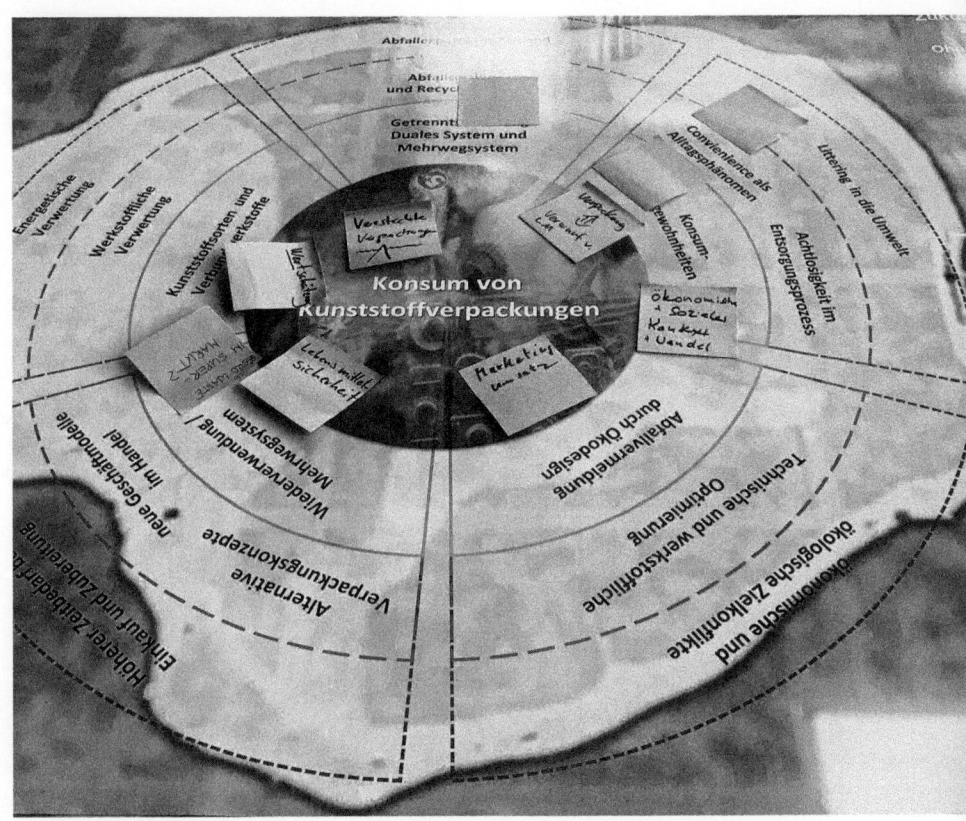

Abbildung 14.1
Analyse des Problemfelds »Konsum von Lebensmittelverpackungen«
im Rahmen der Zukunftswerkstatt *(Quelle: Öko-Institut).*

tes Phänomen, das auch hierzulande existiert. Noch relevanter aber ist die Freisetzung von Verpackungsmüll aus Sortierresten und deponierten Reststoffen, die zum Zwecke der stofflichen Verwertung in Länder mit niedrigen Umweltschutzstandards exportiert wurden (Heinrich-Böll-Stiftung/BUND 2020).

Bisherige erprobte Lösungsstrategien wie Verpackungsökodesign und das Recycling von Verpackungsabfällen haben für sich allein jeweils

14 Verminderung des Plastikverbrauchs bei Lebensmittelverpackungen

durchaus Erfolge zu verzeichnen. Gleichwohl wächst die Menge der Verpackungsabfälle weiter, und Kunststoffe gelangen jenseits der guten abfallwirtschaftlichen Praxis in Böden, Flüsse und Ozeane. Vor diesem Hintergrund stellt sich die Frage, ob es jenseits der bisher praktizierten Lösungsstrategien weitere Handlungsansätze zur Vermeidung von Verpackungen, insbesondere solchen aus Plastik, geben könnte.

Dieser zentralen Fragestellung widmete sich ein 2019 durchgeführtes spendenfinanziertes Eigenprojekt des Öko-Instituts, einer der europaweit führenden, unabhängigen Forschungs- und Beratungseinrichtungen für eine nachhaltige Zukunft. Dabei wurden zunächst die Gründe für die Kunststoffnutzung und vorhandene Lock-in-Effekte analysiert sowie die Voraussetzungen für den Verzicht auf Plastik und die möglichen materialtechnischen Alternativen bzw. Verhaltensänderungen beleuchtet. Anschließend wurden in einer »Zukunftswerkstatt« gemeinsam mit Vertreterinnen und Vertretern aus verschiedenen Stakeholdergruppen Ausgangspunkte für konkrete Veränderungen herausgearbeitet (siehe Abbildung 14.1) und hinsichtlich Sinnhaftigkeit und Praktikabilität bewertet.

Ausgehend von den klassischen Handlungsebenen aus der Ökodesignpraxis für Verpackungen, sollen in dem vorliegenden Diskussionsbeitrag Ansatzpunkte für eine weitergehende Reduktion von Kunststoffeinwegverpackungen vorgestellt werden, die im Rahmen des beschriebenen Kreativprozesses identifiziert wurden. In einem akteursbezogenen Ansatz werden dabei Handlungsspielräume und -bedarfe auf der Ebene von Lebensmittelherstellern, Verpackungsindustrie, Handel, Staat sowie Verbraucherinnen und Verbrauchern herausgearbeitet.

14.2
Handlungsebenen zur Verminderung der Umweltauswirkungen bei Verpackungen

14.2.1
Handlungsebenen des Ökodesigns

Der Kreativprozess in der Zukunftswerkstatt stützte sich auf Erfahrungen mit dem Methodenbaukasten des Ökodesigns. Ökologisch optimierte Produktgestaltung lässt sich prinzipiell auf vier Handlungsebenen umsetzen, die sich hinsichtlich ihres ökologischen Verbesserungspotenzials unterscheiden (Brezet 1997):

1. direkte Produktverbesserung, zum Beispiel durch Materialeinsparung und Materialsubstitution;
2. Redesign des Produktsystems, zum Beispiel Umstellung von Einweg- auf Mehrwegverpackungen;
3. funktionelle Innovation, zum Beispiel Anbieten von verpackungs- armen Lieferdiensten für frische Lebensmittel;
4. systemische Innovation, zum Beispiel Veränderungen von Nachfrage- und Konsumgewohnheiten im Zusammenspiel von allen beteiligten Akteuren.

Unter direkter Produktverbesserung versteht man eine umweltgerechte Produktgestaltung mit dem Ziel, die Umweltprobleme der Verpackungen selbst zu minimieren. Das lässt sich beispielsweise durch die Material- auswahl (z. B. Plastik, Kartonagen, Metalle) oder schlicht durch Mate- rialeinsparung (Dünnwandigkeit) erreichen. Ökodesignmaßnahmen auf Produktebene lassen sich vergleichsweise schnell erreichen. Die Stell- schrauben für Ökodesign auf technischer Ebene sind allerdings mittler- weile weitgehend ausgereizt: Leichtverpackungen sind bereits sehr dünn- wandig. Zudem kommt es durch technische Optimierungen meist zu Zielkonflikten, die sich kaum lösen lassen. So führt der Trend zu sehr leichten Verpackungen zur vermehrten Nutzung von Verbundmaterialien und damit zu einer schlechteren stofflichen Wiederverwertbarkeit der

Verpackungen. Daher hat eine rein technische Verbesserung der umwelt-relevanten Produkteigenschaften nur eine begrenzte Wirksamkeit.

Weitere Verbesserungen der Ökoeffizienz von Verpackungen bedürfen langfristigerer Lösungsstrategien auf logistischer Ebene der Produktsysteme oder funktionellen Innovationen. Mit neuen innovativen Geschäftsmodellen, die sich oft auch Konzepte aus anderen Technologiefeldern wie der Digitalisierung zunutze machen, lässt sich die Ökoeffizienz der gesamten Prozesskette »Bereitstellung von Lebensmitteln an Verbraucherinnen und Verbraucher« viel effektiver verbessern als mittels Optimierung einzelner Verpackungen (siehe auch Kapitel 15). Hierbei spielt die Zusammenarbeit mehrerer Akteure der Wertschöpfungskette (Hersteller, Handel, Recyclingwirtschaft) eine entscheidende Rolle. Für den Erfolg solcher Lösungsstrategien müssen auch Konsumentinnen und Konsumenten mit einbezogen werden und ökologisch vorteilhafte Angebote annehmen.

Am weitreichendsten lassen sich die Umweltauswirkungen des Konsums verpackter Waren auf systemischer Ebene reduzieren. Dies ist allerdings gleichzeitig die schwierigste und langwierigste Aufgabe, denn hierbei handelt es sich um den gesamten Komplex von landwirtschaftlichen und industriellen Geschäftsmodellen in der Lebensmittelbranche sowie um Konsumgewohnheiten. Ökodesign auf systemischer Ebene steht deshalb vor der Herausforderung, mit allen beteiligten Akteursgruppen gleichzeitig nach gangbaren Auswegen aus der plastikbasierten Wegwerfmentalität beim Lebensmittelkonsum zu suchen.

14.3
Handlungsebene direkte Produktverbesserung

14.3.1
Klassische Ökodesignansätze

Im Bereich Verpackungen wird Ökodesign (englisch: eco-design) häufig mit der Optimierung der Materialeigenschaften zugunsten der Recyclingfähigkeit assoziiert. Dies gilt insbesondere für Kunststoffverpackungen. Weiterhin werden meist die Vermeidung von Littering sowie die Vermeidung möglicher Verunreinigungen von Lebensmitteln durch Fremdstoffe als Ziele des Ökodesigns subsumiert. Nach Definition des Umweltbundesamtes ist Ökodesign eine »systematische Vorgehensweise, die zum Ziel hat, möglichst frühzeitig ökologische Aspekte in den Produktplanungs-, -entwicklungs- und -gestaltungsprozess einzubringen« (Tischner 2015). Der Ökodesignprozess beginnt mit der strategischen Planung und For-

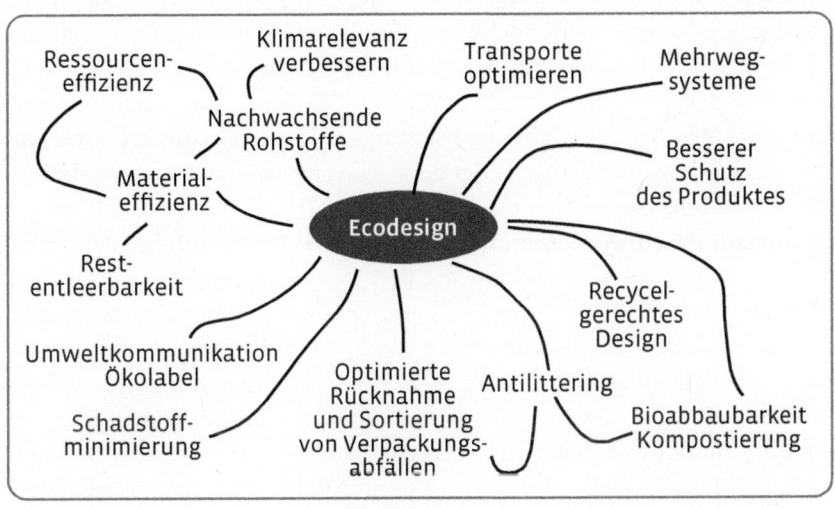

Abbildung 14.2
Typische Aspekte des Ökodesigns von Kunststoffverpackungen
(Quelle: Köhler et al. 2016).

14 Verminderung des Plastikverbrauchs bei Lebensmittelverpackungen

mulierung von Umweltzielen. In diesem Stadium bietet sich die Nutzung qualitativer Ökodesignhilfsmittel in Form von Design-Guidelines, Kreativtools oder Heuristiken an. Dadurch wird vermieden, dass punktuelle Veränderungen der Produkteigenschaften lediglich zu einer Verlagerung der Umweltauswirkungen führen. Ökodesign ist deshalb eng an das Konzept von Ökobilanzen (LCA) gekoppelt.

Der Leitfaden des Runden Tischs *Eco Design von Kunststoffverpackungen* gibt eine praxisorientierte Hilfe bei der Umsetzung eines Ökodesignprojekts für Verpackungen (IK 2019). Er enthält Anleitungen für konkrete Optimierungsansätze, Checklisten zur Prüfung typischer Aspekte beim Umgang mit Zielkonflikten sowie eine Sammlung von Praxisbeispielen (ebd.). Beispielsweise wurde ein »Portionsbeutel« für Ketchup analysiert und mithilfe des »Eco-Design-Leitfadens« eine Strategie zur Produktverbesserung erarbeitet. Dieser als »Wegwerfverpackung« konzipierte Portionsbeutel wurde mit verbessertem Öffnungsmechanismus ausgestattet und das Materialgewicht reduziert. Ein anderes Beispiel beschreibt das Redesign einer PET-Tiefziehschale für »Suppengemüse«. Es wurden zwei Eco-Design-Varianten in mehreren Iterationen geprüft: eine Tiefziehschale aus Polypropylen und eine einfache PP-Banderole. Das Beispiel illustriert den Umgang mit Zielkonflikten, da beide Varianten ihre Vor- und Nachteile haben. Als Problemlösung wurde letztlich ein Beutel aus Polyethylen-Folie identifiziert, der gewichtssparend und gut recycelbar ist (ebd.). Weitere Beispiele für solche auf Materialsubstitution basierende Lösungsstrategien wurden in der Vergangenheit bereits erfolgreich umgesetzt. So konnte die Verwendung von PVC für Lebensmittelverpackungen in den letzten zwei Jahrzehnten immer mehr durch chlorfreie Kunststoffe substituiert werden. Das zum Ende des 20. Jahrhunderts noch weitverbreitete Verpackungsmaterial stand wegen der Verwendung von Weichmachern und der Gefahr von giftigen Verbrennungsprodukten bei der Abfallbehandlung in der Kritik (Jagels-Sprenger 1994; siehe auch Kapitel 12). Chlorfreie Kunststoffe wie PET und Polyethylen vermeiden diese Gefahren und bieten gleichwertige Funktionalität.

Die Zukunftswerkstatt konstatierte das Potenzial des Ökodesigns zur Erreichung spürbarer, wenn auch nicht radikaler Verbesserungen der

Ökoeffizienz von Kunststoffverpackungen. Dabei wurde betont, dass der Verpackungssektor in der Verantwortung steht, Tools wie den »Eco-Design-Leitfaden« in der Praxis konsequent anzuwenden.

14.3.2
Scheinlösungen — Beispiel bioabbaubare Kunststoffe

Biologisch abbaubare Kunststoffe galten zwischenzeitlich als Hoffnungsträger zur Lösung des Litteringproblems. Dazu gehören Polymere aus pflanzlichen, tierischen oder mikrobiellen Rohstoffen, wie beispielsweise Polylactid (PLA) aus Maisstärke und Polyhydroxyvalerat (PHV), das aus Stärke oder Zucker hergestellt wird (UBA, 2009). Derartige Materialien zersetzen sich unter Einwirkung von Feuchtigkeit und Wärme mithilfe von Bakterien und Pilzen in Biomasse und deren mineralische Grundbausteine (Kohlendioxid und Wasser), ohne dass Plastikpartikel langfristig in der Umwelt verbleiben. Dieser Vorgang lässt sich durch technische Kompostierung stark beschleunigen: Unter idealen (aeroben) Bedingungen zersetzt sich eine bioabbaubare Kunststoffverpackung innerhalb von sechs Monaten zu 90 Prozent. In der Umwelt brauchen einige bioabbaubare Kunststoffarten jedoch bis zu 1,5 Jahre (UBA 2018b). Unter Sauerstoffmangel und in kalter Umgebung dauert der Abbau noch länger.

Als Handlungsoption für das Ökodesign von Verpackungen eignen sich bioabbaubare Kunststoffe daher nur bedingt. Die ökobilanzielle Analyse verdeutlicht in vielen Fällen, dass die Erzeugung biogener Rohstoffe wie Mais oder Zucker zu deutlichen Mehrbelastungen der Umwelt infolge einer intensiven Agrarproduktion führt. Steigender Wasserbedarf, Flächenbeanspruchung, Düngemitteleinsatz und Biodiversitätsverluste sind die Folge. Ein weiteres Problem der bioabbaubaren Kunststoffe ist, dass sie bisher nicht recycelbar sind. Sie stören sogar das Recycling konventioneller Verpackungskunststoffe und werden daher aussortiert und thermisch verwertet oder beseitigt (UBA 2018c).

Aufgrund der genannten Nachteile lässt sich schlussfolgern, dass Verpackungen aus bioabbaubaren Kunststoffen als ökologisch sinnvoller Ersatz für solche aus konventionellen Kunststoffen derzeit nicht für die Massenanwendung geeignet sind.

14.4
Handlungsebene Produktsystem-Innovation

14.4.1
Mehrwegverpackungen differenziert betrachten und bewusst einsetzen

Die ökobilanziellen Studien zum Vergleich von Einweg- und Mehrwegverpackungen aus den zurückliegenden rund 25 Jahren lassen sich folgendermaßen zusammenfassen: »Mehrweg ist aus ökologischer Sicht nicht grundsätzlich besser als Einweg, aber nach wie vor in vielen wichtigen Anwendungsfällen.« (vgl. Schmitz 1995; UBA 2000; ifeu 2010)

Je nach Materialauswahl und Organisation der Logistikprozesse kann man sowohl bei Mehrweg- als auch bei Einwegsystemen eine große Bandbreite an Umweltauswirkungen feststellen. Deshalb sind pauschale Aussagen im Hinblick auf die ökologische Vorteilhaftigkeit eines bestimmten Verpackungssystems nicht möglich. Stattdessen ist eine differenzierte Betrachtung erforderlich, nicht zuletzt auch deswegen, weil sich bei Einwegsystemen aufgrund von zum Teil beträchtlichen Gewichtseinsparungen die ökologische Positionierung in den letzten Jahren verbessert hat. Hinzu kommt, dass aufgrund von Fortschritten im werkstofflichen Recycling zum Beispiel PET-Einwegflaschen bereits 30 bis 50 Prozent Sekundärrohstoffe aus gebrauchten Einwegflaschen enthalten (Veolia 2020). In Pilotprojekten wurde die Machbarkeit einer Herstellung von Einwegflaschen aus 100 Prozent recyceltem PET nachgewiesen (Recycling Magazin 2018).

Nach wie vor gilt aber, dass regionale Produkte in Mehrwegverpackungen am umweltfreundlichsten sind (co2online o. J.). Dabei macht es bei der Betrachtung der klassischen Wirkungskategorien von Ökobilanzen kaum einen Unterschied, ob es sich um Glas- oder Kunststoffmehrwegverpackungen handelt (UBA 2017); im Getränkebereich werden PET-Mehrwegflaschen in klassischen Ökobilanzstudien sogar als die ökologisch vorteilhaftesten Getränkeverpackungen eingestuft (ifeu 2010). Dabei ist jedoch zu beachten, dass ökologische Schäden infolge von Littering und des Eintrags von Mikroplastik in die Umwelt methodisch nicht berücksichtigt werden.

Andererseits ist beispielsweise bei Glasmehrwegflaschen schon seit einigen Jahren ein problematischer Trend zu beobachten: Immer mehr Getränkehersteller bieten aus Marketinggründen ihre Waren in individuellen Mehrwegflaschen an. Wenn die Abfüllung von einem zentralen Standort aus erfolgt, die Produkte jedoch überregional in den Handel kommen, muss das Leergut zum Teil über weite Strecken zurück zum Abfüllort transportiert werden.

Im Hinblick auf möglichst umweltfreundliche Verpackungssysteme lassen sich daher folgende Schlüsse ziehen: Ökologisch vorteilhaft sind standardisierte Mehrwegverpackungen aus Glas oder Kunststoff, die von vielen regionalen Abfüllern verwendet werden. Besonders ökoeffizient sind solche Mehrwegpools, in denen die Behälter möglichst oft mit einer möglichst großen Produktmenge befüllt werden. Ein weiterer wichtiger Ansatzpunkt für eine hervorragende Ökoeffizienz wäre eine Reduktion der gegenwärtig fast unüberschaubaren Formenvielfalt bei Einweg- und Mehrwegverpackungen. Mithilfe von wenigen genormten Typen von Mehrwegbehältern lassen sich Mehrwegpools mit kurzen Transportwegen leichter etablieren.

14.4.2
Unverpackt muss im Handel alltagstauglich werden

Unverpacktläden gelten als Pioniere für einen verpackungsarmen bzw. verpackungsfreien Einkauf. Sie verdeutlichen die grundsätzliche Machbarkeit eines plastikarmen Lebens und wirken als Multiplikatoren für die wachsende Akzeptanz des Geschäftsmodells bei Konsumentinnen und Konsumenten. Das ökologische Verbesserungspotenzial einer Verpackungsvermeidung auf dieser Handlungsebene ist aufgrund des Multiplikatoreffekts enorm.

Andererseits bildet in einer zunehmend verdichteten Arbeits- und Lebenswelt die Vereinbarkeit der Anforderungen des modernen (Berufs-) Alltags mit einem verpackungsarmen Einkauf oftmals eine große Herausforderung. Grundsätzlich benötigen Konsumentinnen und Konsumenten bei der Lebensmittelzubereitung eine Entlastung in Hinblick auf den Koordinations-, Beschaffungs- und Zubereitungsaufwand (Eberle und Hayn 2007). Wie vor diesem Hintergrund die Integration des verpackungsreduzierten Einkaufens in den Alltag gelingen kann, wird in den Kapiteln 6 und 7 ausführlich dargestellt.

Im Rahmen der Zukunftswerkstatt wurden neue Formen der Kooperation zwischen Handel und Lieferdiensten als ein wesentlicher Ansatzpunkt identifiziert, um bestehende Hemmnisse für den Einkauf in Unverpacktläden abzubauen. Dazu gehört vor allem der Umstand, dass aufgrund der derzeit geringen Anzahl solcher Geschäfte relativ weite Anfahrtswege bestehen. Ein wichtiger Ansatzpunkt wären Kooperationen von Unverpacktanbietern mit umweltfreundlichen Lieferdiensten, die so – beispielsweise mittels Lastenfahrrädern – einen deutlich breiteren Kreis von Kundinnen und Kunden erreichen würden. Einzelne bereits bestehende Initiativen sollten stärker in die Breite getragen werden. Im ländlichen Raum könnten lokale Erzeuger mithilfe des Unverpacktkonzepts einen neuen Wettbewerbsvorteil gegenüber dem klassischen Lebensmittelhandel entwickeln.

Ein anderer Ansatz wäre eine deutliche Ausweitung des gastronomischen Angebots (z. B. in Form von Restaurants und Bistros bei Unverpacktläden bzw. verpackungsarmen Supermärkten, wie es sie in einigen Läden bereits gibt). Bei einer attraktiven bzw. außergewöhnlichen Auswahl der verwendeten Zutaten und angebotenen Speisen sowie einem entsprechend geschulten Personal bieten solche neuen Formen gastronomischer Angebote gute Chancen, den Ort des Lebensmitteleinkaufs deutlich aufzuwerten und durch einen Eventcharakter neue Käuferschichten anzusprechen. Kundinnen und Kunden mit knappem Zeitbudget können dort fertig zubereitete Mahlzeiten einnehmen und erhalten Anregungen und Rezeptempfehlungen für ein späteres Nachkochen der Gerichte zu Hause. Im Rahmen der Zukunftswerkstatt wurden solche Angebote als Vorreiter für einen Wandel der Konsumverhaltens gewürdigt. Es komme aber darauf an, dass diese Angebote konsequent auf wiederverwendbare Behälter und Geschirr setzen.

14.4.3
Verpackungsreduktion braucht staatliche Vorgaben

Weiterhin wurde die Notwendigkeit ordnungsrechtlicher Initiativen des Staates diskutiert, welche als wichtige flankierende Maßnahmen für Innovationen auf der Produktsystemebene identifiziert wurden.

So wäre zum Beispiel eine Ausweitung des EU-Verbots von Einwegkunststoffen sinnvoll. Die 2019 verabschiedete EU-Richtlinie über sogenannte Einwegkunststoffartikel hat das Ziel, das Plastikmüllaufkommen zu reduzieren, indem sie für die zehn Produkte und Verpackungen, welche die Strände in Europa am meisten verschmutzen, strengere Vorschriften festlegt (EU-Kommission 2019). Mit diesen neuen Vorschriften werden Plastikteller und -besteck, Strohhalme, Ballonhaltestangen und Wattestäbchen ab 2021 verboten. Bislang nicht betroffen sind Einweggetränkeflaschen, obwohl diese Verpackungen ebenfalls ganz erheblich zur globalen Meeresverschmutzung beitragen (JRC 2017). So beziffert sich die jährliche Produktion von Einwegkunststoff-Getränkeflaschen auf 16,4 Milliarden Stück. Dadurch entsteht nicht nur ein Rohstoffverbrauch in Höhe von 480.000 Tonnen Rohöl, sondern auch ein Abfallaufkommen von 400.000 Tonnen (DUH o. J.).

Vor diesem Hintergrund wären stärkere Anreize zur Vermeidung des Litterings von Einweggetränkeflaschen – beispielsweise durch Ausweitung von Pfandsystemen – sinnvoll sowie Informations- und Aufklärungskampagnen für den Verzehr von Leitungswasser. Dessen Qualität hat sich in den letzten Jahren weiter verbessert, und es stellt nicht zuletzt die kostengünstigste Alternative dar (UBA 2018d). Unterstützt werden sollte diese Kampagne durch ein kostenfreies Angebot von hygienisch gesichertem Leitungswasser im öffentlichen Raum.

Schließlich wären gesetzliche Vorgaben zur Reduzierung der Werkstoff- und Farbenvielfalt bei Lebensmittelverpackungen zu begrüßen, um Mehrwegsysteme und das Recycling von verbleibenden Einwegverpackungen zu fördern bzw. überhaupt erst zu ermöglichen. Ein konsequenter Ausbau von Mehrweggebinden ließe sich insbesondere durch gesetzliche Vorgaben für Systemgebinde fördern. Laut Zukunftswerkstatt bestünde ein sinnvoller Ansatz darin, die gegenwärtige beinahe unüberschaubare Vielfalt von Einwegverpackung und -behältern durch sechs bis acht genormte Typen von Mehrwegbehältertypen zu ersetzen. Auf diese Weise wäre es möglich, nicht nur den Verbrauch von Einwegkunststoffverpackungen zu reduzieren, sondern auch von Glaseinwegverpackungen, die aus ökobilanzieller Sicht ebenfalls kritisch zu bewerten sind. Die Etablierung dieser Mehrwegsysteme erfordert wiederum eine entsprechende Anpassung der Logistiksysteme, indem die Transportdistanzen zwischen Herstellern und Handel so kurz wie möglich ausfallen und bei den Mehrwegbehältern hohe Umlaufzahlen sowie ein geringer Einweganteil (z. B. durch Verschlüsse) erzielt werden.

14.5
Handlungsebene systemische Innovation

14.5.1
Ursachen und Rahmenbedingungen für den bisherigen Erfolg von Einwegkunststoffverpackungen

Auf der Suche nach systemischen Handlungsansätzen analysierten die Beteiligten der Zukunftswerkstatt zunächst die Gründe für den heutigen Massenkonsum der eingangs erwähnten Convenience-Lebensmittel. Dabei kristallisierte sich ein zentraler Aspekt heraus: Die bequeme Verfügbarkeit plastikverpackter Lebensmittel im Einzelhandel hat über Jahrzehnte die Routinen vieler Menschen bei der Lebensmittelzubereitung beeinflusst. Während die Nutzung von Einwegverpackungen ursprünglich für Ausnahmesituationen (z. B. Außer-Haus-Verzehr) gedacht war, ist der durch diese Verpackungen erzielbare Zeitgewinn inzwischen bei vielen fest in den Alltag integriert. »Convenience« repräsentiert daher mehr als nur Bequemlichkeit. Es ermöglicht eine Verdichtung und Beschleunigung von zeitaufwendigen Aktivitäten im Zusammenhang mit Ernährung zugunsten von Erwerbsarbeit, Mobilitätszeiten oder alternativen Freizeitbeschäftigungen. Bemühungen, diese Gewohnheiten zugunsten verpackungsarmer Produkte zu verändern, haben eine Vielzahl alltagspraktischer Konsequenzen im Leben der Menschen. Es handelt sich dabei um einen »Lock-in-Effekt«, also einen tief vorgespurten Pfad der Gewohn-heiten, aus denen es schwierig ist auszubrechen.

Systemische Innovationen sollten deshalb an diesem Punkt ansetzen und versuchen, diese »Falle« aufzubrechen. Dazu müssen alle beteiligten Akteure ihren Beitrag leisten: Lebensmittelhersteller und Einzelhandel sollten neue Wege finden, um funktionell unnötige Verpackungen zu ver-meiden. Konsumentinnen und Konsumenten sollten die neu entstehenden Unverpacktangebote des Einzelhandels rege nutzen, um eine Marktnach-frage zu erzeugen. Der Verzicht auf Einwegplastik zieht Veränderungen von Gewohnheiten im Alltag nach sich, angefangen von der Planung von Einkäufen mithilfe wiederverwendbarer Behälter bis hin zur Freizeit-gestaltung (siehe unten). Die Veränderung gesellschaftlich genormter Kon-sumgewohnheiten bedarf allerdings vielfältiger Initiativen und Vorbilder. Innovation auf systemischer Ebene kann mithilfe positiver Leitbilder zur Plastikvermeidung und des Engagements von innovativen Vorreitern viel bewirken. Dazu hat das Öko-Institut aus den Ergebnissen der Zukunfts-werkstatt Narrative in einfacher Sprache über Handlungsmöglichkeiten zur Plastikvermeidung im Alltag entwickelt (Öko-Institut 2019).

14.5.2
Beispielhafter Lösungsansatz:
Selber kochen mit unverpackten Zutaten

Ein möglichst weitgehender Verzicht auf Convenience-Produkte kann einen wichtigen Beitrag dazu leisten, den Verbrauch von Einwegkunst-stoffverpackungen und das damit verbundene Abfallaufkommen zu redu-zieren. Das gilt insbesondere dann, wenn die Speisen mit unverpackten Lebensmitteln bzw. Zutaten aus Großgebinden zubereitet werden. Im Handel bietet eine Umstellung auf Großgebinde zudem die Möglichkeit, große Mengen Einzelverpackungen im Warenkreislauf einzusparen.

Frisch zubereitete Lebensmittel sind im Vergleich zu Convenience-Produkten zudem oftmals die gesündere Alternative: So enthalten fertig zubereitete Lebensmittel meist Zusatzstoffe (z. B. Konservierungsmittel, Geschmacksverstärker, Farbstoffe); zudem zerstören die eingesetzten Auf-bereitungsmethoden wichtige Vitalstoffe. Eine aktuelle Studie der Universidad Navarra mit fast 15.000 gesunden Teilnehmenden kommt zu dem Ergebnis, dass ein regelmäßiger Verzehr von hochgradig verarbeiteten Lebensmitteln nicht nur mit einem höheren Risiko für Fettleibigkeit verbunden ist, sondern auch zu Bluthochdruck führen kann (Mendonça et al. 2017).

Ein wichtiger Aspekt für die Alltagstauglichkeit bildet die zeit- und energiesparende Zubereitung frischer Gerichte. Kochsendungen im Fernsehen könnten hier hilfreiche Tipps geben, wie eine Zubereitung von unverpackten Lebensmitteln zeitsparend organisiert werden kann und aus übrig gebliebenen Resten mit einfachen Mitteln schmackhafte neue Gerichte entstehen können.

14.5.3
Randbedingungen für systemische Innovation: Einkaufsfahrten spielen eine wichtige Rolle

Ferner sollte bei einer systemischen Optimierung nicht aus dem Blick geraten, dass jenseits des Systems aus Produkt und Verpackung weitere Aspekte eine wichtige Rolle spielen können.

So verursacht beispielsweise eine durchschnittliche Einkaufsfahrt mit dem Auto etwa 2.400 Gramm Kohlendioxid (Öko-Institut 2015). Selbst wenn man ein besonders effizientes Fahrzeug mit spezifischen CO_2-Emissionen von rund 100 Gramm pro Kilometer und eine relativ kurze Entfernung zwischen Wohnort und Geschäft von nur fünf Kilometern annimmt, verbleibt ein CO_2-Ausstoß von rund 1.000 Gramm. Dies entspricht in etwa den Treibhausgasemissionen, die zehn Einwegplastiktüten bei ihrer Herstellung verursachen. Wer hingegen mit Bus oder Bahn einkauft, verursacht deutlich weniger CO_2-Ausstoß. Wird die Wegstrecke zu Fuß oder mit dem Fahrrad zurückgelegt, fällt gar kein CO_2 an. Auch der Abrieb von Kunststoffmikropartikeln (z. B. bei Reifen) ist in diesem Falle deutlich geringer als bei einer Einkaufsfahrt mit dem Auto.

Wer auf Umweltfreundlichkeit bei den Verpackungen Wert legt, sollte auch die Einkaufsfahrten mit dem Auto reduzieren, da Treibhausgasemissionen und die Mikrokunststoffeinträge in die Umwelt hier deutlich stärker ins Gewicht fallen als bei Verpackungen.

14.6
Fazit und Ausblick

Eine einzige »Zauberformel«, mit der sich die Umweltauswirkungen von Verpackungen verlässlich reduzieren ließen, gibt es leider nicht. Stattdessen sind alle gesellschaftlichen Akteure aufgefordert, bestehende Gewohnheiten kritisch zu hinterfragen sowie Ansatzpunkte und Handlungsspielräume in ihrem jeweiligen Verantwortungsbereich konsequent zu nutzen. So können die Verbraucherinnen und Verbraucher durch ihre Kaufentscheidung zugunsten unverpackter Lebensmittel und deren Zubereitung erhebliche Einsparungen im Vergleich zu Fertig- und Convenience-Produkten erzielen. Diese unverpackten Angebote in größerem Umfang anzubieten und durch strategische Kooperationen mit Lieferdiensten und Gastronomie alltagstauglicher zu machen ist die Aufgabe der Hersteller und des Handels. Unverzichtbar sind weiterhin lenkende Eingriffe des Staates mit einem Instrumentenmix, der von Anreizsystemen für unverpackte Produkte bzw. vorteilhafte Verpackungen über Standardisierungen (insbesondere hinsichtlich der Werkstoff- und Formenvielfalt im Verpackungsmarkt) bis hin zu gezielten Verboten von besonders umweltschädlichen Verpackungen reicht.

Wie die Ergebnisse des hier vorgestellten Kreativprozesses zeigen, sind für eine deutliche Verbesserung der Problemlage insbesondere systemische Veränderungen bei Herstellung, Logistik und Konsum erforderlich. Erfolgsfaktoren hierfür sind neue, verschiedene Akteursgruppen verbindende Kooperationen, Geschäftsmodelle und Allianzen. Erste Ansatzpunkte hierfür wurden im dem vorliegenden Diskussionsbeitrag skizziert. Diese sollten im Rahmen weiterer Forschungsprojekte in der Praxis (z. B. in Reallaboren) auf ihre Alltagstauglichkeit überprüft, entsprechend weiterentwickelt und durch Anreizinstrumente gefördert werden.

LITERATURVERZEICHNIS

Brezet, H. (1997): Dynamics in ecodesign practice, in: Industry and environment, 20(1–2), S. 21-24.

BVE – Bundesvereinigung der Deutschen Ernährungsindustrie (2020): dpa fragt nach der Situation der Branche [https://www.bve-online.de/themen/nachschubfuersregal/coronavirus-interview-christoph-minhoff-dpa; 30. 04. 2020].

co2online (o. J., Hrsg.): Welche Verpackung ist umweltfreundlicher? Der große Verpackungsvergleich [https://www.co2online.de/klima-schuetzen/nachhaltiger-konsum/vergleich-umweltfreundliche-verpackungen/#c71920; 30. 04. 2020].

DUH – Deutsche Umwelthilfe (o. J. Hrsg.): Mehrweg ist Klimaschutz [https://www.duh.de/mehrweg-klimaschutz0/einweg-plastikflaschen/; 30. 04. 2020].

Eberle, U.; Hayn, D. (2007): Ernährungswende. Eine Herausforderung für Politik, Unternehmen und Gesellschaft [https://www.oeko.de/oekodoc/1166/2007-228-de.pdf; 30. 04. 2020].

EU-Kommission (2019, Hrsg.): Directive (EU) 2019/904 of the European Parliament and of the Council of 5 June 2019 on the reduction of the impact of certain plastic products on the environment [https://eur-lex.europa.eu/legal-content/EN/TXT/?uri=CELEX:32019L0904; 23. 07. 2020].

Heinrich-Böll-Stiftung sowie Bund für Umwelt und Naturschutz Deutschland (BUND) (2020): Plastikatlas – Daten und Fakten über eine Welt voller Kunststoff. 4. Auflage.

ifeu – Institut für Energie- und Umweltforschung Heidelberg (2010, Hrsg.): Zusammenfassung der Handreichung zur Diskussion um Einweg- und Mehrweggetränkeverpackungen, Heidelberg, 2010 [https://www.ifeu.de/oekobilanzen/pdf/IFEU%20Handreichung%20zur%20Einweg-Mehrweg-Diskussion%20(13Juli2010).pdf; 30. 04. 2020].

IK – Industrievereinigung Kunststoffverpackungen e. V. (2019, Hrsg.): Eco Design Leitfaden des Runden Tischs Eco Design von Kunststoffverpackungen [https://ecodesign-packaging.org; 05. 05. 2020].

IK – Industrievereinigung Kunststoffverpackungen e. V. (2020, Hrsg.): Praxisbeispiele [https://ecodesign-packaging.org/kunststoffverpackung-praxisbeispiele; 23. 07. 2020].

ISO 14040 – International Organization for Standardization 14010 (2016, Hrsg.): 14040:2006 Environmental management – Life cycle assessment – Principles and framework.

Jagels-Sprenger, M. (1994): Der Fall PVC. Ein ungewisses Risiko und seine rechtliche Bewältigung. Universität Bremen.

Systemische Hemmnisse und Zukunftsentwicklungen

JRC – Joint Research Centre (2017, Hrsg.): Top Marine Beach Litter Items in Europe, A review and synthesis based on beach litter data [https://publications.jrc.ec.europa. eu/repository/bitstream/JRC108181/technical_report_top_marine_litter_items_ eur_29249_en_pdf.pdf; 23.07.2020].

Köhler, A. R.; Möller, M.; Schmidt, I. (2016): Methoden und Hilfsmittel des Ökodesigns von Kunststoffverpackungen. Methods and tools for ecodesign of plastic packaging Müll&Abfall 08/418.

Mendonça, R. D.; Souza Lopes, A. C.; Marçal Pimenta, A.; Gea, A.; Martinez-Gonzalez, M. A.; Bes-Rastrollo, M. (2017): Ultra-Processed Food Consumption and the Incidence of Hypertension in a Mediterranean Cohort: The Seguimiento Universidad de Navarra Project, American Journal of Hypertension, Volume 30, Issue 4, 1. April 2017, S. 358–366 [https://doi.org/10.1093/ajh/hpw137; 19.10.2020].

Öko-Institut (2015, Hrsg.): Online shoppen oder beim lokalen Händler?, Aktuelles, 11.12.2015 [https://www.oeko.de/aktuelles/2015/online-shoppen-oder-beim-lokalen-haendler/; 30.04.2020].

Recycling Magazin (2018, Hrsg.): Vöslauer: Erste PET-Flasche aus 100 % PET-Rezyklat, 13.11.2018 [https://www.recyclingmagazin.de/2018/11/13/voeslauer-erste-pet-flasche-aus-100-pet-rezyklat; 01.09.2020].

Schmitz, S.; Oels, H.-J.; Tiedemann, A. (1995): Ökobilanz für Getränkeverpackungen, Teil B: Vergleichende Untersuchung genormt der durch Verpackungssysteme für Frischmilch und Bier hervorgerufenen Umweltbeeinflussungen. UBA Texte 52/95. Berlin.

Tischner, U.; Moser, H. (2015): Was ist Ecodesign? Praxishandbuch für Ecodesign inklusive Toolbox. Umweltbundesamt (Hrsg.).

UBA (2000): Ökobilanz für Getränkeverpackungen II, Hauptteil. UBA-Texte 37/00, Umweltbundesamt (Hrsg.) Berlin.

UBA (2017): Mehrwegflaschen [https://www.umweltbundesamt.de/umwelttipps-fuer-den-alltag/essen-trinken/mehrwegflaschen#unsere-tipps; 19.10.2020].

UBA (2009): Biologisch abbaubare Kunststoffe, Umweltbundesamt (Hrsg.) [https://www.umweltbundesamt.de/sites/default/files/medien/publikation/long/3834.pdf; 31.07.2020].

UBA (2018a): Verpackungen. Umweltbundesamt (Hrsg.) [https://www.umweltbundesamt.de/themen/abfall-ressourcen/produktverantwortung-in-der-abfallwirtschaft/verpackungen#undefined; 25.08.2020].

UBA (2018b): Gutachten zur Behandlung biologisch abbaubarer Kunststoffe. Umweltbundesamt (Hrsg.) [https://www.umweltbundesamt.de/sites/default/files/medien/421/publikationen/18-07-25_abschlussbericht_bak_final_pb2.pdf; 31.07.2020].

UBA (2018c): Gutachten zur Behandlung biologisch abbaubarer Kunststoffe, UBA 2018 TEXTE 57/2018. Umweltbundesamt (Hrsg.) [https://www.umweltbundesamt.de/sites/default/files/medien/421/publikationen/18-07-25_abschlussbericht_bak_final_pb2.pdf; 01.09.2020].

UBA (2018d): Deutsches Trinkwasser erhält wieder die Note »sehr gut«, Pressemitteilung Nr. 15 vom 24.05.2018. Umweltbundesamt (Hrsg.) [https://www.umweltbundesamt.de/sites/default/files/medien/479/dokumente/pm-2018-25_deutsches_trinkwasser_erhaelt_wieder_die_note_sehr_gut.pdf; 30.04.2020].

Veolia (2020, Hrsg.): Bottle-to-bottle-Recycling [https://www.veolia.de/leistungen-entsorgung/bottle-to-bottle-recycling; 26.08.2020].

Geschäftsmodelle zur Reduktion von Plastikmüll entlang der Wertschöpfungskette
Wege zu innovativen Trends im Handel

SABRINA SCHMIDT | FRIEDER RUBIK

Zusammenfassung

Kunststoffverpackungen haben in jüngster Zeit wieder an Aufmerksamkeit gewonnen. Neue Akteure mit neuen Geschäftsmodellen entwickeln sich, etablierte Akteure im Handel modifizieren ihre Geschäftsmodelle. Bisher scheint jedoch das Vorgehen des Handels zur Reduktion von Plastik noch wenig systematisch und birgt die Gefahr, rein technologische Lösungen zu präferieren. Es sind ein proaktives Denken und strategisches Handeln notwendig, das die Geschäftsmodelle grundlegend in Richtung einer nachhaltigen Transformation anpasst und in die Breite des Sortiments wirkt.

15.1
Herausforderungen und Probleme

In Deutschland wurden im Jahr 2017 rund 11,8 Millionen Tonnen Kunststoffe verbraucht (Conversio 2018) (vgl. Abbildung 15.1). Davon entfielen auf Verpackungen rund 26 Prozent, die meisten (95 Prozent) dieser Verpackungen wurden bereits im selben Jahr zu Abfall. Im Jahre 2016 waren rund 17 Prozent aller Verpackungen kunststoffbasiert (Schüler 2018: S. 39). Etwa zwei Drittel der Kunststoffverpackungen fallen für Güter des privaten Endverbrauchs, insbesondere für Lebensmittel, an (Detzel 2020: S. 12). Diese alltägliche Sichtbarkeit von Kunststoffverpackungen schlägt sich in der öffentlichen Aufmerksamkeit nieder: Im Sommer 2018 meinten 97 Prozent der Bevölkerung, dass die Verringerung des Plastikmülls eine wichtige Aufgabe des Umweltschutzes sei (BMU und UBA 2019). Dabei wird Bezug genommen auf die für Verbraucherinnen und Verbraucher direkt sichtbaren Verkaufsverpackungen, die typischerweise der Endverbraucherin bzw. dem Endverbraucher als Verkaufseinheit aus Ware und Verpackung angeboten werden, sowie die Versandverpackungen, die den Versand von Waren durch Paketdienstleister an die Endverbrau-

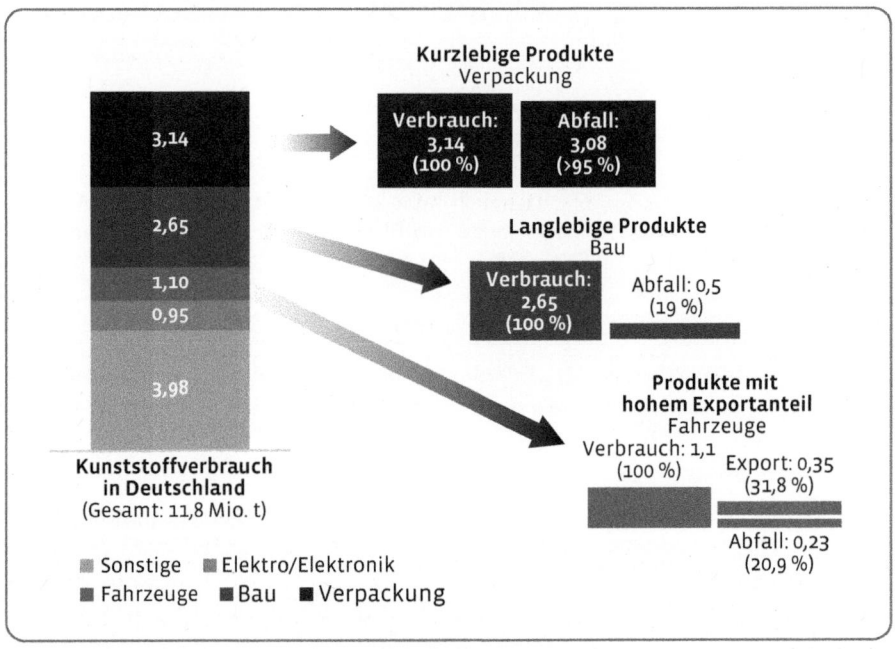

Abbildung 15.1
Gegenüberstellung von Kunststoffverbrauch und -abfallmengen in Deutschland im Jahr 2017 anhand wesentlicher Beispiele (alle Zahlenangaben in Mio. Tonnen)
(Quelle: Conversio 2018: S. 9; eigene Erstellung).

Systemische Hemmnisse und Zukunftsentwicklungen

cherin bzw. den Endverbraucher ermöglichen oder unterstützen. Es gilt aber auch, den Blick auf die in den vorgelagerten Wertschöpfungsstufen notwendigen Transportverpackungen zu lenken, die etwa ein Drittel des Verbrauchs ausmachen (vgl. Detzel 2020: S. 12). Das sind Verpackungen, die Handhabung und Transport von Waren erleichtern, Transportschäden vermeiden und typischerweise nicht zur Weitergabe an die Endverbraucherin bzw. den Endverbraucher bestimmt sind.

Herstellung, Weiterverarbeitung, Handel, Verbrauch und Entsorgung von Produkten bilden eine mehrstufige Wertschöpfungskette. Zwischen den Stufen müssen Produkte transportiert und entsprechend verpackt werden. Verpackungen bilden somit eine notwendige Symbiose mit den Produkten, um deren Schutz und Transportfähigkeit bis zum Ort der Nutzung zu gewährleisten. Mehrere Akteure sind an der Ausgestaltung der Wertschöpfungskette direkt oder indirekt beteiligt:

- erstens wirtschaftlich ausgerichtete Akteure wie Unternehmen, die mit der Erzeugung und Weiterverarbeitung der Produkte zu tun haben: die Hersteller von Verpackungen, Groß- und Einzelhandel, Logistiker und Entsorger,

- zweitens die Verbraucherinnen und Verbraucher, die die Produkte mit ihren Verpackungen erwerben,

- drittens die rahmensetzenden Akteure des politisch-administrativen Systems wie die EU, Bundes-, Landes- und Kommunalregierungen und -verwaltungen.

In diesem Beitrag wird im Fortgang auf wirtschaftliche Akteure eingegangen. Unternehmen, die Kunststoffverpackungen herstellen und nutzen, stehen unter mehrfachem Druck: Die mediale Aufmerksamkeit hat enorm zugenommen, dies zeigen etwa Berichte über die Meeresverschmutzung durch Kunststoffe. 75 Prozent der Bevölkerung möchten möglichst gering verpackte Produkte kaufen (Ipsos 2019: S. 9). Die Politik hat mehrere Vorgaben erarbeitet: Auf der Ebene der EU sind dies etwa die Kunststoffstrategie, die Einwegkunststoffrichtlinie (Richtlinie 2019/904) sowie die Verpackungsrichtlinie (94/62/EG und Änderungsrichtlinie [EU] 2018/852). Auf Ebene der deutschen Bundespolitik wurde ein 5-Punkte-Plan vorgelegt, der Maßnahmen vorbereitet und konkrete Handlungsoptionen zur Reduktion sowie zur Kreislaufführung von Kunststoffen skizziert, sowie das 2019 in Kraft getretene Verpackungsgesetz.

Dies rief verschiedene Entwicklungen in Einzelhandel und Unternehmen der Verpackungsbranche hervor:

- Es erscheinen neue Akteure auf dem Markt, wie etwa Unverpacktläden;
- aktives Handeln etablierter Akteure, etwa durch Diversifikationen in der Sortimentspolitik;
- reaktive Anpassungen etablierter Akteure, etwa durch Änderungen einzelner Verpackungselemente.

Bisher scheint das Vorgehen zur Begrenzung von Umweltschäden durch Plastik wenig systematisch zu sein. Es birgt auch die Gefahr, technologische Lösungen mit geringem oder mitunter sogar negativem ökologischen Impact sowie wenig transformativer Kraft auf den Markt zu präferieren. Die Rückkopplung einer Plastikreduktion auf Geschäftsmodellebene ermöglicht die Entwicklung von innovativen sozialen und organisationalen Lösungselementen, die Unternehmen befähigen, ihr bisher reaktives Handeln zu überwinden und stattdessen systematisch zu einer effektiven Reduktion und damit Verbesserung beizutragen.

15.2
Zwischen inkrementellen und radikalen Änderungen: Geschäftsmodelle im Überblick

Geschäftsmodelle helfen, Unternehmen planvoll zu gestalten. Sie erlauben, komplexe unternehmerische Ideen systematisch zu entwickeln, zu veranschaulichen und zu analysieren (Geissdoerfer et al. 2018). Es existieren – trotz oder gerade aufgrund der vielfältigen wissenschaftlichen Beschäftigung mit Geschäftsmodellen – unterschiedliche Definitionen, die gewöhnlich verschiedene Komponenten und ihre Beziehungen betrachten. Wir lehnen uns an eine Definition von Schallmo (2013: S. 22 f.) an: »Ein Geschäftsmodell ist die Grundlogik eines Unternehmens, die beschreibt,

Schlüsselpartner	**Schlüsselaktivitäten**	**Wertangebot**	**Kundenbeziehungen**	**Kundensegmente**
... bilden das Netzwerk des Unternehmens, das für den Erfolg des Geschäftsmodells nötig ist. Dazu können Zulieferer, kollaborative Wettbewerber und externe Dienstleister zählen.	... sind die zentralen Handlungen zur Umsetzung des Geschäftsmodells, wie z. B. die Entwicklung und Herstellung von Produkten oder die Lösung von Problemen. **Schlüsselressourcen** ... sind die wichtigsten personellen, materiellen, immateriellen und finanziellen Ressourcen, die zur Umsetzung des Geschäftsmodells benötigt werden.	... entsteht durch die Bereitstellung von Waren oder Dienstleistungen für Kundinnen und Kunden, die deren Bedürfnisse befriedigen oder deren Probleme lösen.	... beschreiben Form und Qualität der Interaktion des Unternehmens mit seinen Kundinnen und Kunden. **Kanäle** ... sind der Zugang eines Unternehmens zu den Kundensegmenten. Über die Kommunikations-, Distributions- und Vertriebskanäle wird das Wertangebot vermittelt.	... sind die Gruppen von Kundinnen und Kunden, die das Unternehmen erreichen möchte. Wertangebot, Vertriebskanäle und Beziehungen müssen auf jedes Segment zugeschnitten werden.

Kostenstruktur
... umfasst alle Kosten, die bei der Umsetzung des Geschäftsmodells anfallen, z. B. bei Herstellung von Produkten und der Erstellung von Dienstleistungen.

Einnahmequellen
... können einmalige oder auch wiederkehrende Zahlungen für Waren, Dienstleistungen, Wartungs- und Supportleistungen sein. Unterschiedliche Kundensegmente können unterschiedlichen Bezahlstrukturen zugeordnet werden.

Abbildung 15.2
Die neun Bausteine des Business Model Canvas
(Quelle: Osterwalder und Pigneur 2011: S. 20–46; Darstellung basiert auf
»The Business Model Canvas« von Strategyzer, lizenziert unter CC BY-SA 3.0).

15 Reduktion von Plastikmüll entlang der Wertschöpfungskette welcher Nutzen auf welche Weise für Kunden und Partner gestiftet wird. Ein Geschäftsmodell beantwortet die Frage, wie der gestiftete Nutzen in Form von Umsätzen an das Unternehmen zurückfließt.«

Mit dem sogenannten Business Model Canvas existiert eine modellhafte Darstellung dieser Definition (Osterwalder & Pigneur 2011). Das Konzept ist praxisnah und charakterisiert ein Geschäftsmodell anhand von neun Bausteinen, die in Abbildung 15.2 beschrieben werden.

Im Weiteren fokussieren wir den Beitrag auf die (Weiter-)Entwicklung von Geschäftsmodellen. Dabei verstehen wir unter einer Geschäftsmodellinnovation solche, bei denen sich mindestens zwei Bausteine und/oder ihre Beziehung zueinander ändern.

Geschäftsmodellinnovationen lassen sich in vier Arten unterscheiden (vgl. Abbildung 15.3). Diese Kategorisierung kann sowohl die Entstehung neuer Unternehmen mit innovativen Geschäftsmodellen als auch die unterschiedlich ausgeprägte Weiterentwicklung von Geschäftsmodellen in bestehenden Unternehmen beschreiben und ist auf aktuelle Phänomene im Einzelhandel anwendbar, wie beispielsweise:

◆ Unverpacktläden schaffen als Start-ups neue Geschäftsmodelle, die eine Vielzahl eingeführter Bausteine von bisherigen Handelsunternehmen neu komponieren: Zwar müssen sie, wie andere neue Ideen auch, sich grundlegend ihren Markt »erobern«, aber insbesondere die Zusammenarbeit mit Schlüsselpartnern stellt sich anders als bei anderen Handelsgeschäften dar. Die Kundenbeziehungen erfordern neue Formen der Kommunikation, denn Kundinnen und Kunden müssen für die Verpackung selbst Verantwortung übernehmen.

◆ Die Aufnahme oder Erweiterung von Unverpacktstrecken und -abteilungen in das Sortiment konventioneller Lebensmittelmärkte erfordert die Änderung einiger Bausteine, wie die Zusammenarbeit mit Lieferanten als Schlüsselpartnern und die Modifizierung der bisherigen Kundenbeziehungen. Die Verwendung von Mehrwegsystemen kann sowohl im Bereich der Transport- als auch im Bereich der Verkaufsverpackungen erfolgen; einzelne Änderungen berühren die Kundenbeziehungen, da die Kundinnen und Kunden die angelieferten Verpackungen wieder zurückgeben müssen, sowie die Lieferantenwahl. Diese Änderungen sind Beispiele für Geschäftsmodellübernahmen.

Die Differenzierung zwischen den Bausteinen, die ein Geschäftsmodell umfassen, deutet darauf hin, dass sich mit Änderung von Kunststoffverpackungen auch Auswirkungen auf andere Bausteine eines Geschäftsmodells ergeben. Diese sind jeweils wechselseitig zu berücksichtigen.

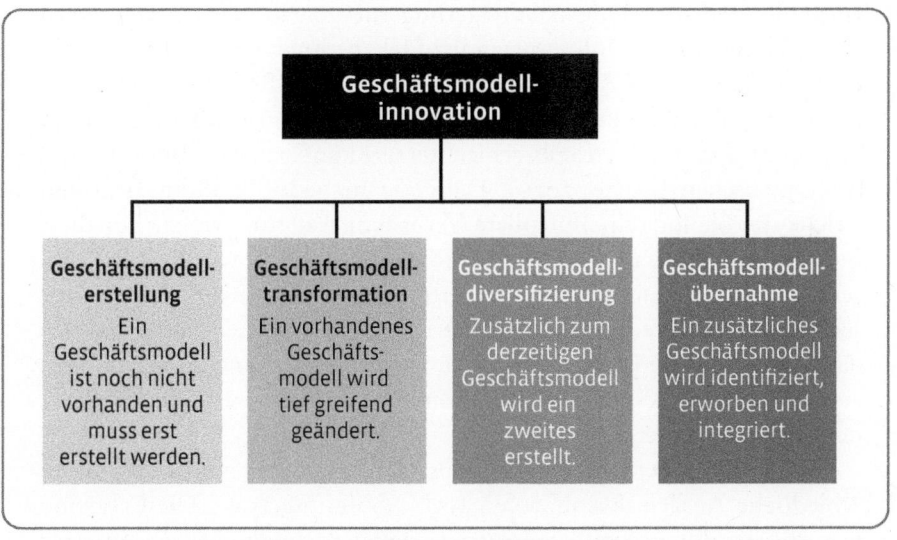

Abbildung 15.3
Arten von Geschäftsmodellinnovation
(Quelle: Geissdoerfer et al. 2018: S. 407; eigene Erstellung und Übersetzung).

15.3
Ansätze einer nachhaltigkeitsorientierten Verpackungsoptimierung

In der öffentlichen Wahrnehmung gilt Plastik, insbesondere für kurzlebige Produkte wie Verpackungen, als zentrales Umweltproblem. Dies ist jedoch eine verkürzte Analyse: Die Substitution von Kunststoffen durch andere Verpackungsmaterialien wie Papier, Pappe, Karton (PPK) und Glas kann zu ökologisch nachteiligen Verlagerungseffekten führen (Detzel 2020). Das Wachstum des Onlineversandhandels bedingt einen stetig steigenden Verbrauch an PPK-Verpackungen. Die hohen Recyclingquoten von PPK- und Glasverpackungen sollten aber nicht über die im Vergleich der Verpackungsalternativen teils schlechteren ökobilanziellen Bewertungen hinwegtäuschen (Detzel 2020). Daher ist für jedes Produkt zu prüfen, welche die ökologisch sinnvollere Verpackungsalternative ist. Für diese Entscheidung sind auch weitere Faktoren maßgeblich, wie etwa Produktschutz (insbesondere bei leicht verderblichen Lebensmitteln und anderen sensiblen, ressourcenintensiven Gütern). Folglich ist die Forderung nach einer alleinigen Reduktion von (Kunststoff-)Verpackungen nicht immer zielführend, stattdessen müssen ganzheitlich nachhaltige Verpackungssysteme entwickelt werden.

Maßnahmen der Verpackungsreduktion lassen sich in sechs unterschiedliche Ansätze klassifizieren (vgl. Abbildung 15.4). Diese Taxonomie, die die unterschiedlichen Ansätze einer nachhaltigkeitsorientierten Verpackungsoptimierung (kurz **novo**) nebeneinanderstellt, ermöglicht einen Überblick über Handlungsoptionen und deren Kombinationen. Die Reduktions- und Substitutionsansätze orientieren sich an der Abfallhierarchie. Die Design- und Serviceansätze hingegen reduzieren das Verpackungsaufkommen auf eine komplexere Art und Weise.

Für den Verpackungsverzicht, also das Angebot von Waren ohne jede Verkaufsverpackung, müssen Einzelhändler die notwendige Lager- und Verkaufsinfrastruktur bereitstellen (siehe auch Kapitel 3). Dies können Schütt- und Entnahmebehälter für trockene Waren oder Abfüllstationen für flüssige Produkte sein. Die Kundschaft muss selbst adäquate Verpackun-

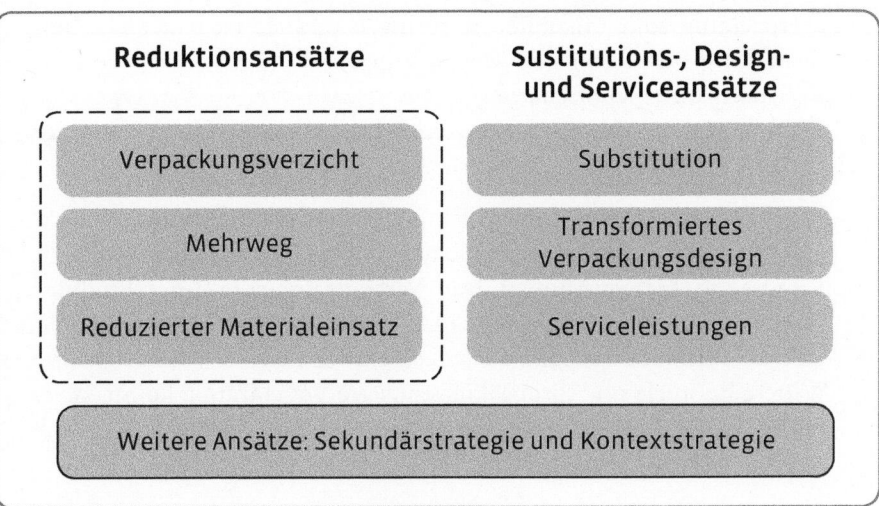

Reduktionsansätze	Sustitutions-, Design- und Serviceansätze
Verpackungsverzicht	Substitution
Mehrweg	Transformiertes Verpackungsdesign
Reduzierter Materialeinsatz	Serviceleistungen

Weitere Ansätze: Sekundärstrategie und Kontextstrategie

Abbildung 15.4
Ansätze einer nachhaltigkeitsorientierten Verpackungsoptimierung
(Quelle: eigene Erstellung).

gen für den Heimtransport und die dortige Lagerung mitbringen, teilweise bieten die Läden aber auch Serviceverpackungen wie Glasbehältnisse, Beutel und Tüten für spontane Einkäufe an (Beitzen-Heineke et al. 2017).

Mehrwegverpackungen sind robust designt, um eine längerfristige Wiederverwendung zu ermöglichen, und entweder Teil eines Rücknahmesystems oder Eigentum der Kundinnen und Kunden. Im ersten Fall werden die von einem Unternehmen bereitgestellten Verpackungen nach ihrer Nutzung durch die Endverbraucherinnen und -verbraucher, die zuliefernden Unternehmen oder unternehmensintern zurückgegeben. Das Unternehmen stellt die hierfür nötige Infrastruktur für Rückgabe, Reinigung, Redistribution und erneute Befüllung. Praxisbeispiele sind Pfandflaschen, -kaffeebecher und -versandtaschen sowie Plastikkisten der unternehmensinternen und -übergreifenden Logistik (Kiørboe et al. 2015; Twede and Clarke 2004). Im zweiten Fall liegt die Verantwortung für die Verpackung bei den Endverbraucherinnen und -verbrauchern: Sie müssen die Serviceverpackung zum Einkaufen mitbringen und sie nach der Nutzung säubern. Beispiele hierfür sind Mehrwegtragetaschen, wiederverwendbare Kaffeebecher und Gemüsenetze.

Ein reduzierter Materialeinsatz ermöglicht die unauffällige Verringerung des Verpackungsaufkommens auf drei Arten:

- Produktseitige Anpassung in der Gebindegröße oder dem Produktvolumen, die Verpackungsart bleibt grundsätzlich dieselbe: Kauft die Kundschaft für gewöhnlich zwei Verkaufseinheiten eines Produkts, können sie zusammengefasst werden. Dies führt pro Packung anteilig zu einem erhöhten, absolut aber zu einem verringerten Materialeinsatz. Weitere Beispiele sind Sirups, konzentrierte Waschmittel, kompakt verpackte Windeln sowie sortiert verpackte Geschirrspültabs und Teelichter (Kotzab 2003).

- Anpassung der Verpackungsgröße, wenn die Größe von Versandkartons oder Produktverpackungen das Produktvolumen stark übersteigen: Kleinere Luftzwischenräume in Verpackungen sorgen nicht nur für einen geringen Materialeinsatz, sondern auch für mehr Schutz beim Transport.

- Effizienterer Materialeinsatz: Produkt und Verpackung bleiben weitestgehend optisch unverändert. Ein Beispiel hierfür ist die Verringerung der Materialdicke von Verpackungen – also zum Beispiel dünnere Wände und Deckel bei Shampooflaschen – oder der Umstieg von B- auf D-Welle bei Wellpappe.

Neben diesen Reduktionsansätzen können auch drei weitere Herangehensweisen zum Einsatz kommen: Substitution, Design und Service.

Üblich ist die Substitution von Verpackungsmaterialien. Dies kann erstens ein umweltfreundlicherer Werkstoff derselben oder einer anderen Gruppe sein, zum Beispiel biobasierte statt konventionelle Kunststoffe. Zweitens können Rezyklate wie recyceltes Papier und PET Anwendung finden. Drittens können Verpackungsdesigner von Anfang an eine gute Recyclingfähigkeit der Verpackung einplanen und beispielsweise kein schwarzes PE oder nur ein bzw. wenige statt vieler Materialien einsetzen.

Transformiertes Verpackungsdesign ist die vollständige Änderung einer Verpackungsart, sodass die neue Verpackung keine optische Ähnlichkeit zur Referenzverpackung hat. Dies ist in zwei Fällen möglich: erstens indem das Produkt unverändert bleibt. Beispiel hierfür sind Nachfüll- und flexible statt starrer Verpackungen wie bei Peperoni im Standbodenbeutel statt Glas. Zweitens indem das Produkt in Gestalt oder Aggregatzustand verändert wird, was zwangsläufig eine völlig neue Verpackungslösung notwendig macht. Beispiele sind lose angebotene oder anderweitig verpackte Zahnputztabs als Zahncremeersatz sowie auswechselbare Zahnbürstenköpfe.

Zuletzt fördern auch Serviceleistungen des Einzelhandels ein reduziertes Verpackungsaufkommen, einen nachhaltigen Umgang mit Verpackungen und die Wahl ökologisch günstigerer Verpackungen. Gemeint sind Kundendienste und Informationen für Endverbraucherinnen und -verbraucher zur Stimulierung eines nachhaltigen Einkaufsverhaltens. Entsorgungshinweise auf Produktverpackungen oder Informationen zu den ökologischen Effekten von Einwegglas im Vergleich zu Verbundkarton sind mögliche Maßnahmen. Im Onlinehandel gehören außerdem Interventionen zur Retourenvermeidung dazu: Detaillierte Produktbeschreibungen, 360-Grad-Ansichten, Produktbewertungen und Einkaufsberatung sind effektive Maßnahmen, um Unsicherheiten bei Käuferinnen und Käufern zu verringern und damit Retouren entgegenzuwirken (EHI 2019).

Darüber hinaus führen weitere Maßnahmen zu einer Verringerung des Verpackungsaufkommens, die nicht auf einer Stufe mit den obigen sechs Ansätzen stehen. Als Sekundärstrategie können bereits genutzte Einwegverpackungen wie Versandkartons oder Füllmaterial wiederverwendet werden. Als Kontextstrategie gilt ein suffizienzorientiertes Marketing und Management, welches beispielsweise Reparaturdienstleistungen oder Anreize zur Selbstreflexion über die Konsumbedürfnisse für Endverbraucherinnen und -verbraucher umfassen kann.

Für den oben geforderten ganzheitlichen und systematischen Ansatz zur Verpackungsreduktion bietet es sich an, diese vorgestellten Ansätze auf Geschäftsmodellebene anzuwenden, Annahmen über ihre jeweiligen Auswirkungen auf die neun Geschäftsmodellbausteine zu treffen und diese so weit wie möglich mit Praxisbeispielen abzugleichen.

15.4
Verpackungsreduktion und Geschäftsmodelle zusammendenken

Wie eingangs erwähnt, werden im Einzelhandel Verpackungen an unterschiedlichen Punkten des Produktlebenszyklus relevant:

- Transport- und Lagerverpackungen fallen in der vorgelagerten Lieferkette sowohl im stationären Einzelhandel wie auch im E-Commerce an;

- Produktverpackungen spielen primär für den Verkauf im stationären Einzelhandel eine Rolle;

- im Onlineversandhandel sind für den Verkauf die zusätzlich anfallenden Versandverpackungen bedeutsam.

Alle drei Bereiche stellen unterschiedliche Anforderungen an Verpackungen, wobei zumindest die Schutzfunktion immer zentral bleibt. Somit ist auch die Umsetzung der sechs Ansätze nicht für alle Typen in derselben Art und Weise möglich oder sinnvoll.

Um mögliche Geschäftsmodellinnovationen abzuleiten, wird im Folgenden auf die Verschränkungen der sechs Ansätze mit den neun Geschäftsmodellbausteinen eingegangen. Dies ermöglicht die Entwicklung von Geschäftsmodelltypen, die unabhängig vom konkreten Einzelhandelsunternehmen sind und als Schablonen für verschiedene Entwicklungspfade dienen können. Die Unternehmensverantwortlichen können die für ihr Unternehmen passenden Anregungen für Geschäftsmodellinnovationen entnehmen und in ihrer unternehmerischen Praxis umsetzen. Im Folgenden können nur einzelne Beispiele für die Auswirkungen der novo-Ansätze auf Geschäftsmodellebene behandelt werden. Die potenziell von Änderung betroffenen Geschäftsmodellbausteine werden nach folgendem Schema durch ein Kürzel in Klammern angezeigt: SP = Schlüsselpartner, SA = Schlüsselaktivitäten, SR = Schlüsselressourcen, WA = Wertangebot, KB = Kundenbeziehungen, KS = Kundensegmente, K = Kanäle, K€ = Kostenstruktur, E€ = Einnahmequellen. Schmidt et al. (2020) beschreiben und diskutieren drei durch Verpackungslösungen induzierte Geschäftsmodellinnovationen.

15.4.1
Verpackungen in der Transport- und Lagerlogistik

Zu den Transportverpackungen gehören unter anderem Paletten, Stretchfolie und üblicherweise PPK-basierte Kisten. Sie schützen das Packgut, machen es transportfähig und identifizierbar. Eine verpackungsreduzierende Lösung sind wiederverwendbare Transportverpackungen. Diese bieten sich bei standardisierten Verpackungsgrößen sowie kurzen Transportwegen und Umlaufzeiten an. Diese Bedingungen findet man beispielsweise in der Automobilindustrie und Frischwarenproduktion vor.

Die Größe der wiederverwendbaren Transportverpackungen reicht von tragbaren Kisten bis hin zu palettengroßen Containern. Meist werden die widerstandsfähigen Boxen aus Kunststoffen hergestellt (SR). Grundsätzlich sind auch produktspezifische Verpackungslösungen (SR) wie für Bürostuhlkomponenten denkbar (RPA 2012). Die Mehrweglösungen können dank eines höheren Standardisierungsgrads oder veränderter Arbeitsabläufe (SA) die Produktivität verbessern (RPA 2012). Den hohen Investitionskosten (K€) bei der Anschaffung stehen gegebenenfalls spätere Kostenvorteile durch Einsparungen bei der Entsorgung gegenüber. Mit wiederverwendbaren Transportverpackungen gehen tief greifende Änderungen im Lieferkettenmanagement (SA) einher: Leere Verpackungen müssen gereinigt und an vorherige Akteure der Lieferkette zurückgeführt werden – teilweise aber nicht einmal an das Unternehmen, von dem die wiederverwendbare Box kam, sondern an andere Zulieferer (Twede & Clarke 2004). Für den Erfolg der Einführung wiederverwendbarer Transportverpackungen werden eine starke, dirigierende Machtposition seitens Herstellern und Einzelhandel gegenüber ihren Zulieferern und ein externes, koordinierendes Logistikunternehmen (SP) sowie eine ausbalancierte Kombination aus Einweg- und Mehrwegverpackungen (SR) für eine optimale Reduktion von CO_2-Emissionen und Kosten empfohlen (Bortolini et al. 2018; Twede & Clarke 2004). Bei Nutzung von einmal verwendbaren Verpackungen kann der Materialeinsatz über andere Maßnahmen verringert werden. Beispielsweise wäre ein Umstieg auf eine schmalere Wellpappe realisierbar (SR), was gegebenenfalls Auswirkungen auf die

Logistik (SA) durch Einsparungen in der benötigten Lagerfläche und die Zuliefererkonstellation (SP) hat (Chen et al. 2011).

Da die Kundschaft Transportverpackungen gewöhnlich nicht wahrnimmt und daher nur ein geringes Bewusstsein für die Verpackungen der vorgelagerten Wertschöpfungsstufen hat (Strube et al. 2016), sind keine substanziellen Auswirkungen auf Kundenbeziehungen und -segmente zu erwarten. Denkbar wäre aber, dass ein Unternehmen, das umweltoptimierte Transportverpackungen einsetzt, dies zum Gegenstand seiner Nachhaltigkeitskommunikation (WA) macht.

15.4.2
Verpackungen im stationären Handel

Im stationären Einzelhandel herrschen derzeit eine besonders große Dynamik und Änderungsbereitschaft vor. Die Nachrichten über den Test oder die flächendeckende Einführung von Natural Branding und essbaren Schutzhüllen für Obst, Abfüllstationen für Waschmittel oder wiederverwendbaren Gemüsenetzen sind nur einige Beispiele. Allerdings gestalten sich allgemeingültige Aussagen zu den Umweltauswirkungen verschiedener alternativer Verpackungslösungen schwierig, da die Ergebnisse von Ökobilanzen stark von den getroffenen Annahmen abhängig sind. Zudem bestehen mitunter falsche Vorstellungen zu ökologisch günstigeren Verpackungen, wie die Bevorzugung von Einwegglas gegenüber Verbundkarton zeigt (Kauertz et al. 2018). Dies verdeutlicht den Bedarf an ganzheitlichen Lösungen und organisationalen wie sozialen Innovationen statt technologisch dominierter Einzelmaßnahmen. Statt lediglich Verpackungsmaterialien zu ersetzen, bedarf es einer strategischen und tief greifenden Umgestaltung von Wertschöpfungsketten, einer unternehmensinternen Aufwertung des Verpackungsmanagements und Anreizen sowie Hilfestellungen für Konsumentinnen und Konsumenten für Veränderungen im Konsumverhalten. Das Beispiel der Unverpacktläden verdeutlicht das Prinzip.

Unverpacktläden stellen durch die Entwicklung und Umsetzung eines neuen Geschäftsmodells eine klassische Geschäftsmodellinnovation dar (siehe auch Kapitel 2). Es handelt sich hierbei um nachhaltige Start-ups, die Lebensmittel und Hygieneprodukte lose oder in Schöpf-, Schütt- bzw. Zapfbehältern anbieten, wodurch Produktverpackungen weitestgehend entfallen (WA). Teilweise gibt es aber auch Bemühungen, das Mehrwegprinzip auf neue Produkte zu übertragen (SA), wie das Beispiel von Kokosöl und Tomatenpassata im Pfandglas zeigt (Schmidt et al. 2020). Dieses Konzept spricht eine umweltorientierte Kundschaft (KS) an, die bereit ist, den Einkauf inklusive Mitnahme eigener Verpackungen vorauszuplanen (Beitzen-Heineke et al. 2017). Mehr persönliche Unterstützung und Beratung, ein verändertes Einkaufserlebnis, aber auch die kleinere Verkaufsfläche und damit eine geringere Anonymität resultieren in einer engeren Kundinnen- bzw. Kundenbeziehung. Einher geht dies in vielen Unverpacktläden mit ergänzenden Angeboten und Dienstleistungen für die Kundschaft (SA), wie angeschlossenen Bistros, Vorträgen, Kochkursen und Einkaufs- bzw. Lieferdiensten. Außerdem bemühen sich die Läden, die Menge an Lebensmittelabfällen möglichst gering zu halten und eine verpackungsärmere Anlieferung zu verhandeln (SA). Schlüsselpartner sind Zulieferer und Zulieferinnen, die den ausgewählten Kriterien wie Regionalität, ökologischer bzw. fairer Produktion (WA) und der Reduktion von Produkt- und Transportverpackungen gerecht werden (Beitzen-Heineke et al. 2017).

Interessanterweise ist bereits jetzt zu beobachten, wie andere Einzelhandelsunternehmen dieses Geschäftsmodell übernehmen: Verschiedene Biosupermarktketten statten ihre Filialen mit Schüttbehältern aus, in denen sie ein limitiertes Sortiment an unverpackten Produkten anbieten (Strauss 2016). Auch Drogeriemarktketten sammeln Erfahrungen mit dem Einsatz von Abfüllstationen für Wasch-, Pflege- und Reinigungsprodukte (MDR 2020). Meist ergänzen neuartige Produkte wie Zahnputztabs und festes Shampoo, die über eine veränderte Produktform ökologischere Verpackungsoptionen zulassen, das Sortiment. Als Beispiel für eine Geschäftsmodelldiversifikation kann ein britischer Naturkosmetikhersteller gelten: Er richtete verpackungsfreie Läden für seine Produkte ein und erweitert damit das ursprüngliche Geschäftsmodell, welches in den anderen Filialen weiter besteht (Schaverien 2019).

15.4.3
Verpackungen im Onlineversandhandel

E-Commerce ist ein stark wachsender Markt, mittelfristig ist mit einer Verstetigung des Wachstums zu rechnen (HDE 2019). Gegenüber den auch im stationären Einzelhandel anfallenden Transport- und Produktverpackungen sind Versandmaterialien das »Extra« im Onlineversandhandel. Deshalb sind diese im Fokus, auch wenn Änderungen der Produktverpackungen gleichermaßen relevant werden können.

Ein gutes Beispiel hierfür ist Loop, ein Onlineshop für Lebensmittel und Hygieneprodukte in Mehrwegpfandverpackungen, welche in einer wiederverwendbaren Versandtasche ausgeliefert werden (WA, SR) (Peters 2020). Für diese Geschäftsmodelldiversifikation wurden Kooperationen mit Herstellern und Verpackungsdesignern eingegangen (SP), um spezielle Produkt- und Versandverpackungen zu gestalten (SA). Erhältlich sind die Produkte aktuell in New York und Paris, wobei die Expansion in weitere US-amerikanische Städte und andere Länder wie Japan, Großbritannien und Deutschland geplant ist. Da Loop derzeit eine kleine, aber wachsende Auswahl an konventionellen Produkten weltweit führender Marken im Sortiment hat (WA), dürfte sich im Gegensatz zu den Unverpacktläden ein breiteres, klassischer aufgestelltes Kundensegment angesprochen fühlen. Das optionale Abomodell für den Nachkauf geleerter Produkte ist eine automatisierte Dienstleistung (E€), die die Bindung der Kundschaft trotz fehlender persönlicher Interaktion erhöhen dürfte (KB). Wichtiger Teil des Geschäftsmodells ist eine gut funktionierende Logistik, um die Auslieferung, Abholung, Reinigung, Redistribution und Befüllung der Verpackungen zu gewährleisten (SA, SP, K€). Als Alternative zur Abholung sind auch Kooperationen mit stationären Einzelhändlern (SP) im Gespräch (Peters 2020): Dort könnten Verbraucherinnen und Verbraucher einzelne leere Pfandverpackungen abgeben und dieselben Produkte nachkaufen. Dieses Unternehmensbeispiel zeigt, dass mit dem Aufbau eines breiten Kooperationsnetzwerks völlig neue Geschäftsmodelle, die zu einer Reduktion des Verpackungsaufkommens beitragen sollen, möglich sind.

15.5
Schlussfolgerungen

Wie in diesem Beitrag dargelegt, besteht eine beträchtliche Dynamik mit Blick auf die Reduktion von Plastikverpackungen: Start-ups entwickeln neue Geschäftsmodelle, »Altanbieter« diversifizieren ihre bisherigen Modelle. Es ist jedoch noch nicht ausgemacht, inwieweit die Start-ups die ersten Jahre überleben und die Gründungseuphorie in ein stabiles Geschäftsmodell überführen können. Umgekehrt gilt auch, dass der Fokus auf rasch sichtbare und vorzeigbare Anpassungen bei den bestehenden Einzelhändlern oft nur reaktiv war. Die Überführung in ein proaktives Denken und strategisches Handeln, das in die Breite des Sortiments einwirkt und alle Verpackungsarten umfasst, stellt die Herausforderung für deren Management dar. Insofern genügt ein Blick auf die Geschäftsmodelle, deren Bausteine und innovative Aufstellung nicht: Es sind externe Rahmensetzungen durch Politik und Verwaltung notwendig, um einer transformativen Verpackungsgestaltung in der Breite die notwendige flankierende Unterstützung zukommen zu lassen. Dabei ist es durchaus erlaubt, dass Unternehmen als strukturpolitische Akteure auftreten und diese Rahmensetzungen einfordern.

LITERATURVERZEICHNIS

Beitzen-Heineke, E. F.; Balta-Ozkan, N.; Reefke, H. (2017): The prospects of zero-packaging grocery stores to improve the social and environmental impacts of the food supply chain, in: Journal of Cleaner Production, 140, S. 1528–1541.

BMU und UBA – Bundesumweltministerium und Umweltbundesamt (2019): Umweltbewusstsein in Deutschland 2018. Ergebnisse einer repräsentativen Bevölkerungsumfrage. Berlin, Dessau-Roßlau [https://www.umweltbundesamt. de/sites/default/files/medien/2378/dokumente/ubs_2018_repraesentativbefragung_ welle_2_tabellen_soziodemografie_forsa.xlsx; 22.10.2020].

Bortolini, M.; Galizia, F. G.; Mora, C.; Botti, L.; Rosano, M. (2018): Bi-objective design of fresh food supply chain networks with reusable and disposable packaging containers, in: Journal of Cleaner Production, 184, S. 375–388.

Chen, J.; Zhang, Y.; Sun, J. (2011): An Overview of the Reducing Principle of Design of Corrugated Box Used in Goods Packaging, in: Procedia Environmental Sciences, 10, S. 992–998.

Conversio (2018): Stoffstrombild Kunststoffe in Deutschland 2017 [https://www.bvse.de/images/news/Kunststoff/2018/181011_Kurzfassung_Stoffstrombild_2017.pdf; 09.01.2020]

Detzel, A. (2020): Verpackungsaufkommen und regulative Rahmenbedingungen. Hintergrundpapier. Heidelberg.

EHI – EHI Retail Institute (2019): Versand- und Retourenmanagement im E-Commerce 2019. Trends und Strategien der Onlinehändler. Köln.

Geissdoerfer, M.; Vladimirova, D.; Evans, S. (2018): Sustainable business model innovation: A review, in: Journal of Cleaner Production, 198, S. 401–416.

HDE – Handelsverband Deutschland (2019): Online Monitor 2019. Berlin [https://einzelhandel.de/images/publikationen/Online_Monitor_2019_HDE.pdf; 22.10.2020].

Ipsos (2019): A Throwaway World: The challenge of plastic packaging and waste. Global Advisor-Studie.

Kauertz, B.; Bick, C.; Schlecht, S.; Busch, M.; Markwardt, S.; Wellenreuther, F. (2018): FKN Ökobilanz 2018: Ökobilanzieller Vergleich von Getränkeverbundkartons mit PET-Einweg- und Glas-Mehrwegflaschen in den Getränkesegmenten Saft/Nektar, H-Milch und Frischmilch. ifeu, Heidelberg.

Kiørboe, N.; Sramkova, H.; Krarup, M. (2015): Moving towards a circular economy – successful Nordic business models. Nordic Council of Ministers, Kopenhagen.

Kotzab, H. (2003): Miniaturisierung der Produkte und ausgereiftes Logistikmanagement reduzieren das Transportvolumen, in: Wirtschaftspolitische Blätter 1/2003.

MDR – Mitteldeutscher Rundfunk (2020): Abfüllen im großen Stil: Rossmann und dm testen Zapfstationen [https://www.mdr.de/brisant/ratgeber/abfuellen-drogerie-rossmann-dm-test-100.html; 28.01.2020].

Osterwalder, A.; Pigneur, Y. (2011): Business Model Generation. Ein Handbuch für Visionäre, Spielveränderer und Herausforderer, Frankfurt am Main, Campus.

Peters, A. (2020): Giant brands love Loop's zero-waste packaging – And now it's coming to a store near you, in: Fast Company, 10.02.2020.

RPA– Reusable Packaging Association (2012): Herman Miller Saves Labor Costs by Switching to Reusable Packaging. Case Study.

Schallmo, D. R. A. (2013): Geschäftsmodell-Innovation. Grundlagen, bestehende Ansätze, methodische Vorgehen und B2B- Geschäftsmodell, Wiesbaden, Springer Gabler.

Schaverien, A. (2019): Lush Creates Packaging-Free Shops. But Will Other Retailers Follow Suit?, in: Forbes, 12. 03. 2019.

Schmidt, S., Bick, C.; Rubik, F. (2020): Ansätze einer nachhaltigkeitsorientierten Verpackungsoptimierung. Implikationen für Geschäftsmodelle im Einzelhandel. IÖW und ifeu, Berlin, Heidelberg [https://www.plastik-reduzieren.de/app/download/18616531025/Schmidt+Bick+Rubik+%282020%29_Ansaetze+einer+nachhaltigkeitsorientierten+Verpackungsoptimierung. pdf?t=1591626594; 22. 10. 2020].

Schüler, K. (2018): Aufkommen und Verwertung von Verpackungsabfällen in Deutschland im Jahr 2016. TEXTE 58/2018, Umweltbundesamt, Dessau-Roßlau.

Strategyzer (2014): The Business Model Canvas [https://www.strategyzer.com/canvas/business-model-canvas; 07. 01. 2020]. Lizenziert unter CC BY-SA 3.0. [https://creativecommons.org/licenses/by-sa/3.0/deed.en; 07. 01. 2020].

Strauss, S. (2016): Supermarktkette lässt Kunden lose Waren selbst abfüllen, in: Berliner Zeitung, 14. 10. 2016.

Strube, R., Wagner, T.; Stöckigt, G. (2016): Key Points nachhaltiger Lebensstile für eine innovative Logistik. Ergebnisse des ILoNa-Arbeitspakets 2.2. Innovative Logistik für nachhaltige Lebensstile (ILoNa), Wuppertal, Essen.

Twede, D.; Clarke, R. (2004): Supply Chain Issues in Reusable Packaging, in: Journal of Marketing Channels, 12(1), S.7–26.

Verpackungsreduzierte Beschaffung

Protokoll einer fiktiven Gesprächsrunde zwischen Einzel- und Großhandel

MELANIE KRÖGER | LUKAS SATTLEGGER
ALEXANDRA WITTWER | JENS PAPE

Zusammenfassung

Unverpacktläden haben den Anspruch, ihre Produkte möglichst unverpackt bzw. verpackungsarm an ihre Kundinnen und Kunden zu verkaufen. Aus der Perspektive von Kundinnen und Kunden bedeutet das, dass die Waren – zum Beispiel Linsen, Tee oder Nudeln – lose im Geschäft angeboten werden. Aber wie kommt die Ware eigentlich in die Geschäfte? Wie funktioniert die verpackungsarme Belieferung? Gibt es hierfür bereits angemessene Lösungen, oder arbeitet die Branche noch daran? Der Beitrag in Form einer fiktiven Gesprächsrunde schaut »hinter die Kulissen« und macht damit einen Teil der komplexen Herausforderungen deutlich, die sich für Unternehmen stellen, die Verpackungen effektiv und entlang der gesamten Wertschöpfungskette vermeiden wollen.

Einleitung und Hintergrund

Die Unverpacktbewegung in Deutschland ist in den letzten Jahren stetig und dynamisch angewachsen. In den meisten größeren und in vielen kleineren Städten und Dörfern gibt es mittlerweile einen oder mehrere Unverpacktläden. Viele weitere sind in Planung. Die Läden sind oftmals inhabergeführt, es gibt keine größeren Ketten oder Franchiseunternehmen. Jeder Laden wird von Grund auf neu geplant und das Sortiment individuell zusammengestellt. Die Neugründerinnen und -gründer können von Pionierprojekten lernen. Ein Unternehmensverbund wurde gegründet, und die Branche professionalisiert sich zunehmend. Erste Biolieferantinnen und -lieferanten beginnen, ihr Sortiment um Unverpackt zu erweitern, und machen den Läden spezielle Angebote. Dieser Prozess der Branchenentwicklung wurde vom Unverpacktprojekt (siehe www.netzwerk-unverpackt.de) begleitet, untersucht und unterstützt. Im Projektverlauf fanden diverse Workshops, Interviews und Diskussionsrunden statt. Eines der zentralen Themen war die Verbesserung der Beschaffungssituation für Unverpacktläden. Auf der Basis dieses empirischen Materials wurde eine fiktive Diskussionsrunde entwickelt, um deutlich zu machen, welche Interessen und Bedarfe es bei verschiedenen Akteursgruppen gibt. Damit soll gezeigt werden, welche konkreten Herausforderungen zu bewältigen sind, wenn auch in der Beschaffung Einwegverpackungen weggelassen und wiederverwendbare Verpackungslösungen entwickelt werden sollen.

Zur inhaltlichen Strukturierung wurde das Gespräch in vier Abschnitte gegliedert, die jeweils unterschiedliche Aspekte diskutieren. Außerdem werden nach jedem Abschnitt die wichtigsten Ergebnisse in einer kurzen Infobox zusammengefasst. Die vier Abschnitte sind:

- Teil 1: Akteure und deren Positionen,
- Teil 2: Wirtschaftlichkeit und Marktmacht,
- Teil 3: Produktauswahl und Verpackungsmaterialien,
- Teil 4: Warenwirtschaft und Mehrweglogistik.

»Alles lieber unverpackt?«
Eine fiktive Gesprächsrunde

Fiktives Setting: Im Rahmen der Hausmesse eines großen überregionalen Biogroßhändlers in Norddeutschland – Bio-Homburg – fand im Oktober 2019 eine Diskussionsrunde statt zum Thema »Alles lieber unverpackt? Einzel- und Großhandel tauschen sich aus«. Mit der Veranstaltung, die

vor Fachpublikum stattfand, sollten die Möglichkeiten der Verpackungsreduktion, die Bedarfe der jeweiligen Stufen (Erzeugung, Verarbeitung,
Großhandel und Einzelhandel) sowie die perspektivische Einführung
eines Mehrweg- und Pfandsystems für Food- und Non-Food-Produkte
diskutiert werden. Eingeladen hatte der gastgebende Großhändler. Mode-
riert wurde die Veranstaltung von Nina Lehmann, die Unternehmen zu
nachhaltigem Lieferkettenmanagement berät.

Alle genannten Personen und Unternehmen sind frei erfunden; ihre
Positionen und Argumentationen basieren jedoch auf empirischen Erhebungen der Autorinnen und Autoren. Um der Authentizität des gespro-
chenen Wortes Rechnung zu tragen, wurde in den Redebeiträgen der
fiktiven Diskussionsteilnehmerinnen und -teilnehmer auf konsequentes
Gendern verzichtet.

Teil 1:
Akteure und deren Positionen

Nina Lehmann: Ich begrüße Sie ganz herzlich zu unserer diesjährigen
Diskussionsveranstaltung. Schön, dass Sie alle unserer Einladung gefolgt
sind. Mein Name ist Nina Lehmann, und ich beschäftige mich seit zehn
Jahren mit der Frage, wie Unternehmen aus der Lebensmittelbranche ihre
Belieferung nachhaltiger gestalten können. Wir sind heute zusammenge-
kommen, um uns über ein ganz neues Vermarktungsformat auszutauschen,
das in den letzten Jahren entstanden und mittlerweile immer sichtbarer
geworden ist: die Unverpacktläden. Herr Homburg, der Gründer und
Geschäftsführer von Bio-Homburg, rief mich vor einem halben Jahr an
und fragte mich nach einem Rat. Er wollte wissen, wie er mit den vielen
Anfragen von Läden umgehen soll, die sich von ihm »weniger Abfall« bei
der Belieferung wünschen, oder sagen wir besser: einfordern. Wir sind
daher ziemlich bald auf die Idee zu dieser Veranstaltung gekommen, weil
solche Änderungen eben nicht von einem Unternehmen allein umgesetzt
werden können. Ich freue mich sehr auf die nächsten 60 Minuten und
einen hoffentlich konstruktiven Austausch. Vielen Dank für Ihre Bereitschaft, sich heute hier der Diskussion zu stellen. Bevor wir in das Gespräch
einsteigen, möchte ich Sie bitten, sich und Ihr Unternehmen der Reihe

nach kurz vorzustellen. Erläutern Sie uns bitte, warum Sie sich mit Verpackungsreduktion beschäftigen und was aktuell die größte Herausforderung dabei ist. Herr Ferber, möchten Sie anfangen?

Anton Ferber: Sehr gerne! Vielen Dank, Frau Lehmann, für die Begrüßung. Ich bin Vertriebsleiter bei Bio-Homburg. Wir sind einer der größten Großhändler Deutschlands und beliefern den Biofachhandel bundesweit. Ich arbeite hier im Haus seit Gründung des Unternehmens im Jahre 1989. Damals war ja fast alles unverpackt, wenn ich mich so erinnere. Die Bauern haben uns die Kartoffeln und das Getreide buchstäblich vor die Garage gekippt, und wir haben alles in große Säcke gepackt und an die allerersten Bioläden verkauft. Das waren ja damals noch so richtige kleine Läden, wo so Klischee-Ökos eingekauft haben für ihr Müsli und ihre Vollkornbrote. Na ja, das ist nun lange her, spätestens seit 20 Jahren erleben wir einen enormen Boom und haben uns ja auch entsprechend weiterentwickelt. Was ich aber sagen will: Ich finde diese ganzen neuen Läden, diese Unverpacktläden, schon toll. Die erinnern mich ein bisschen an uns damals. Wir waren ähnlich engagiert und hatten ja auch keine Ahnung vom Geschäft mit Lebensmitteln. Wie auch immer: Von den Läden gehen mittlerweile echte Impulse aus. Von unseren Kunden, den Bioläden, bekommen wir seit vielleicht ein oder zwei Jahren zunehmend kritische Anfragen. Sie fordern von uns Lösungen für die Plastikkrise und für mehr Glaubwürdigkeit der ganzen Branche. Das finde ich auch gut – aber ich sehe nicht, wie wir das lösen können. Vor 30 Jahren war die Situation ja eine ganz andere als heute. Damals war der lose Verkauf unbeobachtet von Veterinäramt und Gesundheitsbehörde. Heute ist das viel professioneller und auch beobachteter. Es gibt Kennzeichnungspflichten und Hygienerichtlinien, an die wir uns halten müssen. Und das ist auch gut und richtig so. Die größte Herausforderung sind jedoch die hohen Investitionskosten, zum Beispiel für neue Verpackungs- und Reinigungsmaschinen und Prozessumstellungen. Es stellt sich die Frage, welcher Aufwand gerechtfertigt ist.

Nina Lehmann: Vielen Dank, Herr Ferber! Frau Özkan, mögen Sie sich als Nächstes vorstellen?

Selma Özkan: Sehr gerne! Hallo in die Runde! Mein Name ist Selma Özkan. Ich bin von Haus aus Betriebswirtin und habe 2010 einen Großhandel für Bio- und Fairtradeprodukte gegründet, wir haben unseren Sitz im Süden von Hannover. Im Vergleich zu Bio-Homburg sind wir mit unseren 15 Mitarbeitern wirklich klein. Wir wollen nicht nur qualitativ hochwertige Bioprodukte verkaufen, sondern Nachhaltigkeit in allen Prozessen und Beziehungen wirklich leben. Ich unterstütze die Zero-Waste-Idee und finde, dass mit Verpackungen und insbesondere Kunststoffen zu leichtfertig umgegangen wird. Gleichzeitig füllen wir Ware selbst ab und scheitern immer wieder daran, dass sich bestimmte Produkte aus Hygiene- oder Qualitätsgründen nur in Plastik verpacken lassen und sich bestimmte automatisierte Prozesse nicht leicht umstellen lassen.

Nina Lehmann: Vielen Dank, Frau Özkan! Frau Beckmann, warum sind Sie hier?

Jana Beckmann: Ja, vielen Dank! Ich bin Jana Beckmann und habe zusammen mit einer Freundin einen der ersten Unverpacktläden in Niedersachsen gegründet, die Lose Linse. Seit einem halben Jahr engagiere ich mich im Unternehmensverbund des Unverpackthandels, der sich vor einem Jahr gegründet hat, als Sprecherin. Mittlerweile kann ich mich mit übergeordneten Fragen wie der verpackungsarmen Beschaffung beschäftigen, weil ich tolle Mitarbeiterinnen und Mitarbeiter habe und mein Laden auch ohne mich gut läuft. Das war nicht immer so und hat einige Zeit gedauert. Ich bin nach wie vor überzeugt von der Idee des Ladens, sehe aber auch, dass Kompromisse nötig sind, um das Konzept voranzubringen. Es gibt einfach nicht *die* Lösung – Verpackungen sind echt schwer zu ersetzen, das musste ich in den vergangenen vier Jahren so oft erfahren. Das hatte ich mir zu Beginn ganz anders vorgestellt! Ich glaube schon, dass es noch für vieles unverpackte Lösungen geben kann, diese müssen aber für alle Beteiligten nutzbar und im Alltag praktikabel sein. Die größte Herausforderung sind für mich Fleischersatzprodukte und Lifestyleprodukte wie Bücher, Flaschen, Brotboxen und so, die sind meist maschinell vorverpackt.

Nina Lehmann: Kommen wir nun zum letzten Diskutanten. Herr Fölker, können Sie sich bitte vorstellen?

Pit Fölker: Ja, klar, gerne, ich bin der Pit und habe ursprünglich Koch gelernt. Ich beschäftige mich seit drei Jahren mit Zero Waste und alternativen Lebensstilen und Wirtschaftsformen und habe vor einem Jahr beschlossen, etwas Neues zu wagen und einen Unverpacktladen zu eröffnen. Weil es richtig und wichtig ist. Wir suchen schon länger nach einem geeigneten Ladenlokal in Stendal. Ich bin mit vielen bestehenden Läden vernetzt und weiß schon auch, dass es nicht so einfach sein wird, meinem Anspruch an einen wirklich nachhaltigen, plastikfreien Laden gerecht zu werden. Ich glaube aber fest daran, dass das Konzept funktionieren wird. Wir werden jetzt schon mit Anfragen von interessierten Kunden und Kundinnen überrannt, und der Laden hat noch nicht mal eröffnet! Die Leute wollen wirklich eine Veränderung. Ich hoffe, dass die Großhändler sich da noch besser drauf einstellen.

Infobox 1
Akteure und deren Positionen

Nina Lehmann (42): Beraterin für nachhaltiges Lieferkettenmanagement und Moderatorin der Diskussion.	Änderungen können nicht von einem Unternehmen allein umgesetzt werden, es braucht Vernetzung und Kooperation.
Anton Ferber (62): Vertriebsleiter eines großen und deutschlandweit tätigen Biogroßhandels, der 1989 gegründet wurde.	Die größten Herausforderungen sind regulatorische Rahmenbedingungen und hohe Investitionskosten, zum Beispiel für neue Verpackungs- und Reinigungsmaschinen und Prozessumstellungen.
Selma Özkan (35): Gründerin eines kleinen, 2010 gegründeten Großhandels für Bio- und vegane Produkte im Großraum Hannover.	Bestimmte Produkte lassen sich derzeit aus Hygiene- oder Qualitätsgründen nur in Plastik verpacken.

Systemische Hemmnisse und Zukunftsentwicklungen

Jana Beckmann (31): Gründerin eines der ersten Unverpacktläden in Niedersachsen, seit einem halben Jahr Sprecherin im Unternehmensverbund des Unverpackthandels.	Die größte Herausforderung ist die Beschaffung bestimmter, maschinell vorverpackter Produktgruppen.
Pit Fölker (26): Gründer eines noch geplanten Unverpacktladens in Stendal.	Die Kunden wollen eine Veränderung, aber der Großhandel muss sich noch besser auf das Unverpacktkonzept einstellen.

Teil 2:
Wirtschaftlichkeit und Marktmacht

Nina Lehmann: Vielen Dank bisher! Da sind ja schon viele Punkte genannt worden, und es wurde ja auch gleich kontrovers. Bevor wir auf die einzelnen Punkte eingehen, möchte ich Sie, Frau Beckmann, fragen, warum sich Ihr Unternehmensverbund eigentlich gegründet hat. Können Sie uns dazu Näheres sagen?

Jana Beckmann: Ja klar, gerne. Also, für die Gründung des Unternehmensverbundes war das Beschaffungsthema essenziell, also das, worum es heute hier geht. Wir möchten, dass wir mehr Marktmacht haben, damit wir in der Lage sind, bessere Bestellbedingungen auszuhandeln. Wir möchten unsere Bedarfe bündeln und so gemeinsam Probleme transparent benennen und Lösungen finden. Für noch mehr Verpackungsreduktion und damit Müllvermeidung.

Nina Lehmann: Denken Sie, dass Verpackungsreduktion also letztlich eine Frage der Nachfrage ist? Und wie schätzen Sie die Entwicklung ein? Haben Unverpacktläden heute schon Marktmacht?

Jana Beckmann: Ich denke, dass sich da schon viel getan hat, ja, aber es ist noch viel Luft nach oben. Wir haben alle sehr kleine Läden, auch im Vergleich mit den klassischen Bioläden. Unser Laden zum Beispiel hat genau 95,5 Quadratmeter Ladenfläche – so kleine Bioläden gibt es ja kaum noch. Und wenn man dann sieht, dass jeder Laden anfangs allein auf weiter Flur stand und es weit und breit keinen Mitstreiter gab, dann kann man sich vorstellen, dass die Lieferanten da nicht gesagt haben: Oh toll, ein Unverpacktladen mit ganz besonderen Ansprüchen und Ideen! Wie hättet ihr es denn gerne? Nee, das haben die natürlich nicht. Stattdessen haben die sich gewundert und die Stirn gerunzelt – oder gar nicht erst auf Anfragen geantwortet. Das war super frustrierend. Und das ist mittlerweile ganz anders. Ich denke, das liegt daran, dass wir uns organisiert haben und dass es mittlerweile wirklich viele Läden gibt. Also, ja, ich denke, es hat etwas mit Marktmacht zu tun, zumindest gefühlter Marktmacht.

Nina Lehmann: Sehen Sie das auch so, Frau Özkan und Herr Ferber?

Selma Özkan: Ja, absolut! Es macht natürlich einen Unterschied, ob Sie deutschlandweit zwei Dutzend solcher Händler haben oder 200.

Anton Ferber: Wir fanden die Unverpacktidee von Anfang an interessant – uns selbst ist natürlich auch schon aufgefallen, wie viel Abfall in der Beschaffung anfällt. Aber wie schon erwähnt: Prozessumstellungen und Investitionen macht man nicht mal eben so. Die bestehenden Prozesse haben sich über lange Zeit entwickelt und sorgen für effiziente Abläufe. Wir haben die Unverpacktläden beobachtet und sehen nun, dass das kein kurzer Trend ist und dass die Unverpacktläden für uns eine vielversprechende Kundengruppe sind.

Selma Özkan: Je mehr Nachfrage für unverpackte Waren entsteht, desto eher sind wir natürlich in der Lage, uns darauf einzustellen und Angebote zu machen. Aber: Dann müssen sich die Abnehmer auch möglichst einig darin sein, was sie wollen. Ich gebe Ihnen ein Beispiel: Ein Jahr lang haben uns alle Unverpacktläden, die bei uns Ware beziehen, in den Ohren gelegen, dass sie sich die Nudeln in größeren Säcken, möglichst aus Papier wünschen. Wir haben alles versucht! Wie viele Telefonate ich geführt habe mit den verschiedenen Herstellern! Ich habe nachts schon von Nudeln geträumt! Es war nicht möglich, einen davon zu überzeugen, dass sie ihre Produktion umstellen und große Papiersäcke nehmen anstatt der üblichen Fünf-Kilo-Plastiktüten. Und irgendwann kam dann ein mittelgroßer Bionudelhersteller von sich aus auf mich zu und bot an, seine Ware nun so zu liefern wie gewünscht. Die ersten Nudellieferungen sind vor zwei Wochen rausgegangen – ich war so happy! Und was passiert jetzt? Die Läden beschweren sich reihenweise, dass die Nudeln jetzt etwas teurer sind. Das lasse sich nicht abbilden, meinte neulich eine Stammkundin zu mir! Also, da frage ich mich schon, wie ernst das gemeint war mit der ständigen Nachfrage nach größeren Nudelgebinden.

Pit Fölker: Da muss ich mich gerade mal einklinken. Da gebe ich dir recht, Selma – das kann ich auch nicht ganz nachvollziehen. Ein bisschen mehr zu zahlen sollte man schon bereit sein für wirklich nachhaltige Lebensmittel. Lebensmittel sind doch eh zu günstig hier in Deutschland.

Jana Beckmann: Da kann ich nur sagen: Mach du erst mal deinen Laden auf, dann siehst du, was geht und was nicht. Ein paar Cent Aufschlag klingt echt nicht viel, ist aber bei einem Massenprodukt wie Nudeln, die du im Bioladen schon für 99 Cent pro 500 Gramm bekommst, richtig viel. Das macht sich unmittelbar bemerkbar. Unsere Nudeln sind ja eh schon teurer als die – in Anführungsstrichen – normalen Nudeln. Wir haben ja ganz andere Konditionen. Es gibt da eine gefühlte Grenze, und ab da sind nur noch wenige Kunden bereit mitzugehen.

Nina Lehmann: Frau Beckmann, Sie sprachen eben von den schlechteren Konditionen – können Sie das noch genauer erläutern?

Jana Beckmann: Na ja, weil wir klein sind und nicht so viel Ware abnehmen, bekommen wir nicht so große Rabatte und haben auch schlechtere Lieferkonditionen beziehungsweise sind die Lieferkonditionen für uns nicht einfach zu erfüllen. Bei Großhändlern gibt es ja zum Beispiel Mindestbestellwerte, die man erreichen muss – wenn der zum Beispiel bei

400 Euro liegt, ist das für uns richtig viel Geld. Das muss erst mal zusammenkommen mit Waren, die gerade aus sind und die gebraucht werden. Wir haben ja auch kein Warenwirtschaftssystem, also kein automatisiertes Lager- und Bestellsystem, sondern machen die Bestellungen individuell. Und wir bestellen bei so vielen Lieferanten.

Nina Lehmann: Das ist interessant. Wie viele Lieferanten haben Sie denn, Frau Beckmann?

Jana Beckmann: Gute Frage, da muss ich erst mal überlegen. Also, wir bestellen bei einem regionalen und bei drei überregionalen Großhändlern, dann bei neun oder zehn Erzeugern direkt – das sind zum Beispiel der Honig, die Eier und der Espresso, die kommen aus den Nachbarorten direkt zu uns. Da fällt dann auch gar kein Müll an, weil die in Mehrwegbehältern anliefern. Das ist toll! Na ja, dann kommen noch diverse Non-Food-Lieferanten, Waschmittel und so, die kommen aus der Schweiz und werden in Mehrwegkanistern angeliefert. Und dann der ganze Lifestylekram und die Seifen – das sind dann oftmals auch direkt die Hersteller, die uns das liefern. Also ich komme auf mindestens 30 Lieferanten. Wahrscheinlich sind es noch mehr.

Nina Lehmann: Oh, das ist ja wirklich viel! Andere Biosupermärkte haben weniger Lieferanten, oder, Herr Ferber?

Anton Ferber: Ja, viel weniger! Die bestellen in der Regel bei einem regionalen und einem überregionalen Großhändler. Das war mir auch nicht so klar, dass es bei Unverpacktläden so anders läuft.

Infobox 2
Wirtschaftlichkeit und Marktmacht

Unverpackt ist für den Biogroßhandel ein neues Segment, das sich erst am Markt etablieren muss, damit sich Investitionen lohnen.

Systemische Hemmnisse und Zukunftsentwicklungen

Es braucht verstärkte Nachfrage durch Läden, damit sich Entwicklung und Verkauf von verpackungsreduzierten Großgebinden für Hersteller und Großhändler rentieren.

Die auf Großbesteller ausgerichteten Bestell- und Lieferkonditionen der Großhändler (z. B. Mindestbestellwerte, Rabatte) stellen für kleine Läden mit vielen unterschiedlichen Lieferanten eine wirtschaftliche Herausforderung dar.

Viele Unverpacktläden verfügen nicht über automatisierte Bestellprozesse und Warenwirtschaftssysteme, sondern überblicken ihre Lagerbestände manuell .

Die Mehrkosten der Unverpacktbeschaffung lassen sich im umkämpften Lebensmittelhandel nur schwer auf Kunden und Kundinnen übertragen, was die Umstellung für Großhändler und Läden erschwert.

Teil 3:
Produktauswahl und Verpackungsmaterialien

Nina Lehmann: Frau Beckmann, können Sie uns etwas konkreter sagen, welche Verpackungslösungen sich die Unverpacktläden vom Großhandel wünschen?

Jana Beckmann: Das sind verschiedene Dinge: Einerseits geht es um die Gebindegrößen, also darum, Produkte in großen Einheiten zu beziehen, für die es bisher keine oder nur schwer beschaffbare Unverpackt- oder Mehrweglösungen gibt. Das sind beispielsweise Nudeln. Zu Oliven und Nüssen haben wir dagegen schon ein Pilotprojekt mit Frau Özkan am Laufen, die uns die in klassische Mehrwegjoghurtgläser abfüllt. Das finden wir eine sehr gute Alternative zu Großgebinden, und das wird von den Kunden auch sehr gut angenommen. Andererseits wollen wir bestehende Großgebinde möglichst plastikfrei verpackt haben, das betrifft etwa die erwähnten Nudeln. Außerdem wäre es bei vielen Produkten wünschenswert, mehr Gebindegrößen zur Auswahl zu haben. Die bestehenden Mengen sind für die Großgastronomie ausgelegt und nicht immer an unsere

Bedürfnisse angepasst. Und die Läden haben auch jeweils eigene Vorlieben oder Bedürfnisse, je nach Mitarbeitern, Lagerkapazität oder produktspezifischer Absatzmenge.

Nina Lehmann: Können Sie das näher ausführen, um welche Bedürfnisse geht es dabei?

Jana Beckmann: Na ja, zum einen hängt dies natürlich von den Verkaufsmengen ab, also vom Durchlauf, wie viel der Laden von einem Produkt in welcher Zeit verkauft. Es gibt Läden, die haben einen großen Durchlauf, zum Beispiel bei Grundnahrungsmitteln wie Reis oder Müsli, da ist so ein 25-Kilo-Sack schnell aufgebraucht. Bei anderen, kleineren Läden oder solchen, die noch im Aufbau sind, dauert das natürlich länger. Die wären mit 10-Kilo-Säcken vielleicht glücklicher. Gleichzeitig ist die Wahl der Gebindegröße aber auch eine Frage der Arbeitsbelastung. Wir wollen ja nicht nur Müll vermeiden, sondern die Arbeit für unsere Angestellten auch möglichst verträglich gestalten. Schwere Säcke mit 25 Kilo sind der Mitarbeitergesundheit nicht gerade förderlich, hier sind uns teilweise auch arbeitsrechtlich Grenzen gesetzt.

Pit Fölker: Ja, das stimmt, das habe ich neulich bei einem Besuch in einem Laden recht anschaulich gesehen, als eine Mitarbeiterin einen 20-Kilo-Sack mit Bohnen aus dem Regal heben musste. Das hatte ich vorher auch nicht so auf dem Schirm, dass das natürlich eine ganz andere Belastung ist, als 500-Gramm-Packungen aus einem Karton zu packen.

Nina Lehmann: Vielen Dank. Und welche Produkte sind aus heutiger Sicht die problematischsten, wenn es um Plastikmüllvermeidung geht? Sie meinten zu Beginn, der Non-Food-Bereich sei besonders schwierig. Woran liegt das?

Jana Beckmann: Plastikfreie Lifestyleprodukte wie zum Beispiel Trinkflaschen und Brotboxen sind oft stark verpackt. Es fällt ja nicht nur die direkte Verpackung des Produktes an, sondern auch die Umverpackung und die Transportverpackung. Das ist gar nicht anders zu bekommen als in Pappkartons mit Füllmaterial und so weiter, die Sachen kommen ja oftmals aus China. Aber auch wenn sie in Europa oder sogar in Deutschland hergestellt werden, sind sie verpackt, wie zum Beispiel Bücher.

Selma Özkan: Ja, das kann ich nur bestätigen. Die Ware muss ja auch unbeschädigt und ohne Dellen ankommen. Im Non-Food-Bereich fehlt uns einfach auch die Erfahrung, die wir bei Lebensmitteln durch die Gastronomie schon viel stärker haben. Das sind ganz andere Lieferstrukturen. Wir haben übrigens die Erfahrung gemacht, dass kleine, neue Hersteller da oftmals flexibler sind und kreativer, was die Verpackung angeht. Auf Wunsch nehmen sie dann nicht neue Schaumstoffflocken zum Auspolstern der Transportkartons, sondern selbst geschredderten Karton. Sie fragten auch grundsätzlich nach problematischen Produkten. Da sind alle Fleisch- und Milchersatzprodukte zu nennen, wie beispielsweise Pflanzenmilch, Tofu, Brotaufstrich, Würstchen oder Aufschnitt. Die Läden fragen da immer wieder nach, aber bislang gibt es dafür nur wenige Lösungen. Bei der Pflanzenmilch tut sich langsam etwas, da gibt es schon erste Hersteller, die in Mehrwegflaschen liefern. Ähnlich ist es übrigens bei Wasch- und Reinigungsmitteln. Das war jahrelang anders. Aber bei den anderen Produkten sieht es noch ziemlich mau aus.

Nina Lehmann: Herr Fölker, was wünschen Sie sich als angehender Ladeninhaber von den Lieferanten?

Pit Fölker: Grundsätzlich geht es uns darum, Einwegplastikmüll eben nicht nur aus den Läden, sondern auch aus unseren Lieferketten zu verbannen – das ist auch eine Frage der Glaubwürdigkeit.

Anton Ferber: Wir sind da auch ganz bei Ihnen – auch für den Biogroßhandel ist das Thema Plastikmüll eine Frage der Glaubwürdigkeit. Während wir bei den meisten Umwelt- und Ernährungsfragen schon seit 40 Jahren Vorreiter sind, haben wir in der Biobranche beim Thema Verpackung und Plastikvermeidung lange den konventionellen Weg beschritten: zu mehr und aufwendigerer Verpackung, kleineren Gebinden und plastikverpackten To-go-Produkten. Wir wollen also wirklich nachhaltiger werden, aber einige Unverpacktläden denken dabei zu kurz. Es kann nicht die Lösung sein, Plastik durch Papier zu ersetzen, das durch den hohen Wasserbedarf oft nicht einmal eine bessere Ökobilanz hat und dann möglicherweise auch noch den Verderb erhöht. Wir dürfen nicht das Kind mit dem Bade ausschütten, sondern brauchen ökologisch durchdachte und ökonomisch machbare Lösungen. Unterschiedliche Produkte haben unterschiedliche Anforderungen, das einfache Weglassen von Plastik wird dem Problem damit nicht gerecht. Ich kann nicht ein Crunchy-Müsli oder einen Kräutertee in einfachen Papiersäcken ausliefern und dann dieselbe Qualität erwarten wie im vakuumverpackten Plastikbeutel. Umstellungen sind also aufwendig und produktspezifisch, und oft fehlt es an vergleichbaren Daten. Nichtsdestotrotz sind wir interessiert, den Weg der Unverpacktläden mitzugehen, dementsprechende Veränderungen zu wagen und miteinander zu entwickeln.

Nina Lehmann: Können Sie ein Beispiel nennen, wo Sie bei Bio-Homburg Verbesserungspotenzial haben und Veränderungen planen?

Anton Ferber: Sehr gerne, ein Projekt, an dem wir dran sind, ist die Vermeidung von Stretchfolie in der Transportsicherung. Üblicherweise liefern wir die Ware in Kartons und Säcken auf Paletten, die mit Stretchfolie umwickelt sind, um einen sicheren Transport zu ermöglichen. Diese wollen wir jetzt nach und nach ersetzen. Im Getränkebereich haben wir etwa schon gänzlich auf wiederverwendbare Sicherungsgurte umgestellt. Diese werden als Schleife um die Getränkekisten gezogen und verhindern damit ein Umkippen. Die Umstellung war beileibe kein trivialer Prozess, und das Sammeln und Wiederverwenden der Schnüre macht teilweise immer noch Schwierigkeiten, weil die Schnüre leicht verheddern und verknoten. Außerdem muss man auch die Sicherheit der Mitarbeiterinnen und Mitarbeiter bedenken – straff gespannte Gurte können reißen oder zurückschnellen und Verletzungen verursachen, das ist uns in der Praxis tatsächlich schon passiert. Dennoch haben wir inzwischen gute Wege gefunden und so unseren Folienverbrauch schon um ein Drittel reduziert. Für die Paletten mit Kartons und Säcken haben wir die Schnüre auch getestet, sie sind für diese Anwendung aber leider nicht stabil genug. Eine andere Möglichkeit sind wiederverwendbare Sicherungshauben oder Käfige, aber das ist wiederum teurer und erfordert eine funktionierende Rückgabelogistik. Das kommt somit nicht für alle Kunden infrage. Daher würden wir gerne eine Initiative für die Biobranche starten für eine nachhaltigere Alternative zu den klassischen Stretchfolien, zum Beispiel für Folien aus Recyclingmaterial oder nachwachsenden Rohstoffen. Hier ist aber noch viel Forschung notwendig, und alleine sind wir zu klein, um neue Lösungen zu entwickeln. Aber wenn wir uns als Branche zusammentun, können wir da etwas bewegen.

Infobox 3
Produktauswahl und Verpackungsmaterialien

Das Sortiment an unverpackt oder im Großgebinde erhältlichen Produkten wächst stetig, es weist aber immer noch Lücken auf, insbesondere bei Fleisch- und Milchersatzprodukten und in bestimmten Non-Food- und Lifestylesegmenten.

Manche Produkte erfordern durch ihre Schutz- und Barriereanforderungen aufwendigere Verpackungen als andere. Aus ökologischer Sicht ist es nicht immer sinnvoll, lediglich Plastik zu vermeiden und andere Materialien zu nutzen. Es braucht produktspezifische Lösungen.

Auch bei der Transportsicherung gilt: Unterschiedliche Produkte haben unterschiedliche Anforderungen. Plastikfreie Lösungen wie das Vermeiden und Ersetzen von Stretchfolie müssen an diese produktspezifischen Anforderungen angepasst sein.

Nachhaltige Verpackungslösungen in der Logistik müssen nicht nur ökologisch optimiert sein, sondern auch die sozialen und gesundheitlichen Arbeitsbedingungen mitberücksichtigen (Hantieren mit Schwerlast, Sicherheit im Transport, Arbeitsbelastung, Anforderungen an Kompetenzen und Fähigkeiten).

---

16 *Verpackungsreduzierte Beschaffung*

Teil 4:
Warenwirtschaft und Mehrweglogistik

Nina Lehmann: Kommen wir noch mal zur Logistik der Bestellung und Lieferung. Frau Beckmann, Sie sagten vorhin, Sie haben kein Warenwirtschaftssystem. Was bedeutet das denn für Ihren Arbeitsalltag?

Jana Beckmann: Na ja, es bedeutet im Grunde: Ich bin das Warenwirtschaftssystem! Im Arbeitsalltag heißt das, dass ich alles quasi »zu Fuß« machen muss. Ich muss im Blick haben, wann Vorräte leer sind. Ich muss bei Nachbestellungen die Mindestbestellwerte und die Liefertage berücksichtigen. Wenn beispielsweise Basmatireis fehlt und dieser zum Beispiel 60 Euro kostet und bei einem Händler der Mindestbestellwert bei 200 Euro liegt, dann muss zusätzlich Ware im Wert von 140 Euro gekauft werden, auch wenn ich diese zum jetzigen Zeitpunkt gar nicht benötige. Dies bindet nicht nur finanzielle Mittel, sondern auch Lagerkapazitäten. Aber klar ist auch: Wir wollen und müssen Sortimentslücken möglichst vermeiden, da sind die Kunden empfindlich, wenn ihr Lieblingsmüsli nicht da ist.

Pit Fölker: Das stimmt, das haben mir andere Ladner und Ladnerinnen auch schon erzählt. Am Anfang dachte ich, die Kunden kommen zu uns doch aus Überzeugung, die müssen doch mal auf ihr Lieblingsmüsli verzichten können. Aber viele fahren extra alle paar Wochen zum Unverpacktladen, weil sie einen weiten Anfahrtsweg haben, die kommen nicht mal eben so vorbei, und wenn dann nicht das richtige Produkt da ist, ist das natürlich ärgerlich und ein Problem. Dennoch glaube ich, dass hier auch bei den Kundinnen und Kunden ein Umdenken nötig ist. Wer Lebensmittelabfall vermeiden will, kann nicht gleichzeitig Samstagabend noch volle Regale ohne Sortimentslücken fordern.

Jana Beckmann: Da stimme ich grundsätzlich zu, aber wir als Ladner müssen professionell auftreten, das wird zu Recht erwartet. Wir haben ja von vielem auch nur eine Sorte. Die Kunden können oft nicht auf ein anderes Schokomüsli oder andere Linsen ausweichen. Milchprodukte und

Gemüse sind was anderes, aber bei haltbaren Produkten sollten keine Lücken entstehen. Das sieht auch im Geschäft nicht gut aus. Und dann muss ich beachten, ob die Waren per Versand oder per Spedition ankommen. Wenn sie per Spedition ankommen, bedeutet das manchmal mehr Arbeit.

Nina Lehmann: Wieso das denn?

Jana Beckmann: Na ja, bei Speditionen weiß man einfach überhaupt nicht, wann die Lieferung kommt. Das ist natürlich problematisch, wenn dann nur eine Mitarbeiterin im Geschäft ist, die die Ware ins Lager bringen muss. Sie kann ja den Laden nicht allein lassen. Und das Gesundheitsamt ist da sehr kritisch, die dürften nicht in solch einer Situation in den Laden kommen, wenn eine Palette mitten im Geschäft herumsteht. Und ich weiß nicht immer, wie die Ware ankommt, in welchem Zustand sie ist. Das ist bei den großen Versanddiensten aber auch nicht besser. Na ja, und dann ist noch die Frage, wie die Ware verpackt ist: Wenn wir früher bei Frau Özkan bestellt haben, die uns ja die Öle und Essige und Soßen in so Mehrwegeimern liefert, dann musste ich früher überlegen, ob ich auch noch einen Sack Haferflocken dazunehme oder besser nicht. Die Eimer waren nämlich leider nicht ganz 100-prozentig dicht. Wenn es dann ruckelte oder die Kurve zu eng war, dann schwappte manchmal was raus, das musste gar nicht viel sein. Aber wenn dann neben oder unter dem Eimer, in dem zum Beispiel Sojasoße war, ein Papiersack mit Haferflocken war – den wir uns ja grundsätzlich gewünscht haben, wegen Plastikvermeidung und so –, dann reichten die wenigen Tropfen schon aus, dass man manchmal mit einem Teil der Haferflocken nichts mehr anfangen konnte. Das war echt bitter. Seit Selma die neuen Eimer hat, gibt es diese Probleme aber nicht mehr. Am besten läuft es halt mit regionalen Großhändlern, die selbst ausfahren und keine Spedition oder Lieferdienst nutzen müssen. Aber die nutzen dafür oft noch Stretchfolie und haben eben auch nicht alles, was wir brauchen. Wir sind auf verschiedene Lieferanten angewiesen.

Nina Lehmann: Was hat es denn mit den Eimern auf sich, Frau Özkan – warum nutzen Sie die, und sind Sie glücklich mit dieser Lösung?

16 Verpackungsreduzierte Beschaffung

Selma Özkan: Vor knapp anderthalb Jahren kamen immer mehr Anfragen von den Unverpacktläden, ob wir die Produkte nicht auch in Mehrwegbehältern liefern könnten. Wir haben uns mit einigen intensiv ausgetauscht und überlegt, was eine gute Lösung sein könnte. Ich habe alle möglichen Messen abgeklappert und Hersteller angerufen, habe mir verschiedenste Eimer bestellt und getestet. Wir haben uns dann für einen bestimmten Typen entschieden. Der Hersteller hat mir zugesagt, dass der Eimer 100 Prozent dicht ist. Ich habe einen großen Satz gekauft – um dann festzustellen: Nee, ist nicht dicht. Also vielleicht 95 Prozent oder 99 Prozent – aber nicht 100 Prozent, was wir aber bräuchten. Also haben wir die Eimer weitergegeben – an Imker, Kitas und so – und dann noch mal einen anderen Satz gekauft. Dieser ist jetzt seit zwei Monaten im Einsatz und deutlich, also wirklich viel, viel besser.

Pit Fölker: Darf ich mal kurz fragen: Warum müssen es Eimer aus Plastik sein? Das stört mich schon etwas. Das kann ich meinen Kunden doch nicht erzählen, dass wir mit Plastikeimern beliefert werden.

Selma Özkan: Glaub mir, ich habe alles ausprobiert und wirklich den Markt abgegrast nach Alternativen. Aber die Idee, flüssige Ware in Mehrwegbehältern zu vertreiben, ist praktisch Neuland, und es gibt keine idealen Systeme. Edelstahlbehälter sind in den Mengen, die wir brauchen, viel zu teuer. Ähnlich ist es mit Glas. Beides ist auch viel zu schwer – was das für den Transport bedeutet, auch an zusätzlichem CO_2-Ausstoß! Plastik ist ja nicht umsonst ein so verbreiteter Werkstoff. Man muss immer abwägen: Kosten, Gewicht, Reinigungsmöglichkeit, Dichte … es ist nicht so einfach, wie wir vielleicht am Anfang dachten. Das Ganze ist schon ziemlich komplex, insbesondere die Rückführung und Reinigung der Behälter. Für Transportbehälter gibt es – anders als für Pfandflaschen – keine eingespielte, kostengünstige und umweltfreundliche Infrastruktur und Logistik.

Nina Lehmann: Das ist ein gutes Stichwort! Wie sieht denn die Ökobilanz von diesen Eimern aus, wenn die durch die Gegend gefahren werden? Und wie läuft das in der Praxis?

Selma Özkan: Tja, die Ökobilanz, das lässt sich ja nur schwer wirklich beantworten, oder? Die Läden sammeln die Eimer und schicken sie dann wieder zurück. Das funktioniert, ist aber insgesamt etwas schleppend. Ökobilanzen sind ja nun sehr spezifisch, es kommt immer darauf an, was man betrachtet und in die Bilanz einfließen lässt und welche Annahmen man macht, also dazu, wie weit der Kunde entfernt ist und so. Klar, die Eimer müssen gespült und auch zurückgeschickt werden. Das verursacht natürlich CO_2. Aber: Neue Einwegeimer müssen ja auch zu mir geliefert werden, ich produziere die ja nicht selbst. Und der Hersteller der Eimer, der hat seinen Sitz 800 Kilometer von mir entfernt. Das ist ja vom Prinzip eigentlich der gleiche Aufwand wie die Rücksendung, also zumindest so grob. Aus diesem Grund habe ich dann entschlossen, das auszuprobieren. Einer muss ja anfangen! Dennoch wäre es sehr begrüßenswert, wenn es hier mehr ökobilanzielle Vergleichsdaten geben würde, die solche Auswahlprozesse erleichtern und eben auch zu den ökologisch richtigen Entscheidungen führen.

Nina Lehmann: Wir haben jetzt viel über die Belieferung mit Eimern gehört. Mich würde noch interessieren, wie die Eimer denn im Laden so funktionieren, also wenn sie hoffentlich heil und trocken angekommen sind. Frau Beckmann, wie funktioniert das bei Ihnen?

Jana Beckmann: Also, ich möchte zunächst mal sagen, dass ich das richtig, richtig gut finde, was Frau Özkan macht. Das ist bemerkenswert. Sie bietet wirkliche Verbesserungen, während die anderen sich nur ein kleines bisschen bewegen. Das ist natürlich noch nicht alles optimal, das wissen wir selber. Das finde ich aber auch nicht weiter schlimm, denn jeder fängt mal an. Da müssen wir uns auch gegenseitig unterstützen. Ich denke, die größte Herausforderung mit den Eimern ist die ladeninterne Organisation verschiedener Pfandsysteme. Wir haben bestimmt sieben verschiedene Eimersysteme, zum Beispiel für verschiedene Putzmittel, Öle, Essig und Honig, aber auch Gewürze und Gemüsebrühe. Wir haben mehrere Mitarbeiter, die müssen damit umgehen können. Wir müssen alle dazu schulen und viel zu den Eimern kommunizieren. Für Mitarbeiter ist das oftmals einfach nervig. Wenn zum Beispiel am Freitagabend, wenn der Laden voll ist, plötzlich die Imkerin im Laden steht und ihren Eimer zurückhaben will. Der sieht auf den ersten Blick genauso aus wie die anderen Eimer, aber es ist halt nicht der gleiche. Da ist eine gewisse Verwechslungsgefahr. Klar ist: Mit einem kleineren Lager ginge es nicht, die verschiedenen Systeme müssen ja auseinandergehalten werden. Und dann die Rücksendung – das ist immer ziemlich nervig, irgendwie fehlen uns dafür noch die Routinen. Ich muss jedes Mal die Mail heraussuchen, in der steht, wie der Großhändler das gerne hätte. Die Mitarbeiterinnen müssen an manchen Tagen einen erheblichen Teil ihrer Arbeitszeit damit verbringen, die Behälterrücksendung zu koordinieren und Paletten zu bestücken – dann steht die Palette im Laden, dann kommt die Spedition nicht. Man hat immer wieder Momente, wo man denkt: Was machen wir hier eigentlich, bringt das überhaupt etwas? Also, das verschlingt schon eine ganze Menge Manpower. Aber wie gesagt: Es ist ein Anfang, und wir wollen das vom Prinzip ja auch.

Nina Lehmann: Herr Ferber, wie stehen Sie zum Thema Mehrweg? Haben Sie denn Ähnliches geplant?

Anton Ferber: Ja, wir überlegen das tatsächlich. Wir sehen, dass da ein echtes Potenzial ist und wir so langsam in einen Bereich kommen mit den Unverpacktläden, wo es sich lohnt, sich was Neues zu überlegen. Was im Übrigen ganz auf der Linie unseres Unternehmens liegt, das möchte ich auch noch einmal betonen. Wir gehören zu den Biopionieren, und wir haben Bio mitaufgebaut und groß gemacht. Da werden wir uns nicht diesem neuen Trend, und es ist ein begrüßenswerter Trend, das sage ich hier auch mit aller Deutlichkeit, widersetzen. Aber ich sage auch: Es müssen richtig professionelle Lösungen her. Wir haben 180 Mitarbeiter, wir sind ein Mittelständler, wir sind offen für Experimente, aber sie müssen skalierbar sein und für unsere Leute funktionieren. Die haben ja auch alle ihre Arbeitsroutinen und gelernten Kompetenzen. Umstellungen erzeugen hier Anpassungsdruck, der nicht übersehen werden darf, hier sind gezielte Unterstützungsangebote nötig. Also, ja, wir würden gerne einen Mehrwegpool mitaufbauen. Wir sind auch schon auf der Suche nach einem Logistiker und einem Investor. Es braucht ein schlüssiges Konzept und Infrastruktur. Wer macht die Reinigung? Wie ist das Geschäftsmodell? Wer trägt das Risiko? Wer hat etwas davon? Also, wir laden alle ein, sich an unserem Projekt zu beteiligen.

Nina Lehmann: Vielen Dank, Herr Ferber, das ist jetzt doch ein positiver Punkt, nach all den Problemen, die geschildert wurden, wenn Sie jetzt sagen: Wir wollen ernst machen mit dem Thema und das Ganze ernsthaft und professionell angehen. Dann schlage ich vor, dass sich diejenigen, die sich angesprochen fühlen, einfach nach dieser Veranstaltung bei Ihnen melden.

Nina Lehmann: Wir haben nun sehr viel gehört zu den Hürden und Herausforderungen, die es mit sich bringt, Verpackungen in der ganzen Kette – also nicht nur die Verpackung, die die Kunden sehen – wegzulassen. Es wurden viele Aspekte angesprochen, ich möchte diese abschließend kurz zusammenfassen: Es stellt sich die Frage, welche Lösung tatsächlich die ökologischere ist – dazu fehlen noch valide Daten. Es wurde klar, dass die Wirtschaftlichkeit nicht ignoriert werden kann – niemand will mit Unverpackt reich werden, aber die Kosten müssen im Rahmen bleiben, und es muss sich rechnen –, dazu braucht es Geschäftsmodelle und übertragbare Lösungen. Hier sind insbesondere besser geeignete Behälter in den passenden Gebindegrößen notwendig, die gut im Handling sind. Außerdem braucht es Lösungen für die Rückführung dieser Behälter. Je mehr Unternehmen mitmachen, desto besser? Ja, ich glaube, das könnte man sagen. Und wichtig ist auch, dass die Produkte qualitativ hochwertig bleiben, es also keine Qualitätsverluste gibt – das wäre ja paradox, wenn durch das Weglassen von Verpackung die Produktqualität und -haltbarkeit leiden. Wir sehen also: Im vermeintlich simplen Anspruch, Verpackungen wegzulassen, stecken große logistische, technische, wirtschaftliche, ökologische und auch kulturelle Herausforderungen – schließlich müssen die alternativen Lösungen von Menschen entwickelt und umgesetzt werden. Nur so können sich neue Konventionen entwickeln, wie wir zukünftig verpackungsärmer Handel betreiben.

Mit Blick auf die Uhr möchte ich mich zum Abschluss recht herzlich bei Ihnen allen fürs Zuhören bedanken und ganz besonders bei unseren vier Podiumsgästen Jana Beckmann, Pit Fölker, Selma Özkan und Anton Ferber. Ich wünsche Ihnen allen viel Erfolg mit Ihren Unternehmen beim Erproben neuer Möglichkeiten der Verpackungsmüllvermeidung und freue mich, von diesbezüglichen Innovationen und Projekten zu hören.

Infobox 4
Warenwirtschaft und Mehrweglogistik

Die Belieferung mit verpackungsreduzierten Produkten stellt eine logistische Herausforderung dar:

Die Warenannahme im Unverpacktladen ist arbeitsintensiver und durch teilweise unklare Lieferzeiten mitunter schwer planbar.

Mehrwegbehälter und Großgebinde stellen höhere Anforderungen an Transportsicherheit und sind technisch noch nicht vollständig ausgereift (erhöhte Gefahr von Produktbeschädigungen und Leckage).

Die hohe Anzahl an Lieferanten und Lieferformen im Unverpacktladen (Direktlieferung vom Großhändler oder Hersteller, von Speditionen, Lieferdiensten) erschwert einheitliche Logistiklösungen.

Die Einführung von Mehrwegsystemen erfordert komplexe Prozessanpassungen:

Die ladeninterne Organisation und Rücksendelogistik ist arbeitsintensiv und komplex.

Die Vielzahl der unterschiedlichen Behältersysteme erhöht die Fehleranfälligkeit.

Hohe Behälter- und Pfandkosten machen eine Umstellung auf Mehrweg für Läden teuer.

Eine ökologisch gut begründbare Auswahl der Logistik- und Behältersysteme ist aufgrund mangelhafter Daten (z. B. Ökobilanzen) schwierig.

Plastikvermeidung auf kommunaler Ebene

LINDA MEDERAKE | DOROTHEA SEEGER

Zusammenfassung

Kommunen können durch ihren örtlichen Bezug Bürgerinnen und Bürger sowie Inverkehrbringer und Vertreiber von Verpackungen und Plastikprodukten gezielt sensibilisieren und mithilfe des kommunalen Beschaffungs- und Auftragswesens selbst eine Vorbildfunktion einnehmen. In diesem Bereich liegen die größten ungenutzten Potenziale. Dass es auch anders geht, zeigen die in diesem Beitrag vorgestellten Praxisbeispiele. Zusätzlich können privatwirtschaftliche und zivilgesellschaftliche Initiativen Potenziale zur Plastikvermeidung nutzbar machen.

17.1
Einleitung

Die Diskussion um Plastikmüll ist für Kommunen alles andere als neu. Tatsächlich experimentierten schon in den 1980er-Jahren zahlreiche Kommunen mit Vorgaben zur Plastikmüllvermeidung bzw. allgemein zur Abfallvermeidung. Einen weiteren Impuls zur Plastikmüllvermeidung gaben Anfang der 1990er-Jahre die Diskussionen um die Einführung einer bundesweiten Verpackungsverordnung (Kopytziok, 2011). Nach fast drei Jahrzehnten Stillstand – bis hin zu Rückschritten mit Blick auf die Verbreitung von Mehrwegsystemen oder die verringerte Nutzung von Einwegverpackungen (siehe z. B. Albrecht, 2017) – bekommt das Thema Plastikvermeidung und Verpackungsreduktion in Kommunen nun durch das gesteigerte gesellschaftliche Problembewusstsein und darauf aufbauenden politischen Vorgaben der EU (unter anderem Unterziel 5-08 der Meeresstrategie-Rahmenrichtlinie »Reduzierung des Plastikaufkommens durch kommunale Vorgaben« sowie die Einwegplastikrichtlinie) wieder verstärkt Aufmerksamkeit (siehe auch Kapitel 18). Dabei reichen die kommunalen Handlungsmöglichkeiten von Informations- und Sensibilisierungsangeboten über politische Beschlüsse bis hin zu Möglichkeiten ordnungsrechtlicher Vorgaben und der öffentlichen Beschaffung als Treiber von Verpackungsreduktionen.

Als Großverbraucher können Kommunen dabei Druck auf die Wirtschaft ausüben, indem sie vermehrt nachhaltige sowie ökologisch und sozial vertretbare (Kunststoff-)Produkte nachfragen. Gleichzeitig werden die Entwicklung und Umsetzung von Maßnahmen in Kommunen aber durch die fehlende Unterstützung oder rechtliche Barrieren auf höherer politischer Ebene erschwert. Zum Beispiel können kreisangehörige Gemeinden selbst keine Bußgeldverordnungen erlassen oder Richtlinien zur Abfallentsorgung verabschieden, da die Zuständigkeiten in diesen Fällen beim Landkreis liegen (UAG »Kommunale Vorgaben« des Runden Tisches Meeresmüll, 2019).

Der Beitrag gibt mit einem Schwerpunkt auf den Lebensmittelbereich einen Überblick über die Handlungsmöglichkeiten zur Vermeidung von Plastikabfällen auf kommunaler Ebene und präsentiert dafür unterschiedliche Handlungsansätze mithilfe von erprobten Praxisbeispielen. Dabei wird auf Basis einer Analyse erläutert, welche Faktoren entscheidend zum Erfolg der Praxisbeispiele beitragen und welche Herausforderungen bestehen. Kriterien für die Auswahl der Beispiele waren dabei ein expliziter Fokus auf Plastikmüllreduktion und die mögliche Übertragbarkeit auf andere Kommunen. Außerdem wurden bevorzugt solche Praxisbeispiele ausgewählt, die ihren Schwerpunkt auf (Lebensmittel-)Verpackungen legen und bei denen die Aktivitäten von einer Kommune initiiert wurden oder in denen eine Kommune offizieller Partner ist. Der Beitrag basiert zum Teil auf Recherchen der Kontaktstelle »Knotenpunkt plastikfreie Küste« im BUND-Meeresschutzbüro zu kommunalen Handlungsoptionen im Rahmen des Runden Tisches Meeresmüll. Für diesen Beitrag wurden jedoch noch zusätzliche Beispiele recherchiert und Akteurinnen und Akteure kontaktiert, um detaillierte Hintergrundinformationen zu erhalten.

Im weiteren Verlauf des Beitrages wird zunächst der rechtliche Handlungsrahmen für Kommunen zur Abfallvermeidung skizziert (17.2). Danach werden rechtliche Handlungsmöglichkeiten für Kommunen (17.3), politische Beschlüsse und die kommunale Vorbildfunktion (17.4) sowie Maßnahmen zur Kommunikation und Bewusstseinsbildung (17.5) vorgestellt und anhand von Praxisbeispielen illustriert. Im Anschluss folgen zwei Beispiele zivilgesellschaftlicher und privatwirtschaftlicher Initiativen (17.6), deren Maßnahmen von Kommunen ebenfalls unterstützt bzw. umgesetzt werden könnten. Der Beitrag schließt mit einem kurzen Fazit (17.7).

17.2
Begrenzter Spielraum für Kommunen: der rechtliche Handlungsrahmen

Ganz grundsätzlich dürfen Kommunen nur im eigenen örtlichen Bereich tätig werden. Europa- sowie deutsches Bundes- und Landesrecht bilden dabei den Rahmen für kommunale Aktivitäten zur Abfallvermeidung. Für das Abfallwirtschaftsrecht gilt dabei auf nationaler Ebene die konkurrierende Gesetzgebungszuständigkeit, das heißt zum Beispiel, dass das Kreislaufwirtschaftsgesetz (KrWG) auf Bundesebene durch die Abfallgesetze der einzelnen Bundesländer ergänzt und konkretisiert wird.

In den Bundesländern gelten teils unterschiedliche Regelungen zur Abfallvermeidung und Ausgestaltung von Abfallvermeidungsprogrammen gem. § 33 KrWG, sodass sich je nach Bundesland der Handlungsspielraum für Kommunen im Hinblick auf Abfallvermeidung unterscheidet. Grundsätzlich gilt, dass Gemeinden nur auf der Grundlage einer landesrechtlichen Ermächtigung tätig werden dürfen. Eine Ermächtigung ist eine (begrenzte) Berechtigung, die es Kommunen erlaubt, im entsprechenden Gegenstand der Ermächtigung selbstständig tätig zu werden. Das bedeutet gleichzeitig, dass Kommunen schnell an landes- oder auch bundesrechtliche Grenzen stoßen, wenn sie als abfallwirtschaftlich Letztverantwortliche eigene Politiken entwickeln wollen. Gleichzeitig schöpfen Bund und Länder ihre Handlungspotenziale zur Abfallvermeidung jedoch nicht aus (Lamping 1998, SRU 2020).

Neben den Ermächtigungsgrundlagen in den Landesabfallgesetzen spielen zur Abschätzung des Handlungsspielraums von Kommunen bei der Reduzierung des Plastikmüllaufkommens vor allem die Gemeindeordnungen und die Abgabengesetze der Länder eine Rolle. Zum Kernbereich der verfassungsrechtlich geschützten Aufgaben der kommunalen Selbstverwaltung gehören die Hoheitsrechte der Gemeinden. Dies sind unter anderem die Organisations-, Planungs- und Abgabenhoheit sowie die Satzungsautonomie, wobei für eine abfallrechtliche Steuerung insbesondere die letzten beiden entscheidend sind (Lorenz 2019).

17.3
Rechtliche Instrumente zur Plastikmüllvermeidung aus dem kommunalen »Werkzeugkasten«

17.3.1
Ordnungsrechtliche Vorgaben

Im kommunalen »Werkzeugkasten« sind Satzungen das wichtigste ordnungsrechtliche Steuerungsinstrument (Lamping 1998). In den jeweiligen Satzungen (z. B. Abfallsatzung, Wochenmarktordnung, Benutzungsordnung für kommunale Gebäude wie beispielsweise die Stadthalle) kann festgeschrieben werden, dass öffentliche Räume nur dann für Veranstaltungen genutzt werden dürfen, wenn bestimmte abfallvermeidende Maßnahmen, also zum Beispiel Einwegverbote oder Mehrweggebote, umgesetzt werden. Handlungsfelder sind dabei kommunale Feste und Märkte, private (Groß-)Veranstaltungen auf öffentlichen Grundstücken und in öffentlichen Räumen sowie Kioske und Kantinen in kommunalen Einrichtungen wie Museen, Schwimmbädern, Theatern und anderen Freizeitstätten. Weiteren Handlungsspielraum haben Kommunen auch im Rahmen neu erlassener straßenrechtlicher Sondernutzungserlaubnisse, so zum Beispiel für Kioske, Straßencafés, Eisdielen und andere Gastronomiebetriebe in Fußgängerzonen. Die Maßnahmen zur Plastikvermeidung müssen dabei von jeder selbstständigen Gemeinde einzeln beschlossen und umgesetzt werden (Dehoust et al. 2013; Lorenz 2019; Stöfen-O'Brien 2017).

In den späten 1980er- und frühen 1990er-Jahren erließen eine ganze Reihe von Städten für öffentliche Veranstaltungen Mehrweggebote bzw. Einwegverbote, darunter München, Freiburg, Karlsruhe und Nürnberg (Kopytziok 2011) – wobei Letztere hier als Beispiel dient: Bereits 1989 nahm die Stadt Nürnberg ein Einwegverbot bei Veranstaltungen auf öffentlichem Gebiet in ihre Abfallsatzung auf. Die Umstellung stieß bei den Beteiligten seinerzeit überwiegend auf hohe Akzeptanz, weil diese sich durch das Mehrweggebot einen Imagegewinn erhofften (Kopytziok 2011). Erfolgsfaktoren waren auch, dass die jeweiligen Veranstalter ihre Entsorgungskosten verringern konnten, da die Stadt Spülmobile beziehungsweise Wasser- und Abwasseranschlüsse gebührenfrei zur Verfügung stellte und zusätzlich Geschirrmobile für den Geschirrverleih anschaffte. Außerdem begleiteten zwei zusätzliche städtische Angestellte im Bereich Abfallberatung die Aktivitäten im Projekt »Feste feiern ohne Müll«.

Die Erfahrungen bei der Umsetzung von Mehrweggeboten haben jedoch gezeigt, dass das öffentliche Problembewusstsein für die Abfallvermeidung in den darauffolgenden Jahren zugunsten einer Akzeptanz der Abfallverwertung verdrängt wurde (Kopytziok 2011). Einerseits setzte sich durch die Abfall- und Kreislaufwirtschaftsgesetzgebung der 1990er-Jahre, die Abfall als Ressource definierte, in der breiten Bevölkerung der Glaube durch, Recycling und Sammelquoten würden das Abfallproblem lösen und sich außerdem wirtschaftlich lohnen. Andererseits wurde das Leben zum Ende des 20. Jahrhunderts immer geschäftiger. Der Anteil der Erwerbstätigen erhöhte sich, ebenso die Zahl der Pendlerinnen und Pendler und der Einpersonenhaushalte. Gleichzeitig stiegen Ansprüche an die Freizeit. Einwegprodukte aus Plastik ermöglichen dabei einen »Convenience-Lifestyle«: Viele Produkte des täglichen Bedarfs sind schnell zu haben, bequem zu konsumieren und danach einfach wegzuwerfen (Duran 2019). Vor diesem Hintergrund wurden bei der Umsetzung von Mehrweggeboten aus Sicherheits- oder Hygienegründen (z. B. bei Volksläufen, Massenveranstaltungen) immer häufiger Ausnahmen beantragt und bewilligt (AWM Kommunalreferat 2012; Dehoust et al. 2013).

Dennoch werden aktuell – ähnlich wie vor 30 Jahren – wieder vermehrt Einwegverbote mit Satzungsänderungen beschlossen, so zum Beispiel in Bad Kreuznach (Stadtrat Bad Kreuznach 2019), Preetz (Gothsch und Rönnau 2019) oder Bad Segeberg (Glombik 2019; Stadt Bad Segeberg 2019). Hier besteht jedoch auch weiterhin das Problem, dass Ausnahmen keine Seltenheit darstellen, die umfassende Durchsetzung von Verboten oft an personellen Kapazitäten scheitert und Sanktionsmöglichkeiten nicht in allen Fällen gegeben sind (Kopytziok 2011; UAG »Kommunale Vorgaben« des Runden Tisches Meeresmüll 2019).

Neben der Aufnahme eines Einwegverbots in Satzungen können weitere Maßnahmen zur Abfallvermeidung als verpflichtende Vertragsbedingung in Verträgen zur Vermietung und Verpachtung öffentlicher Plätze oder Räume aufgenommen werden. Klassisch ist hier die Regelung zum Verzicht auf Einweggeschirr und -besteck zugunsten von Mehrweg- und Spülsystemen bei der Ausgabe von Speisen und Getränken. Eine solche Regelung kann von Kommunen selbst, aber auch von Schulen und anderen kommunalen Einrichtungen als Vertragsklausel aufgenommen werden. Die Maßnahme zielt also in erster Linie auf die Organisatorinnen und Organisatoren von Festen und sonstigen Events auf öffentlichem Gebiet ab. Indirekt sind aber auch die einzelnen Betreiberinnen und Betreiber von Verkaufs- und Verköstigungsständen betroffen (Dehoust et al. 2013; Lorenz 2019).

17.3.2
Anreize durch Abgaben

Eine Verhaltenssteuerung durch Gebührenvariationen, die verstärkt auf wirtschaftliche Anreize zur Abfallvermeidung setzen, bildet eine weitere Möglichkeit für Kommunen, aktiv zu werden. So können Abfallentsorgungsgebühren nach Behältervolumen, basierend auf der tatsächlichen Müllmenge oder nach Abfuhrintervallen erhoben und damit stärker am Verursacherprinzip ausgerichtet werden. In der Praxis entfaltet eine solche Gebührenerhebung bei Siedlungsabfällen allerdings nur bedingt abfallvermeidende Steuerungswirkung, da die Kosten in Mehrfamilienhäusern und größeren Wohnanlagen anhand der Wohnungsgröße umgelegt werden (von Bechtolsheim 2002).

Als ökonomisches Instrument ist daneben grundsätzlich auch die Erhebung einer örtlichen Verbrauchssteuer auf Einweggeschirr zum Verzehr von Speisen und Getränken an Ort und Stelle zulässig, allerdings wird wegen eines Urteils des Bundesverfassungsgerichts von 1998 gegen eine Verpackungssteuer in Kassel vielfach noch angenommen, dass eine solche Steuer gegen das Abfallrecht des Bundes verstößt (Kalscheuer und Harding 2017). Dies ist jedoch seit dem Erlass des Kreislaufwirtschaftsgesetzes im Jahr 2012 und mit der Aufstellung der Abfallvermeidungsprogramme durch Bund und Länder nicht mehr der Fall. Im Januar 2020 hat der Gemeinderat der Stadt Tübingen beschlossen, als bundesweit erste Kommune eine Steuer auf den Verkauf von Einwegverpackungen zu erheben. Konkret sollen ab Januar 2022 Einwegverpackungen und Einweggeschirr mit jeweils 50 Cent besteuert werden, für Einwegbesteck beträgt die Steuer 20 Cent (Universitätsstadt Tübingen 2020).

Neben einer Ermächtigungsgrundlage braucht es für erstmalig erhobene Steuern wie eine solche örtliche Verbrauchssteuer in vielen Bundesländern (nämlich in Bayern, Brandenburg, Mecklenburg-Vorpommern, Nordrhein-Westfalen, dem Saarland, Schleswig-Holstein und Thüringen) eine Genehmigung durch die zuständigen Aufsichtsbehörden. Zudem finden sich in einigen Bundesländern (Brandenburg, Niedersachsen, Nordrhein-Westfalen, Saarland) Regelungen, wonach Steuern nur zur Deckung von Ausgaben erhoben werden dürfen, wenn andere Einnahmen nicht ausreichen. In diesen Ländern würde die Genehmigung einer entsprechenden örtlichen Verbrauchssteuer wohl scheitern (Lorenz 2019).

17.3.3
Kommunales Beschaffungs- und Auftragswesen

Kommunen können durch verwaltungsinterne Bestimmungen sicherstellen, dass bei der öffentlichen Beschaffung und bei Ausschreibungen die Vermeidung von Plastikprodukten als maßgebliches Kriterium berücksichtigt wird. Der Begriff öffentliche Beschaffung beschreibt den Einkauf von Waren und Dienstleistungen durch öffentliche Auftraggeber. Diese Waren und Dienstleistungen werden benötigt, um die Verwaltungsaufgaben zu erfüllen und Serviceleistungen sowie Infrastruktur für Bürgerinnen und Bürger bereitzustellen (Krohn 2003). Dabei sind natürlich insbesondere verbindlich festgesetzte Kriterien wirkungsvoll. Relevante Instrumente sind dafür die kommunale Beschaffungsrichtlinie einer Kommune sowie Dienstanweisungen (Beck und Schuster 2013).

Die Hansestadt Hamburg gilt mit Blick auf umweltverträgliche Beschaffung als Vorreiter (Deutsche Umwelthilfe 2019). Schon 2016 hat der Hamburger Senat einen »Leitfaden für umweltverträgliche Beschaffung der Freien und Hansestadt Hamburg« beschlossen, der für die Hamburger Verwaltung verbindlich ist und strenge ökologische Standards für Einkauf und Vergabe definiert. 2019 wurde der Leitfaden aktualisiert und um konkrete Qualitätsanforderungen an Produkte erweitert, die direkt in die Ausschreibungsunterlagen übernommen werden können (Behörde für Umwelt und Energie 2019a). Hamburger Ämter, Behörden und Einrichtungen dürfen so laut einer Negativliste, die Teil des Leitfadens ist, zum Beispiel keine Kaffeemaschinen mit Alukapseln, Mineralwasser, Bier und Erfrischungsgetränke in Einwegflaschen oder Einweggeschirr und -besteck einkaufen (Behörde für Umwelt und Energie 2019b). Zentral an der Hamburger Regelung ist, dass die Vorgaben ausnahmslos für jede Auftragsvergabe gelten. Mit einem Einkaufsvolumen von jährlich rund 220 Millionen Euro trägt die Stadt damit dazu bei, dass nachhaltige Produkte am Markt noch mehr Akzeptanz und Absatz finden.

17.4
Wo ein Wille ist, ist auch ein Weg: Politische Beschlüsse und die Vorbildfunktion der öffentlichen Verwaltung

Politische Beschlüsse, die über die oben vorgestellten rechtlich-verbindlichen Instrumente hinausgehen, sind keine Seltenheit. Ein Beispiel für einen solchen Beschluss ist ein Antrag der Fraktionen Bündnis 90/Die Grünen, DIE LINKE und der SPD in der Rostocker Bürgerschaft. Im

Abbildung 17.1
Das Umweltamt der Stadt Wiesbaden spart durch
den Konsum von Leitungswasser, welches mit Kohlensäure
versetzt werden kann, jährlich circa 4.000 1-Liter-Flaschen
Mineralwasser *(Quelle: satz&form, Wiesbaden).*

Antrag enthalten sind (1) die Vorbildfunktion kommunaler Einrichtungen
beim Verzicht auf Einweggeschirr, (2) die konsequente Durchsetzung der
bestehenden Abfallsatzung mit Blick auf wiederverwendbare oder kompostierbare Verpackungen und Behältnisse, (3) die finanzielle Unterstüt-

17 Plastikvermeidung auf kommunaler Ebene

zung des Aufbaus eines stadtweiten Mehrwegbechersystems sowie (4) eine Werbekampagne zur Vermeidung von Plastikmüll und Einwegverpackungen im öffentlichen Raum (Hanse- und Universitätsstadt Rostock 2019). Während es sich bei den Maßnahmen (3) und (4) eindeutig um Aktivitäten zur Kommunikation und Bewusstseinsbildung handelt und auch die Maßnahmen (1) und (2) nichts substanziell Neues bringen, so ist solch ein politischer Beschluss dennoch nicht zu unterschätzen, da dieser mit dem entsprechenden politischen Willen lokal einen stärkeren Impuls setzen kann, als dies bei Initiativen anderer Akteurinnen und Akteure der Fall ist.

Im Rahmen der Vorbildfunktion kommunaler Einrichtungen sind zur Plastikmüllvermeidung neben dem Verzicht auf Einweggeschirr zahlreiche Anpassungen im informellen, verwaltungsinternen Verhalten denkbar. So wird zum Beispiel in der Stadt Wiesbaden im Umweltamt Leitungswasser aus einer 2013 als Teil der städtischen Klimaschutzmaßnahmen eigens designten Glasflasche getrunken (siehe Abbildung 17.1). Alle Mitarbeitenden im Umweltamt bekamen eine Glasflasche geschenkt. Ein Zukauf von Getränken in Plastikflaschen findet nicht mehr statt. Außerdem wurden Filteranlagen installiert, die das Leitungswasser bei Bedarf zusätzlich mit Kohlensäure versetzen. Bei Meetings – auch mit externer Beteiligung – wird inzwischen nur noch Leitungswasser serviert, genauso wie in der ämterübergreifenden Taskforce Klimaschutz, über die die Glasflasche auch in anderen Ämtern Verbreitung finden soll. Nicht zuletzt kommt die Flasche bei öffentlichen Veranstaltungen zum Einsatz. Laura Gouverneur, die Klimaschutzbeauftragte der Stadt Wiesbaden, hält insbesondere die Kombination aus ansprechendem Design und Filtersystemen im Amt für eine Voraussetzung, die den großen Erfolg und die breite Nutzung der Flasche erklärt. So schätzt das Umweltamt, dass jährlich circa 4.000 Ein-Liter-Flaschen mit Kohlensäure eingespart werden können. Hinzu kommt der Konsum von Leitungswasser, welches nicht mit Kohlensäure versetzt wurde – dieser lässt sich aber nicht so einfach beziffern. Eine große Herausforderung bei der Verbreitung der Flasche über das Umweltamt hinaus ist jedoch, dass es keine zentrale Beschaffungsstelle für die Stadt gibt (Gouverneur 2019, Steinmetz 2020).

Systemische Hemmnisse und Zukunftsentwicklungen

17.5
Plastikvermeidung in die Stadtgesellschaft tragen: Maßnahmen zur Kommunikation und Bewusstseinsbildung

Ein weitverbreiteter Ansatz zur Bewusstseinsbildung sind ehrenamtliche Müllsammelaktionen, bei denen Lebensmittelverpackungen sowie Einweggeschirr und -becher zu den typischen Funden gehören. Allerdings sind Müllsammelaktionen keine direkte Maßnahme zur Plastikvermeidung.

Eine direkte Maßnahme zur Verpackungsvermeidung ist dagegen der Hannoccino, ein Mehrweg-Pfandbecher-System, welches der Zweckverband Abfallwirtschaft Region Hannover (aha) 2017 in Kooperation mit der Stadt Hannover und Praxispartnerinnen und -partnern wie Hannover 96 und der Bäckerinnung ins Leben gerufen hat. Initiiert wurde der Becher von der damaligen Umweltreferentin der Stadt gemeinsam mit dem Leiter der Stadtreinigung, weil die Massen an weggeworfenen Einwegbechern über die Jahre zu einem Problemfall in der Innenstadt geworden waren. Statt im Mülleimer landeten immer mehr Becher auf der Straße, die dann von der Stadtreinigung, zum Teil mehrmals täglich, entfernt werden mussten. Der Zweckverband Abfallwirtschaft Region Hannover (aha) hatte dementsprechend ein starkes Interesse, durch die Entwicklung eines Mehrwegbechers die Sauberkeit in der Stadt zu erhöhen und gleichzeitig die Reinigungskosten zu senken (aha 2019). Erfolgsfaktoren für die Einführung des Systems waren die Kooperation mit bekannten Partnern und eine entsprechende Anzahl an Ausgabestellen zur Einführung des Bechers sowie das ansprechende Design und das Engagement einer Kommunikationsagentur. Der Hannoccino wurde außerdem gezielt als eigene Marke unabhängig vom Image der aha platziert, und eine Social-Media-Präsenz wurde eingerichtet, um die Zielgruppe (junge Erwachsene) besser zu erreichen. Kritik von Konsumierendenseite gab es lange Zeit, weil die Entwicklung eines Mehrwegdeckels auf sich warten ließ. Außerdem gibt es noch ungenutzte Marketingpotenziale am Point of Sale, die die Nutzung des Bechers steigern könnten (Sievers 2019). Dennoch geht die aha nach eigenen Schätzungen davon aus, dass die Menge der zu entsorgenden

Einwegbecher um rund 30 Prozent abgenommen hat (Hammerschmidt 2020).

Ähnlich wie ein Mehrwegbecher können öffentliche Trinkwasserzapfstellen die Stadtgesellschaft sensibilisieren. So gibt es zum Beispiel in Augsburg 22 städtische Trinkbrunnen, für die die Stadtwerke Augsburg auf Basis eines Konzessionsvertrags kostenfrei Wasser liefern und die Wartung, Reinigung und jahreszeitliche In- und Außerbetriebnahme der Brunnen übernehmen. Bei der Installation neuer Trinkbrunnen entfallen außerdem die Kosten für den Hausanschluss (Leuthe 2019). In Rheinland-Pfalz wird die Installation öffentlicher Trinkbrunnen aktuell sogar im Rahmen eines Förderprogramms durch das Landesumweltministerium mit 4.000 Euro bezuschusst. Neben einem Beitrag zum Klimaschutz geht es dem Ministerium dabei explizit darum, wie im Wiesbadener Beispiel Plastikmüll durch Einwegflaschen zu reduzieren (Ministerium für Umwelt, Energie, Ernährung und Forsten 2019).

17.6
Potenziale kommunaler Plastikmüllvermeidung: Übernahme privatwirtschaftlicher und zivilgesellschaftlicher Initiativen

Wenngleich die oben vorgestellten Beispiele zeigen, dass Kommunen auf vielfältige Weise gegen das Entstehen von Plastikverpackungsmüll aktiv werden können, so sind insbesondere Maßnahmen zur Bewusstseinsbildung und Kommunikation häufig auf privatwirtschaftliche und zivilgesellschaftliche Initiativen zurückzuführen (vgl. UAG »Kommunale Vorgaben« des Runden Tisches Meeresmüll 2019). Die zwei hier vorgestellten Beispiele sollen einerseits deutlich machen, dass im Bereich der Plastikvermeidung viel ohne »die Politik« passiert. Gleichzeitig könnten die Beispiele ohne Probleme von Kommunen aufgegriffen werden und hätten von diesen auch initiiert werden können.

Das Beispiel Packbuddy ist eine Initiative von vier Bremerinnen und Bremern, deren Ziel es ist, selbst mitgebrachte Mehrwegdosen als Alternative zu den inzwischen üblichen Einwegverpackungen bei Take-away-

Essen zu etablieren (packbuddy.de 2019) (siehe Abbildung 17.2). Dafür werden seit 2018 Bürgerinnen und Bürger mit Aktionen angesprochen, damit diese zukünftig ihr Take-away-Essen in einer im Haushalt vorhandenen Dose mitnehmen. Gleichzeitig versuchen die Initiatorinnen und Initiatoren Gastronomiebetriebe dafür zu gewinnen, selbst mitgebrachte Dosen zu akzeptieren. Zentrale Herausforderungen bei der Umsetzung sind laut Initiatorin Juie Jittinan Kitsumritiroj das hohe Zeitinvestment durch die persönliche Ansprache von Betrieben und das Fehlen eindeutiger Informationen dazu, was aus Hygienegründen in der Gastronomie erlaubt ist und was nicht. Entsprechend ist eine Erfolgsbedingung, diese Informationen transparent zu machen. Sehr hilfreich könnten deshalb Kooperationen mit den entsprechenden Gastroverbänden sein sowie mit Multiplikatorinnen und Multiplikatoren in Betrieben, die die Idee über ihr eigenes Netzwerk weiterverbreiten. Kommunen könnten außerdem durch einen Leitfaden der entsprechenden Stelle für Lebensmittelüberwachung Projekte wie Packbuddy unterstützen (Kitsumritiroj 2019).

Abbildung 17.2
Ziel der Bremer Packbuddy-Initiative ist es, selbst mitgebrachte Mehrwegdosen als Alternative zu den üblichen Einwegverpackungen bei Take-away-Essen zu etablieren *(Quelle: Packbuddy, Bremen).*

17 Plastikvermeidung auf kommunaler Ebene

Abbildung 17.3
Plastikbewusste Unterkünfte zeichnen sich zum Beispiel durch folgende
Elemente aus: wiederverwendbare Einkaufstaschen, Trinkflaschen aus Glas
oder Edelstahl sowie Hinweise auf örtliche Geschäfte, die verpackungsfreies
bzw. plastikbewusstes Einkaufen ermöglichen *(Quelle: Angelika Jacobs, Föhr)*.

Das 2017 von der Inselgruppe Föhr des Bundes für Umwelt- und Naturschutz Deutschland (BUND) in Kooperation mit der Föhr Tourismus
GmbH initiierte Projekt »Plastikbewusste Ferienunterkünfte« zeichnet
Ferienwohnungen, -häuser und Gästezimmer mit besonderem Bewusstsein für die Vermeidung von (Einweg-)Plastik aus. Dabei gibt es neben
einer entsprechenden Ausstattung mit Aufbewahrungsbehältern für Lebensmittel, wiederverwendbaren Einkaufstaschen und Trinkflaschen aus
Glas oder Edelstahl in der Unterkunft Hinweise auf örtliche Geschäfte, die
verpackungsfreies bzw. plastikbewusstes Einkaufen ermöglichen (BUND
Inselgruppe Föhr 2019) (siehe Abbildung 17.3). Unterkünfte werden je
nach Anzahl erfüllter Kriterien in Bronze, Silber oder Gold ausgezeichnet
(Ottmann 2018). Als Faktoren für die erfolgreiche Umsetzung der Projektidee nennt Projektmanagerin Angela Ottmann die Unterstützung durch

die Föhr Tourismus GmbH mit ihren Kontakten zu Unterkünften, die niedrigschwellige Teilnahme durch eine stufenweise Zertifizierung und die Familiarität der Insel, auf der »jeder jeden« kennt. Herausforderungen sind Vermietungsagenturen, die zum Beispiel die Reinigung vor Ort übernehmen und eine Mehrbelastung durch die Maßnahmen im Rahmen des Projekts befürchten, sowie die zeitaufwendige Begehung der Unterkünfte mit Eigentümerinnen und Eigentümern (Ottmann 2019). Aktuell wird die Projektidee auf die Westküste Schleswig-Holsteins und die niedersächsische Küste übertragen.

17.7
Fazit

Schon in den 1980er-Jahren nutzten zahlreiche Kommunen rechtliche Handlungsmöglichkeiten zur Plastikmüllvermeidung und erließen über Verwaltungsakte auf der Grundlage von Satzungen oder über die allgemeinen Geschäftsbedingungen (AGB) in Miet-, Pacht- und Benutzungsverträgen Einwegverbote und/oder Mehrweggebote. Dennoch wurde das öffentliche Problembewusstsein für die Abfallvermeidung über die Jahre zugunsten einer Akzeptanz der Abfallverwertung verdrängt. Zusätzlich liegen durch das Abfallrecht entscheidende Handlungsinstrumente zur Abfallvermeidung beim Bund bzw. bei den Ländern.

In den letzten Jahren rückte das Thema Plastikvermeidung, ausgehend von den Diskussionen um Plastikmüll im Meer, jedoch wieder in das öffentliche Bewusstsein. Gleichzeitig machen die vorangegangenen Erläuterungen deutlich, dass Kommunen eine wichtige Rolle bei der Verminderung des Müllaufkommens von Plastikverpackungen zukommt. Sie können durch ihren örtlichen Bezug Bürgerinnen und Bürger sowie Inverkehrbringer und Vertreiber von Verpackungen und Plastikprodukten gezielt sensibilisieren und selbst auch mithilfe des kommunalen Beschaffungs- und Auftragswesen eine Vorbildfunktion einnehmen. In den Bereichen informelles Verwaltungshandeln und Beschaffung liegen tatsächlich auch die größten ungenutzten Potenziale für die Reduzierung von Verpackungsmüll auf kommunaler Ebene.

LITERATURVERZEICHNIS

aha (2019): FAQ | Einführung Hannoccino-Becher Pfandsystem [https://hannoccino.de/faq/; 15.10.2019].

Albrecht, J. (2017): Vergangenheit und Gegenwart von Abfallvermeidung am Beispiel der Insel Borkum. Vortrag gehalten auf der BUND-Tagung »Meeresmüll – Verringerung des Plastikmüllaufkommens an der Nordsee durch kommunale Vorgaben«, Bremen, 24.11.2017 [https://www.bund-bremen.net/fileadmin/bremen/Natur_und_Landschaft/Meeresschutz/6_JAlbrecht_Abfallvermeidung_Borkum.pdf; 02.10.2019].

AWM Kommunalreferat (2012): Abfallvermeidung; Einwegverbot. Kurzübersicht zur Bekanntgabe im Kommunalausschuss als Werkausschuss für den Abfallwirtschaftsbetrieb München am 22.11.2012. Sitzungsvorlage Nr. 08-14/V 10575 [https://www.muenchen-transparent.de/dokumente/2826186/datei; 23.10.2019].

Bechtolsheim, C. von (2002): Abgabensatzungen. Erster Abschnitt: Abfallgebühren, in: Lübbe-Wolff, G. & Bunge, T. (Hrsg.): Umweltschutz durch kommunales Satzungsrecht: Bauleitplanung, Abfall, Abwasser, Abgaben, Baumschutz (3., überarb. und erw. Aufl.), Berlin: Schmidt, S. 301–364.

Beck, S.; Schuster, F. (2013): Kommunale Beschaffung im Umbruch. Große deutsche Kommunen auf dem Weg zu einem nachhaltigen Einkauf? [https://publicgovernance.de/media/Studie_Kommunale_Beschaffung_im_Umbruch.pdf; 08.10.2019].

Behörde für Umwelt und Energie (2019a): Hamburg übernimmt Vorreiterrolle. Aktualisierter Leitfaden umweltverträgliche Beschaffung 2019 konkret und praxisnah [https://www.hamburg.de/umweltvertraegliche-beschaffung/12450152/umweltgerechte-beschaffung-2019/; 08.10.2019].

Behörde für Umwelt und Energie (2019b): Leitfaden für umweltverträgliche Beschaffung der Freien und Hansestadt Hamburg (Umweltleitfaden 2019) [https://www.hamburg.de/contentblob/12418146/2c01ee26be5da2bd4496ad98d263ce3e/data/d-umweltleitfaden-2019.pdf; 08.10.2019].

BUND Inselgruppe Föhr (2019): Plastikbewusste Unterkunft [http://www.plastikfrei-wird-trend.de/plastikbewusste-unterkunft/; 14.10.2019].

Dehoust, G.; Jepsen, D.; Knappe, F.; Wilts, H. (2013): Inhaltliche Umsetzung von Art. 29 der Richtlinie 2008/98/EG – wissenschaftlich-technische Grundlagen für ein bundesweites Abfallvermeidungsprogramm (Nr. 38/2013) [https://www.umweltbundesamt.de/publikationen/inhaltliche-umsetzung-von-art-29-richtlinie; 02.10.2019].

Deutsche Umwelthilfe (2019): Kein Einweg-Plastik in Ämtern und Behörden. Deutsche Umwelthilfe startet Aktion für Mehrwegflaschen in allen öffentlichen Einrichtungen. Pressemitteilung 24.07.2019 [https://www.duh.de/presse/pressemitteilungen/

pressemitteilung/kein-einweg-plastik-in-aemtern-und-behoerden-deutsche-umwelthilfe-startet-aktion-fuer-mehrwegflaschen/; 08.10.2019].

Duran, Camilla (2019): Müll für die Welt, in: Heinrich-Böll-Stiftung und BUND – Bund für Umwelt und Naturschutz Deutschland (Hrsg.): Plastikatlas 2019. Daten und Fakten über eine Welt voller Kunststoff. Berlin.

Glombik, W. (2019): Ab 2020: Stadt verbietet Plastik-Einweg-Geschirr [https://www.ln-online.de/Lokales/Segeberg/Stadt-Bad-Segeberg-verbietet-Plastik-Einweg-Geschirr; 23.10.2019].

Gouverneur, L. (2019): Klimamanagerin der Stadt Wiesbaden, persönliche Mitteilung vom 22.10.2019.

Gothsch, A.; Rönnau, S. (2019): Stadt Preetz will Plastikflut eindämmen [https://www.kn-online.de/Lokales/Ploen/Stadt-Preetz-will-Plastikflut-eindaemmen; 23.10.2019].

Hammerschmidt, A. (2020): Zweckverband Abfallwirtschaft Region Hannover (aha), persönliche Mitteilung vom 04.08.2020.

Hanse- und Universitätsstadt Rostock (2019): Vermeidung von Müll und Einweg-Plastik im öffentlichen Raum. Antrag der Fraktionen BÜNDNIS 90/DIE GRÜNEN, DIE LINKE und der SPD in der Rostocker Bürgerschaft [https://ksd.rostock.de/bi-m/___tmp/tmp/450810361048739300/1048739300/01443001/01.pdf; 23.10.2019].

Kalscheuer, F.; Harding, N. (2017): Zur Zulässigkeit einer kommunalen Verpackungssteuer, in: Zeitschrift für öffentliches Recht in Norddeutschland, 20(3/2017), S. 113–116.

Kitsumritiroj, J. (2019): Packbuddy-Initiatorin, persönliche Mitteilung vom 01.11.2019.

Kopytziok, N. (2011): Paradebeispiele. Bei Straßenfesten können Kommunen und Veranstalter auf vorbildliche Weise Abfälle vermeiden, in: ReSource, 24(1/2011), S. 37–42.

Krohn, W. (2003): Öffentliche Auftragsvergabe und Umweltschutz. Die Berücksichtigung von Umweltschutzbelangen bei der öffentlichen Auftragsvergabe nach europäischem und deutschem Vergaberecht. Köln [u. a.]: Heymanns.

Lamping, W. (1998): Kommunale Abfallpolitik. Ökologischer Strukturwandel und politisches Lernen. Wiesbaden: Deutscher Universitätsverlag.

Leuthe, R. (2019): Stadtwerke Augsburg Wasser GmbH, persönliche Mitteilungen vom 15.10.2019 und 23.10.2019.

Lorenz, M. (2019): Kommunale Regelungsmöglichkeiten zur Reduzierung des Plastikmüllaufkommens. Seminararbeit, Universität Leipzig.

Ministerium für Umwelt, Energie, Ernährung und Forsten (2019): Höfken: Neue Trinkwasserbrunnen für Klimaanpassung und Abfallvermeidung [https://mueef.rlp.de/de/pressemeldungen/detail/news/News/detail/hoefken-neue-trinkwasserbrunnen-fuer-klimaanpassung-und-abfallvermeidung/?no_cache=1; 10.10.2019].

17 *Plastikvermeidung auf kommunaler Ebene*

Ottmann, A. (2018): Plastikfrei wird Trend. Vortrag gehalten auf der Fachtagung »Natur und Tourismus«, Watt'n Hus Büsum, 15. 11. 2018 [https://www.nationalpark-wattenmeer.de/sites/default/files/media/pdf/08-ottmann-plastikfrei-wird-trend.pdf; 14. 10. 2019].

Ottmann, A. (2019): BUND Föhr, persönliche Mitteilung vom 24. 10. 2019.

packbuddy.de (2019): Packbuddy [http://packbuddy.de/; 14. 10. 2019].

Sievers, D. (2019): Zweckverband Abfallwirtschaft Region Hannover (aha), persönliche Mitteilung vom 21. 11. 2019.

SRU (2020): Für eine entschlossene Umweltpolitik in Deutschland und Europa. Umweltgutachten 2020. Berlin [https://www.umweltrat.de/SharedDocs/Downloads/DE/01_Umweltgutachten/2016_2020/2020_Umweltgutachten_Entschlossene_Umweltpolitik.pdf?__blob=publicationFile&v=28; 29. 07. 2020]

Stadt Bad Segeberg (2019): Antrag der Fraktion Bündnis 90 Die Grünen – Verwendung von Mehrweggeschirr bei Veranstaltungen auf städtischen Anlagen [https://www.bad-segeberg.de/Stadt-Politik/Politik/Sitzungskalender; 23. 10. 2019].

Stadtrat Bad Kreuznach (2019): Satzung der Stadt Bad Kreuznach zur Vermeidung von Einweggeschirr und -verpackungen bei der Nutzung öffentlicher Einrichtungen und Straßen vom 28. 05. 2019 [https://www.bad-kreuznach.de/politik-und-verwaltung/stadtverwaltung/ortsrecht/01-25-satzung-zur-vermeidung-von-einweggeschirr.pdf?cid=ajo; 23. 10. 2019].

Steinmetz, E. (2020): Umweltamt Wiesbaden, Produktbereich Klimaschutz-Klimaanpassung, persönliche Mitteilung vom 10. 08. 2020.

Stöfen-O'Brien, A. (2017): Rechtliche Grundlagen: kommunaler und ordnungsrechtlicher Spielraum von Kommunen. Vortrag gehalten auf der BUND-Tagung »Meeresmüll – Verringerung des Plastikmüllaufkommens an der Nordsee durch kommunale Vorgaben«, Bremen, 24. 11. 2017 [https://www.bund-bremen.net/fileadmin/bremen/Natur_und_Landschaft/Meeresschutz/4_AStoefen-OBrien_Rechtliche_Grundlagen.pdf; 02. 10. 2019].

UAG »Kommunale Vorgaben« des Runden Tisches Meeresmüll (2019): Handlungsoptionen für Kommunen zur Reduktion des Plastikmüllaufkommens: Sammlung von Best-Practice-Beispielen [https://muell-im-meer.de/ergebnisse/handlungsoptionen-fuer-kommunen-zur-reduktion-des-plastikmuellaufkommens-sammlung-von; 09. 12. 2019].

Universitätsstadt Tübingen (2020): Ab 1. Januar 2022 gilt in Tübingen die Verpackungssteuer [https://www.tuebingen.de/105.html#/28702/28704; 23. 10. 2020].

Politische Entwicklungen zur Reduktion des Plastikproblems

SONIA GRIMMINGER | NINA MAIER

Zusammenfassung

Das Plastikproblem ist vielseitig, ebenso wie die Diskussionen dazu. Diese haben bewirkt, dass Kunststoffthemen in der Politik angekommen sind. Weltweit werden politische Prozesse angestoßen, die Meeresmüll, Einwegkunststoffprodukte, Mikroplastik, Kunststoffverpackungen, Abfallvermeidung und Recycling adressieren. Im Text werden Aktivitäten zum Umgang mit der Problematik vorgestellt, von globaler Ebene über die EU bis zu Deutschland. Zwar sind Kunststoffe präsent wie kaum ein anderes Thema, doch es wird auch klar, dass politisch bisher nicht alle Aspekte ausreichend adressiert werden.

18.1
Einleitung

Das Plastikproblem ist vielseitig. Es beginnt bei großen und langlebigen Mengen entsorgter Abfälle in der Umwelt, insbesondere Meeresmüll, geht weiter bei sekundärem Mikroplastik, das beim Zerfall von Kunststoffen entsteht und sich mittlerweile überall finden lässt, sowie einem viel zu hohen Verbrauch von Einwegprodukten. Und es endet bei nicht geschlossenen Materialkreisläufen von Kunststoffen, bei Produkten und Verpackungen, die aufgrund ihres Designs nicht recycelbar sind, und bei unnötigem Einsatz von Neumaterial, das durch recycelten Kunststoff ersetzt werden könnte. Genauso vielseitig wie die Problematik selbst sind auch die Diskussionen, die zu Plastik in der Umwelt geführt werden – sie reichen von Panikmache über Verharmlosung bis zur Leugnung der Probleme. Nicht immer werden dabei die notwendige Sachlichkeit und Ausgewogenheit der Argumente beachtet.

Kunststoffe sind weltweit seit einigen Jahren im Fokus der Politik. Vor allem die starke öffentliche Aufmerksamkeit, die das Schlagwort »Plastikmüll« seit geraumer Zeit bekommt, stößt politische Prozesse an. Da die Eintragswege und Umweltauswirkungen von Kunststoffen so vielseitig sind, sind verschiedene Instrumente notwendig, um diese adäquat zu adressieren. Dabei werden Vorschläge meistens entweder aus Sicht des Meeresschutzes oder aus Sicht der Kreislaufwirtschaft entwickelt. In den letzten Jahren wurden viele Maßnahmen international, national und regional umgesetzt. Es ist schon viel passiert, aber auch noch viel zu tun, denn die Wende zum richtigen Umgang mit dem noch jungen Material Kunststoff hat erst begonnen.

Jahrzehntelang wurden Umweltdiskussionen zu Materialien und Produkten häufig aufgrund von Ergebnissen aus Ökobilanzstudien geführt. Diese haben zum Ziel, den gesamten Lebenszyklus eines Produktes zu betrachten und die Umweltauswirkungen zu beziffern. Doch ökobilanzielle Berechnungen berücksichtigen weder die Vermeidung von Abfällen noch die Auswirkungen von Abfällen in der Umwelt ausreichend. Bei der Suche nach Lösungen für unsere aktuellen Probleme mit Kunststoffen in der Umwelt und wachsenden Abfallmengen dürfen Ökobilanzen allein daher nicht die Entscheidungsgrundlage bilden. Es müssen neue Wege gefunden und gegangen werden. Damit wurde nun begonnen, denn erstmals orientieren sich europäische Vorgaben an tatsächlichen Funden von Abfällen in der Umwelt. Diese und weitere politische Aktivitäten und Maßnahmen zum Umgang mit der Plastikproblematik werden im Folgenden vorgestellt.

18.2
Internationale Aktivitäten zu Kunststoffen

Beim Gedanken an Meeresmüll oder Partikel, die sich über die Luft verbreiten, wird schnell klar, dass Umweltverschmutzungen nicht an Grenzen haltmachen und ein grenzüberschreitendes Phänomen sind. In der Regel können damit verbundene Probleme daher nicht einseitig gelöst werden. Umweltschutz ist darum auch hier eine globale Notwendigkeit, die ein abgestimmtes Vorgehen erfordert. Dabei haben internationale Einigungen einen starken politischen Einfluss, auch wenn sie nicht immer rechtlich verbindlich sind. Aktuell gibt es sowohl internationale als auch europäische Beschlüsse und Aktionspläne zu Kunststoffen und Meeresmüll.

18.2.1
Aufruf der Vereinten Nationen

Mit der Agenda 2030 einigten sich die 193 Mitgliedsstaaten der Vereinten Nationen (United Nations, UN) im September 2015 auf eine gemeinsame globale nachhaltige Entwicklung. Die 17 Ziele für nachhaltige Entwicklung (Sustainable Development Goals, SDGs) betreffen die Bereiche Soziales, Nachhaltigkeit und Wirtschaft. Die Plastikverschmutzung ist dabei kein Hauptthema. Sie wurde aber bei der Implementierung von SDG 14 »Leben unter Wasser« berücksichtigt. 2017 beschlossen die UN den Aufruf »Our Ocean, Our Future: Call for Action« (UN 2017). Alle Arten der Meeresverschmutzung sind demnach bis 2025 zu verhindern oder erheblich zu verringern.

18.2.2
Ocean Plastics Charter der G7-Staaten
und Aktivitäten der G20-Staaten

Zur Staatengemeinschaft G7 als Gruppe der sieben zum Gründungszeitpunkt 1975 einflussreichsten Industrienationen der westlichen Welt gehören Frankreich, Italien, Japan, Kanada, das Vereinigte Königreich, die Vereinigten Staaten und Deutschland. 2018 verpflichteten sich fünf der

G7-Staaten (ohne die Vereinigten Staaten und Japan) in der Ocean Plastics Charter, Maßnahmen für einen ressourcenschonenderen und nachhaltigeren Umgang mit Kunststoffen zu ergreifen (G7 2018). Schwerpunkte sind nachhaltiges Design, Produktion, Abfallsammlung und -behandlung, nachhaltiger Konsum und Bildung für nachhaltige Entwicklung, Forschung zu neuen Technologien und Küstenschutz. Demnach sollen unter anderem bis 2030 55 Prozent und bis 2040 alle Kunststoffabfälle recycelt oder wiederverwendet werden. Durch Informationskampagnen und regionale Aktionspläne gegen die Vermüllung der Meere soll ein besserer Meereszustand erreicht werden.

Auch im Rahmen der letzten G20-Präsidentschaften wurde Plastikmüll thematisiert. Zusätzlich zu den G7-Staaten sind hieran auch Argentinien, Australien, Brasilien, China, Indien, Indonesien, Mexiko, Russland, Saudi-Arabien, Südafrika, Südkorea, die Türkei und die EU beteiligt. Die Umweltminister*innen der G20 als Gruppe der 19 einflussreichsten Industrie- und Schwellenländer und der EU einigten sich 2019 auf eine gemeinsame Strategie gegen Meeresmüll. Es soll einen Austausch des in den Staaten vorhandenen Wissens zu Entsorgung und Recycling von Kunststoffabfällen geben und eine bessere Überwachung der Einträge von Abfällen in die Meere etabliert werden (BMU 2019; G20 2019).

18.2.3
Regulierung der Exporte von Kunststoffabfällen über das Basler Übereinkommen

Seit 1992 gibt es das Basler Übereinkommen über die Kontrolle der grenzüberschreitenden Verbringung gefährlicher Abfälle sowie ihrer Entsorgung (BMU 2014). Bisher sind mehr als 180 Staaten dem Abkommen beigetreten. Sie haben sich darauf geeinigt, dass bei Transporten von gefährlichen Abfällen über Grenzen hinweg sowohl das Ausfuhrland, die Durchfuhrländer und natürlich das Einfuhrland zustimmen müssen. Das Übereinkommen soll vor allem Staaten Schutz bieten, die für den Umgang mit diesen Abfällen nicht ausgerüstet sind.

Aufgrund der weltweiten Probleme mit Kunststoffabfällen wurden 2019 Regelungen des Basler Übereinkommens verschärft. Das System für Ex-

und Importe von Kunststoffabfällen soll besser kontrollierbar und transparenter werden. Dadurch sind ab 2021 nur noch sortenreine Abfälle von gängigen Kunststoffsorten frei handelbar, wenn diese nachweislich zum Recycling bestimmt sind. Strengere Kontrollen sind für verschmutzte Kunststoffabfälle mit niedriger Qualität vorgesehen. Besonders verschärft wurden die Kontrollregime für Kunststoffabfälle mit gefährlichen Inhaltsstoffen. Die strengeren Vorgaben bedeuten, dass für Ex- und Import dieser Abfälle die Zustimmung der Behörden der betroffenen Länder notwendig ist.

Die Ergebnisse der neuen Beschlüsse sind allerdings erst noch abzuwarten. Unabhängig davon haben zuvor bereits einige Länder Importverbote für bestimmte Abfälle beschlossen. Beispielsweise hat die chinesische Regierung Anfang 2018 die Einfuhr sowohl von unsortierten als auch sortierten Kunststoffabfällen verboten (WD 2018). Bis dahin wurden große Mengen Plastikmüll zur Verwertung aus Europa nach China exportiert. Weitere Länder folgten Chinas Beispiel. Durch die nun in Deutschland verbleibenden Kunststoffabfälle wurde als positiver Effekt der Druck erhöht, neue Sortier- und Recyclinganlagen zu schaffen.

18.3
Europäische Aktivitäten zu Kunststoffen

Umweltschutz hat in den europäischen Mitgliedstaaten nicht überall oberste politische Priorität. Nationale Maßnahmen werden darum mitunter erst ergriffen, wenn europäische Vorgaben eine Umsetzung in nationales Recht erfordern. Es ist daher erforderlich, europäische Umweltpolitik kontinuierlich anzupassen und fortzuentwickeln, um das Schutzniveau der Umwelt zu erhalten bzw. zu verbessern.

Beim Meeresschutz spielt neben anderen wichtigen Themen die Plastikverschmutzung eine große Rolle. Maßnahmen zur Reduzierung der Einträge und des bereits im Meer vorhandenen Mülls werden in den verschiedenen Meeresregionen der EU vorrangig durch die Anrainerstaaten umgesetzt (Runder Tisch Meeresmüll 2020). Zum Schutz der Nordsee und des Nordostatlantiks schlossen sich die angrenzenden Länder im

Oslo-Paris-Übereinkommen (OSPAR) zusammen. 2014 wurde ein Aktionsplan für die Vermeidung und Handhabung von Meeresmüll im Nordostatlantik von der OSPAR Commission veröffentlicht (OSPAR 2014). Für die Ostsee hat die Baltic Marine Environment Protection Commission oder kurz Helsinki Commission (HELCOM) 2015 den regionalen Aktionsplan gegen Meeresmüll verabschiedet (HELCOM 2015). Seebasierter Meeresmüll, der vorrangig durch die Schifffahrt verursacht wird, wird durch die EU-Richtlinie der Hafenauffangeinrichtungen (2000/59/EG) adressiert.

Die Vermeidung von und der Umgang mit Abfällen aller Materialien werden durch die EU-Abfallrahmenrichtlinie (2008/98/EG) vorgegeben. Diese wird durch Richtlinien für Verpackungsabfälle, Elektroaltgeräte, Altbatterien und Altfahrzeuge konkretisiert. Im Aktionsplan der Europäischen Kommission (EU-Kommission, EU-KOM) für die Kreislaufwirtschaft wurden 2015 Kunststoffe als Priorität identifiziert und daraufhin beschlossen, dass eine Strategie benötigt wird (EU-KOM 2015). Die EU-Kommission legte in den letzten Jahren daher einen starken Fokus auf Kunststoffe und produzierte unter Hochdruck neue Vorschläge.

18.3.1
Kunststoffstrategie der EU-Kommission

Im Januar 2018 veröffentlichte die EU-Kommission ihre europäische Strategie für Kunststoffe in der Kreislaufwirtschaft (EU-KOM 2018a). Es wurde ein Konzept für den Umgang mit Kunststoffen entwickelt, das die unterschiedlichen Phasen des Lebenszyklus adressiert. Dabei geht es vor allem um das ökonomische Potenzial, das die Kommission im Recycling von Kunststoffen sieht. Die an sich gute Initiative der EU zeigt durchaus den Willen, den Umgang mit Kunststoffen zu verbessern, bleibt aber eher unkonkret in ihrer Zielsetzung. Konkrete Veränderungen können erst durch die Umsetzung von Maßnahmen bewirkt werden. Dafür liefert die Strategie zumindest den Fahrplan.

Die Kunststoffstrategie sieht folgende Ziele vor, die jeweils mit noch umzusetzenden Maßnahmen hinterlegt sind:

- Wirtschaftlichkeit und Qualität des Kunststoffrecyclings verbessern;
- Kunststoffabfälle und Littering verringern;
- Investitionen und Innovationen kreislauffähiger Lösungen vorantreiben;
- globalen Wandel bewirken.

Abfallvermeidung, getrennte Sammlung von Abfällen, hochwertiges Recycling und Rezyklateinsatz – Letzteres bedeutet recycelte Materialien als Ersatz für Neumaterial bei der Produktion von Kunststoffprodukten einzusetzen – sieht die Kommission als Schlüssel für den Aufbau einer Kreislaufwirtschaft an. Das ist auch das Kernstück der EU-Kunststoffstrategie.

Sie sieht vor, dass bis 2030 alle in der EU in Verkehr gebrachten Kunststoffverpackungen recyclingfähig sein sollen. Das ist ein notwendiges Ziel und eine Voraussetzung, um Recycling und Rezyklateinsatz deutlich steigern zu können. Doch Recycling adressiert in erster Linie weiterhin konventionelle Einwegverpackungen, die oft materialintensiv sind und nach einmaliger Nutzung entsorgt werden. Hingegen können Verpackungsabfälle vor allem durch unverpackte Angebote, geringeren Materialeinsatz und mehrfach verwendbare Verpackungen eingespart werden. Daher sollten unbedingt Maßnahmen zur Vermeidung und Wiederverwendung entwickelt werden, denn ein geringer Verbrauch und weniger Abfälle sind das oberste Ziel aus Umweltsicht. Erst danach kommt die möglichst hochwertige Abfallbehandlung.

Ein essenzieller Bestandteil der EU-Kunststoffstrategie betrifft Kunststoffe in der Umwelt. In einem für die EU beachtlichen Tempo traten daher jüngst mit der EU-Richtlinie zur Verringerung der Auswirkungen bestimmter Kunststoffprodukte auf die Umwelt (Einwegkunststoffrichtlinie) erste Vorgaben in Kraft. Auch der Vorschlag zur Beschränkung der Verwendung von bewusst zugesetztem Mikroplastik in jeglichen Produkten ging aus der EU-Kunststoffstrategie hervor (ECHA 2018).

18.3.1.1
EU-Richtlinie zur Verringerung der Auswirkungen bestimmter Kunststoffprodukte auf die Umwelt

Die Einwegkunststoffrichtlinie (EU-Richtlinie 2019/904) wurde 2018 von der EU-Kommission entwickelt, vorgeschlagen und vom Europäischen Parlament (EU-Parlament) und dem Rat der Europäischen Union (EU-Ministerrat) 2019 verabschiedet (EU-Parlament und EU-Ministerrat 2019). Bis zum 3. Juli 2021 haben die Mitgliedsstaaten Zeit, die Vorgaben der Einwegkunststoffrichtlinie in nationales Recht umzusetzen. Das Bundesministerium für Umwelt, Naturschutz und nukleare Sicherheit (BMU) beschäftigt sich damit, wie die Richtlinie in Deutschland umgesetzt wird. Dafür wird es unter anderem eine Einwegkunststoffverbotsverordnung und eine Einwegkunststoffkennzeichnungsverordnung geben (BMU 2020).

In der Begründung der Richtlinie und der Zieldefinition verfolgt die Kommission einen neuartigen Ansatz. Erstmals orientieren sich die Vorgaben direkt an Funden von Abfällen in der Umwelt. Die Ergebnisse von jahrelangen Sammlungen und Zählungen im Spülsaum von europäischen Stränden dienen als Grundlage (EU-Kommission 2018b). Das Monitoring ergab, dass über 80 Prozent der gefundenen Abfälle aus Kunststoffen bestanden. Davon waren 50 Prozent als Einwegprodukte identifizierbar. Daraus leiten sich die sogenannten Top Ten Litter Items (siehe Abbildung 18.1) ab, die zusammen 86 Prozent der gefundenen Einwegprodukte repräsentieren. Diese Produkte wurden mit Maßnahmen belegt. Das vorrangige Ziel der Richtlinie ist eine Einschränkung des Konsums dieser Einwegprodukte aus Kunststoff, um deren Auswirkungen auf die Umwelt zu verringern. In erster Linie sollte auf unnötige Einwegprodukte verzichtet und auf wiederverwendbare Alternativen umgestiegen werden, um weniger Abfälle zu produzieren.

Maßnahmen für die identifizierten Einwegprodukte aus Kunststoffen (EU-Parlament und EU-Ministerrat, 2019)

- Verringerung des Verbrauchs von Lebensmittelbehältnissen (bspw. für Fast Food und Unterwegskonsum), Getränkebecher und Deckel;
- Verbot des Inverkehrbringens von Wattestäbchen, Besteck, Tellern, Trinkhalmen, Rührstäbchen, Luftballonstäben sowie speziell von Lebensmittelbehältnissen und Getränkebechern aus expandiertem Polystyrol (z. B. Styropor) und aller Produkte aus oxo-abbaubaren Kunststoffen, da diese unter Einwirkung von UV-Strahlung zu Mikroplastik zerfallen;
- Produktanforderungen zur festen Verbindung von Deckel und Getränkebehälter wie Flaschen und Verbundverpackungen;
- Produktanforderungen für den Rezyklateinsatz in Getränkeflaschen;
- Kennzeichnungsvorgaben unter anderem zur richtigen Entsorgung und zu Umweltauswirkungen durch falsche Entsorgung für Binden, Tampons, Tamponapplikatoren, Feuchttücher, Zigarettenfilter und Getränkebecher;
- erweiterte Herstellerverantwortung für Lebensmittelbehältnisse, Tüten, Folienlebensmittelverpackungen (z. B. für den Unterwegskonsum), Getränkebehälter, Getränkebecher, Feuchttücher, Luftballons, Zigarettenfilter und Fischereigeräte;
- Zielvorgaben für die Getrenntsammlung von Einweggetränkeflaschen (77 Prozent bis 2025, 90 Prozent bis 2029, z. B. durch Pfandsysteme);
- Sensibilisierungsmaßnahmen unter anderem zur Verfügbarkeit von wiederverwendbaren Alternativen, Wiederverwendungssystemen (z. B. Mehrwegsysteme für Getränkeflaschen), die Auswirkungen des achtlosen Wegwerfens und andere unsachgemäße Entsorgung für Essensbehälter, Getränkebehälter, Hygieneprodukte, Feuchttücher, Wattestäbchen, Tabakprodukte, Folienlebensmittelverpackungen, Tüten und Luftballons.

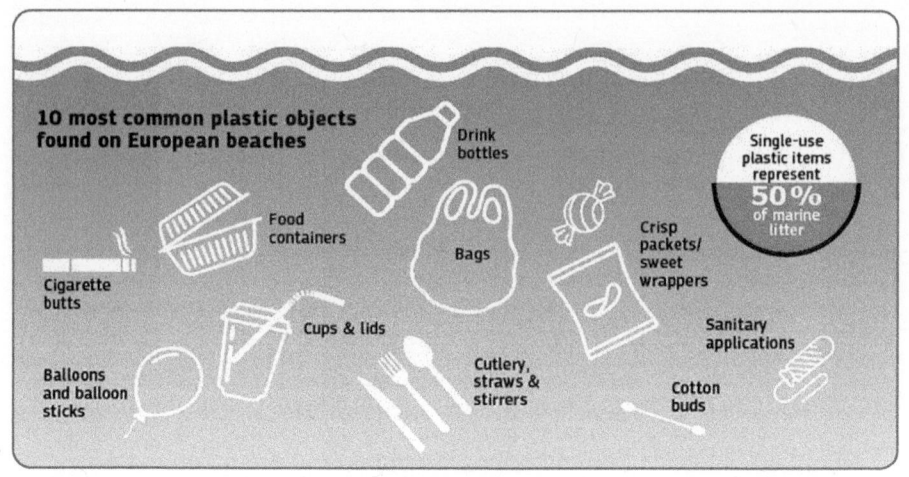

Abbildung 18.1
Top 10 Litter Items – die häufigsten an europäischen Stränden gefundenen
Einwegkunststoffprodukte *(Quelle: Europäische Kommission, 2018, Factsheet –
Ein anderer Umgang mit Kunststoffen, basierend auf JRC-Bericht).*

Naturgemäß geben Richtlinien keine Vorschriften zur Umsetzung vor. Eine Möglichkeit, die Verbrauchsminderung von Einwegkunststoffbechern umzusetzen, wäre, ausschließlich oder zumindest bevorzugt Mehrwegbecher für den To-go-Konsum von Heißgetränken am Point of Sale zu verwenden (Kauertz et al. 2019). Auch ein höherer Preis für Getränke in Einwegbechern könnte den Verbrauch senken. Durch die neuen Vorgaben für die erweiterte Herstellerverantwortung müssen Hersteller erstmals stärker Verantwortung übernehmen als bisher. Für Verpackungsabfälle von privaten Endverbrauchern (alle Materialien) müssen Hersteller bereits die Kosten für die Sammlung, Sortierung und Verwertung übernehmen. In Deutschland sind dafür die dualen Systeme etabliert. Die Einwegkunststoffrichtlinie geht nun über diese Vorgaben hinaus. Hersteller, die die adressierten Einwegkunststoffprodukte in Verkehr bringen, müssen zukünftig die Kosten unter anderem für Reinigungsaktionen in der Umwelt im Zusammenhang mit Abfällen dieser Produkte tragen.

Die EU-Richtlinie geht neue Wege und kurbelt Diskussion und Motivation zur Vermeidung von Einwegprodukten an. Nun kommt es auf eine anspruchsvolle und ambitionierte Umsetzung der EU-Vorgaben durch die Mitgliedsstaaten an. Außerdem ist die aktuelle Produkte- und Maßnahmenauswahl nur der Anfang. Je nachdem, ob und wie schnell die Richtlinie Wirkung zeigt, können sich die in der Umwelt gefundenen Produkte über die Zeit verändern oder andere bzw. zusätzliche Maßnahmen notwendig sein.

18.3.1.2
Beschränkung der Verwendung von Mikroplastik

Mikroplastik wird entweder bewusst produziert und in Produkten eingesetzt (primäres Mikroplastik, etwa beim Einsatz in Kosmetika wie Zahnpasta und Körperpeeling), oder es entsteht durch Abrieb oder Zerkleinerung von Kunststoffprodukten (sekundäres Mikroplastik, etwa Reifenabrieb). Laut Vorsorgeprinzip ist der Eintrag von Mikroplastik in die Umwelt zu vermeiden oder zumindest auf ein Mindestmaß zu verringern. Derzeit können weder kurz- noch langfristige Effekte auf Organismen und Ökosysteme sicher abgeschätzt werden. Die Europäische Chemikalienagentur (ECHA) hat einen Vorschlag zur Beschränkung der Verwendung von bewusst zugesetztem Mikroplastik in jeglichen Produkten veröffentlicht (ECHA 2018). Die Beschränkung würde ab Inkrafttreten über einen Zeitraum von sechs Jahren spezifische Produktgruppen, die Mikroplastik enthalten, schrittweise verbieten. Die mögliche Beschränkung soll den Gesamteintrag von primärem Mikroplastik in die Umwelt verringern.

18.3.2
Interest Group Plastics des Netzwerkes
der nationalen Umweltagenturen Europas

Das Europäische Netzwerk der Leitungen der nationalen Umweltämter (European Network of the Heads of Environment Protection Agencies, EPA-Network) gründete 2015 wegen des Kunststoffschwerpunktes im Aktionsplan der EU für die Kreislaufwirtschaft eine Arbeitsgruppe zu Kunststoffen, die Interest Group Plastics (IG Plastics 2017). Expertinnen und Experten aus den Bereichen Abfallwirtschaft, Meeres- und Gewässerschutz der Mitgliedsstaaten des EPA-Netzwerkes treffen sich seitdem zweimal jährlich für einen wissenschaftlichen Austausch zu Kunststoffthemen. Aus der gemeinsamen Arbeit entstehen Diskussionspapiere, um über den aktuellen Stand von Wissenschaft und Politik in den Ländern zu informieren, Maßnahmen vorzuschlagen und Forderungen aufzustellen. Dabei orientieren sie sich auch an der EU-Kunststoffstrategie und sind in engem Dialog mit der EU-Kommission. Veröffentlicht wurden unter anderem Arbeitspapiere zu biologisch abbaubaren Kunststoffen, Pfandsystemen und Littering (IG Plastics 2017, 2018, 2019, 2020). Damit konnte beispielsweise erreicht werden, dass die Maßnahmen der Einwegkunststoffrichtlinie auch für biologisch abbaubare Kunststoffe gelten. Denn diese haben keinen Vorteil gegenüber nicht abbaubaren Kunststoffen, sondern produzieren ebenso große Abfallmengen und werden in der Umwelt entsorgt. Nun können Hersteller von konventionellen Einwegprodukten nicht einfach auf biologisch abbaubare Kunststoffe umsteigen. Stattdessen könnten abfallarme Alternativen wie mehrfach verwendbare Produkte stärker genutzt werden.

18.4
Kunststoffe in der deutschen Politik

Aus Umweltsicht ist positiv zu vermerken, dass in Deutschland die Deponierung von Kunststoffabfällen keine Rolle mehr spielt. Im Jahr 2017 wurden 99,4 Prozent aller gesammelten Kunststoffabfälle verwertet (Conversio 2018). Von den 6,15 Millionen Tonnen gesammelter Kunststoffabfälle wurden 46,7 Prozent einem Recyclingprozess zugeführt. Das betrifft Kunststoffe in Verpackungen, Bauprodukten, Fahrzeugen, Elektrogeräten, Haushaltsgegenständen, Möbeln, in der landwirtschaftlichen Verwendung und sonstigen Anwendungen. Allerdings spielen das Recycling und der Einsatz von recycelten Materialien (Rezyklaten) als Ersatz für Neumaterial bei der Produktion von Kunststoffprodukten noch eine viel zu kleine Rolle. Über die Hälfte (mindestens 52,7 Prozent) der Kunststoffabfälle wird immer noch energetisch verwertet, also zur Energieerzeugung verbrannt und dadurch nicht im Kreislauf geführt. Eine Voraussetzung für das Recycling ist, dass Produkte und Verpackungen recyclingfähig gestaltet sind. Dieser Aspekt spielt beim Design häufig noch kaum eine Rolle.

18.4.1
Das Verpackungsgesetz

Verpackungen aller Materialien, somit auch Verpackungen aus Kunststoffen, regelt seit Januar 2019 das deutsche Verpackungsgesetz (Gesetz über das Inverkehrbringen, die Rücknahme und die hochwertige Verwertung von Verpackungen, VerpackG). Es löst die Verpackungsverordnung ab. Nun sind unter anderem höhere Recyclingzuführungsquoten für alle Verpackungsmaterialien zu erreichen. Von den in Deutschland bei privaten Haushalten und ähnlichen Stellen entsorgten Verpackungsabfällen aus Kunststoffen müssen zunächst 58,5 Prozent in einen werkstofflichen Verwertungsprozess gegeben werden. Ab 2022 steigt diese Recyclingzuführungsquote auf 63 Prozent. Die Vorgaben sind für die Industrie ambitioniert, da viele Verpackungen nicht recyclingfähig gestaltet sind. Beispielsweise werden häufig Verbundmaterialien verwendet, die nicht recycelt werden können. Im Vergleich zu Materialien, die in Verpackungen häufig als Monomaterial eingesetzt werden, wie Papier oder Eisen, deren Quote 90 Prozent beträgt, ist die Recyclingquote für Kunststoffe daher niedrig. Es ist deswegen entscheidend, dass im VerpackG erstmals finanzielle Anreize für ein recyclingfähiges Verpackungsdesign und den Einsatz von Rezyklaten vorgesehen sind. Diese ersten Ansätze müssen unbedingt weiterverfolgt werden, um die Recyclingfähigkeit und somit das Recycling vor allem von Kunststoffverpackungen stark zu erhöhen.

18.4.2
5-Punkte-Plan für weniger Plastik und mehr Recycling

Der 5-Punkte-Plan für weniger Plastik und mehr Recycling des Bundesministeriums für Umwelt, Naturschutz und nukleare Sicherheit (Bundesumweltministerium, BMU) wurde im November 2018 veröffentlicht (BMU 2018). Darin werden Aspekte der aktuellen Kunststoffdebatte aufgegriffen, jedoch keine neuen Schwerpunkte gesetzt. Der Plan enthält im Wesentlichen die Vorschläge der EU-Kommission für die EU-Kunststoffstrategie und die EU-Einwegkunststoffrichtlinie. Nur wenige Maßnahmen gehen darüber hinaus. Die Haltung zu den europäischen Vorgaben ist positiv; es mangelt jedoch an starken und konkreten Maßnahmen. Deutschland sollte sich ambitionierter für die Vermeidung von Abfällen und für einen nachhaltigen Umgang mit Kunststoffen einsetzen.

Die fünf Punkte, die der Plan des BMU aufgreift, sind folgende:

1. überflüssige Produkte und Verpackungen vermeiden;
2. Verpackungen und andere Produkte umweltfreundlicher gestalten;
3. Recycling stärken, mehr Rezyklate einsetzen;
4. Vermeidung von Kunststoffen in Bioabfällen;
5. internationales Engagement gegen Meeresmüll und für einen nachhaltigen Umgang mit Kunststoffen.

Um überflüssige Produkte und Verpackungen zu vermeiden, setzt das BMU vor allem auf einen Dialog mit dem Handel. Die Förderung des Trinkens von Leitungswasser, von Mehrweggetränkeflaschen und Initiativen zur Vermeidung von Einwegverpackungen sind weitere Aspekte. Des Weiteren soll eine Rezyklatinitiative des BMU einen Dialog entlang der Produktionskette etablieren. Außerdem sollen in der öffentlichen Beschaffung von Bund, Ländern und Kommunen verstärkt Produkte aus Rezyklaten eingekauft werden. Ein spezieller Punkt sind sowohl konventionelle als auch biologisch abbaubare Kunststoffe in Bioabfällen, beispielsweise durch Abfallbeutel oder Plastikmüll. Diese verunreinigen den bei der Bioabfallverwertung entstehenden Kompost und gelangen als Mikroplastik aufs Feld. Das sollen zukünftig Verbraucherinformationen und rechtliche Maßnahmen verhindern.

Verpackungen und Einwegprodukte aus biologisch abbaubaren Kunststoffen bieten übrigens keinen gesamtökologischen Vorteil und sind nicht empfehlenswert. Es existiert bisher kein Recyclingpfad für sie, und ihre Entsorgung im Biomüll ist nicht erlaubt (UBA 2020). Außerdem können biologisch abbaubare Kunststoffe in größeren Mengen in deutschen Kompostieranlagen nicht gut abgebaut werden. Wenn sie zerfallen, dann zu Wasser und Kohlenstoffdioxid, wodurch sie keinen Mehrwert für den Kompost liefern. Die aufwendig hergestellten Materialien gehen damit verloren. Hinzu kommt, dass auch in der Umwelt der zeitnahe und vollständige Abbau nicht sichergestellt ist. Die Abbauzeiten hängen von verschiedenen Faktoren, wie Temperatur und Feuchtigkeit, ab und können stark variieren. Darum gilt es, den Eintrag von Abfällen in die Umwelt so weit wie möglich zu vermeiden und Abfälle aus der Umwelt zu entfernen. Das Thema Bioplastik wird in Kapitel 21 ausführlich behandelt.

18.4.3
Runder Tisch Meeresmüll

Meeresmüll gefährdet Organismen und Ökosysteme. Vor allem langlebige Kunststoffabfälle sind eine der größten Herausforderungen. In der EU-Meeresstrategie-Rahmenrichtlinie (2008/56/EG) sind Maßnahmen gegen Meeresmüll in Europa vorgesehen (EU-Parlament und EU-Ministerrat 2008). Eigenschaften und Mengen der Abfälle im Meer sollen nach der Richtlinie keine schädlichen Auswirkungen auf die Umwelt haben. Ein für die Umwelt unschädlicher Zustand der Abfälle in Meeren soll in den Mitgliedsstaaten bis 2020 erreicht werden. In Deutschland wurde auf dieser Basis für die Umsetzung ein nationales Maßnahmenprogramm entwickelt.

Die Umsetzung wird vom »Runden Tisch Meeresmüll« begleitet (Runder Tisch Meeresmüll 2020). Der Runde Tisch wurde 2016 von BMU, Umweltbundesamt (UBA) und dem Land Niedersachsen ins Leben gerufen. Seitdem treffen sich zweimal jährlich Vertreterinnen und Vertreter von Bundes- und Landesbehörden, Umweltverbänden, Unternehmen und Forschungseinrichtungen. Sie erarbeiten gemeinsam Maßnahmen und deren Umsetzungen, um Meeresmüll sowohl land- als auch seebasierten Ursprungs einzudämmen, und nutzen den Runden Tisch als Informations- und Austauschplattform. Dabei werden Quellen von Meeresmüll und dessen Zusammensetzung analysiert, wiederverwendbare Alternativprodukte erörtert, Vermeidungsstrategien für Kunststoffabfälle und Mikroplastik entwickelt, neueste Forschungsergebnisse diskutiert, Initiativen vorgestellt und vernetzt.

18.5
Fazit

Die Plastikproblematik wird mittlerweile weltweit, in der EU und in Deutschland thematisiert und angegangen, was eine sehr positive Entwicklung ist. Es gibt erste Strategien und Maßnahmen, die ergriffen wurden und werden. Dabei stehen wir jedoch noch am Anfang und haben bisher kaum Erkenntnisse, inwieweit die Maßnahmen unseren Kunststoffverbrauch tatsächlich senken und den Eintrag von Abfällen in die Umwelt verhindern. Es bleibt noch viel zu tun, um die diversen Probleme unseres Umgangs mit Kunststoffen in eine nachhaltige Richtung zu lenken. Für einen wirkungsvollen Umweltschutz ist es entscheidend, dass Deutschland EU-Vorgaben ambitioniert umsetzt. Zusätzlich ist es notwendig, nationale Maßnahmen zur Förderung der Abfallvermeidung und der Kreislaufwirtschaft sowie zur Verringerung des Eintrags von Abfällen in die Umwelt zu entwickeln.

LITERATURVERZEICHNIS

BMU (2014): Basler Übereinkommen über die Kontrolle der grenzüberschreitenden Verbringung gefährlicher Abfälle und ihrer Entsorgung [https://www.bmu.de/gesetz/basler-uebereinkommen-ueber-die-kontrolle-der-grenzueberschreitenden-verbringung-gefaehrlicher-abfaelle-u/; 04.03.2020].

BMU (2018): »Nein zur Wegwerfgestellschaft« – 5-Punkte-Plan des Bundesumweltministeriums für weniger Plastik und mehr Recycling [https://www.bmu.de/fileadmin/Daten_BMU/Download_PDF/Abfallwirtschaft/5_punkte_plan_plastik_181123_bf.pdf; 04.03.2020].

BMU (2019): G20 – Die Gruppe der Zwanzig [https://www.bmu.de/themen/nachhaltigkeit-internationales-digitalisierung/int-umweltpolitik/g7-und-g20/g20/; 04.03.2020].

BMU (2020): Verordnung über das Verbot des Inverkehrbringens von bestimmten Einwegkunststoffprodukten und von Produkten aus oxo-abbaubarem Kunststoff – Einwegkunststoffverbotsverordnung [https://www.bmu.de/gesetz/verordnung-ueber-das-verbot-des-inverkehrbringens-von-bestimmten-einwegkunststoffprodukten-und-von-pr/; 07.08.2020]

Conversio GmbH (2018): Stoffstrombild Kunststoffe in Deutschland 2017 – Kurzfassung [https://www.bkv-gmbh.de/infothek/studien.html; 04.03.2020].

ECHA (2018): Restricting the use of intentionally added microplastic particles to consumer or professional use products of any kind [https://echa.europa.eu/de/registry-of-restriction-intentions/-/dislist/details/0b0236e18244cd73; 04.03.2020].

EU-KOM (2015): Den Kreislauf schließen – Ein Aktionsplan der EU für die Kreislauf-wirtschaft [https://ec.europa.eu/transparency/regdoc/rep/1/2015/DE/1-2015-614-DE-F1-1.PDF; 04.03.2020].

EU-KOM (2018a): A European Strategy for Plastics in a Circular Economy [https://eur-lex.europa.eu/legal-content/EN/TXT/?qid=1516265440535&uri=COM:2018:28:FIN; 04.03.2020].

EU-KOM (2018b): Proposal for a Directive of the European Parliament and of the Council on the reduction of the impact of certain plastic products on the environment and accompanying working documents [https://ec.europa.eu/environment/waste/plastic_waste.htm; 04.03.2020].

EU-Parlament und EU-Ministerrat (2008): Richtlinie 2008/56/EG zur Schaffung eines Ordnungsrahmens für Maßnahmen der Gemeinschaft im Bereich der Meeresumwelt (Meeresstrategie-Rahmenrichtlinie) [https://eur-lex.europa.eu/legal-content/de/TXT/?uri=CELEX:32008L0056; 04.03.2020].

EU-Parlament und EU-Ministerrat (2019): Richtlinie (EU) 2019/904 über die Verringerung der Auswirkungen bestimmter Kunststoffprodukte auf die Umwelt [https://eur-lex.europa.eu/eli/dir/2019/904/oj; 04.03.2020].

G20 (2019): G20 Implementation Framework for Actions on Marine Plastic Litter, Japan https://www.bmu.de/fileadmin/Daten_BMU/Download_PDF/Abfallwirtschaft/5_punkte_plan_plastik_181123_bf.pdf; 04.03.2020].

G7 (2018): Ocean Plastics Charter, Charlevoix [https://www.canada.ca/en/environment-climate-change/services/managing-reducing-waste/international-commitments/ocean-plastics-charter.html; 04.03.2020].

HELCOM (2015): Regional Action Plan for Marine Litter in the Baltic Sea, Helsinki https://helcom.fi/action-areas/marine-litter-and-noise/marine-litter/marine-litter-action-plan/; 04.03.2020].

IG Plastics (2017): Recommendations towards the EU Plastics Strategy, Discussion paper from the Interest Group Plastics of the European Network of the Heads of Environment Protection Agencies.

IG Plastics; Maier, N. (2018): Working Paper, Biodegradable Plastics, Approaches and experiences from 16 Members of the EPA Network.

IG Plastics; Maier, N. (2019): Working Paper, Deposit – Return Schemes, Data and figures from 16 member countries of the EPA Network.

IG Plastics; Maier, N. (2020): Working Paper, Littering.

18 Politische Entwicklungen zur Reduktion des Plastikproblems

Kauertz, B. et al. (2018): Untersuchung der ökologischen Bedeutung von Einweggetränkebechern im Außer-Haus-Verzehr und mögliche Maßnahmen zur Verringerung des Verbrauchs, UBA-Texte 29/2019, Dessau-Roßlau.

OSPAR (2014): Regional Action Plan for Prevention and Management of Marine Litter in the North-East Atlantic, London.

Plastics Europe (2019): The Circular Economy for Plastics – A European Overview, Brüssel.

UBA (2020): Website »Runder Tisch Meeresmüll« [https://muell-im-meer.de/; 04. 03. 2020].

UBA (2020): FAQ – Biobasierte und biologisch abbaubare Kunststoffe [https://www. umweltbundesamt.de/biobasierte-biologisch-abbaubare-kunststoffe#haufig-gestellte-fragen-faq; 04. 03. 2020].

United Nations (2017): Our Ocean, Our Future: Call for Action [https:// oceanconference.un.org/callforaction. 04. 03. 2020].

Wissenschaftlicher Dienst (WD) des Deutschen Bundestag (2018): Dokumentation – Zu Plastikmüllexporten nach China, WD 8 - 3000 – 030/18.

Vom Abfall- zum nachhaltigen Ressourcenmanagement

HENNING WILTS | NADJA VON GRIES

Zusammenfassung

Deutschland verfügt über eine exzellente abfallwirtschaftliche Infrastruktur, beim Thema Kreislaufwirtschaft sind andere Länder wie zum Beispiel die Niederlande längst vorbeigezogen. Der Beitrag diskutiert Kernunterschiede zwischen Abfall- und Kreislaufwirtschaft an konkreten Fallbeispielen.

19.1
Einleitung

Die Vermeidung von Verpackungsabfällen hat in den letzten Jahren enorm an Bedeutung gewonnen: Sowohl auf konzeptioneller Ebene als auch mit Blick auf empirisch gewonnene Erkenntnisse und erreichte Erfolge zeigt unter anderem das vorliegende Buch den enormen Fortschritt von der früher häufig normativen und undifferenzierten Forderung, Verpackungsabfälle »irgendwie« zu reduzieren, hin zu heute klar begründeten, praktisch umsetzbaren und erprobten Konzepten, die die Notwendigkeit des kontinuierlich ansteigenden Verpackungsabfallaufkommens massiv infrage stellen.

Vermeidung wird längst nicht mehr als reine Kür betrachtet, um die sich gekümmert wird, wenn die Pflicht der Entsorgungssicherheit gewährleistet wurde – sie wird in vielen Bereichen tatsächlich zur ernst gemeinten Spitze der Abfallhierarchie. Mit Blick auf die politischen Rahmenbedingungen wird diese Entwicklung klar von der europäischen Ebene getrieben:

◆ Die Europäische Abfallrahmenrichtlinie (Europäische Union 2018) hat Vermeidung speziell von Plastikabfällen deutlich gestärkt, unter anderem wurde das Mandat der Europäischen Umweltagentur in Richtung einer tatsächlichen Beurteilung der Abfallvermeidungsmaßnahmen der Mitgliedsstaaten ausgeweitet. Diese werden in Zukunft, auch auf Basis einer einheitlichen Methodik, über die der Wiederverwendung zugeführten Produktmengen berichten müssen.

◆ Sowohl im neuen Green New Deal der Europäischen Kommission als auch in den vorliegenden Entwürfen für einen Aktionsplan Kreislaufwirtschaft 2.0 sind sehr konkrete Forderungen zu Plastik und speziell Plastikverpackungen enthalten, die in der laufenden Legislatur in konkrete Gesetzesvorhaben umgesetzt werden sollen, zum Beispiel zur Vermeidung von Einweggetränkeflaschen.

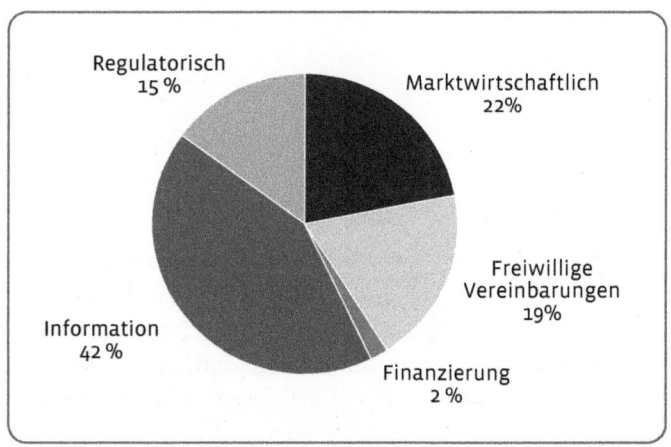

Abbildung 19.1
Verteilung der ermittelten Maßnahmen nach Instrumententyp
(Quelle: EEA 2019).

Damit setzt sich ein Trend fort, dem zufolge die Abfallvermeidung mit immer stringenteren Politikmaßnahmen umgesetzt wird – von früher stark auf Information und Bildung setzenden Instrumenten hin zu marktbasierten oder regulatorischen Maßnahmen. Die Abbildung 19.1 zeigt, dass in Europa für die Vermeidung von Plastikabfällen 37 Prozent der Kategorie harter Markteingriffe zuzurechnen sind. Das Verbot bzw. die Besteuerung von Plastiktüten war in dieser Auswertung ein wichtiger Bestandteil, weitere Produktverbote oder die Streichung von Subventionen für Kunststoffe werden bereits intensiv diskutiert.

Die Abfallvermeidung wird damit immer stärker in den Transformationsprozess in Richtung einer Kreislaufwirtschaft integriert, in der der Wert von Produkten und die in ihnen enthaltenen Rohstoffe am Ende ihrer Nutzungsphase möglichst optimal erhalten bleiben sollen. Der Fokus liegt damit deutlich stärker auf einer Kreislaufführung der Abfälle – mit dem Ziel, einerseits Ressourcen und Klimaemissionen, andererseits aber auch Kosten einzusparen und damit die zukünftige Wettbewerbsfähigkeit der europäischen Industrie und die damit verbundenen Arbeitsplätze zu erhalten.

Daraus ergeben sich absehbar sowohl Chancen als auch Risiken für die Abfallvermeidung. So wird zukünftig beispielsweise die Reduktion der Abfallmengen beim Produktdesign deutlich stärker berücksichtigt werden müssen, ebenso bei der Planung abfallwirtschaftlicher Infrastrukturen. Gleichzeitig wird die Bedeutung der Abfallvermeidung aber auch relativiert: Wenn Abfälle in Zukunft optimal verwertet werden können und somit zu begehrten (Sekundär-)Rohstoffen werden, wieso sollten sie dann noch vermieden werden?

Vor dem Hintergrund dieser Fragestellung will dieser Beitrag einen Blick in die Zukunft werfen und verschiedene technologische Entwicklungen skizzieren, die sich in unterschiedlicher Weise auf Begründungszusammenhänge der Abfallvermeidung auswirken werden (Abschnitt 19.2). Der Schlussteil versucht dann, eine mögliche Einbettung der Technik ebenso wie die zentrale Bedeutung der Abfallvermeidung in einen umfassenden Transformationsprozess der Kreislaufwirtschaft zu skizzieren.

19.2
Aktuelle Entwicklungen

Nachdem die Abfallwirtschaft in den vergangenen Jahrzehnten eher von inkrementellen Optimierungen klassischer Verfahren der Sortierung sowie der thermischen Verwertung und des mechanischen Recyclings geprägt war, zeichnen sich aktuell im Kontext der Kreislaufwirtschaft verschiedene Innovationen ab. Diese werden sich in ganz erheblichem Maße auf die gesamte Abfallwirtschaft auswirken. Im Folgenden sollen hierzu zwei Trends dargestellt werden, die sich aktuell durch eine besondere Innovationsdynamik auszeichnen: die Verknüpfung der chemischen Industrie mit der Abfallwirtschaft und die Digitalisierung im Rahmen der Industrie 4.0.

19.2.1
Circular Economy 4.0

Der Übergang zur Kreislaufwirtschaft wird es zwingend erfordern, Stoff- und Informationsflüsse stärker zu koordinieren: Informationen über Mengen und insbesondere die Qualitäten von Produkten und den enthaltenen Rohstoffen müssen erhoben werden und erhalten bleiben. Sie müssen ebenso im Kreislauf mitgeführt werden, damit Abfall zu einer verarbeitbaren Ressource werden kann. Eine Schlüsselherausforderung ist dabei, die Masse der Informationen beispielsweise mit Blick auf die stoffliche Zusammensetzung jedes einzelnen Produkts, seine Nutzungsmuster und seinen Verbleib im Abfallsystem effektiv zu erzeugen, zu sammeln, zu verarbeiten und wieder zur Verfügung zu stellen. All dies ist notwendig, um im nächsten Schritt funktionierende Märkte und Kreisläufe zu etablieren. So werden effiziente, marktbasierte Lösungen anstatt reiner Regulation möglich. Viele dieser Informationsdefizite waren bisher nicht zu lösen. Die digitale Transformation im Sinne der Nutzung von digitalen Technologien als Ansatz zur Nachhaltigkeit (BMU 2020) könnte nun aber durch ihre neue Möglichkeiten genau diese Lösung liefern, denn sie ist in vielerlei Hinsicht vor allem eine Informationsrevolution. Sie könnte so den *Missing Link* zur Umsetzung der Kreislaufwirtschaft darstellen. Überlegungen, wie dies geschehen könnte, können hier nur exemplarisch erläutert werden: Die im Folgenden skizzierten Lösungen und andere Ansätze werden bisher jedoch noch nicht ausreichend in der Praxis zur Realisierung einer Kreislaufwirtschaft eingesetzt. Das Wuppertal Institut hat hierzu vier prioritäre Ansatzpunkte identifiziert (Wilts & Berg 2017):

- *Cyber Physical Systems* führen dazu, dass Produkte relevante Informationen mindestens durch den gesamten Produktionsprozess tragen. Diese Informationen müssen sich für die Kreislaufwirtschaft über den gesamten Lebenszyklus erstrecken und auch umweltrelevante Informationen wie Materialzusammensetzung oder *Footprints* beinhalten. So werden Informationsasymmetrien sinnvoll reduziert.

- *Sensoring* erlaubt in der Industrie 4.0 Datensammlung und -erzeugung in Echtzeit. Der genaue Ort des Anfalls von Abfällen sowie seine exakte stoffliche Zusammensetzung können ort- und zeitgenau festgehalten *(Fast Data)* und an andere Unternehmen weitergegeben werden, die daraufhin ihre Produktionsprozesse planen.

- *Data-Analytics-Anwendungen (Big Data)* können dann Aufschluss über weitere Verwendungen und sinnvolle Logistiklösungen liefern und projizieren.

- Das *Matching* von Angebot und Nachfrage nach Abfällen bzw. Sekundärrohstoffen kann durch internetbasierte Lösungen revolutioniert werden, wie sie heute bereits in der Distribution von Produkten eingesetzt werden. Eine zukünftige automatisierte Markt- und Logistikplattform (sozusagen als »Uber für Abfall«) kann Such- und Transaktionskosten reduzieren; außerdem können Skaleneffekte leichter erzielt werden, da mehr Klarheit über Materialmengen besteht.

In einem derart intelligenten Gesamtsystem wäre es sogar denkbar, dass wiederzuverwertende Produkte ihre Märkte über das *Internet of Things* automatisch selbst erzeugen, indem sie sich aufgrund der Informationen über Zusammensetzung und Einsatzmöglichkeit auf solchen Plattformen selbst vermarkten. Rezyklate sind zum Teil heute schon preiswerter als

Primärmaterial, dies könnte so noch gesteigert werden. ReRecyclingfähigkeit wird dann auch zum technischen Wettbewerbsvorteil. *Block-Chain-Anwendungen,* auf denen heute bereits zum Beispiel die virtuelle Währung *Bitcoin* basiert, könnten Informationen anonymisiert und verschlüsselt weitergeben, ohne dass konkurrierende Unternehmen Rückschlüsse auf Produktionstechnologien ziehen können.

Eine konkrete Herausforderung bei der Rückgewinnung hochwertiger Rohstoffe aus Abfallströmen ist die Optimierung von Sortieranlagen für unterschiedliche Hausmüllabfälle, die heute zunehmend an ihre Grenzen zu stoßen scheinen. Es ist daher nicht verwunderlich, dass die Effizienz der Abfallsortierung, wenn auch auf einem hohen Niveau, stagniert. Die heute typischen Abfallsortieranlagen sind dank Ausrüstungen wie Sacköffner, Trommeln, ballistischen Separatoren, optischen Sortiermaschinen, Magneten, Wirbelstromscheidern und pneumatischen Sammelsystemen hochautomatisiert. Allerdings müssen auch weiterhin noch verschiedene Sortieraufgaben manuell durchgeführt werden, zum Beispiel die Qualitätskontrolle von Wertstoffen und die manuelle Sortierung von Übergrößen- und Ausschussströmen, die noch eine erhebliche Menge an Wertstoffen enthalten, die verbrannt oder bei unsachgemäßer Sortierung entsorgt werden. In beiden Fällen handelt es sich um Aufgaben, die in schwierigen Arbeitsumgebungen (Lärm, direkter Kontakt mit Abfall, Heben und Bewegen schwerer Gegenstände) durchgeführt werden, weswegen die Leistung der Mitarbeitenden im Laufe der Arbeitsschicht abnimmt (ISWA 2019).

Vor diesem Hintergrund werden der Einsatz von Robotern und künstlicher Intelligenz (KI) zukünftig wesentlich dazu beitragen, im Sinne einer Kreislaufwirtschaft aus Abfällen hochwertige Sekundärrohstoffe zu gewinnen. Im Rahmen einer vom EIT Climate-KIC finanzierten Pilotstudie wurde eine solche KI-Lösung getestet und evaluiert (EIT Climate-KIC 2019). Der Roboter wurde in der Nähe von Barcelona in einer bestehenden Hausmüllsortieranlage installiert, an realen Hausmüllabfällen getestet, und die Ergebnisse wurden hinsichtlich Sortierqualität und Reinheit der relevanten Stoffströme evaluiert. Die Ergebnisse erlauben erste Rückschlüsse sowohl auf Chancen als auch Risiken der digitalisierten Abfallwirtschaft: Heterogene Abfallströme wie Hausmüll stellen für Robotiksysteme noch erhebliche Herausforderungen dar, gleichzeitig zeigten sich beeindruckende Lernkurven für die Entwicklung der Sortierqualität während der Testphase. Die KI erkennt mit zunehmendem Training immer präziser einzelne Abfallprodukte und kann diese verschiedenen Abfallfraktionen zuordnen.

19.2.2
Kohlenstoffkreisläufe

In der aktuellen Diskussion um Beiträge zum Klimaschutz ist die chemische Industrie insbesondere dahingehend gefordert, dass zurzeit fossile Energieträger wie Erdöl und Erdgas nicht nur als Brennstoffe zum Einsatz kommen, sondern auch die wesentliche Kohlenstoffquelle für die werkstoffliche Nutzung sind (sogenannter nicht energetischer Verbrauch). Diese Nutzung bezieht sich hauptsächlich auf die Herstellung von Kunststoff oder Asphalt für den Straßenbau. Die doppelte Aufgabe besteht damit darin, zum einen die energie- und prozessbedingten Treibhausgasemissionen zu senken und zum anderen auf eine klimaschonende Rohstoffbasis und -nutzung umzusteigen.

Abbildung 19.2 illustriert die heutige Situation, in der die Kunststoffherstellung auf petrochemischen Rohstoffen basiert, die aus der Verarbeitung von Erdöl in Raffinerien stammen. Diese Raffinerien sind dabei in der Hauptsache auf die Versorgung des Verkehrs mit Kraftstoffen ausgerichtet (zu kleineren Anteilen auch als Brennstoffe, z. B. im Wärmemarkt). Im Zuge von effektiven Klimaschutzstrategien müssen diese fossilen Rohstoffgrundlagen schrittweise zurückgefahren und alternative regenerative Energiequellen für den Verkehrssektor erschlossen werden. In Zukunft werden Raffinerien und Erdölchemie ihre Bedeutung als Lieferanten der Rohstoffgrundlage der Kunststoffindustrie verlieren – in der Konsequenz müssen Alternativen für Kohlenstoff als Ressource erschlossen werden.

Angesichts der global auch zukünftig sehr begrenzten Potenziale von nachhaltig bereitgestellter Biomasse bieten sich hierfür perspektivisch die industrielle Synthese von Kohlenwasserstoffen auf Basis von regenerativem Wasserstoff und klimaneutralen CO_2-Quellen an (z. B. durch sogenannte *Direct-Air-Capture*-Verfahren oder Kreislaufführung von CO_2).

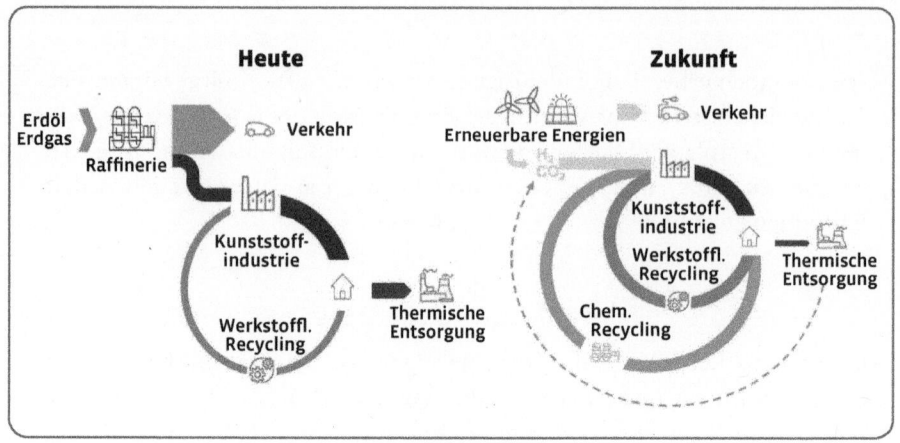

Abbildung 19.2
Illustrative Darstellung der Kohlenstoffkreisläufe im Kunststoffsystem
(Quelle: eigene Darstellung nach Arbeitsgruppe Circular Economy
der Initiative IN4Climate [www.in4climate.nrw]).

Durch die in diesem Kontext diskutierten Verfahren zum sogenannten
chemischen Recycling können Kunststoffabfälle in ihre Rohmaterialien (z. B.
chemische Ausgangsstoffe wie Ethylen) zerlegt werden. Das würde die
fossilbasierte Chemikalienproduktion sowie die Verbrennung des Kunststoffes am Ende des Lebenszyklus verhindern. Deshalb wird erwartet, dass
chemische Recyclingverfahren sowohl den Bedarf an fossilen Ressourcen
als auch Treibhausgasemission reduzieren. Durch den Ersatz von mechani-
schem durch chemisches Recycling könnten zusätzlich Leistungseinbußen,
sogenanntes *Downcycling*, der mechanisch hergestellten Rezyklate verhindert werden. Die durch das *Downcycling* entstandenen Rezyklate können
in vielen Fällen letztendlich nur verbrannt werden, wodurch zusätzliche
Treibhausgasemissionen entstehen.

Durch die erwarteten ökologischen Vorteile erscheint chemisches
Recycling intuitiv sinnvoll. Allerdings werden auch in der wissenschaftlichen Literatur die Vor- und Nachteile einer Kunststoffkreislaufwirt-
schaft im Allgemeinen, aber auch durch chemisches Recycling intensiv
und kontrovers diskutiert: Zum Beispiel zeigen Geyer, Law und Jambeck
(2017), dass es nicht per se Umweltvorteile eines geschlossenen gegenüber

einem offenen Recyclingsystem gibt. Demnach kann nicht von vorneherein angenommen werden, dass es ökologisch von Vorteil ist, Kunststoffabfall in einer geschlossenen Kreislaufwirtschaft zu verwerten oder eine andere Verwertungstechnologie anzuwenden. Beim Recycling von PET wurde z.B. von Shen, Worrel und Patel (2010) gezeigt, dass das mechanische Recycling von PET zu Textilfasern (offenes Recyclingsystem) im Vergleich zum chemischen Recycling zu den chemischen Ausgangsstoffen (geschlossenes Recyclingsystem) umweltfreundlicher ist, obwohl die recycelten PET-Fasern am Ende ihrer Lebensdauer verbrannt werden müssen. Des Weiteren haben vorangegangene Studien aufgezeigt, dass je nach Systembedingungen auch die Verbrennung von hochkalorischen Kunststoffabfällen in Zementwerken zu einer höheren Reduktion von Treibhausgasemissionen führen kann als die meisten chemischen Recyclingtechnologien. Aus diesem kurzen Einblick in die wissenschaftliche Literatur wird deutlich, dass die intuitiven ökologischen Vorteile von chemischem Recycling nicht als sicher angenommen werden können. Ob ökologische Vorteile durch chemische Recyclingverfahren erreicht werden können, muss deshalb im Einzelfall und im Kontext der jeweiligen Systembedingungen (Energiebereitstellung, alternative Optionen, Entwicklungstrends) im relevanten Zeitverlauf (dynamisch) untersucht werden. Entscheidend sind dabei auch die langfristigen Effekte zum Beispiel auf das Produktdesign: Die Möglichkeit zur vollständigen Zerlegung von Kunststoffen würde beispielsweise ein *Design for Recycability* weitgehend überflüssig machen.

19.3
Schlussfolgerungen

Angesichts dieser Entwicklungen stellt sich schnell die Frage, ob Abfallprobleme nicht ohnehin technisch lösbar werden, Abfall damit zunehmend zu einem Rohstoff wird und die Notwendigkeit der Abfallvermeidung nicht länger gegeben sein wird. Unternehmen werben vor diesem Hintergrund zunehmend mit Schlagworten wie »kreislauffähig« oder »wiederverwendbar«, ohne die dafür notwendigen Voraussetzungen für eine tatsächliche Kreislaufführung zu benennen. Mit Produkten, die im Sinne von Konzepten wie *Cradle to Cradle* (Braungart & McDonough 2014) nicht nur keine Umweltbelastungen verursachen, sondern stattdessen einen positiven Nettonutzen stiften, wird die Abfallvermeidung grundsätzlich infrage gestellt.

Solche Trends technologischer Entwicklungen dürfen dabei jedoch nicht den Blick auf den Status quo der Kreislaufwirtschaft in Deutschland und Europa verstellen, wo wir von wirklich geschlossenen Stoffkreisläufen noch weit entfernt sind. Betrachtet man die *Circular Material Use Rate*, also den Anteil recycelter Rohstoffe in der Industrieproduktion im Vergleich zum Gesamtressourcenverbrauch, so lag dieser Wert im Jahr 2017 bei gerade mal 11,7 Prozent (Eurostat o. J.) – zu über 88 Prozent sind wir also nach wie vor abhängig von der Gewinnung neuer Rohstoffe.

Deutschland liegt hier mit 11,5 Prozent sogar unterhalb des europäischen Durchschnitts, weit abgeschlagen hinter dem Spitzenreiter Niederlande (28,6 Prozent), aber auch Ländern wie Frankreich, Großbritannien oder Belgien. Betrachtet man speziell das Thema Plastikverpackungen, so scheinen 48 Prozent Recyclingquote auf den ersten Blick schon deutlich beeindruckender – in der Praxis bedeutet dieser Wert allerdings nur, dass knapp die Hälfte der Abfälle einem Recycling zugeführt werden. Die Qualität der folgenden Prozesse ist allerdings häufig noch nicht ausreichend, sodass das Material nicht tatsächlich wieder in Verpackungen eingesetzt werden kann – dementsprechend lag der Anteil an Rezyklat in Verpackungen 2017 bei nur 9,1 Prozent (vgl. Tabelle 19.1).

Sowohl die Verbraucher und Verbraucherinnen als auch die Politik reagieren auf diese Widersprüche zwischen Theorie und Praxis mit zunehmender Verunsicherung, insbesondere in der hochemotional geführten Debatte um Kunststoffverpackungen. Das Verbot einzelner Einwegprodukte wie Strohhalme oder Ballonhalter trägt erkennbar nur sehr begrenzt zur Lösung der massiven Umweltprobleme bei, die mit den aktuellen Nutzungsmustern von Kunststoffen verbunden sind – es fehlt dagegen an einer klaren strategischen Zielvorgabe oder auch nur gemeinsamen Vorstellung, welche Rolle Kunststoffen in einer zukünftigen Kreislaufwirtschaft zukommen sollte.

Tabelle 19.1
Menge der verarbeiteten Kunststoffwerkstoffe (Neuware und Rezyklat)
nach relevanten Branchen 2017 *(Quelle: Conversio 2018: S. 15).*

Kunststoff-verarbeitung 2017	Insgesamt (Neuware u. Rezyklat) (kt)	Verarbeitung von Neuware und Rezyklat			
		Neuware (kt)	Rezyklat (kt)	Neuware (%)	Rezyklat (%)
Verpackung	4.378	3.979	399	90,9 %	9,1 %
Bau	3.520	2.763	758	78,5 %	21,5 %
Fahrzeuge	1.611	1.534	77	95,2 %	4,8 %
Elektro/Elektronik	901	872	29	96,8 %	3,2 %
Haushaltswaren, Sport/Spiel/Freizeit	490	480	10	98,0 %	2,0 %
Möbel	463	444	19	96,0 %	4,0 %
Landwirtschaft	568	370	198	65,1 %	34,9 %
Medizin	262	262	0	99,9 %	0,1 %
Sonstiges	2.176	1.901	275	87,4 %	12,6 %
Total	14.370	12.605	1.765	87,7 %	12,3 %

Die politischen Vorgaben im Rahmen der Kreislaufwirtschaft fokussieren noch immer stark auf Recyclingquoten, die Verwendung von Rezyklaten oder das Abfallaufkommen (vgl. z. B. den Monitoring Framework der Kreislaufwirtschaft – Eurostat o. J.). Dabei ist es jedoch zentral festzuhalten, dass weder Recycling noch Kreislaufwirtschaft oder auch die Vermeidung von Abfällen Ziele an sich darstellen – all diese Konzepte sind reine Instrumente mit dem Ziel eines nachhaltigen Ressourcenmanagements, bei dem der globale Ressourcenverbrauch innerhalb der Grenzen eines *Safe Operating Space* bleibt. Allein durch ein verringertes Abfallaufkommen sind noch keine Umweltprobleme gelöst; dies ist erst dann der Fall, wenn tatsächlich weniger Ressourcen verbraucht werden. Mit einer solchen Definition des Ziels und des Zwecks können dann beispielsweise

19 Vom Abfall- zum nachhaltigen Ressourcenmanagement

auch Produktverbote gerechtfertigt werden, wenn das Ziel nicht mit milderen Mitteln erreicht werden kann. Es ermöglicht damit auch eine klare Fokussierung auf Themenbereiche, in denen eindeutig der Vermeidung der Vorrang einzuräumen ist, und solchen, wo das Ziel eines nachhaltigen Ressourcenmanagements einfacher und schneller durch hochwertiges Recycling erreichbar scheint.

Im Rahmen des Dritten Programms Ressourceneffizienz der Bundesregierung ist nun mit dem *DIERec* erstmals ein Indikator vorgeschlagen

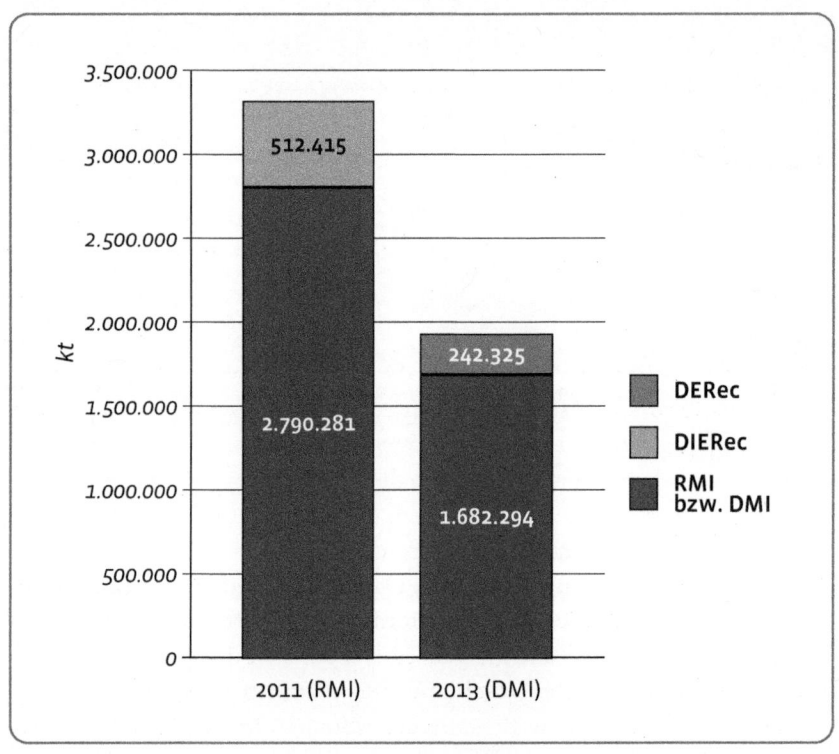

Abbildung 19.3
Illustrative Darstellung der Kohlenstoffkreisläufe im Kunststoffsystem
(Quelle: eigene Darstellung nach Arbeitsgruppe Circular Economy
der Initiative IN4Climate [www.in4climate.nrw]).

Systemische Hemmnisse und Zukunftsentwicklungen

worden, der sich an den tatsächlichen Ressourceneinsparungen durch Verwertungsprozesse orientiert. Der DIERec (Direct and Indirect Effect of Recovery) ist eine virtuelle Kenngröße, die darstellt, welche Mengen an Primärressourcen tatsächlich durch die Abfallwirtschaft eingespart werden. Das Wuppertal Institut hat diesen Wert für die 30 wichtigsten Abfallströme berechnet; danach würde Deutschland trotz seiner jahrzehntelangen Bemühungen zur Optimierung der Kreislaufwirtschaft lediglich 18 Prozent mehr natürliche Ressourcen beanspruchen, wenn seine Abfälle komplett deponiert würden (Steger et al. 2019). Diesen Wert – und nicht irgendwelche Recyclingquoten – gilt es in den kommenden Jahren strategisch zu erhöhen; daran müssen sich die oben beschriebenen Technologien messen lassen.

Deutschland trägt dabei als eine der reichsten Volkswirtschaften eine besondere Verantwortung, nicht nur vor dem Hintergrund der Tatsache, dass nach wie vor ein relevanter Anteil der deutschen Kunststoffabfälle ins Ausland verbracht wird (Wilts 2018).

In vielen Schwellen- und Entwicklungsländern blickt man bei der Entwicklung eigener Kreislaufwirtschaftsstrategien mit hohem Interesse auf die Entwicklungen in Deutschland, dem seit den 1980er-Jahren eine führende Rolle im Bereich der Abfallpolitik zugeschrieben wird. Es ist damit auch von internationaler Wichtigkeit, dass Deutschland sich nicht auf seinen bisherigen Erfolgen ausruht, sondern wieder eine Vorreiterrolle bei der Transformation zur Kreislaufwirtschaft einnimmt. Im Sinne des Konzepts einer umfassenden »Zukunftskunst« als Fähigkeit zur Veränderung komplexer Systeme (Schneidewind 2018) sind dabei insbesondere die Integration der bisher technologisch dominierten Diskussion um unter anderem Recyclingquoten mit Fragen innovativer Geschäftsmodelle, konsistente institutionelle Rahmenbedingungen und auch eine Kultur der Abfallvermeidung entscheidende Erfolgsfaktoren (vgl. Abbildung 19.4). Damit verbunden wäre dann auch die Abkehr von der aktuellen Wegwerfgesellschaft mit mangelhaft ausgeprägter Wertschätzung für viele Produkte. Hier ist Deutschland als Reallabor gefordert, in dem die praktische Kreislaufwirtschaft getestet und optimiert werden kann, bevor sie eine tatsächlich umsetzbare Alternative zum bislang dominierenden Konzept einer linearen Gesellschaft wird – Unverpacktläden können hierbei eine zentrale Rolle spielen, innovative Verpackungslösungen auch in der Praxis zu testen und zu optimieren.

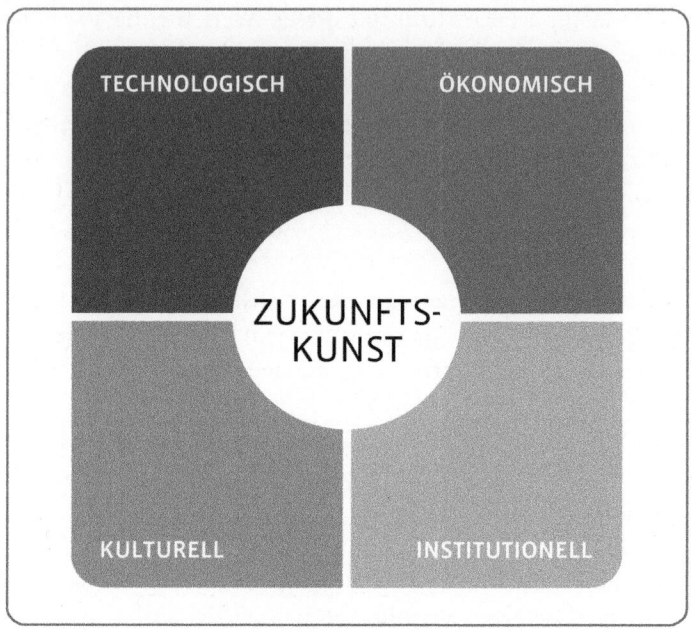

Abbildung 19.4
Die vier Dimensionen der Zukunftskunst
(Quelle: Schneidewind 2018: S. 7).

LITERATURVERZEICHNIS

BMU (2020): Umweltpolitische Digitalagenda [https://www.bmu.de/digitalagenda/; 10. 02. 2020]

Braungart, M.; McDonough, W. (2014): Cradle to Cradle. Einfach intelligent produzieren, München: Piper Verlag.

Conversio (2018): Kurzfassung. Stoffstrombild Kunststoffe in Deutschland 2017 [https://www.bvse.de/images/news/Kunststoff/2018/181011_Kurzfassung_Stoffstrombild_2017.pdf; 10. 02. 2020].

Systemische Hemmnisse und Zukunftsentwicklungen

EEA (2019): Prevention plastic waste in Europe [https://www.eea.europa.eu/publications/ preventing-plastic-waste-in-europe; 10. 02. 2020].

Eit Climate-KIC (2019): AI and robotics could revolutionise municipal waste sorting, Innovation spotlight [https://www.climate-kic.org/innovation-spotlight/ai-and-robotics-could-revolutionise-municipal-waste-sorting/; 10. 02. 2020].

Europäische Union (2018): Richtlinie (EU) 2018/851 des Europäischen Parlaments und des Rates vom 30. Mai 2018 [https://eur-lex.europa.eu/legal-content/DE/ TXT/?uri=CELEX%3A32018L0851; 10. 02. 2020].

Eurostat (o. J.): Monitoring framework. Circular economy indicators [https://ec.europa. eu/eurostat/web/circular-economy/indicators/monitoring-framework; 10. 02. 2020].

Geyer, R.; Jambeck, J. R.; Law, K. L. (2017): Production, use, and fate of all plastics ever made, in: Science Advances 19 Jul 2017: Vol. 3, no. 7, e1700782 DOI: 10.1126/ sciadv.1700782 [https://advances.sciencemag.org/content/3/7/e1700782; 10. 02. 2020].

ISWA (2019): How Industry 4.0 Transforms The Waste Sector [https://www.google.com/ url?sa=t&rct=j&q=&esrc=s&source=web&cd=&ved=2ahUKEwiek-3rlZ3rAhXFGe wKHY9CAQwQFjACegQICxAE&url=https%3A%2F%2Fwww.iswa.org%2Findex. php%3FeID%3Dtx_iswaknowledgebase_download%26documentUid%3D5235&usg= AOvVawoUHaQasyBBiSCX_-PDxZLC; 11. 02. 2020].

Schneidewind, U. (2018): Die Große Transformation. Eine Einführung in die Kunst gesellschaftlichen Wandels, Frankfurt am Main, Fischer Verlag.

Shen, L.; Worrell, E.; Patel, M. K. (2010): Open-loop recycling: a LCA case study of PET bottle-to-fibre recycling, in: Resource Conservation and Recycling, Vol. 55, S. 34–52.

Steger, S.; Ritthoff, M.; Bulach, W.; Schüler, D.; Kosińska, I.; Degreif, S.; Dehoust, G.; Bergmann, T.; Krause, P.; Oetjen-Dehne, R. (2019): Stoffstromorientierte Ermittlung des Beitrags der Sekundärrohstoffwirtschaft zur Schonung von Primärrohstoffen und Steigerung der Ressourcenproduktivität. Abschlussbericht [https://www. umweltbundesamt.de/publikationen/stoffstromorientierte-ermittlung-des-beitrags-der; 10. 02. 2020].

Wilts, H.; Berg, H. (2017): Digitale Kreislaufwirtschaft. Die Digitale Transformation als Wegbereiter ressourcenschonender Stoffkreisläufe, Wuppertaler Impulse zur Nachhaltigkeit, in Brief 04/2017 [https://epub.wupperinst.org/frontdoor/deliver/ index/docId/6977/file/6977_Wilts.pdf; 11. 02. 2020].

Wilts, H. (2018): Was passiert mit unserem Müll?, in: Aus Politik und Zeitgeschichte, 68. Jahrgang, 49–50/2018, S. 9-16.

Ökonomie
der Abfallvermeidung

HENNING WILTS

Zusammenfassung

Die Vermeidung von Abfällen wird immer wieder als Win-win-Situation dargestellt – trotzdem steigen speziell die Mengen an Kunststoffabfällen stetig an. Vor diesem Hintergrund analysiert der Beitrag die ökonomischen Anreizstrukturen der Abfallvermeidung.

20.1
Einleitung

Die aktuelle Diskussion um das Thema Kreislaufwirtschaft und die mit ihr verbundenen innovativen Geschäftsmodelle des *Reuse, Reduce, Refuse* (OECD 2015) weist eine auf den ersten Blick schwer verständliche Paradoxie auf: Wenn Abfall doch eigentlich schon per Design *outgephased* (EMF 2015), also reduziert werden soll, wieso ist dann trotzdem keine tatsächliche Reduktion des Abfallaufkommens zu erkennen? Und wie kann es speziell mit Blick auf das Thema Kunststoffverpackungen sein, wo sämtliche Akteure unter massivem öffentlichen Druck zur Vermeidung stehen (Heinrich Böll Stiftung 2019), dass das Abfallaufkommen trotzdem kontinuierlich ansteigt?

Hierzu ist in den vergangenen Jahren intensiv zur Rolle verschiedener exogener Faktoren wie der Haushaltsgröße oder Konsummustern der Außer-Haus-Verpflegung geforscht worden (Schüler 2019) – die Rolle ökonomischer Anreizstrukturen bei der Vermeidung ist dabei jedoch kaum in den Blick genommen worden (Wilts 2017). Damit fehlt auch ein Analyserahmen, der Unterschiede im Status quo der Abfallentstehung und insbesondere den Transformationsprozess zur Kreislaufwirtschaft erklären könnte. Kreislaufwirtschaft wäre dabei dadurch gekennzeichnet, dass der Wert von Produkten und die in ihnen enthaltenen Rohstoffe möglichst optimal erhalten bleiben und Abfälle damit weitgehend vermieden werden.

Vor diesem Hintergrund möchte dieser Beitrag ökonomische Anreizstrukturen untersuchen, die die Vermeidung von Abfällen unterstützen oder dieser entgegenstehen. Im Folgenden sollen dazu an konkreten Beispielen zwei Erklärungsansätze untersucht werden: zum einen der klassische Ansatz der externalisierten Umweltkosten (Abschnitt 20.2), zum anderen das Konzept der Transaktionskosten der Abfallvermeidung, das stärker auf das Ausbleiben eines eigentlich zu erwartenden Veränderungsprozesses abzielt (Abschnitt 20.3). Auf dieser Basis schließt der Beitrag mit ersten Schlussfolgerungen zu möglichen Lösungsansätzen im Bereich der digitalisierten Kreislaufwirtschaft, zum anderen mit offenen Forschungsfragen insbesondere zur Konzeptualisierung einer empirischen Belegbarkeit der hier aufgestellten Hypothesen.

20.2
Zwei Erklärungsansätze
für ökonomische Anreizstrukturen

20.2.1
Externalisierte Umweltkosten

Nach einem gängigen Sprichwort der Entsorgungsbranche »sucht sich der Abfall stets das billigste Loch« – dabei ist billig hier aus einer betriebswirtschaftlichen Perspektive desjenigen Akteurs zu verstehen, der sich seiner Abfälle entledigen will. Die damit verbundenen Langfristkosten für die Gesellschaft werden besonders offensichtlich bei der Verklappung von Kunststoffabfällen in den Ozeanen oder bei der wilden Ablagerung zum Beispiel von Elektroaltgeräten, bei denen dann Giftstoffe aus Batterien und anderen Komponenten irgendwann ins Grundwasser gelangen. Hier werden Kosten externalisiert und auf die Allgemeinheit abgewälzt, die in einem funktionierenden Markt eigentlich vom Abfallverursacher getragen werden müssten. Weil die Preise jedoch nicht die ökologische Wahrheit sagen, sind viele Rohstoffe deutlich billiger, als sie im Marktoptimum sein sollten. Dabei sind die nicht ausreichend eingepreisten Entsorgungskosten ein Bestandteil, dazu gehören jedoch auch zum Beispiel die Langfristkosten durch sinkende Grundwasserpegel im Bergbau oder mit Blick auf soziale Kosten die Ausbeutung von Arbeiterinnen und Arbeitern zum Beispiel beim Anbau nachwachsender Rohstoffe.

Durch diese Externalisierung von Kosten bzw. ihre Überwälzung auf die Allgemeinheit können Rohstoffe am Markt zu einem niedrigeren Preis angeboten werden als eigentlich gerechtfertigt. Damit übersteigt die Nachfrage das optimale Niveau, und irgendwann kommt es neben diesen direkten Umwelteffekten auch zu einem erhöhten Abfallaufkommen.

Diese zunächst theoretischen Überlegungen lassen sich an zwei konkreten Beispielen aus der Praxis der Verpackungsabfallvermeidung demonstrieren: Über viele Jahre hinweg wurde ein signifikanter Anteil des deutschen Plastikabfallaufkommens nach China exportiert, noch im Jahr 2016 über eine halbe Million Tonnen. Im Sinne der Abfallstatistik gelten solche »Abfälle zur Verwertung« zu 100 Prozent als recycelt, auch wenn der tatsächliche Umgang mit den Abfällen dort kaum überprüft werden kann. Das Geschäftsmodell beruhte vor allem auf zwei Faktoren: sehr niedrigen Transport- und Lohnkosten. Der Plastikabfall wurde in Containern transportiert, mit denen Produkte Made in China nach Europa exportiert wurden. Auf dem Rückweg wurden diese mit Plastikabfall aus Deutschland gefüllt. Die in China ankommenden Abfälle wurden vor Ort manuell sortiert: in den noch tatsächlich recycelbaren Teil und den Sortierrest, der ohne weitere Kosten in wilden Mülldeponien oder angrenzenden Flüssen »entsorgt« wurde. In Deutschland hätten diese Reste thermisch verwertet werden müssen, was Kosten verursacht hätte. Erst 2018 hat China diese Externalisierung von Entsorgungskosten auf Kosten der chinesischen Umwelt und Bevölkerung verboten. In Deutschland und anderen Ländern hatte diese Praxis zu einer kontinuierlichen Reduktion der Lizenzgebühren für Verpackungen geführt; Abfallentstehung und -entsorgung waren damit künstlich verbilligt worden (Velis 2014).

Ein zweites Beispiel deutlich verzerrter Preissignale sind die Kosten für das Verbrennen von Verpackungsabfällen, für die sich stoffliches Recycling nicht rechnet. Werden dabei zumindest noch Energie und Dampf gewonnen, spricht man von thermischer Verwertung, die aber gemäß der im deutschen Kreislaufwirtschaftsgesetz definierten »Abfallhierarchie« dem Recycling klar untergeordnet sein soll. Viele Jahre waren in Deutschland jedoch deutliche Überkapazitäten in der Müllverbrennung üblich, die Anlagen konkurrierten mit immer billigeren Preisen unter anderem auch um Verpackungsabfälle, um diese überhaupt in Betrieb halten zu können (Wilts & von Gries 2015). Am Spotmarkt für Gewerbeabfälle konnten Anfang der 2010er-Jahre Abfälle für 30 Euro pro Tonne entsorgt werden – Schätzungen für einen tatsächlich kostendeckenden Betrieb einer Müllverbrennungsanlage gehen von circa 100 Euro aus (Dehoust 2019). Beim damaligen Preisniveau mussten verschiedene Sortier- und Recyclinganlagen schließlich Konkurs anmelden, und speziell für Anlagen in kommunaler Hand kamen Maßnahmen zur Abfallvermeidung unter einen besonderen Rechtfertigungszwang, wenn damit die teure Unterauslastung der eigenen Müllverbrennungsanlage noch weiter verschärft wurde. Auch wenn die Verbrennungspreise heute deutlich höher sind, erschweren solche Preisschwankungen Investitionen in Abfallvermeidung, speziell wenn Unternehmen nicht sicher sein können, ob Abfälle in Zukunft nicht auch billig entsorgt werden können. Externalisierte Kosten und durch sogenannte Sunk Costs (versunkene Kosten) in Infrastrukturen wie Müllverbrennungsanlagen verzerrte Preise sind damit ein wichtiger ökonomischer Grund für das hohe Aufkommen an Verpackungsabfällen, sie erklären jedoch nicht, wieso selbst solche Abfallvermeidungsmaßnahmen kaum umgesetzt werden, die in verschiedenen Studien immer als klare Kosteneinsparung identifiziert wurden. Hierfür sollen im nächsten Schritt Kosten betrachtet werden, die bei der Implementierung solcher Maßnahmen entstehen.

20.1.2
Transaktionskosten

Prinzipiell sollen sämtliche Kosten, die bei der Sammlung und Verwertung von Verpackungsabfällen anfallen, von denjenigen Unternehmen getragen werden, die diese auf den Markt gebracht haben. Dieses System der erweiterten Herstellerverantwortung, das unter anderem im Kreislaufwirtschaftsgesetz festgelegt ist, sollte damit eigentlich klare Anreize für die Vermeidung von Abfällen setzen. Die von den herstellenden Unternehmen zu zahlenden Lizenzgebühren für circa 18 Millionen Tonnen Verpackungsabfall betrugen im Jahr 2019 circa 900 Millionen Euro. Sollte es also gelingen, das Verpackungsabfallaufkommen wieder auf die Hälfte und somit auf das Niveau von 1996 zu reduzieren, ließe sich jedes Jahr fast eine halbe Milliarde Euro einsparen (Schlautmann 2018). Hierzu weist beispielsweise auch die Ellen MacArthur Foundation darauf hin, dass speziell Kunststoffverpackungen nach ihrer häufig extrem kurzen Nutzungsphase 95 Prozent ihres ökonomischen Werts verlieren und damit ein gigantischer Verlust für die europäische Volkswirtschaft verbunden ist (EMF 2018).

Angesichts dieser scheinbar klaren ökonomischen Anreize einerseits und der trotzdem weitestgehend ausbleibenden Maßnahmen zur Verbesserung der bestehenden Verpackungssysteme andererseits stellt sich die Frage, ob das Marktsystem hier versagt bzw. die betroffenen Unternehmen nicht realisieren, dass sich hier für sie relevante Kosteneinsparpotenziale ergeben.

20.2
Transaktionskosten als theoretische Rahmung: zwei Fallbeispiele

Neben den oben ausgeführten externalisierten Kosten werden die sogenannten Transaktionskosten als möglicher ökonomischer Erklärungsansatz aufgeführt: Der neoklassischen Theorie zufolge bilden sich die sowohl für alle Marktakteure als auch die Allgemeinheit optimalen Preise quasi automatisch durch den Austausch von Angebot und Nachfrage. Eine der zentralen Annahmen lautet, dass alle Akteure über alle dafür notwendigen Informationen verfügen: jederzeit, über alles, sowohl aktuell als auch in der Zukunft – und das umsonst. Dieses Konzept des überrationalen Homo oeconomicus ist in der Vergangenheit von einer Vielzahl von Akteuren kritisiert worden. Unter anderem haben Autoren wie Coase (1960), Williamson (1979) und North (1990) auf die Kosten hingewiesen, die mit der Nutzung des Marktmechanismus verbunden sind: Um am Markt Transaktionen durchführen zu können, müssen nach Coase (1960)

- zunächst die richtigen Partner identifiziert werden,
- konkrete Verträge und deren Inhalte ausgehandelt werden sowie
- die Umsetzung dieser Verträge überwacht werden.

Im Kern geht es damit um die Beschaffung von Informationen und deren Auswertung, was erkennbar mit zum Teil erheblichen Kosten verbunden sein kann. Häufig genug sind diese Transaktionskosten genannten Aufwendungen so prohibitiv hoch, dass Transaktionen komplett unterbleiben. Transaktionskosten sind damit auch ein wichtiger Faktor für die Erklärung von Pfadabhängigkeiten, die die Verbreitung eigentlich vorteilhafter Innovationen verhindern, weil der Verbleib auf einmal eingeschlagenen »Pfaden« kostengünstiger ist als der Wechsel zu neuen Technologien, selbst wenn die eigentlich überlegen sein sollten. Im Folgenden soll gezeigt werden, dass

- die verschiedenen Transaktionskosten ein Erklärungsfaktor sein können, wieso theoretisch rentable Vermeidungsansätze unterbleiben und diese
- für Vermeidung als relevanter eingeschätzt werden können als für Recycling, sodass viele Akteure eher End-of-pipe-Ansätze verfolgen und Verpackungsabfälle entsorgen lassen, anstatt sie zu vermeiden.

20.2.1
Fallbeispiel 1: Gurke in Plastik

Viele Supermarktketten bieten nach wie vor in Kunststofffolie eingeschweißte Gurken an. Dies ist speziell bei nach biologischen Grundsätzen
angebauten Gurken zu beobachten und wird dazu genutzt, eine einfache
Unterscheidung zu konventionellen, häufig billigeren Gurken zu gewährleisten. Bei den Kundinnen stößt diese Praxis häufig auf massives Unverständnis, die eingeschweißte Gurke ist damit in der letzten Zeit zu einem
der Symbole unnötiger Verpackung geworden (taz 2018).

Dabei ist die zusätzliche Kunststoffverpackung aus ökologischer Sicht
durchaus vertretbar: Gurken reagieren sehr empfindlich auf Hitze oder
Stöße und sind dann häufig für den regulären Verkauf nicht mehr geeignet. Gerade in den Wintermonaten müssen die Gurken über sehr lange
Distanzen transportiert werden, hier rentiert sich der zusätzliche Ressourcenaufwand für die Verpackung sehr schnell angesichts der geringeren
Anteile, die während des Transports als Lebensmittelabfall aussortiert werden müssen. Trotz dieser Vorteile der zusätzlichen Verpackung für Gurken
zeigt sich, dass die Rechnung für den Verzicht ökologisch aufgeht, wenn
weniger als sechs Prozent der Gurken zusätzlich zu Abfall werden (Denkstatt 2017).

Aus ökonomischer Sicht würde sich dann die Chance bieten, Kosten für
das Verpackungsmaterial einzusparen und gleichzeitig die Lizenzierungs-
gebühren für die anschließende Sammlung und Entsorgung zu reduzieren – Abfallvermeidung wäre ein tatsächliches Geschäftsmodell. In der
Praxis sind einzelne Handelsketten jedoch nach ersten Versuchen wieder
zum Modell der in Plastik verpackten Gurke zurückgekehrt; trotz bestehender Selbstverpflichtungen zur deutlichen Verpflichtung des Plastikein-
satzes. Erklärbar ist dieser Vorgang mit der steigenden Komplexität der
Lieferkette für unverpackte Gurken und den damit verbundenen Transaktionskosten. Der Verzicht auf die Verpackung erfordert zum einen in
der Logistikplanung zusätzliche Zwischenstationen in Kühlhäusern, um
das Verderben der Ware zu vermeiden. Ohne eine optimierte Kühlkette
berichteten einige Akteure von Verlusten im Wert von bis 25.000 Euro

pro Lkw (Nordbayern 2019). Zum anderen erhöht die verpackungsfreie Lösung die Anforderungen in der Personalplanung im Ladengeschäft: Anders als bei der verpackten Variante müssen angeschimmelte Gurken ohne Verpackung direkt aussortiert werden, um Schäden an umliegenden Produkten zu vermeiden. Hierfür ist zusätzliches, speziell geschultes Personal notwendig, das nicht spontan organisiert werden konnte.

20.2.2
Fallbeispiel 2: Mehrweg bei Coca-Cola

Ein zweites Beispiel für an sich naheliegende, in der Praxis aber unterbleibende Ansätze zur Abfallvermeidung ist der Einsatz von Mehrwegsystemen für Getränkeflaschen. Das deutsche Verpackungsgesetz (VerpackG) sieht hierfür eine Zielquote von 70 Prozent vor (Verpackungsgesetz 2019), in der Praxis lag der Anteil an Mehrwegverpackungen jedoch im Jahr 2017 bei insgesamt gerade mal 43 Prozent, für Erfrischungsgetränke sogar bei nur 23,1 Prozent – dieser Wert sinkt zudem seit Jahren kontinuierlich.

Die Diskussion Einweg versus Mehrweg verdeutlicht, dass Abfallvermeidung nicht per se umweltentlastend sein muss: Mehrwegsysteme erfordern zusätzliche Transporte und Energieeinsatz in der Reinigung; erst bei entsprechenden Umlaufzahlen für Mehrwegflaschen und möglichst regionalen Logistiksystemen ist die Gesamtökobilanz positiv, dann können aber bis zu 50 Prozent der Treibhausgasemissionen eingespart werden (Albrecht et al. 2011).

Speziell Coca-Cola ist international in die Kritik geraten, weil der Konzern als einer der Hauptverursacher von Plastikabfällen in vielen Teilen der Welt entweder grundsätzlich nur Einwegflaschen anbietet oder die Mehrwegquote weiter reduziert. Stattdessen fokussiert Coca-Cola mit seinem »World without waste«-Programm zum einen auf optimierte Sammelsysteme in Kooperation mit lokalen Partnern, zum anderen auf den Einsatz von Rezyklat (Coca-Cola Deutschland 2020). Damit setzt das Unternehmen auf interne Produktoptimierung und klassische End-of-pipe-Lösungen.

Ein im Frühjahr 2020 veröffentlichter Bericht der Investmentbank HSBC rügt Coca-Cola öffentlich für diese Praxis (HSBC 2020). Aus Sicht der Analysten handelt es sich um ein ökonomisch (!) kurzsichtiges Vorgehen. Demnach verkenne Coca Cola die wirtschaftlichen Risiken, die mit Einwegprodukten aus Plastik zukünftig verbunden sein könnten, ebenso wie die Chancen, die ihnen als Marktführer aus einem globalen Mehrwegsystem entstehen könnten: »For the Coke system, first-mover advantage and scale of refillable bottles can become a competitive moat that further elevates the profitability of the bottlers. Recycled bottles can't do this« (ebd., S. 20).

Wieso aber setzt Coca-Cola weiterhin auf Einwegflaschen? Als ein Kernargument wird hierbei erneut die höhere Komplexität des Mehrwegsystems genannt: Die Logistik der Sammlung ist aufwendiger, auch das Qualitätsmanagement muss darauf ausgelegt sein, nicht mehr gebrauchsfähige Flaschen auszusortieren. Ein zentraler Erfolgsfaktor für ein Mehrwegsystem ist die Verwendung einheitlicher Flaschentypen und -größen, die in vielen Marktsegmenten nicht gegeben ist und abgestimmt werden müsste. Mit Blick auf diese Transaktionskosten verursachenden Aufwände scheinen Einwegsysteme bevorzugt zu werden, selbst wenn von anderer Seite ernst zu nehmende Hinweise aufgebracht werden, dass sich gerade die Systeme mit hohen Mehrweganteilen durch hohe Rentabilität auszeichnen (ebd.).

20.3
Schlussfolgerungen

Die dargestellten Fallbeispiele scheinen auf den ersten Blick die Hypothese zu bestätigen, dass mit der Vermeidung von Abfällen verbundene Transaktionskosten dazu führen, dass stattdessen häufig auf die simplere Lösung der Entsorgung gesetzt wird: Trotz der damit verbundenen Kosten scheuen Unternehmen, aber auch Konsumentinnen und Konsumenten den Aufwand, ihre bestehenden Routinen zu verändern, wenn sie dafür beispielsweise in Abstimmungen mit vor- und nachgelagerten Akteuren treten müssen.

Für die Zukunft würde dann auch die Verbindung von Abfallvermeidung und Digitalisierung an Bedeutung gewinnen: Wenn die Abfallvermeidung tatsächlich am Aufwand für die Gewinnung und Analyse von Informationen scheitert, wären konkrete Digitalisierungsansätze wie Big-Data-Analysen oder die Nutzung künstlicher Intelligenz geradezu prädestinierte Lösungen. In der Praxis werden sie längst erprobt, um beispielsweise Verpackungsabfall im Zusammenhang mit Retouren zu reduzieren: Durch die Analyse von Nutzerdaten sollen Verbraucher dazu animiert werden, Kleidungsstücke in der tatsächlich richtigen Größe zu bestellen. Damit sind selbstverständlich eine Vielzahl von Herausforderungen verbunden, zum Beispiel hinsichtlich des Schutzes der informellen Selbstbestimmung, die nicht gegen die Abfallvermeidung ausgespielt werden dürfen.

Gleichzeitig verdeutlichen auf konzeptioneller Ebene allein die zwei hier dargestellten Beispiele der verpackten Gurke und der Einwegflasche für Erfrischungsgetränke die Herausforderungen, eine solche Hypothese einer systematischen Überprüfung zu unterziehen. Die Problematik beginnt mit der Abgrenzung des Begriffs der Transaktionskosten, die beispielsweise North (1990, S. 27) definiert als »costs of measuring attributes of what is being exchanged and the costs of protecting rights and policing and enforcing agreements«.

Fragen der Vertragsüberwachung und -umsetzung wurden im Kontext der Verpackungsabfallvermeidung bislang kaum diskutiert; trotzdem zeigt sich schon ein breites Spektrum, wo die Grenzen dieser im Zitat genannten Kosten gezogen werden können. Ein möglicher Ansatz ist beispielsweise eine Differenzierung in fixe und laufende Transaktionskosten: Die einmalige Entwicklung von Logistiklösungen, der damit verbundene Aufwand für Forschung und Entwicklung oder auch die Demonstration entsprechender Marktmacht in Verhandlungen sind einmalig anfallende Kosten, die ebenso berücksichtigt werden müssten wie die klassischen Transaktionskosten der Marktnutzung, die zum Beispiel für das Datenmanagement von mehrfach genutzten Flaschen oder die administrativen Aufwendungen beim Management von Pfandgeldern anfallen.

Transaktionskosten wären dabei auch deutlich abzugrenzen von Transformationskosten, die mit einem Wechsel des Geschäftsmodells verbunden wären. Der notwendige Bau neuer Kühllager, um unverpackte

Gurken mit einem vertretbaren geringen Anteil verdorbener Ware in die Geschäfte zu bekommen, ist ja keine Frage der Kosten der Marktnutzung, sondern eine klassische Frage der Investitionsrechnung (wobei insgesamt auch die These aufgestellt werden könnte, dass sich die Vermeidung von Verpackungsabfällen durch niedrigere laufende Kosten, dafür aber eine höhere Kapitalintensität auszeichnet).

Diese definitorischen Schwierigkeiten sind eng verknüpft mit der Frage der empirischen Überprüfbarkeit: Wie lässt sich die Relevanz von Transaktionskosten der Abfallvermeidung nicht nur behaupten, sondern tatsächlich belegen? Hier wird in der Literatur ein entscheidender Schwachpunkt der Transaktionskostentheorie gesehen: »While the body of descriptive and theoretical literature on transactions costs is extensive, the empirical literature has been lagging.« (Vakis 2003) Tatsächlich lassen sich Transaktionskosten häufig nur indirekt über Preisänderungen oder differenzierte Preise auf getrennten Märkten bestimmen. In vielen Fällen sind Transaktionskosten aber auch so hoch, dass die entsprechende Transaktion, in diesem Fall die Umsetzung einer Vermeidungsmaßnahme, schlicht unterbleibt, weil sie sich erkennbar nicht rechnet.

Ein möglicher Ansatz könnte sein, verschiedene Ansätze zur Messung von Transaktionskosten auf unterschiedlichen Ebenen zu kombinieren, um so zu überprüfen, ob die verschiedenen Erhebungsmethodiken zu konsistenten Ergebnissen führen, beispielsweise mit Blick auf die konkrete Zeit von Mitarbeitern, die ein Unternehmen aufwenden muss, um eine bestimmte Menge an Verpackungsabfall zu vermeiden. Ein klassischer Ansatz ist die indirekte Abschätzung der Bedeutung von Transaktionskosten über die Entwicklung der Asset Specifity von Investitionen: Transaktionskosten sind demnach umso höher einzuschätzen, je schwieriger eine Investition auch für andere Zwecke nutzbar ist. Am Beispiel der Gurkenverpackung sind neue Kühlhäuser auch ohne großen Aufwand anders nutzbar. Die Entwicklung neuartiger Brandingtechnologien, um Bio- und konventionelle Gurken unterscheidbar zu machen, ist dagegen kaum anders einsetzbar (Tillar 2018).

Im Rahmen der SÖF-Nachwuchsforschergruppe PUR sollen genau solche Ansätze entwickelt, mit Praxispartnern umgesetzt und ausgewertet werden, um damit in Zukunft eine der zentralen Fragen der Abfallvermeidung besser beantworten zu können: Wo lässt sich Abfallvermeidung am effizientesten umsetzen, wo lässt sich pro eingesetztem Euro der möglichst optimale Effekt für die Umwelt erreichen?

LITERATURVERZEICHNIS

Albrecht, P.; Brodersen, J.; Horts, D.; PricewaterhouseCoopers AG (2011): Reuse and Recycling Systems for Selected Beverage Packaging from a Sustainability Perspective [http://www.duh.de/fileadmin/user_upload/download/Projektinformation/Kreislaufwirtschaft/PwC-Study_reading_version.pdf; 10.02.2020].

Coase, R. H. (1960): The Problem of Social Cost. Journal of Law and Economics.

Coca-Cola Deutschland (2020): Unser Ziel: Eine Welt ohne Müll [https://www.coca-cola-deutschland.de/verantwortung/handeln-verandern/unser-ziel-eine-welt-ohne-muell; 11.02.2020]

Dehoust, G.; Alwast, H. (2019): Kapazitäten der energetischen Verwertung von Abfällen in Deutschland und ihre zukünftige Entwicklung in einer Kreislaufwirtschaft. Strukturanalyse thermischer Anlagen innerhalb der deutschen Kreislaufwirtschaft, NABU, Öko-Institut e.V. [https://www.nabu.de/imperia/md/content/nabude/abfallpolitik/20190927-studie-nabu_kapazitaeten_der_thermischen_verwertung_final.pdf; 10.02.2020].

Denkstatt (2017): Vermeidung von Lebensmittelabfällen durch Verpackung [https://denkstatt.eu/publications/?lang=de; 10.02.2020].

EMF – Ellen MacArthur Foundation (2015): Towards a circular economy: Business rational for an accelerated transition [https://www.ellenmacarthurfoundation.org/assets/downloads/TCE_Ellen-MacArthur-Foundation_9-Dec-2015.pdf; 11.02.2020].

EMF – Ellen MacArthur Foundation (2018): Towards a circular economy: Business rational for an accelerated transition [https://www.ellenmacarthurfoundation.org/publications/the-new-plastics-economy-rethinking-the-future-of-plastics-catalysing-action; 11.02.2020].

Heinrich Böll Stiftung (2019): So denken die Deutschen über die Plastikkrise, Forsa-Umfrage [https://www.boell.de/de/2019/06/06/so-denken-die-deutschen-ueber-die-plastikkrise; 11.02.2020].

HSBC Global Research (2020): Global beverages – beyond plastic [https://www.research.hsbc.com; 10.02.2020].

Nordbayern (2019): Zu viel Abfall: Lidl verpackt Gurken wieder in Plastik [https://www.nordbayern.de/panorama/zu-viel-abfall-lidl-verpackt-gurken-wieder-in-plastik-1.9552302; 10.02.2020].

North, D. C. (1990): A transaction cost theory of politics, in: Journal of Theoretical Politics.

OECD (2015): Material Resources, Productivity and the Environment, OECD Green Growth Studies.

Schlautmann, C. (2018): Umweltschädliche Verpackungen sollen teurer werden [https://www.handelsblatt.com/unternehmen/handel-konsumgueter/gruener-punkt-umweltschaedliche-verpackungen-sollen-teurer-werden/22718648.html; 10.02.2020].

Schüler, R. (2019): Aufkommen und Verwertung von Verpackungsabfällen in Deutschland im Jahr 2017. UBA Texte 139/2019, Dessau.

TAZ (2018): Protestaktion gegen Müll. Die Gurke braucht keine zweite Schale [https://taz.de/Protestaktion-gegen-Muell/!5500702/; 10.02.2020].

Tillar, J. (2018): Natural Branding. Mit dem Laser gegen den Plastikmüll [https://www.handelsblatt.com/unternehmen/handel-konsumgueter/natural-branding-mit-dem-laser-gegen-den-plastikmuell/22981420.html?ticket=ST-829942-1Ydpl1yOfKnfaio3qbyX-ap2; 10.02.2020].

Vakis, R.; Sadoulet, E.; de Janvry, A. (2003): Measuring Transaction Costs from Observed Behavior: Market Choices in Peru, UC Berkeley: Department of Agricultural and Resource Economics [https://escholarship.org/uc/item/7p81h66q; 10.02.2020].

Velis, C. (2014): Global recycling markets: plastic waste. A story or one player – China. ISWA Globalisation and Waste Management Task Force. DO – 10.13140/RG.2.1.4018.4802 [https://www.researchgate.net/publication/281865813_Global_recycling_markets_plastic_waste_A_story_for_one_player_-_China_ISWA_Globalisation_and_Waste_Management_Task_Force; 10.02.2020].

Verpackungsgesetz (2019): Die Informationsplattform für Hersteller und Vertreiber zum Verpackungsgesetz [https://verpackungsgesetz-info.de/; 17.08.2020].

Wilts, H.; Gries, N. von (2015): Europe's waste incineration capacities in a circular economy. Waste and Resource Management 168 November 2015 Issue WR4 Pages 166–176 [https://epub.wupperinst.org/frontdoor/deliver/index/docId/5917/file/5917_Wilts.pdf; 11.02.2020].

Wilts, H. (2017): Waste Prevention: A survey of policies and programmes across the OECD. ENV/EPOC/WPRPW(2015)13/FINAL. OECD. Paris.

Bioplastik –
Kunststoffe der Zukunft?

CAROLIN VÖLKER | JOHANNA KRAMM

Zusammenfassung

Ist der Einsatz von Biokunststoffen eine Lösung, um die Umweltauswirkungen von Kunststoffen zu minimieren? Dieser Beitrag gibt einen Überblick über Anwendung und Eigenschaften von Biokunststoffen und diskutiert kritisch die ökologischen Vorteile und Nachteile. Der Beitrag zeigt, dass der breite Einsatz von biobasierten und bioabbaubaren Kunststoffen für Verpackungen momentan noch keine nachhaltige Alternative zu konventionellen Kunststoffen darstellt

21.1
Einleitung

Im Januar 2018 veröffentlichte die Europäische Kommission mit der EU-Kunststoffstrategie ihre Vision einer kreislauforientierten Kunststoffwirtschaft. Neben der Förderung des Recyclings, der Abfallvermeidung sowie Maßnahmen gegen Meeresmüll werden auch Chancen und Risiken des Einsatzes von bioabbaubaren sowie biobasierten Kunststoffen – allgemein häufig kurz als »Bioplastik« bezeichnet – diskutiert (Europäische Kommission 2018).

Vor dem Hintergrund des globalen Abfallproblems und des Eintrages vieler Millionen Tonnen Kunststoffmüll in die Umwelt, der insbesondere in Ozeanen sichtbare Ausmaße angenommen hat, werden häufig abbaubare Kunststoffe als vielversprechende Alternative zu herkömmlichen Kunststoffen gehandelt. Besonders in der Diskussion stehen hier Einwegkunst-stoffverpackungen, die aufgrund des massenhaften Konsums und ihrer kurzen Lebensdauer als Produkt einen großen Anteil des in der Umwelt akkumulierenden Abfalls ausmachen. In vielen Ländern Südostasiens, die häufig aufgrund unzureichender Abfallentsorgungsinfrastrukturen einen großen Teil des Kunststoffeintrags in die Meeresumwelt verursachen (Jambeck et al. 2015), werden abbaubare Verpackungen daher als wich-tige Lösung für die Abfallproblematik betrachtet. Aber auch in Europa, wo Einwegverpackungen aus Kunststoff zum Großteil zwar fachgerecht entsorgt, aber in immer höheren Mengen verbraucht werden (Schüler 2019), werden ökologischere Verpackungsalternativen gesucht. So lässt sich vor allem im abfallintensiven Food-to-go-Bereich ein Trend zu sogenann-tem Bioplastik als Verpackungsmaterial beobachten. Gekennzeichnet als »bio« oder »kompostierbar« und in entsprechendem Design werden mit diesen Verpackungen (vermeintlich) das erhöhte Umweltbewusstsein und die Nachfrage nach Alternativen bedient, ohne dass dabei die Konsum-gewohnheiten verändert werden müssen.

Produkte aus Bioplastik versprechen also scheinbar viel, doch stellen sie tatsächlich einen Ausweg aus dem aktuell nicht nachhaltigen Umgang mit Kunststoffen dar? Um diese Frage zu beantworten, werden in die-sem Beitrag zunächst die verschiedenen Materialien beleuchtet, die unter dem Begriff »Bioplastik« zusammengefasst werden, sowie deren jeweili-gen Eigenschaften und Verwendungen vorgestellt. Um zu differenzieren, unter welchen Voraussetzungen Bioplastik eine nachhaltige Alternative zu konventionellen Kunststoffen darstellen kann, werden außerdem die ökologischen Vorteile diskutiert.

21.2
Bioplastik –
Definitionen, Eigenschaften und Verwendung

21.2.1
Was ist »Bioplastik«?

Unter dem Begriff »Bioplastik« werden viele unterschiedliche Kunststoff-arten zusammengefasst, die sich hinsichtlich mindestens einer grund-legenden Eigenschaft von herkömmlichen Kunststoffen unterscheiden (Endres und Siebert-Raths 2009): Biopolymere werden aus nachwachsen-den Rohstoffen statt aus Erdöl hergestellt, oder sie sind unter bestimmten Bedingungen biologisch abbaubar, das heißt, sie werden durch biologi-sche Prozesse zersetzt. Da entweder beide oder eine der Eigenschaften laut Definition von Endres und Siebert-Raths (2009) zutreffen müssen, werden also die folgenden drei grundsätzlichen Gruppen von Biopoly-meren unterschieden:

* petrobasierte Polymere, die aus Erdöl hergestellt werden und biologisch abbaubar sind und die Grundlage für biologisch abbaubare Kunststoffe bilden können,

* biobasierte Polymere, die biologisch abbaubar sind und die Grundlage für biobasierte Kunststoffe wie auch biologisch abbaubare Kunststoffe bilden können,

* biobasierte Polymere, die nicht biologisch abbaubar sind und die Grundlage für biobasierte Kunststoffe bilden können.

Mit der Vorsilbe »Bio« deklarierte Kunststoffe müssen also nicht unbe-dingt auf nachwachsenden Rohstoffen basieren. Sie können auch aus Erdöl hergestellt werden, sind dann aber im Gegensatz zu herkömmli-chen Polymeren biologisch abbaubar. Umgekehrt können Biokunststoffe, die auf Basis nachwachsender Rohstoffe hergestellt werden, die gleiche Langlebigkeit wie herkömmliche Kunststoffe aufweisen, müssen also nicht zwangsläufig biologisch abbaubar sein.

In Tabelle 21.1 sind einige häufig eingesetzte Biopolymere und ihre jeweiligen Eigenschaften aufgeführt.

Tabelle 21.1
Auswahl unterschiedlicher Biopolymere und deren jeweilige Eigenschaften
(Quelle: eigene Zusammenstellung).

	Biobasiert	Bioabbaubar
PBS (Polybutylensuccinat)	—	✓
Polyesteramide	—	✓
PBAT (Polybutylenadipat-terephthalat)	—	✓
PLA (Polymilchsäure)	✓	✓
PHA (Polyhydroxyalkanoate)	✓	✓
Stärkeblends	✓	✓
Linoleum	✓	—
Celluloseacetat	✓	—
Bio-PE (Polyethylen)	✓	—

Die einheitlich als Biokunststoffe bezeichneten Polymere unterscheiden sich also teilweise deutlich hinsichtlich grundlegender Eigenschaften voneinander, die je nach Verwendung bzw. Umweltzielen von unterschiedlicher Relevanz sein können. Es ist daher ratsam, die Polymere nicht unter dem Begriff »Bioplastik« zusammenzufassen, sondern differenzierter von biobasierten bzw. bioabbaubaren Kunststoffen zu sprechen.

21.2.2
Einsatz von Bioplastik für Verpackungen

Die weltweite Produktion von biobasierten und bioabbaubaren Kunststoffen betrug 2019 circa 2,11 Millionen Tonnen (European Bioplastics 2019). Dies entspricht weniger als 1 Prozent der produzierten Menge an konventionellen Kunststoffen, die im Jahr 2018 bei circa 359 Millionen Tonnen lag (PlasticsEurope 2019). Je nach Anwendung werden unterschiedliche Polymere eingesetzt. So entfallen etwa 44,5 Prozent der Produktionskapazitäten auf biobasierte Polymere, die nicht abbaubar sind, während 55,5 Prozent auf bioabbaubare Polymere zurückgehen, die teilweise biobasiert sind, aber auch aus fossilen Ressourcen hergestellt werden (European Bioplastics 2019).

Der größte Teil biobasierter und bioabbaubarer Kunststoffe wird für die Herstellung von Verpackungen verwendet, auch wenn die Eigenschaften der neuen Materialien noch nicht ganz an konventionelle Kunststoffe heranreichen. Biobasierte Kunststoffe werden außerdem vor allem für die Herstellung von Textilien sowie im Bausektor eingesetzt. Bioabbaubare Kunststoffe finden vor allem in der Landwirtschaft, bei Konsumgütern sowie bei Beschichtungen und Klebstoffen Anwendung (European Bioplastics 2019).

Abbildung 21.1
Biokunststoff-Löffel-Gabel-Lunch-Box auf Bananenblättern
(Quelle: ©iStockphoto.com: Whity2j).

21 Bioplastik – Kunststoffe der Zukunft?

Für die nächsten Jahre wird ein wachsender Einsatz von Biokunststoffen prognostiziert (European Bioplastics 2019), welche zurzeit vor allem für Verpackungen verwendet werden. Bei starren Verpackungen, wie zum Beispiel Getränkeflaschen oder Kosmetikverpackungen, werden zumeist biobasierte, aber nicht bioabbaubare Polymere eingesetzt. Ein häufiges Polymer ist hier Bio-PET (Polyethylenterephthalat), das von bekannten Herstellern wie Coca-Cola oder Vittel bereits für Flaschen verwendet wird (European Bioplastics 2020). Diese Bio-PET-Flaschen unterscheiden sich, chemisch gesehen, nicht von herkömmlichen PET-Flaschen, lediglich die verwendeten Ausgangsstoffe basieren bei Bio-PET zu einem Teil aus nachwachsenden Ressourcen, der zurzeit bei 30 Prozent liegt. Bei flexiblen Verpackungen, wie zum Beispiel Folien oder Schalen für Lebensmittel, finden eher bioabbaubare Kunststoffe Anwendung. So waren bioabbaubare Lebensmittelverpackungen, die als industriell kompostierbar zertifiziert sind, unter den ersten erfolgreich kommerzialisierten Biokunststoffprodukten (European Bioplastics 2020). Mittlerweile werden Polymere wie PLA (Polymilchsäuren) oder stärkebasierte Kunststoffe als Verpackungen für Süßwaren, Müsli oder Tee, aber auch für Obst und Gemüse verwendet. In den letzten Jahren sicherlich am meisten gestiegen ist die Anwendung von bioabbaubaren Kunststoffen für Serviceverpackungen, also zum Beispiel Becher oder Teller für Take-away-Produkte. Hier werben die Hersteller mit der Nachhaltigkeit der Verpackung und setzen sie bei Großveranstaltungen, Straßenfesten oder im Flugzeug ein (siehe Abbildung 21.1).

21.3
Bioplastik – ökologisch vorteilhafter?

21.3.1
Ausgangs- und Inhaltsstoffe

Biobasierte Kunststoffe unterscheiden sich in ihrer chemischen Struktur häufig nicht von ihren konventionellen Gegenstücken (z. B. Bio-PET), gelten aber aufgrund der nachwachsenden Rohstoffe, die für ihre Herstellung verwendet werden, als ökologisch vorteilhaft gegenüber Kunststoffen auf Erdölbasis. Ausgangsstoffe sind zumeist stärke- oder cellulose-reiche Pflanzen, wie zum Beispiel Mais. Im Prinzip haben die pflanzlichen Ausgangsstoffe eine bessere CO_2-Bilanz als Erdöl, doch birgt der Anbau nachwachsender Rohstoffe auch einige Nachteile: Flächenbedarf, Mono-kulturen, Pestizideinsatz sowie das Eutrophierungs- und Versauerungs-potenzial von Böden vergrößern den ökologischen Fußabdruck (Deut-sche Umwelthilfe 2011). So zeigt eine Studie, in der Biokunststoffe über den gesamten Lebenszyklus untersucht wurden, dass diese aufgrund der Produktionsbedingungen der Ausgangsstoffe nicht besser als herkömmli-che Kunststoffe abschneiden (Tabone et al. 2010). Zudem wird der Anbau von Agrarrohstoffen aufgrund der Konkurrenz zur Lebensmittelproduk-tion kritisch gesehen. Zur Lösung dieses Problems und Verbesserung des ökologischen Fußabdruckes bietet sich die Nutzung von Reststoffen aus der Lebensmittelproduktion und nicht extra angebauter Agrarrohstoffe an, was bisher jedoch keine gängige Praxis ist.

Neben den Ausgangsstoffen, aus denen die Polymere für Biokunst-stoffe hergestellt werden, müssen auch die eingesetzten Additive in den Blick genommen werden. Additive, darunter Weichmacher, Stabilisatoren, Farbstoffe oder Flammschutzmittel, sind essenzielle Bestandteile eines Kunststoffes und verleihen diesem die gewünschten Eigenschaften. Immer wieder stehen bestimmte Additive in der Diskussion, da sie nicht fest mit dem Kunststoff verbunden sind und teilweise aus diesem austreten kön-nen. Relevant wird dies besonders bei Lebensmittelverpackungen, da ins Lebensmittel übergegangene Kunststoffbestandteile vom Menschen mit-verzehrt werden können und Kunststoffverpackungen somit eine Exposi-tionsquelle für Chemikalien darstellen (Groh et al. 2019). Bekannte Bei-spiele sind bestimmte Weichmacher (Phthalate), deren Metabolite in über 90 Prozent der US-Bevölkerung detektiert werden können (Silva et al. 2004). In einer Studie von Zimmermann et al. (2019a) wurden Verpa-ckungen aus unterschiedlichen Kunststoffarten systematisch auf die ent-haltenen Chemikalien und deren Auswirkungen in Zelltests untersucht. Neben einigen häufig genutzten konventionellen Kunststoffen wurden auch Produkte aus dem Biokunststoff PLA berücksichtigt. Dabei stellte sich heraus, dass PLA-Produkte eine komplexe Mischung vieler unterschiedlicher Chemikalien enthielten, welche teilweise schädigende Effekte in den eingesetzten Zelltests hervorriefen. PLA war damit nicht vorteilhafter als konventionelle Kunststoffe, die diesbezüglich teilweise deutlich besser als der Biokunststoff abschnitten.

Gerade neu entwickelte bioabbaubare Kunststoffe liegen hinsichtlich ihrer Eigenschaften zum Beispiel hinsichtlich Stabilität, Schutz und Bedruckbarkeit häufig hinter konventionellen Kunststoffen zurück und bedürfen daher einer besonders intensiven Anpassung durch Additive, um sie für Verpackungen anwendbar zu machen. Um wirklich als saubere Alternative gelten zu können, muss bei Biokunststoffen also auch vermehrt der Fokus auf die verwendeten Inhaltsstoffe gelegt werden (Zimmermann et al. 2019b).

21.3.2
Biologische Abbaubarkeit

Bioabbaubare Kunststoffe zeichnen sich dadurch aus, dass sie eine deutlich kürzere Verweildauer in der Umwelt haben als konventionelle Kunststoffe. Die Materialien gelten als bioabbaubar, wenn sie sich mithilfe von Mikroorganismen in Wasser, CO_2 und Biomasse zersetzen. Zu berücksichtigen ist, mithilfe welcher Methoden diese Bioabbaubarkeit untersucht und definiert wird, also wann ein Kunststoff als bioabbaubar gilt. Bei Abbaustudien in Labortests werden häufig extreme Bedingungen verwendet, das heißt hohe Temperaturen oder extrem saure bzw. basische Milieus, die wenig Aussagekraft für die tatsächliche Umweltsituation haben. Je nachdem, welche Bedingungen in den Studien verwendet werden, unterscheidet sich die Abbaubarkeit der untersuchten Polymere erheblich (Haider et al. 2019).

Zur Vereinheitlichung der Abbautests existieren einige Richtlinien, zum Beispiel von der Organisation für wirtschaftliche Zusammenarbeit und Entwicklung (OECD), in denen Versuchsbedingungen, die verwendeten Testmedien und Temperaturen festgelegt sind (z. B. OECD 1992). Um die Ergebnisse vom Labor auf die natürliche Umgebung übertragen zu können, müssen zudem die in einem Labortest verwendeten Mikroorganismen auch in der Umgebung vorhanden sein, in die ein Kunststoffprodukt möglicherweise gelangt. Daher ist das tatsächliche Vorhandensein der Mikroorganismen ein Schlüsselfaktor dafür, ob ein enzymatischer Abbautest zur Beurteilung der biologischen Abbaubarkeit in der realen Umgebung beitragen kann. Da die Mikroorganismen in der natürlichen Umwelt üblicherweise nicht isoliert, sondern im Zusammenspiel mit weiteren Organismen und Umweltfaktoren auftreten, schreiben die meisten standardisierten Abbautests die Verwendung simulierter oder realer Umgebungen vor, um eine realistischere Bewertung zu ermöglichen (Eubeler et al. 2009).

In der EU regelt die Norm DIN EN 13432, ob Hersteller ihre Produkte als »biologisch abbaubar« bzw. »kompostierbar« kennzeichnen dürfen. Diese Norm schreibt vor, dass bioabbaubare Kunststoffe in einem Kompostierungsversuch innerhalb von zwölf Wochen zu mehr als 90 Prozent zerfallen sein müssen. Auch bei dieser Prüfnorm ergibt sich das Problem der Übertragbarkeit auf reale Umweltbedingungen, da diese sich auf die optimierten Kompostierungsbedingungen in industriellen Kompostieranlagen bezieht, nicht jedoch auf den häuslichen Kompost. Ein wichtiger Faktor ist hier die erreichte Temperatur, die bei industriellen Kompostieranlagen in Spitzen 60 bis 70 °C betragen kann, während auf dem häuslichen Kompost lediglich Temperaturen erreicht werden, die etwas höher als die Außentemperatur liegen.

Die jeweiligen Umweltbedingungen haben also einen starken Einfluss auf die Abbaubarkeit eines Polymers. Konkret heißt das, dass sich die Abbauraten von Kunststoffen in unterschiedlichen Umgebungen wie Kompost, Erdboden oder Meerwasser deutlich unterscheiden. So ergibt sich für den häufig genutzten und als bioabbaubar zertifizierten Kunststoff PLA im Boden, in dem die Temperaturen meist 30 °C nicht überschreiten, eine Abbauzeit von ungefähr einem Jahr (Rudnik und Briassoulis 2011). Im Meerwasser konnte hingegen auch nach einem Jahr bei 25 °C keine Zersetzung festgestellt werden (Greene 2012), sodass PLA im Meerwasser als praktisch nicht abbaubar gilt. Der tatsächliche Abbau eines als bioabbaubar bezeichneten Kunststoffes muss also immer im Kontext der jeweiligen Umgebung betrachtet werden. Bei anderen Produkten jenseits des Verpackungsbereichs vereinfacht die biologische Abbaubarkeit teilweise deren Verwendung und Entsorgung. So ergeben sich durch die Anwendung bioabbaubarer Mulchfolien in der Landwirtschaft technische und wirtschaftliche Vorteile, da die Folien aufgrund ihres vollständigen Abbaus nach dem Gebrauch risikolos im Boden verbleiben können und untergepflügt werden (Burgstaller et al. 2018). Diese Beispiel zeigt, dass bioabbaubare Kunststoffe dort sinnvoll eingesetzt werden können, wo die Abbaubarkeit Teil der Funktion des Produkts ist.

21.3.3
Entsorgung

Verpackungen aus biobasierten Polymeren, die sich, chemisch gesehen, nicht von ihren herkömmlichen Gegenstücken unterscheiden, können mit dem übrigen Verpackungsmüll in der Wertstofftonne entsorgt und dann entweder einer thermischen Verwertung zugeführt oder gegebenenfalls recycelt werden. Bei bioabbaubaren Kunststoffen ist die Entsorgung weniger eindeutig und gerade für Verbraucherinnen und Verbraucher schwer zu durchschauen. Aufgrund der geringen Abbauraten dürfen die derzeit produzierten bioabbaubaren Kunststoffe nicht in die Umwelt entsorgt werden, und auch eine Entsorgung auf dem häuslichen Kompost ist für kompostierbare Kunststoffe nach DIN EN 13432 nicht zulässig (Burgstaller et al. 2018). Das Umweltbundesamt weist darauf hin, dass auch alle Verpackungen aus biologisch abbaubaren Kunststoffen in die Wertstofftonne entsorgt werden sollen, denn wenn kompostierbare Kunststoffe über die Biotonne entsorgt werden, bedeutet dies nicht, dass sie gemeinsam mit anderen organischen Abfällen in einer Kompostieranlage verrotten. Industrielle Kompostieranlagen verarbeiten Bioabfall in der Regel nämlich in weniger als acht Wochen zu Kompost, was eine Diskrepanz zu den Anforderungen nach DIN EN 13432 bedeutet, die eine Zersetzung innerhalb von zwölf Wochen fordert. Generell besteht in Deutschland im Sinne der Wirtschaftlichkeit eine Tendenz zu kürzeren Kompostierzyklen, da diese geringere Kosten verursachen (Burgstaller et al. 2018). Um die Qualität des Komposts nicht zu beeinträchtigen, werden bioabbaubare Kunststoffe entweder in der Vorsortierung gemeinsam mit anderen Störstoffen von den übrigen Bioabfällen getrennt oder nach der Kompostierung abgesiebt. Die aussortierten Stoffe werden dann üblicherweise einer thermischen Verwertung zugeführt, also verbrannt. In einer Befragung gaben 80 Prozent der Betreiber industrieller Kompostieranlagen an, dass jegliche Art von bioabbaubaren Kunststoffen Störstoffe bei der Kompostierung darstellen (Deutsche Umwelthilfe 2018). Viele kommunale Entsorgungsbetriebe klären mittlerweile mit gezielten Kampagnen über diese Problematik auf (z. B. Abfallwirtschaftsbetrieb München).

Doch auch die Zersetzung von bioabbaubaren Kunststoffen in den wenigen verbleibenden Kompostieranlagen wird kritisch gesehen. Die Autorinnen und Autoren unterschiedlicher Studien kommen zu dem Ergebnis, dass die Kompostierung nicht umweltfreundlicher ist als die energetische oder stoffliche Verwertung. So enthalten bioabbaubare Kunststoffverpackungen weder Nährstoffe, noch verbessern sie die Bodenstruktur, da lediglich ein Abbau zu CO_2 und Wasser stattfindet (Detzel et al. 2012; Rossi et al. 2015). Somit ist die thermische Verwertung in Müllverbrennungsanlagen aus energetischer Sicht tatsächlich sinnvoller, da so ein Teil der Energie zur Wärme- oder Stromgewinnung genutzt werden kann.

Über den Verpackungsmüll entsorgte bioabbaubare Kunststoffverpackungen werden ebenfalls einer thermischen Verwertung und nicht dem Recyclingstrom zugeführt, da sie eine andere chemische Struktur als konventionelle Kunststoffe aufweisen und deshalb als Störstoffe das Recycling beeinträchtigen (Burgstaller et al. 2018). Das Recycling von bioabbaubaren Verpackungen (z. B. aus PLA) ist grundsätzlich zwar möglich, der Anteil am gesamten Recyclingstrom ist bis heute jedoch so gering, dass die aussortierten bioabbaubaren Kunststoffe größtenteils verbrannt werden (Detzel et al. 2012). Bei höheren Absatzmengen bioabbaubarer Kunststoffverpackungen könnte das Recycling allerdings wirtschaftlich rentabel werden (Haider et al. 2019).

Aus heutiger Sicht gehören bioabbaubare Kunststoffverpackungen nicht in die Biotonne. Auch wenn sie nicht recycelt werden können, sollten bioabbaubare Kunststoffverpackungen, wie alle Verpackungen, in den gelben Sack entsorgt werden. Eine Vorteilhaftigkeit gegenüber konventionellen Kunststoffen ist daher hinsichtlich der Entsorgung nicht gegeben.

21.4
Bioplastik – Kunststoffe der Zukunft?

Anhand der diskutierten Kriterien zeigt sich, dass der breite Einsatz von biobasierten und bioabbaubaren Kunststoffen für Verpackungen momentan noch keine nachhaltige Alternative zu konventionellem Kunststoff darstellt. Einwegprodukte können durch den Einsatz alternativer Materialien in puncto ökologische Auswirkungen nicht erheblich verbessert werden. Nach einer Studie des Umweltbundesamtes, in der die Ökobilanzen von Einweggetränkebechern aus PET, Polystyrol, Karton und PLA mit einem Mehrwegbecher aus Polypropylen verglichen wurden, ist die Mehrweglösung allen Einwegprodukten ökologisch überlegen (Kauertz et al. 2019). Natürlich sind Ökobilanzen immer im Kontext der analysierten Produkte zu betrachten und können deutlich unterschiedlich ausfallen, tendenziell lassen sich aber die Vorteile von Mehrweglösungen bestätigen. Hier muss vor allem mehr Transparenz für Verbraucherinnen und Verbraucher entstehen. Die wachsende Nachfrage nach ökologisch nachhaltigeren Alternativen darf nicht genutzt werden, um Verpackungen herzustellen, die aufgrund ihrer Kennzeichnung und des »grünen« Designs besser vermarktet werden können, letztendlich aber keine ökologischen Vorteile bieten. Dies gilt auch für Mischverpackungen aus zum Beispiel Kunststoff und Pappe, die nicht recycelt werden können. Eindeutige Kennzeichnungen müssen Verbraucherinnen und Verbrauchern ermöglichen, mit ihrem Kaufverhalten Einfluss zu nehmen sowie Produkte sachgemäß zu entsorgen.

Gerade im Bereich Biokunststoffe werden derzeit viele neue Materialien entwickelt, die aber kritisch hinsichtlich ihrer ökologischen Nachhaltigkeit geprüft werden müssen. Idealerweise sind die Kunststoffe der Zukunft biobasiert und werden dabei tatsächlich ökologisch vorteilhaft hergestellt, enthalten keine bedenklichen Chemikalien, werden zu Mehrwegprodukten mit langer Lebensdauer statt zu Einwegprodukten verarbeitet und sind leicht zu recyceln. Eine »One fits all«-Lösung in Form eines bioabbaubaren Kunststoffes, der sich in jedem Ökosystem schnell zersetzt und dabei gleichzeitig die Anforderungen für bestimmte Anwendungen (z. B. als Getränkeflasche) erfüllt, ist sehr unwahrscheinlich (Haider et al.

2019). Zwar nicht für Verpackungen, durchaus aber in anderen Bereichen können bioabbaubare Kunststoffe dennoch gute Lösungen sein, und zwar in Anwendungen, wo die Abbaubarkeit Teil der Funktion ist. Dies betrifft zum Beispiel bioabbaubare Mulchfolien in der Landwirtschaft oder die Verwendung als Wirkstoffträger in der Medizin, die Medikamente gezielt zu ihrem Einsatzort im Körper transportieren und anschließend schadstofffrei abbauen (Haider et al. 2019).

LITERATURVERZEICHNIS

Abfallwirtschaftsbetrieb München (2020): Plastik raus aus der Biotonne! [https://www.awm-muenchen.de/abfallentsorgung/abfallarten/bioabfall/bioabfallkampagne.html; 26. 02. 2020].

Burgstaller, M.; Potrykus, A.; Weißenbacher, J.; Kabasci, S.; Merretig-Bruns, U.; Sayder, B. (2018): Gutachten zur Behandlung biologisch abbaubarer Kunststoffe. Umweltbundesamt, Texte 57/2018.

Detzel, A.; Kauertz, B.; Derreza-Greeven, C. (2012): Untersuchung der Umweltwirkungen von Verpackungen aus biologisch abbaubaren Kunststoffen. Umweltbundesamt, Texte 52/2012.

Deutsche Umwelthilfe (2011): DUH-Hintergrundpapier. Biologisch abbaubare Kunststoffe [http://www.duh.de/uploads/media/110318_Bioplastik_Hintergrundpapier_180311.pdf; 26. 02. 2020].

Deutsche Umwelthilfe (2018): Bioplastik in der Kompostierung. Ergebnisbericht – Umfrage [https://www.duh.de/fileadmin/user_upload/download/Projektinformation/Kreislaufwirtschaft/Verpackungen/180920_DUH_Ergebnisbericht_Kompostierungs umfrage.pdf; 24. 02. 2020].

Endres, H. J.; Siebert-Raths, A. (2009): Technische Biopolymere. Rahmenbedingungen, Marktsituation, Herstellung, Aufbau und Eigenschaften, München.

Eubeler, J. P.; Zok, S.; Bernhard, M.; Knepper, T. P. (2009): Environmental biodegradation of synthetic polymers I. Test methodologies and procedures, in: TrAC Trends in Analytical Chemistry, 28(9), S. 1057–1072.

Europäische Kommission (2018): A European strategy for plastics in a circular economy [https://ec.europa.eu/environment/circular-economy/pdf/plastics-strategy-brochure.pdf; 24. 02. 2020].

Europäische Union (2019): Richtlinie (EU) 2019/904 des Europäischen Parlaments und des Rates vom 5. Juni 2019 über die Verringerung der Auswirkungen bestimmter Kunststoffprodukte auf die Umwelt.

European Bioplastics (2019): Bioplastics market development. Update 2019 [https://www.european-bioplastics.org/wp-content/uploads/2019/11/Report_Bioplastics-Market-Data_2019_short_version.pdf; 24. 02. 2020].

European Bioplastics (2020): Bioplastics packaging – combining performance with sustainability. Materials and market development in the packaging segment [https://docs.european-bioplastics.org/publications/fs/EUBP_FS_Packging.pdf; 26. 02. 2020].

Greene, J. (2012): PLA and PHA biodegradation in the marine environment. California Department of Resources, Recycling and Recovery Contractor's Report DRRR-2012-1435.

Groh, K. J.; Backhaus, T.; Carney-Almroth, B.; Geueke, B.; Inostroza, P. A.; Lennquist, A.; Leslie, H. A.; Maffini, M.; Slunge, D.; Trasande, L.; Warhurst, A. M.; Muncke, J. (2019): Overview of known plastic packaging-associated chemicals and their hazards, in: Science of the Total Environment, 651, S. 3253–3268.

Haider, T. P.; Völker, C.; Kramm, J.; Landfester, K., Wurm, F. R. (2019): Plastics of the future? The impact of biodegradable polymers on the environment and on society, in: Angewandte Chemie International Edition, 58, S. 50–62.

Jambeck, J. R.; Geyer, R.; Wilcox, C.; Siegler, T. R.; Perryman, M.; Andrady, A.; Ramani, N.; Law, K. L. (2015): Plastic waste inputs from land into the ocean, in: Science, 347(6223), S. 768–771.

Kauertz, B. (2019): Untersuchung der ökologischen Bedeutung von Einweggetränkebechern im Außer-Haus-Verzehr und mögliche Maßnahmen zur Verringerung des Verbrauchs. Umweltbundesamt, Texte 29/2019.

OECD (1992): Test No. 306: Biodegradability in Seawater, OECD Publishing.

PlasticsEurope (2019): Plastics – the facts 2019. An analysis of European plastics production, demand and waste data [https://www.plasticseurope.org/application/files/1115/7236/4388/FINAL_web_version_Plastics_the_facts2019_14102019.pdf; 24. 02. 2020]-.

Rossi, V.; Cleeve-Edwards, N.; Lundqvist, L.; Schenker, U.; Dubois, C.; Humbert, S.; Jolliet, O. (2015): Life cycle assessment of end-of-life options for two biodegradable packaging materials: sound application of the European waste hierarchy, in: Journal of Cleaner Production, 86, S. 132–145.

Rudnik, E.; Briassoulis, D. (2011): Degradation behaviour of poly (lactic acid) films and fibres in soil under Mediterranean field conditions and laboratory simulations testing, in: Industrial Crops and Products, 33(3), S. 648–658.

Schüler, K. (2019): Aufkommen und Verwertung von Verpackungsabfällen in Deutschland im Jahr 2017. Umweltbundesamt, Texte 139/2019.

Silva, M. J.; Barr, D. B.; Reidy, J. A.; Malek, N. A.; Hodge, C. C.; Caudill, S. P.; Brock, J. W.; Needham, L. L.; A. M. Calafat (2004): Urinary levels of seven phthalate metabolites in the U.S. population from the National Health and Nutrition Examination Survey (NHANES) 1999–2000, in: Environmental Health Perspectives, 112(3), S. 331–338.

Tabone, M. D.; Cregg, J. J.; Beckman, E. J.; Landis, A. E. (2010): Sustainability metrics: life cycle assessment and green design in polymers, in: Environmental Science & Technology, 44(21), S. 8264–8269.

Zimmermann, L.; Dierkes, G.; Ternes, T. A.; Völker, C.; Wagner, M. (2019a): Benchmarking the in vitro toxicity and chemical composition of plastic consumer products, in: Environmental Science & Technology, 53(19), S. 11467–11477.

Zimmermann, L.; Wagner, M.; Völker, C. (2019b): In-vitro-Toxizität und chemische Zusammensetzung von Kunststoffprodukten, in: Mitteilungen der Fachgruppe Umweltchemie und Ökotoxikologie 25(4), S. 104–106.

Anhang

Autorinnen und Autoren

Friederike van den Adel (M. Sc)
ist seit 2017 wissenschaftliche Mitarbeiterin der Abteilung Ganzheitliche Bilanzierung (GaBi) der Universität Stuttgart. Innerhalb der Abteilung beschäftigt sie
sich im Speziellen mit umweltfreundlichen Produkt-
und Verpackungsentwicklungen. Ursprünglich absolvierte sie ihr Studium im Wirtschaftsingenieurwesen
mit Fachrichtung Maschinenbau an der TU Braunschweig.

Dr. Thomas Decker
studierte Diplom-Agrarwissenschaften an der TU
München / Weihenstephan mit dem Schwerpunkt
Wirtschafts- und Sozialwissenschaften. Nach der Promotion 2010 zum Thema »Verbraucherverhalten beim
Kauf eines privaten Gebrauchsguts am Beispiel Hei-
zung« hat er an der Professur Marketing und Ma-

nagement Nachwachsender Rohstoffe der Hochschule Weihenstephan-
Triesdorf als Postdoc verschiedene Projekte in der Schnittstelle Verbrau-
cherIn – Nachhaltigkeit/Nachwachsende Rohstoffe/Erneuerbare Energien bearbeitet und betreut. Seit 2018 ist er darüber hinaus als Angestell-
ter der Stadt Straubing Koordinator des vom BMBF geförderten Projekts
»Verbraucherreaktionen bei Plastik und dessen Vermeidungsmöglichkeiten am Point of Sale«.

Marie Delaperrière

geboren 1973, ist Gründerin und Inhaberin von *un-verpackt – lose, nachhaltig, gut.* Nach Erlangen des akademischen Grades Études et projet d'organisation (B.A.) war sie über 15 Jahre lang in Logistik und Projektmanagement eines international agierenden Konzerns tätig (Siemens AG). Im Jahr 2014 gründete sie in Kiel den ersten Unverpacktladen Deutschlands. Sie gibt Seminare für zukünftige Ladengründerinnen und -gründer und steht als Beraterin und Coach für Unverpackt- und Zero-Waste-Projekte zur Verfügung. 2016 wurde sie Mitgründerin und erster Vorstand des vereins Zero Waste Kiel e. V.

Jennifer Fröhlich

absolvierte den Bachelor in Betriebswirtschaftslehre mit Schwerpunkt Handel an der Dualen Hochschule Baden-Württembergs. Mehrjährige Berufserfahrung in der Organisation von Vertriebsprozessen in einem Industrieunternehmen. Studiert aktuell an der HNEE im Masterprogramm »Nachhaltige Unternehmensführung«.

Dr. Nadja von Gries

ist wissenschaftliche Mitarbeiterin in der Abteilung »Kreislaufwirtschaft« am Wuppertal Institut. Abschluss Bachelorstudiengang in Bauingenieurwesen, Masterstudium der Umweltingenieurwissenschaften mit dem Schwerpunkt der Ver- und Entsorgung sowie der Raum- und Infrastrukturplanung. Arbeitsschwerpunkte sind nachhaltiges Ressourcenmanagement und Abfallwirtschaft sowie Abfallvermeidung durch Wiederverwendung. Promotion zu dem Thema »Ressourceneinsparpotenziale der Vorbereitung zur Wiederverwendung von Elektro- und Elektronikaltgeräten – eine vergleichende Analyse in Flandern und NRW«.

Sonia Grimminger

ist wissenschaftliche Mitarbeiterin beim Umweltbun-
desamt (UBA). Ihr Forschungs- und Beratungsschwer-
punkt ist die Vermeidung von Verpackungen und Einwegprodukten. Neben Unverpacktkonzepten setzt sie
sich dabei auch für die Förderung von Mehrwegverpa-
ckungssystemen sowie für eine ambitionierte Umset-
zung der EU-Einwegkunststoffrichtlinie ein. Die M. Sc.-Chemikerin arbeitete unter anderem bei »Wunderbar Unverpackt« und unterstützte die
Etablierung dieses Unverpacktladens in Braunschweig.

Lis Hansen

ist Doktorandin an der Graduate School Practices of
Literatur der Westfälischen Wilhelms-Universität
Münster. In ihrer Dissertation befasst sie sich mit poe-
tischen Müllszenen in der Gegenwartsliteratur. Ihre
Forschungsschwerpunkte sind: Müll und Kunststoffe
in der Literatur, Naturimaginationen und das Verhält-
nis von Literatur und Ausstellungen. Seit Juli 2018 ist sie Stakeholderin im
BMBF-Projekt PlastikBudget.

Benjamin Hennchen

studierte Soziologie an der Albert-Ludwigs-Universität
Freiburg und der Uniwersytet Warszawski Warschau,
und er war von 2016 bis 2020 wissenschaftlicher Mitarbeiter an der Professur für Sustainability Governance.
Seine Forschungsschwerpunkte liegen im Bereich der
Umweltsoziologie mit Schwerpunkt auf Theorien so-
zialer Praxis und Außer-Haus-Verpflegung sowie im Feld transdisziplinärer Forschung mit Schwerpunkt auf Fragen der Wissensintegration und
des sozialen Lernens. Er schließt demnächst seine Dissertation im Projekt
»Kommunale Ernährungssysteme als Schlüssel zu einer umfassend-integ-
rativen Nachhaltigkeits-Governance (KERNiG)« ab.

Sophia Klatt-D'Souza

schloss das duale Bachelorstudium in Fitnessökonomie in Berlin an der Deutschen Hochschule für Prävention und Gesundheitsmanagement ab. Seit 2019 studiert sie »Nachhaltige Unternehmensführung« an der HNEE und ist in der Direktvermarktung regionaler Lebensmittel tätig.

Doris Knoblauch

ist wissenschaftliche Mitarbeiterin am Ecologic Institut und koordiniert die Aktivitäten im Bereich kommunale und räumliche Governance. Sie untersucht wissenschaftliche Fragestellungen wie (1) welche Rolle Plastik in der Umwelt spielt, (2) welche Quellen zu Plastik in der Umwelt beitragen, (3) welche Senken sich wie auf Plastik in der Umwelt auswirken und (4) welche Lösungsansätze dabei helfen könnten, Plastik in der Umwelt zu verringern. Dabei leitet Doris Knoblauch das Begleitvorhaben PlastikNet zum BMBF-Forschungsschwerpunkt »Plastik in der Umwelt«, www.bmbf-plastik.de. Das vierjährige BMBF-Projekt hat zum Ziel, die gesamtgesellschaftliche und politische Wirkung der geförderten Forschungsprojekte durch Wissensaustausch und Vernetzung der Projekte, durch Synthese projektübergreifender Ergebnisse sowie durch Wissenstransfer und Öffentlichkeitsarbeit zu stärken.

Dr. Andreas R. Köhler

ist seit 2014 wissenschaftlicher Mitarbeiter am Öko-Institut. Er hat seine Berufsausbildung zum Industrieelektroniker mit einer akademischen Ausbildung als Dipl.-Ingenieur (FH) für Ökologie und Umweltschutz sowie als MSc für Umweltmanagement und -policy kombiniert. Dabei sammelte er Kenntnisse zur wissenschaftlichen Evaluation von Stoff- und Energieströmen technischer Systeme. Dies ermöglicht ihm eine interdisziplinäre Perspektive auf technische Systeme und deren Auswirkungen auf die Umwelt, Gesellschaft und Industrie. Sein Kompetenzschwerpunkt liegt in der Analyse von ökologischen Auswirkungen moderner Materialien und Technologien sowie der Analyse von Innovations- und Technikfolgen. Am Öko-Institut ist Dr. Köhler in eine Reihe von Projekten mit thematischen und methodischen Bezügen zu Kunststoffen involviert, u. a. in die Erarbeitung vergleichender Ökobilanzen zum PET-Recycling und in ein spendenfinanziertes Projekt zur Entwicklung kreativer Kunststoffvermeidungsstrategien.

Dr. Bettina König

studierte Gartenbauwissenschaften und promovierte in der Agrarökonomie an der Humboldt-Universität zu Berlin. Forschung von der Individualentscheidung bis hin zu Systemansätzen der Innovationsforschung in Land- und Ernährungswirtschaft sowie Landnutzung sowie Leitung Management inter- und transdisziplinärer Verbünde. Aktuelle Forschungsinteressen sind Koordination von Nachhaltigkeitsinnovationsprozessen und Generierung von Handlungswissen in der transdisziplinären Forschung. Mitglied am IRI THESys der Humboldt-Universität zu Berlin sowie im Forschungszentrum [Nachhaltigkeit-Transformation-Transfer] an der HNEE.

Dr. Johanna Kramm

studierte Geographie, Politikwissenschaft und Soziologie an den Universitäten Bonn und Bristol. Sie promovierte am Geographischen Institut der Universität Bonn. In ihrer Dissertation befasste sie sich mit Fragen der Governance in der kenianischen Bewässerungsbranche und untersuchte die Reformprozesse früherer staatlicher großflächiger Bewässerungssysteme in Kenia. Seit 2014 arbeitet sie am ISOE – Institut für sozial-ökologische Forschung in Frankfurt (Main) und leitet gemeinsam mit Dr. Carolin Völker die Forschungsgruppe PlastX. Hier forscht sie zur Schnittstelle von Wissenschaft und Politik.

Dr. Melanie Kröger

studierte Politische Wissenschaft, Soziologie und Psychologie an der RWTH Aachen. Promotion über die Modernisierung der Landwirtschaft. Tätig in inter- und transdisziplinären Forschungsprojekten zu nachhaltiger Entwicklung im Bereich Lebensmittelproduktion, -vermarktung und -konsum. Aktueller Schwerpunkt: Unverpacktkonzepte im Lebensmitteleinzelhandel und Abfallvermeidung in Haushalten. Co-Leitung des Projekts SoBAV (Soziologische Bestimmungsfaktoren der Abfallvermeidung; UBA) bei ISIConsult. Koordination des Projektes »Der verpackungsfreie Supermarkt« am Fachgebiet Nachhaltige Unternehmensführung in der Agrar- und Ernährungswirtschaft der Hochschule für nachhaltige Entwicklung Eberswalde (HNEE).

Dr. Maria Lippl

promovierte nach ihrem Soziologiestudium an der Universität Regensburg im Bereich Umweltsoziologie an der Humboldt-Universität zu Berlin. Nach mehrjähriger Tätigkeit als wissenschaftliche Mitarbeiterin für Bündnis 90/Die Grünen kehrte sie wieder in ihre bayerische Heimat zurück und ist seit 2018 Projektmitarbeiterin beim BMBF-Projekt VerPlaPoS (Verbraucherreaktionen bei Plastik und dessen Vermeidungsmöglichkeiten am Point of Sale).

Manuel Lorenz (M. Sc.)

ist seit 2017 an der Universität Stuttgart als wissenschaftlicher Mitarbeiter der Abteilung Ganzheitliche Bilanzierung (GaBi) tätig. Sein Tätigkeitsschwerpunkt liegt auf Nachhaltigkeitsanalysen im Bereich Verpackungen, Abfall- und Abwasserbehandlung sowie auf der Erstellung von Wasserfußabdrücken. Des Weiteren ist Manuel Lorenz auch in die Lehre involviert.

Dr. Nina Maier

studiere Politikwissenschaft mit Schwerpunkt europäische Umweltpolitik an der Otto-Friedrich-Universität Bamberg und promovierte an der Universität Bremen zur europäischen Meeresstrategierahmenrichtlinie. Von 2016 bis 2019 arbeitete sie am Umweltbundesamt und koordinierte dort die Interest Group Plas-

tics des Netzwerks der europäischen Umweltbehörden und befasste sich mit Kunststoffen in der Umwelt. Seit 2020 arbeitet sie beim Bundesministerium der Finanzen.

Linda Mederake

ist wissenschaftliche Mitarbeiterin am Ecologic Institut in Berlin und im Rahmen des BMBF-Forschungsschwerpunkts »Plastik in der Umwelt« Teil des Ecologic-Teams, welches das Vernetzungs- und Begleitvorhaben »PlastikNetq umsetzt. Als Politikwissenschaftlerin beschäftigt sie sich dabei insbesondere mit Plastikre-

gulierung von der internationalen bis zur kommunalen Ebene. Außerdem koordiniert sie das Citizen-Science-Projekt »Plastic Pirates Go Europe!«, in dem Schulklassen und Jugendgruppen Daten zum Plastikmüllaufkommen an und in europäischen Fließgewässern erheben. Linda Mederake promoviert an der Universität Osnabrück zum Politikwandel bei Plastikpolitiken auf EU-Ebene.

Martin Möller

ist Senior Researcher im Forschungsbereich »Produkte & Stoffströme« am Öko-Institut, dem er seit 2002 angehört. Mit seiner Ausbildung als Umweltingenieur (Technische Universität Berlin) mit den Schwerpunkten Kreislaufwirtschaft, Ökobilanzierung und Innovationsmanagement verfügt er über fundierte Kennt-

nisse und Erfahrungen im Bereich der ökologischen und ökonomischen Bewertung von Stoff- und Energieströmen entlang des gesamten Lebenszyklus. Am Öko-Institut befasst er sich seit über 15 Jahren mit der Nachhaltigkeitsbewertung von Rohstoffen, Technologien und Produkten sowohl auf nationaler wie auf internationaler Ebene.

Anne Müller

studierte Soziologie und Politikwissenschaft in Mainz sowie Ressourcenmanagement in Berlin. Seit 2020 ist sie Doktorandin am Zentrum Technik und Gesellschaft (ZTG) der TU Berlin, und seit 2017 arbeitet sie als wissenschaftliche Mitarbeiterin in der Abteilung Kreislaufwirtschaft des Wuppertal Instituts für Klima, Umwelt, Energie. In ihrer Arbeit befasst sie sich mit Maßnahmen der Abfallvermeidung, insbesondere im Kontext verpackungsintensiver Alltagspraktiken der Ernährung.

Laura Nickel

studierte Ernährungswissenschaften an der Universität Potsdam und wechselte nach dem Bachelor-Abschluss zur Humboldt-Universität zu Berlin. Dort absolvierte sie den Masterstudiengang in Prozess- und Qualitätsmanagement in Landwirtschaft und Gartenbau und schloss diesen 2019 mit der Masterarbeit zum Thema »Unverpackt einkaufen im Biosupermarkt« ab. Aktuell arbeitet sie in der Qualitätssicherung bei der Bio Company GmbH in Berlin.

Patrick Niehaves

studiert im Masterprogramm »Nachhaltige Unternehmensführung« an der HNEE mit den Schwerpunkten »Empirische Forschung« und »Nachhaltiges Produzieren und Konsumieren«. Seinen Bachelor erhielt er in »International Business Studies« an der Universität Paderborn. Erste Berufserfahrungen im Bereich CSR-Berichterstattung.

Prof. Dr. Jens Pape

studierte von 1989 bis 1995 Agrarwissenschaften an der Justus-Liebig-Universität Gießen und der Universität Hohenheim (Stuttgart). 1995 Qualifizierung zum Umweltbetriebsprüfer. 2002 Promotion an der Universität Hohenheim mit einer Arbeit zur Umweltleistungsbewertung. Seit 2008 Professor und Leiter des Fachgebietes Nachhaltige Unternehmensführung in der Agrar- und Ernährungswirtschaft an der Hochschule für nachhaltige Entwicklung Eberswalde (HNEE). Gründungsmitglied des Doktoranden-Netzwerks Nachhaltiges Wirtschaften (DNW) e. V., über 20 Jahre Mitglied im Umweltgutachterausschuss (UGA) beim Bundesumweltministerium. Forschungs- und Arbeitsschwerpunkte: Nachhaltigkeitsmanagement, Bewertung betrieblicher Nachhaltigkeitsleistung und Nachhaltigkeitsberichterstattung.

Dr. Frieder Rubik

ist Leiter des Forschungsfeldes »Ökologische Produktpolitik« im Institut für ökologische Wirtschaftsforschung (IÖW). Er studierte Volkswirtschaftslehre an der Universität Heidelberg und promovierte zu »Integrierter Produktpolitik« an der Universität Kassel. Arbeitsschwerpunkte: Nachhaltige Produktions- und Konsummuster (SCP), Integrierte Produktpolitik (IPP), Umwelt- und Soziallabelling, Ökobilanzen, Innovation und Diffusion ökologischer Technologien und Produkte.

Lukas Sattlegger

studierte Soziologie und Kultur- und Sozialanthropologie an der Universität Wien und Sozial- und Humanökologie am IFF Wien der Alpe-Adria-Universität Klagenfurt. Aktuell ist er wissenschaftlicher Mitarbeiter des ISOE – Institut für sozial-ökologische Forschung im Forschungsschwerpunkt Energie und Klimaschutz im Alltag. Lukas Sattlegger promoviert in der interdisziplinären Nachwuchsgruppe PlastX zum Thema Verpackungen und nachhaltiger Konsum.

Sabrina Schmidt

ist wissenschaftliche Mitarbeiterin des Forschungsfeldes »Ökologische Produktpolitik« im Institut für ökologische Wirtschaftsforschung (IÖW). Sie studierte Psychologie im Bachelor und Management & Organisation Studies im Master an der Technischen Universität Chemnitz. Ihre Forschungsinteressen sind zukunftsfähige Unternehmensstrukturen und -prozesse, Diffusion nachhaltiger Innovationen sowie nachhaltige Geschäftsmodelle und Gendergerechtigkeit des alternativen Wirtschaftens.

Hannes Schritt

ist wissenschaftlicher Mitarbeiter am Ecologic Institut und als Teil des PlastikNet-Teams am Forschungsschwerpunkt »Plastik in der Umwelt« beteiligt. Innerhalb dessen untersucht er wissenschaftliche Fragestellungen, die den Plastikkreislauf als Ganzes und dessen Auswirkung auf die Umwelt betrachten. Als Umwelttechniker liegt dabei ein besonderer Fokus auf den Auswirkungen von Mikroplastik auf Lebewesen und Möglichkeiten und Grenzen der Mikroplastik-Detektion. Darüber hinaus arbeitet er in den Bereichen Wasser und Landwirtschaft in Verbindung mit Nährstoffkreisläufen, Klimawandelanpassung und Digitalisierung.

Dr. Dorothea Seeger

studierte Biologie mit dem Schwerpunkt Meeresbiologie an den Universitäten Bremen und Bergen (Norwegen) und promovierte an der Universität Bremen. Sie ist wissenschaftliche Mitarbeiterin im Meeresschutzbüro des Bund für Umwelt und Naturschutz Deutschland (BUND). Die Meeresmüllexpertin organisiert die

Kontakt- und Beratungsstelle »Knotenpunkt plastikfreie Küste« und ist Mitglied der Unterarbeitsgruppe »Reduzierung des Plastikmüllaufkommens durch kommunale Vorgaben« des Runden Tisches Meeresmüll. In diesem Rahmen hat sie die Erstellung zweier Leitfäden mit Handlungsoptionen für Kommunen koordiniert. Außerdem arbeitet sie in einem BUND-Projekt zur Plastikmüllvermeidung auf den ostfriesischen Inseln, wo sie nicht nur mit den Inselgemeinden, sondern auch mit Gastronom(inn)en, Vermieter(inne)n und Nationalparkhäusern zusammenarbeitet.

Irmela Sinkewitsch

studiert »Nachhaltige Unternehmensführung« (M.A.) an der HNEE. Ihren Bachelorabschluss absolvierte sie im Fach »Medienmanagement« in der Studienrichtung »Sport- und Eventmanagement« an der Hochschule Macromedia. Nach mehreren Jahren in Festanstellung ist sie seit 2019 freiberuflich als Projektmanagerin tätig.

Dr. Elisabeth Süßbauer

studierte Soziologie, Politikwissenschaft und Romanistik an der Westfälischen Wilhelms-Universität Münster und in Salamanca, Spanien. Sie promovierte in der Stadtplanung an der Universität Kassel. Seit 2015 ist sie wissenschaftliche Mitarbeiterin im Forschungsbereich Landnutzung und Konsummuster am Zentrum Technik und Gesellschaft (ZTG) der TU Berlin. Seit 2019 leitet sie die Forschungsgruppe »PuR – Mit Precycling zu mehr Ressourceneffizienz. Systemische Lösungen der Verpackungsvermeidung« und befasst sich dort mit Konsummustern des Außer-Haus-Verzehrs sowie systemischen Ansätzen der Verpackungsvermeidung.

Dr. Carolin Völker

studierte Biologie mit den Schwerpunkten Genetik, Tierphysiologie und Ökologie an der Goethe-Universität Frankfurt und promovierte in Ökotoxikologie. In ihrer Dissertation befasste sie sich mit der Gefährdungsabschätzung von Silbernanopartikeln auf aquatische Ökosysteme. Seit 2014 ist sie wissenschaftliche Mitarbeiterin am ISOE – Institut für sozial-ökologische Forschung in Frankfurt (Main) im Forschungsschwerpunkt Wasserinfrastruktur und Risikoanalysen. Sie ist, gemeinsam mit Dr. Johanna Kramm, Leiterin der Forschungsgruppe PlastX, einem inter- und transdisziplinären Projekt zu Kunststoffen in der Umwelt. Innerhalb der Gruppe beschäftigt sie sich mit der Bewertung der Umweltrisiken von Kunststoffen.

Klara Wenzel

studierte Psychologie an der Westfälischen Wilhelms-Universität in Münster. Seit 2019 ist sie wissenschaftliche Mitarbeiterin und Doktorandin im Projekt »PuR – Mit Precycling zu mehr Ressourceneffizenz. Systemische Lösungen der Verpackungsvermeidung« am Zentrum Technik und Gesellschaft (ZTG) der TU Berlin. In ihrer Arbeit befasst sie mit der Verpackungsvermeidung in Haushalten und welche Rolle soziale Identitätsprozesse dabei spielen.

Dr. Andrea Westermann

studierte Geschichte und Literaturwissenschaft in Freiburg i. Br., Barcelona und Berlin und promovierte an der Universität Bielefeld über die Geschichte von PVC in der Bundesrepublik. Ihre Forschungsschwerpunkte sind Umweltgeschichte, Geschichte der materiellen Kultur, Geschichte der Erdwissenschaften sowie Geschichte von Migration und radikalem Umweltwandel. Aktuell ist sie Büroleiterin des Pacific Regional Office of the German Historical Institute Washington DC in Berkeley.

Autorinnen und Autoren

Dr. Henning Wilts

Leiter der Abteilung Kreislaufwirtschaft am Wuppertal Institut für Klima, Umwelt, Energie. Studium der
Volkswirtschaftslehre an der Universität zu Köln, Promotion zur abfallwirtschaftlichen Infrastrukturplanung an der TU Darmstadt. Lehrauftrag zum Thema
Resource Economics an der Schumpeter School der
Bergischen Universität. Koordination verschiedener Forschungsprojekte
im Bereich ressourceneffiziente Kreislaufwirtschaft, Abfallvermeidung
und Ökoinnovationen u. a. für UBA/BMUB, die Europäische Kommission und die OECD; verantwortlich für den jährlichen Fortschrittsbericht
Abfallvermeidung der Europäischen Umweltagentur.

Alexandra Wittwer

studierte Bekleidungstechnik/Konfektion an der HTW
Berlin und Nachhaltige Unternehmensführung an
der Hochschule für nachhaltige Entwicklung Eberswalde (HNEE). 2018 Masterarbeit über textile Mikro-
plastikeinträge in Gewässer durch Haushaltswäsche
und Auszeichnung der Arbeit mit dem Förderpreis
der Wilhelm-Lorch-Stiftung. Von 2016 bis 2020 Mitarbeiterin im Projekt »Der verpackungsfreie Supermarkt« am Fachgebiet Nachhaltige Unternehmensführung in der Agrar- und Ernährungswirtschaft der HNEE.
Zusätzlich tätig in den Bereichen Sozialstandards in (Textil-)Lieferketten
und Entwicklung von Nachhaltigkeitsstrategien.

Autorinnen und Autoren

Danksagung

Die Idee zu diesem Buch entstand im Mai 2018 auf einer Tagung in Graz im Kreis geschätzter Kolleginnen und Kollegen. Zweieinhalb Jahre später freuen wir uns sehr, dass nun aus einer vagen Idee ein Buch geworden ist.

Der Erfolg eines solchen Projekts ist abhängig von verschiedenen Faktoren – in erster Linie aber sicherlich von der Kooperation und dem kollegialen Austausch sowie der Bereitschaft, Zeit und Energie zu investieren. Damit gilt unser besonderer Dank allen Autorinnen und Autoren der hier versammelten Beiträge. Herzlichen Dank, dass Ihr die Idee von Anfang an unterstützt habt und Eure vielfältigen und facettenreichen Erkenntnissen im vorliegenden Sammelband »Einfach weglassen? Ein wissenschaftliches Lesebuch zur Reduktion von Plastikverpackungen im Lebensmittelhandel« teilt.

Ein weiteres Dankeschön geht an den oekom verlag. Wir danken insbesondere Clemens Herrmann, der unser Buchprojekt vom ersten Kontakt an unterstützt und begleitet hat. Vielen Dank für die angenehme und konstruktive Zusammenarbeit!

Das Buch wurde teilweise über ein Crowdfunding bei oekom-crowd.de finanziert. Wir danken den 124 Unterstützerinnen und Unterstützern des Crowdfundings, den zahlreichen Menschen, die uns aus privatem Interesse im Vorfeld ihr Vertrauen geschenkt, sich auf unterschiedliche Weise und Umfang an den Herstellungskosten des Buches beteiligt und so die Umsetzung des Projektes ermöglicht haben. Ein besonderer Dank geht in diesem Zusammenhang an folgende Unternehmen:
- Bohlsener Mühle GmbH & Co. KG,
- Jeninchen – Fröhlich Unverpackt Einkaufen,
- Kai Viehof,

- Schüttgut e. K. Stuttgart,
- Sonett GmbH,
- Sormaz/Schmidle Bananeira GbR,
- Systain Consulting GmbH,
- Wunderbar Unverpackt GmbH.

Wir danken außerdem Lena Denu von oekom-crowd und Tim Hamelberg, der uns bei der Erstellung des Crowdfunding-Films tatkräftig und mit viel Expertise unterstützt hat.

Wir möchten uns somit bei allen Partnerinnen und Partnern, Unterstützerinnen und Unterstützern bedanken, die uns sowohl bei der Forschungsarbeit als auch bei der Realisierung unseres Buchprojektes begleitet haben. Unser Dank gilt insbesondere dem Netzwerk der Unverpacktläden und dem Unverpackt e. V.

Ein Teil der in diesem Buch veröffentlichten Forschungsergebnisse ist im Rahmen des Forschungsprojektes »Der verpackungsfreie Supermarkt: Stand und Perspektiven. Über die Chancen und Grenzen des Precycling im Lebensmitteleinzelhandel« entstanden, das im Rahmen des Bundesprogramms ökologischer Landbau und andere Formen nachhaltiger Landwirtschaft (BÖLN) über fast vier Jahre gefördert wurde. Wir danken an dieser Stelle den Mitarbeiterinnen und Mitarbeitern der BÖLN-Geschäftsstelle für die vertrauensvolle Begleitung sowie Frederic Goldkorn für die Mitarbeit in der ersten Projektphase.

In den letzten Jahren ist im Rahmen des Forschungsprojektes ein Netzwerk mit zahlreichen kollegial fachlichen, mitunter auch freundschaftlichen Kontakten entstanden. Wir freuen uns darauf, mit allen Partnerinnen und Partnern auch weiterhin in Kontakt zu bleiben und das spannende Thema Unverpackt weiterhin gemeinsam zu verfolgen.

Melanie Kröger, Jens Pape und Alexandra Wittwer
Berlin, im November 2020